Eva Hesse
»Ich liebe, also bin ich«

EVA HESSE

»Ich liebe, also bin ich«

Der unbekannte Ezra Pound

*Mit Canto XXXVI
und Cavalcantis Canzone d'Amore*

Osburg Verlag

Erste Auflage 2008
© Osburg Verlag Berlin 2008
www.osburgverlag.de
Alle Rechte vorbehalten,
insbesondere das der Übersetzung, des öffentlichen Vortrags
sowie der Übertragung durch Rundfunk und Fersehen,
auch einzelner Teile.
Kein Teil des Werkes darf in irgendeiner Form
(durch Fotografie, Mikrofilm oder andere Verfahren)
ohne schriftliche Genehmigung des Verlages reproduziert
oder unter Verwendung elektronischer Systeme
verarbeitet, vervielfältigt oder verbreitet werden.
Lektorat: Karl Heinz Bittel, München
Herstellung: Prill Partners producing, Berlin
Satz: Dörlemann Satz, Lemförde
Druck und Bindung: GGP Media GmbH, Pößneck
Printed in Germany
ISBN 978-3-940731-15-9

Inhalt

Vorwort:
Ezra Pound: »Amo ergo sum« 7

I. Die »Wiedergeburt des Eros« im frühen Mittelalter
1. Die Erfindung der Liebe in der Provence 15
2. Die Konvergenz von Häresie und Frauenfrage 26
3. Die Philosophie der Liebe in der Toskana 40
4. Ezra Pounds ›Erektionen des Lichtes‹ 49
5. Hellenistische und gnostische Hintergründe 72
6. Natur/Kultur in der mythologischen Grammatik der Geschlechter 83
7. Die konfuzianische Harmonisierung 100

II. Die westliche Philosophie in den Cantos
1. Rückblende: Der Einbruch der Arabisten in die »philosophia perennis« 116
2. Ezra Pound und die Lesbarkeit der Welt 124
3. Das Bauchgrimmen des Plotinos 130
4. Eriugena 153
5. Lichtblicke: Grosseteste und Brancusi 163
6. Giordano Bruno 177

III. Die fernöstliche Philosophie in den Cantos
1. Konfuzius 188
2. Buddha, die indische Zirze 207
3. Taoismus 213
4. Chu Hsi und die neo-konfuzianische Synthese 222

IV. Ezra Pound und die Sinnkrise der Neuzeit
1. Die positivistische Vernunft 231
2. Sprache und Entsprechung: die Analogie 240
3. Die Identitätslogik 266

V. Guido Cavalcanti
1. Guido Cavalcanti und/oder Ezra Pound 283
2. Ezra Pounds Canto 36 mit deutscher Übersetzung von Eva Hesse 294

Anmerkungen zu Canto 36 von Ezra Pound und zu Guido Cavalcantis »Donna me prega« 304

Literatur 357

Biographische Zeittafel zu Ezra Pound 362

Vorwort

Ezra Pound: »Amo ergo sum

... und zwar genau in dem Maße«, schreibt Ezra Pound 1944 in Canto 81 unter den entwürdigenden Bedingungen seiner Inhaftierung im Drahtkäfig des amerikanischen Militärstraflagers von Pisa[1] und variiert damit Descartes' berühmten Daseinsbeweis »cogito ergo sum« (»ich denke, also bin ich«). Mit diesem Statement kommt der große amerikanische Dichter herunter von den Paroxien des Hasses, in die er sich während des Zweiten Weltkriegs gesteigert hatte, und besinnt sich auf die ursprüngliche Motivation seiner Dichtung.

Sein Satz mag diejenigen verblüffen, die den »Fall Pound« nur aus der medialen Darstellung kennen,

---

[1] Der Drahtkäfig ist »standard equipment« der US-Army geblieben und wird heute noch in Guantánamo verwendet, mit dem einzigen Unterschied, dass der Käfig von Ezra Pound noch zusätzlich mit Maschendraht verstärkt wurde. Der Sechzigjährige blieb 3 Wochen lang darin bei strengster Isolierung (ab 24. Mai 1945), bis sich ein psychischer Zusammenbruch anzeigte. Danach wurde er – immer noch streng isoliert – in ein Zelt verlegt, wo er bis zum 17. November verblieb. In den USA wurde er – ohne Urteil – zwölfeinhalb Jahre lang in *St. Elizabeth's Hospital for the Criminally Insane* inhaftiert. Gegen die Behandlung Ezra Pounds durch die amerikanischen Behörden protestierten u.a. eine Reihe von Nobelpreisträgern und der Generalsekretär der UNO. Von Seiten des deutschen PEN-Clubs hat man nie eine Kritik an der Behandlung dieses Schriftstellers gehört.

die sich unentwegt und ausschließlich mit den politischen Irrwegen Pounds beschäftigt. Ich selber habe mich an anderer Stelle mehrfach kritisch mit Pounds fehlgeleitetem Hass auseinandergesetzt,[2] finde aber, dass es an der Zeit ist, einmal die andere Seite seiner Lebensleistung in den Brennpunkt zu rücken.

Die Initialzündung in Ezra Pounds literarischem Dasein war die Begegnung des Teenagers mit der Liebeslyrik der Troubadours und der toskanischen Dichter des *dolce stil nuovo*, des lieblichen neuen Stils. Wie bei so vielen anderen Großen der englischsprachigen Moderne sprang der erste dichterische Funke dank der Übersetzungen aus dem Provenzalischen und Frühitalienischen über, die im Kreis der Malerdichter der *Pre-Raphaelite Brotherhood* um 1850 entstanden waren. »In der Sache dieser Übersetzungen und meiner Kenntnis der toskanischen Dichter ist mir Rossetti Vater und Mutter gewesen«, so Ezra Pound 1912 in seinem Vorwort zu *The Sonnets and Ballads of Guido Cavalcanti*. Voll Feuereifer und Forscherdrang konzentrierte der jugendliche Dichter fortan seine poetischen und übersetzerischen Kräfte auf das größte erotische und lyrische Abenteuer des Mittelalters: die Erfindung der Liebe, die in der Provence stattfand. Das führte Pound in seiner Universitätszeit zum Studium der provenzalischen Sprache und der Romanistik.

---

2 In: *Ezra Pound: Von Sinn und Wahnsinn*, München 1978; *Die Achse Avantgarde-Faschismus*, Zürich 1999; »Die literarische Reproduktion des Führerprinzips«, in: *Literarische Moderne,* Reinbek 1995. »Ezra Loomis Pound. Kontakte und Leben«, in: *Ezra Pound. Lesebuch*, München 1985

Als direkter Nachfahre der Troubadours trat der junge Dichter an, der ganzen Menschheit die neue erotische Dimension dieser Lyrik in all ihrer Unmittelbarkeit nahezubringen – zunächst vor allem in den Gedichten von *Personae,* aber dann auch in zahlreichen Passagen seiner *Cantos.* Aus seiner Selbsterkundung anhand dieser Lyriker der Frühzeit sollte in der Moderne ein Kontinent von neuen Wahrnehmungen und gesteigerter Sinnlichkeit entstehen für diejenigen Leser, die noch über das eigentliche geistige Kapital einer jugendlichen Neugier verfügen.

Die Neugier auf den Anderen und das andere Sein ist ihrem Wesen nach dem Eros verwandt, der (wie Freud formuliert) immer wieder »die Zufuhr neuer Reizgrößen besorgt«[3], und zwar über die Aufnahme des lebendigen Kontaktes und aus der vitalen Notwendigkeit des Aus-sich-selbst-Herausgehens. Es war diese nie versiegende unbändige Neugier, eine Art Liebesspiel mit der Welt, aus der Ezra Pound bis in sein hohes Alter die Kraft zur Selbsterneuerung bezog. Sein Entdeckerdrang sollte ihn zum Ausbruch aus der kolonialistischen europäischen Zentralperspektive führen, zu neuen Horizonten, unter denen provenzalische Dichter, jüdische und arabische Denker des Mittelalters, chinesische Philosophen, afrikanische Mythen, griechische Naturgottheiten und am Ende noch die archaischen Riten der animistischen Na Khi in Süd-China nahtlos in die *Cantos* integriert werden konnten. Dazu kam Pounds besondere Gabe,

---

3 Sigmund Freud, *Jenseits des Lustprinzips,* in: *Gesammelte Werke,* Bd. XIII, Frankfurt a.M. 1969, S. 42 und 60

to »make it new«, also die Fähigkeit, noch aus dem Uralten und vermeintlich längst Bekannten den Funken des Neuen zu schlagen. Freilich muss sich der Leser schon einen Ruck geben, um auf derart ungewohnte Inhalte anzusprechen, aber die Kunst beginnt ja erst dort, wo man die gelackte und allgemein akzeptierte Oberfläche der Dinge verlässt.

Eigentlich versteht es sich von selbst, dass dieser Dichtung mit dem begrifflichen Besteck des Gewohnten und Geläufigen nicht immer beizukommen ist. Das »Normale«, der »common sense«, erstreckt sich schwerlich auf die Extreme der Erfahrung, und man darf wohl einmal fragen, was für eine Funktion eine höhere Sensibilität wohl haben soll, wenn sie die Oberfläche des Genormten niemals verlässt. Der Canto-Leser sollte deswegen eine Ader für die möglichen Grenzerfahrungen des Lebens entwickeln, für das Ausgefallene, das jenseits des »main stream« Gelegene, um auf einen Dichter anzusprechen, der sich durch die ganze Geistesgeschichte hindurch zum Sprachrohr der Ketzer und Aufrührer gegen die herrschende Meinung gemacht hat. So greift Pound auch durchwegs auf Werke und Urkunden zurück, die nach seiner Meinung von der offiziellen Wissenschaft sträflich vernachlässigt worden sind. Es ist leicht einzusehen, dass ihm in Bezug auf seine Quellen neben außerordentlichen Funden zuweilen auch ausgesprochene Fehlgriffe unterlaufen. Immer wieder gelingt es Pound zudem, für ihn zentrale Texte misszuverstehen und damit seine eigene Autorität zu unterminieren.

Das A und O bleibt aber, dass Pounds *Cantos* über vierzig Jahre hinweg nach dem »Zauderrhythmus«

(Freud) der beiden menschlichen Urtriebe: Liebe und Haß, Eros und Thanatos entstanden sind – auf der einen Seite der Eros, der nach Objekten der Liebe sucht in dem Bestreben, die disparaten Lebenselemente in immer größere Einheiten einzubinden, und auf der anderen der Destruktionstrieb, der sich zunehmend der Welt verschließt, die Lebenseinheiten abspaltet oder ausgrenzt und sich dann auch als Hass nach außen wenden kann. Im weitesten Sinne ist jedoch die Liebe das Zentrum, in dem die widersprüchlichen Linien von Pounds Leben und Werk zusammenlaufen oder vielmehr nach seinem ursprünglichen Plan zusammenlaufen sollten. Denn das »irdische Paradies«, das Pound den Menschen durch seine *Cantos* im Hier und Jetzt erschließen will, ist durchwegs bestimmt von der »Logik der Erfüllung«, wie Herbert Marcuse sie charakterisiert hat: »Die Kunst fordert das geltende Realitätsprinzip heraus: Da sie die Ordnung der Sinnlichkeit vertritt, ruft sie eine tabuierte Logik auf – die Logik der Erfüllung gegen die Logik der Unterdrückung. Hinter der sublimierten ästhetischen Form kommt der unsublimierte Inhalt zum Vorschein: die Verhaftung der Kunst an das Lustprinzip.«[4] So gesehen, ist alle Kunst Kritik am Leben.

Zu dieser Einsicht war Ezra Pound lange vor Marcuse gelangt: »Ich finde den Standpunkt durchaus vertretbar, dass die Funktion der Literatur als fruchtbare positive Kraft eben darin besteht, dass sie die Menschen in ihrem Lebenswillen bestärkt; dass sie

---

[4] Herbert Marcuse, *Eros and Civilization* (1955), dt. u. d. T.: *Triebstruktur und Gesellschaft*, Frankfurt a.M. 1971, S. 183

den Sinn entspannt, ihn anregt, ich meine, entschieden als ein Nährboden der Triebe.«[5]

Das sind Einsichten, die Pound über seine intensive Beschäftigung mit den Troubadours und mit Cavalcanti gewann und die in den Grundstock seiner Überlegungen zum Wesen der Kunst eingegangen sind: »Der künstlerische Nachweis eines Menschen ist nicht der Nachweis der objektiven, theoretischen Schichten in ihm, sondern der seines Wollens und Fühlens«, erklärt er. Doch diese erotische Dimension (im modernen Diskurs auch »das Imaginäre« genannt) entzieht sich der rationalen Entschlüsselung. Pound folgert: »Darin liegt das Überzeugende der Kunst, dass ihr Nachweis ein Nachweis motorischer Kräfte ist. Argument erzeugt nur Gegenargument (...) dahingehend, dass man selbst mit allen Gleichgesinnten im Recht ist. (...) Die Überzeugungskraft des Kunstwerks besteht darin, dass der Künstler seinen Fall so summarisch oder detailliert vorbringt, wie er es für richtig hält. Man kann mit ihm einig gehen oder nicht, aber man kann ihn nicht widerlegen.«[6]

Wenn es in der Natur des Eros liegt, die lebendigen Einheiten zu immer größeren Synthesen zusammenzufassen, lässt sich gerade an den *Cantos* ablesen, wie in dem Maße, in dem die Liebe des Dichters versiegt, das Gedicht dem Gesetz des Todestriebs verfällt, jener Fragmentierung, die ein so durchgehendes Kennzeichen unserer Zivilisation geworden ist. Wenn wir

---

5 Ezra Pound, How to Read (1928), dt. in: *motz el son – Wort und Weise*, Hg. und Ü.: E. Hesse, Zürich 1957, S. 19
6 Ezra Pound, *Patria Mia* (1908–1913), Ü.: Hedda Soellner, Zürich 1960, S. 76

von Pounds persönlichen Fehlleistungen einmal absehen, schreibt sich somit in seinen *Cantos* die allgemeine Sinnkrise der westlichen Vernunft ein, eine »Rationalität«, die an der Aufgabe scheitert, die fortschreitend atomisierten Fakten in einen übergreifenden Sinnzusammenhang einzubinden. »Es ist schwer, ein Paradiso zu schreiben, wenn alle äußeren Anzeichen darauf hinauslaufen, dass man eine Apokalypse schreiben sollte«, meinte der festgefahrene Dichter in einem späten Interview des Jahres 1962. Und in einem seiner letzten testamentarischen Canto-Fragmente bekennt er:

I cannot make it cohere

Canto 116

In dieser Hinsicht sind die *Cantos* wohl tatsächlich gescheitert. Dennoch entsprechen sie durchaus der Definition des modernen Kunstwerks, die Peter Bürger formuliert hat: »Nicht mehr die Harmonie der Einzelteile konstituiert das Werkganze, sondern die widerspruchsvolle Beziehung heterogener Teile.«[7] Und das erschließt der Dichtung darüber hinaus eine gefährliche neue Dimension, in der sich »Kunst und Leben« auf ganz unvorhergesehene Weise zu einer einzigen Schicksalsschrift verbinden. Wenn man die an den Leser gerichteten Zeilen liest, die der blutjunge Ezra Pound dem Troubadour Piere Vidal in den Mund legte, bietet sich der Gedanke an, dass Pounds Schicksal nicht nur aus den Wechselfällen der Zeitgeschichte resultierte, sondern auch aus dem erotischen Anspruch des Dichters an das Leben:

---

[7] Peter Bürger, *Theorie der Avantgarde*, Frankfurt a.M. 1974, S. 110

Keiner hat hier von meinem Ruhm gehört,
Keiner gleich mir gewagt so hohes Spiel:
Eins war die Nacht, der Schmelzfluss und der Leib!
Was mögt ihr Krämer schon mit eurem Gelde viel
Der Welt abkaufen solche Herrlichkeit?
Und wer setzt seiner Kühnheit solch ein Ziel?

O laue Zeit! O Kümmerlinge, ihr,
Die Liebe mimt und nach Begierde giert,
Seht mich an, der dem Hohn zum Ziele dient,
Ich spotte eurer bei der Glut, die mich verzehrt
Zu dieser Asche hier.

I. Die »Wiedergeburt des Eros« im frühen Mittelalter

1. Die Erfindung der Liebe in der Provence

Just zu Beginn der großen Kreuzzüge kam es in Südfrankreich zur »Wiedergeburt des Eros« (Denis de Rougemont), ein erstaunliches Ereignis, dem eigentlich alle weltlichen und kirchlichen Mächte entgegenstanden. Der mittelalterliche Fundamentalismus gönnte dem Individuum ja nicht den geringsten Freiraum für seine irdische Lust, und auch die Antike hatte nichts von einem persönlichen Anspruch auf Liebesglück gewußt – denn sie unterwarf den privaten Drüsenzirkus völlig den Erfordernissen der öffentlichen Ordnung. Der neu entstandene Anspruch auf die individuelle Liebe als einer Wechselneigung zwischen den Geschlechtern darf somit als eine regelrechte Mutation des westlichen Bewußtseins gelten, zumal seine Auswirkungen vielleicht »noch revolutionärer waren als das Credo der amerikanischen Unabhängigkeitserklärung« (J. Highwater).[8]

Wie kam die neue Vorstellung von Liebe und Zuneigung zwischen Mann und Frau zustande? Dafür gibt es sehr widersprüchliche Erklärungsversuche. Denis de Rougemont etwa sieht in ihr eine Reaktion

---

8 Jamake Highwater, *Sexualität und Mythos*, München 1995, S. 178

auf die kirchliche Unterdrückung der *männlichen* Sexualität: »In den Augen der Alten war zum Beispiel die Ehe eine nützliche Institution von begrenztem Zweck. Wenn nicht gerade der Ehebruch in heutigem Sinne, so war zumindest doch das Konkubinat Gewohnheitsrecht, denn Sklaven konnte man gebrauchen und mißbrauchen. Die christliche Ehe aber, insofern sie ein Sakrament ist, forderte vom natürlichen Manne eine Treue, die er unerträglich fand.«[9] Dieses moralische Diktat der Kirche, meint de Rougemont, traf in Südfrankreich auf Menschen, »deren Geist natürlicherweise oder durch Erbe noch heidnisch war. (...) So konnte es nicht ausbleiben, daß das barbarische Blut dieser Menschen rebellierte, und sie hatten auf eine solche Wiederbelebung der heidnischen Mysterien im katholischen Gewande nur gewartet, denn sie brachte die Verheißung der Emanzipation.«[10] Wann immer de Rougemont in seiner bahnbrechenden Untersuchung des Eros von »den Menschen« spricht, sollten wir dessen eingedenk sein, dass es sich um den generischen Maskulin handelt – von dem Anteil der Frauen an dieser erotischen Revolution ist bei ihm kaum je die Rede. Das männliche Interesse an einer größeren Freizügigkeit der sexuellen Umgangsformen ist denn auch die Voraussetzung der meisten soziologischen Untersuchungen über die *amour provençale*. Das geht unangefochten überein mit dem Achselzucken, das der moderne Mann für das Phänomen einer idealisierten Liebe üb-

---

9 Denis de Rougemont, *Passion and Society*, dt. u.d.T.: *Die Liebe und das Abendland*, Zürich 1987, S. 74
10 Denis de Rougemont, ibid.

rig hat, die auf dem weitgehenden Verzicht auf den Geschlechtsakt beruht.

Zuweilen verliert sich dabei sogar die emanzipatorische Motivation – für die Männer (für Frauen wird sie ohnehin geleugnet), so etwa in dem Werk des Franzosen Georges Duby: *Die Frau ohne Stimme. Liebe und Ehe im Mittelalter,* wo der höfische Frauendienst ausschließlich als listiges Mittel zum Zweck der Erziehung junger Rowdys beschrieben wird. Schreibt Duby: »Ich halte alle Kommentatoren für eindeutig widerlegt, die in der höfischen Minne eine weibliche Erfindung gesehen haben. Sie war ein Spiel von Männern, und unter allen Schriften, die dazu auffordern, es zu betreiben, gibt es nur wenige, die nicht von zutiefst misogynen Zügen geprägt sind. Die Frau ist ein Lockmittel, sie gleicht jenen Holzfiguren, auf die ein junger Ritter bei den sportlichen Vorführungen losstürzte, die sich an seine Schwertleite anschlossen. (…) Eine pädagogische Prüfung also. (…) Die rigiden Einschränkungen bei der Verheiratung von Junggesellen führte in diesem gesellschaftlichen Milieu tatsächlich zu einer großen Zahl von unverheirateten Männern, die frustriert und eifersüchtig auf jene waren, die eine Frau in ihrem Bett hatten. Ich spiele damit nicht auf sexuelle Frustrationen an – von denen konnten sie sich leicht befreien. Ich denke eher an die verzweifelte Hoffnung, sich eine rechtmäßige Gefährtin zu verschaffen, um sein eigenes Haus zu gründen, sich niederzulassen – und an die Raub- und Aggressionsphantasien, die durch diese Obsession genährt wurden. (…) Die höfische Liebe lehrte zu dienen, und dienen war die Pflicht eines guten Vasallen. Tatsächlich waren es Lehenspflichten, die auf die

Ebene spielerischer Unterhaltung verlagert wurden. Dadurch bekamen sie jedoch in gewisser Weise eine besondere Schärfe, denn der Dienst wurde einer Frau geleistet, also einem von Natur aus minderwertigem Wesen. Um mehr Selbstbeherrschung zu gewinnen, sah der Lernende sich durch eine strenge, aber umso wirksamere Pädagogik gezwungen, sich zu erniedrigen. (...) In der Ritterschaft selbst trug das Ritual auf eine andere, komplementäre Weise zur Aufrechterhaltung der Ordnung bei: es half, die Unruhe zu beherrschen, die ›Jugend‹ zu domestizieren. Das Spiel der Liebe war in erster Linie eine Erziehung zur Mäßigung.«[11] – Als ob die kirchliche Gängelung nicht schon genug Mäßigung gebracht hätte. Georges Dubys Erklärungsversuch unterschlägt an dieser Stelle zudem die mächtige antiklerikale Tendenz der höfischen Erotik.

Gegen eine derart androzentrische Interpretation der höfischen Liebe als ritualisierter Hahnenkampf der Männer, bei dem die demütig geduckten Frauen keinerlei Stimme hatten, melden sich einige Einwände an. Zunächst einmal steht fest, dass die adligen Damen Okzitaniens nicht nur zuhören, sondern auch selber das Wort ergreifen konnten. Die von den Troubadours besungenen Frauen gehörten meist zum Hochadel, sie verfügten über erhebliche Bildung und großen politischen Einfluss. Ihre Bedeutung für die westliche Literaturgeschichte ist von unbestreitbarer Tragweite und Nachhaltigkeit. So haben etwa die Trobairitz (weibliche Troubadours) ein

---

[11] Georges Duby, *Die Frau ohne Stimme. Liebe und Ehe im Mittelalter*, Ü.: G. Ricke, R. Voullié, Berlin 1989, S. 85–88

beachtliches dichterisches Werk hinterlassen: unter den hundert namentlich bekannten Minnesängern finden sich etwa zwanzig Frauen, darunter die Gräfin Beatrix de Die, ihre Tochter, Marie de Ventadour, und Marie de France.[12] Vor allem aber wäre hier die große Eleanor von Aquitanien (1122–1204) zu nennen, von deren Hof in Poitiers die Dichtung des Frauendienstes um 1160 überhaupt ausging.

Eleanor war eine beherrschende Gestalt in der Geschichte ihrer Zeit, nacheinander als Königin von Frankreich (sie war die Gattin Louis VII., von dem sie sich scheiden ließ) und als Königin von England Gattin von Henry II. und Mutter von Richard Löwenherz. Ihr Lob wurde von provenzalischen, französischen, englischen und deutschen Dichtern angestimmt, vor allem natürlich von ihrem Vasallen, Bernard von Ventadour. Ezra Pound feiert sie in seinem Canto 7 als eine Reinkarnation der Helena, deren privates Liebesleben ebenfalls öffentliche Kriege auslöste: »Eleanor – sie erlosch im britischen Klima« – nämlich als ihr Gatte Henry Plantagenet ihr, der emanzipierten und intellektuellen Südfranzösin, seine Maitresse, die »schöne Rosamunde«, vorzog. Henry hatte darin freilich die Volksgunst und die (männliche) Geschichtsschreibung für sich. Eleanor aber sah – nach 15 Jahren einer beispiellosen politischen Partnerschaft mit Henry und der Geburt von sieben Kindern – in dieser Hinwendung zur niederen Lust den Verrat an ihrem provenzalischen Ideal der »schöpferischen Liebe« zwischen Mann und Frau.

---

12 S. J. Véran, *Les poètesses provençales du Moyen Age à nos jours*, Paris 1946

Sie nahm ihre Kinder mit in die unversöhnliche Feindschaft zu ihrem Ehemann, entzog ihm also genau das, worauf es in der patriarchalen Ordnung ankommt: das Eigentumsrecht über Kinder und Erben. Die kunstsinnige Eleanor hatte ihre südfranzösischen Dichter an den Hof der Plantagenets mitgebracht, wo sie mit dem keltischen Sagenkreis um Tristan, Lancelot und König Artus' Tafelrunde bekannt wurden, Erzählungen, die sie alsdann aufs Festland zurückbrachten.

Ebenfalls am englischen Hof schrieb Marie de France ihre »Lais«, in denen sie den bretonischen mit dem französischen Sagenkreis vermählte. Im höfischen Kreis der Dichter um Eleanor und ihre Tochter aus erster Ehe, Marie de Champagne (die von Chrestien de Troyes besungen wurde), entstanden die Erzählungen des »roman courtois« in der Urform des Romans, einer völlig neuen literarischen Gattung in der westlichen Geistesgeschichte. An die hundert ritterliche Romanzen, die in den verschiedenen Ländern und Sprachen Europas entstanden, bezeugen die literarische Nachhaltigkeit des Wirkens von Eleanor und ihrer Tochter. Auch die hartnäckige Fiktion der südfranzösischen »Liebeshöfe«[13] zeigt immerhin

---

13 Die Existenz von »Liebeshöfen« zur eigentlichen Zeit der höfischen Liebe ist umstritten. Die Dichterin Christine de Pisan berief die berühmte Versammlung des *Court Amoureuse* erst am Valentinstag 1400 ein, um die Frauen gegen die misogynen Angriffe des *Roman de la Rose* zu verteidigen. Die Frauen Südfrankreichs debattierten jedoch wie die Scholastiker in den Schulen mit den Dichtern und entwickelten dabei eine Art Kodex der Liebeskunst. Die Richtsprüche der großen Damen, etwa der Marie de Champagne, wurden vielerorts verbreitet, so etwa ihre Unterscheidung zwischen der ehelichen Gemeinsamkeit und der Übereinstimmung der Liebenden: »Die Liebenden stimmen schweigend überein und tun es um-

eines: dass es die Frauen waren, die in der Liebe das Sagen hatten und das Begehren der Männer daraufhin prüften, ob es zur hohen oder zur niederen Liebe gehörte.

In ihrer ehelichen Existenz waren die adligen Frauen Südfrankreichs allerdings nach wie vor Gegenstand männlicher Machtspiele wie Herrschaft, Mehrung von Besitz, Prestige und Fortpflanzung im Mannesstamm. In dieser Hinsicht blieben sie Gefangene des vaterrechtlichen Schemas: Eigentum der Männer – ob Vater, Bruder, Ehemann oder Sohn – und unterstanden nicht dem Personen-, sondern dem Sachrecht. So konnte etwa eine vergewaltigte Frau in eigener Person keine Klage gegen ihren Vergewaltiger anstrengen – das war ihrem Eigentümer vorbehalten, also dem Vater oder dem Ehemann: er, nicht sie, war der Geschädigte.

Auf dem Heiratsmarkt konnte von Liebe oder Zuneigung keine Rede sein, hier wurden die entmündigten Frauen als bloße Tauschwerte oder als Objekte der männlichen Triebentsorgung gehandelt. Diese patriarchalischen Vorgaben lockerten sich ein wenig während der Kreuzzüge, die oft eine jahrelange Abwesenheit der Feudalherren mit sich brachten, in der die Ehefrauen stellvertretend alle Rechte ihrer Männer ausübten, ganz zu schweigen von der Macht, die ihnen zuwuchs, wenn sie durch den Tod des Ehegatten im Heiligen Land zu Witwen wurden. Es waren vor allem diese hochgestellten

---

sonst. Die Verheirateten sind durch die Pflicht gehalten, gegenseitig ihren Willen zu ertragen und sich niemals zu verweigern.« (Mircea Eliade, *Geschichte der religiösen Ideen*, Bd. 3/1, Freiburg/Br. 1983, S. 104)

Frauen, die sich gegen die Konventionen einer Ehe auflehnten, die keine echte Beziehung zwischen zwei selbstständigen Subjekten war, sondern ein Rechtsvertrag, durch den die Frau ohne jede Eigenbestimmung zur sexuellen Privatsache des Mannes gemacht wurde.[14]

Die okzitanische Lyrik verkündete erstmals die Autonomie der Liebe gegenüber jeder Art von ausschließlichem und juristischem Eigentumsanspruch an einem anderen Menschen. Die Liebe, so hieß es hier, ist kein realisierbarer Tauschwert, sie hat mit der Ehe nicht das Geringste zu schaffen – der Ehe, die bis weit in die Neuzeit hinein nur ein vertraglich abgesichertes Geschäft zwischen den Familien war. Im Minnesang werden dagegen Liebe und Ehe als reziproke Negationen aufgefasst. Wir haben hier den Anfang einer literarischen Konvention, nach der durch die Jahrhunderte Ehe und Liebe für unvereinbar gelten. Erst mit der bürgerlichen Familie der Industriegesellschaft des 19. Jahrhunderts entstand die Vorstellung von einer Liebesheirat und einem allgemeinen Recht des Einzelnen darauf, wie sie heute unser Denken bestimmt. Die Damen der Provence aber erhoben den Anspruch, dass die Frau, wenn schon nicht in der Ehe, doch wenigstens in der Liebe eigenbestimmtes Subjekt und nicht bloßes passives Objekt für männliche Zwecke sein sollte. Diese Frauen stellten eine scharfe begriffliche Unterscheidung her zwischen der *fin amor* – der hohen, idealen, letztlich unerfüllba-

---

14 I. Kant definiert den rechtlichen Aspekt der Ehe als die »Verbindung zweier Personen verschiedenen Geschlechts zum lebenswierigen wechselseitigen Besitz ihrer Geschlechtseigenschaften«, *Rechtslehre*, §24.

ren Liebe, und der *vilanie* – der Rohheit und Geistesferne des fleischlichen Besitzes, der bloßen Triebabfuhr oder der Zeugung von Kindern zur Wahrung des Besitzstands. In der *fin amor* sollten die sexuellen Bedürfnisse des Mannes zurückgestellt werden, sie wurden einer Liebesprobe, dem »assag«, unterworfen.[15]

In ritterlichen Romanen kommt der Topos dieser Liebesprobe oft vor, etwa wenn das Liebespaar, nur durch ein blankes Schwert getrennt, eine Nacht lang das Lager miteinander teilt. Im Allgemeinen sind in diesen Erzählungen die Zärtlichkeiten unter Liebenden auf das beschränkt, was wir heute das Vorspiel nennen würden: den Kuss, die Umarmung, den begrenzten Hautkontakt der nackten Liebenden. Zärtlichkeit, sagt Freud, ist »der Trieb als eine zielgehemmte Regung«.[16] Sicher lag den adligen Damen auch daran, außereheliche Schwangerschaften zu vermeiden, doch nur unter anderem, denn diese Art des sexuellen Verkehrs mit ihren verzögernden Elementen entspricht ja auch den sexuellen Bedürfnissen der Frau viel eher als der schnell erregte und befriedigte männliche Sexualakt.

In diesem ersten großen Geistesfrühling des Abendlandes bahnte sich – zumindest auf literari-

---

15 Assag: provenzalisch auch assai, assas geschrieben; katalonisch: assatg; it.: assaggio; lat.: exagium. In der Grundbedeutung von wägen, aber auch auf die Probe stellen, prüfen, examinieren (exagmen). Das anfängliche »ass« verwandelte sich später zu »ess«, der »assag« zum »essai«.

16 »Die zielgehemmte Liebe war eben ursprünglich vollsinnige Liebe und ist es im Unbewußten des Menschen noch immer.« Sigmund Freud, »Das Unbehagen in der Kultur«, in: *Abriß der Psychoanalyse. Das Unbehagen in der Kultur*, Frankfurt a.M. 1971, S. 95

schem Gebiet – so etwas wie eine erotische Gleichstellung von Mann und Frau an, woraus sich neue intersexuelle Verkehrsformen entwickelten, bei denen es dann auch zu weitreichenden Umbesetzungen der bisher sehr eng gefassten Standes- und Geschlechterrollen kam. Indes die Kirche sich noch darum stritt, ob die Frau überhaupt eine Seele habe und zu den Menschen zähle oder noch dem Tierreich zuzurechnen sei, wurde in der höfischen Dichtung die Frau auf unerhörte Weise aufgewertet. Während die mittelalterlichen klerikalen Fundamentalisten den Leib der Frau als den Ort des Teufels (*instrumentum diaboli*) bezeichneten, kam es beim niederen Volk zu dem großen Durchbruch des Marienkults, der von der Kirche zunächst als Rückfall ins Heidentum beargwöhnt wurde. Erst im Jahr 1100 wurde die Marienverehrung von Papst Urban II. sanktioniert. Auch die neue Verehrung der Mutter Gottes gehört zu der Einbeziehung des anderen Geschlechts, die, wie Jacques Le Goff schreibt, zu einer »Entmaskulinisierung der Geschichte führen muss«.[17]

Das Konzept der *amour provençale* war ein erster kleiner Schritt der Frauen auf dem langen Weg ihrer Emanzipation – aber vielleicht war er der wichtigste von allen, da er die Basis für eine neue Zärtlichkeit im Umgang der Geschlechter schuf. Freilich vollzog sich dies Umdenken noch ganz im Rahmen des mittelalterlichen Feudalwesens. Doch während die Damen des Hochadels innerhalb ihrer eigenen Kaste nach

---

17 Jacques Le Goff, *Pour un autre Moyen Age* (1977), dt. u. d. T.: *Für ein anderes Mittelalter*, Ü.: Juliane Kümmell, ausgew. Dieter Groh, Frankfurt/Berlin/Wien 1984

wie vor tief unter ihren Ehemännern rangierten, nahmen sie bei den Männern von niedrigerem Stande, den Vasallen ihrer Ehemänner, einen so hohen Rang ein, dass sie im höfischen Umgang nicht nur als »Herrin« (provenzalisch: Domna, Dompna), sondern sogar als »Monseigneur« (adliger Herr) angesprochen wurden.[18] In diesen Kreisen ist es die

---

18 Ezra Pound wundert sich über Dantes »unerklärliche Ansprache seiner Dame im Maskulinum«, *Spirit of Romance* (1910), Norfolk/Conn. 1952, S. 92. Auch Denis de Rougemont sucht nach einer Erklärung dafür, dass der Ritter seiner Dame oft den männlichen Titel »mi dons (mi dominus)« gibt oder sie im Spanischen »Senhor« statt »Senhora« nennt und vermerkt, dass andalusische und arabische Dichter ebenso verfuhren (*Passion and Society,* op. cit., S. 98f.). Er findet die Erklärung in dem Narzissmus jeder sog. platonischen Liebesbeziehung, die notwendigerweise homoerotische Tendenzen haben müsse. Die Tatsache, dass hier die Frau, im Gegensatz zum europäischen Mainstream, hoch über den Mann gestellt wurde, verweist jedoch auf einen weiteren Zusammenhang – den des »one-sex model« für die Geschlechterdifferenz. In der antiken Gnosis gilt der Anthropos Adam als mannweibliches Wesen, und auch das schöpferische Urwesen ist bisexuell. Das weibliche Prinzip auf Erden wird, wenn es sich mit dem Geistigen wiedervereint, ins Männliche verklärt. Das Maskulinum wäre also synonym mit dem Begriff der Androgynie und stellt den übergreifenden Gattungsbegriff für das Menschengeschlecht dar. Zwischen den Geschlechtern gibt es nach dieser Auffassung gleitende Übergänge. Eva steht nicht im Gegensatz zu Adam, sie ist ein Stück von ihm – ein männliches »Mangelwesen«. Nach dem »one-sex model« können außergewöhnliche Frauen zur Männlichkeit und damit zur vollen Menschlichkeit aufsteigen, während mindere Männer zur Weiblichkeit absinken und ihren voll-menschlichen Status verlieren. Die Grenze zwischen den Geschlechtern bleibt hier offen. Das Mannweib, die »virago«, kann sich der vollen Männlichkeit annähern. So steigt Beatrice in Dantes Hierarchie der theologischen Abstraktionen stufenweise auf und wird erst zur »Philosophie«, dann zur »Weisheit« und schließlich zur »göttlichen Erkenntnis« allegorisiert. Erst seitdem sich das »two-sex model« der Geschlechterdifferenz durchsetzte, wird die Unterscheidung zwischen Mann und Frau als unüberbrückbare Opposition aufgefasst und absolut gesetzt (s. dazu: Ina Schabert, *Englische Literaturgeschichte aus der Sicht der Geschlechterforschung*, Stuttgart 1997). Die polarisierende Wer-

Frau, »die den Mann mit oder ohne dessen Zustimmung wählt, denn als Lehnsherrin hat sie eine Macht über ihn, die der ihres Gatten über sie selbst entspricht. Dank der von Männern von gesellschaftlich minderem Rang entwickelten Lyrik können die hochgestellten Damen aber das Bewußtsein eines tiefen Begehrens erlangen: geliebt zu werden und die so oft nur den Männern vorbehaltene Lust kennenzulernen. Auf diese Weise machten die Troubadours sich liebenswert, und sie wurden zur Liebe verurteilt. An die Stelle der kriegerischen Heldentat tritt die Macht des Wortes. (...) Kurz gesagt, die Erfindung der Liebe in der mittelalterlichen Gesellschaft entspricht einer Verwirklichung der Parole ›Die Phantasie an die Macht‹, denn die (...) Damen werden sich über den Phantasiediskurs der Dichter ihrer selbst bewußt. Die Liebe erscheint als ein doppelter Ausgleich: für die Minderwertigkeit des weiblichen Geschlechts und für die gesellschaftliche Minderwertigkeit.«[19]

2. Die Konvergenz von Häresie und Frauenfrage

Einiges spricht dafür, daß sowohl die Erhöhung der Frau in der höfischen Dichtung wie auch die häretischen Massenbewegungen der Zeit »in der

---

tung der Geschlechter, in der alle »echt weiblichen« Charakterzüge als Negationen der positiven männlichen Eigenschaften auftreten, setzte sich im Europa der Neuzeit und insbesondere in der bürgerlichen Gesellschaft des 19. Jahrhunderts durch. Pounds selbeigene Identitätsstiftung bleibt diesem Dualismus verhaftet.

19 Marie-Odile Métral, *Die Ehe. Analyse einer Institution*, Frankfurt a.M. 1981, S. 126f.

Hauptsache eine verkleidete Emanzipationsbewegung der Frauen war[en]«[20] – der Frauen, die sich voll Abscheu von der misogynen Hauptströmung der Zeit abkehrten, mit der ihr Dasein sowohl auf Erden wie im Himmel als Unglück und Nichtigkeit bestimmt wurde. »Die Geschichte der Ketzerbewegungen ist in vielerlei Hinsicht eine Geschichte der Frau in Gesellschaft und Religion«, schreibt auch der französische Historiker Jacques Le Goff, »wenn es auf dem Gebiet der Sensibilität etwas gibt, dessen Neuartigkeit im Mittelalter erkannt wird, dann ist dies doch die höfische Liebe, und dieses neue Phänomen entsteht auf der Grundlage eines bestimmten Bildes der Frau«.[21]

Nur auf den ersten Blick scheint die asketische Tendenz der Ketzerlehren in Widerspruch zu der irdischen Liebe der höfischen Weltanschauung zu stehen. Denn als Gegenpol zur Welt und ihrer sozialen Ordnung gehört auch die Askese zur Rebellion der Frauen gegen die heillose patriarchalische Unterdrückung der Zeit: »Die Keuschheit zwischen Männern und Frauen bedeutete keinerlei Abwertung der Frau, im Gegenteil, man traf sich als Bruder und Schwester auf einer neuen Ebene.«[22] Die katharische Ablehnung der Ehe, deren einziger Sinn aus Sicht der Kirche die Zeugung von Kindern ist, brachte unter anderem auch ein Herabstufen der körperlichen Geschlechtsunterscheidungen und eine Betonung der seelischen Gemeinsamkeiten mit sich. Bei den Ketzern wurden

---

20 Gottfried Koch, *Frauenfrage und Ketzertum im Mittelalter*, Berlin 1962, S. 144
21 Le Goff, op. cit., S. 181
22 Gottfried Koch, op. cit., S. 108

Mann und Frau als gleichwertige menschliche Wesen behandelt, denn im Jenseits gibt es nach ihrer Lehre keine Ehe, weil dort alle Seelen Engel, d.h. der irdischen Geschlechtlichkeit enthoben sind. Ähnliches gilt für den höfischen Kontext, in dem der sexuelle Vollzug der Liebe »ausgesetzt« wurde, womit sich erstmals die Möglichkeiten einer freundschaftlichen Annäherung von Mann und Frau auftaten. Die Forderung nach der Keuschheit kann also in diesem historischen Zusammenhang nicht schlichtweg als Ausdruck des Frauenhasses verstanden werden, wie wir es heutzutage tun würden.

Vom 11. Jahrhundert an erfuhr die erstarrte mittelalterliche Gesellschaft eine tiefgehende Erschütterung durch einen rapiden Bevölkerungszuwachs. Es stellten sich völlig neue Probleme, vor allem dieses: wohin mit den nicht erbberechtigten jüngeren Söhnen und Töchtern? Unter dem Andrang von so viel Jugend suchten die etablierten Mächte der älteren Generation aller Klassen ihre Besitzstände zu wahren, indem sie durch ständig höher geschraubte Mitgiftforderungen die Möglichkeiten zur Eheschließung rigoros einschränkten. Der südfranzösische Adel löste seine wirtschaftlichen Probleme auf naheliegende Weise dadurch, dass er ab Mitte des 12. Jahrhunderts seine Töchter einfach nicht mehr wie bisher am Erbe beteiligte. Noch gravierender stellte sich das Existenz- und Versorgungsproblem der jüngeren Generation natürlich für die unteren Volksschichten. Deswegen verlangte der Wanderprediger Heinrich der Mönch 1116 in Le Mans, dass Ehen künftig auch ohne Mitgift geschlossen werden sollten: »Die Nackte sollte den Nackten, der Gebrechliche die

Kranke, der Arme die Hilflose heiraten.« Diesen Gedanken entwickelte Heinrich dann weiter zu der ketzerischen Ansicht, daß die Gültigkeit der Ehe *allein* auf der Zustimmung der beiden Partner beruhe und der kirchlichen Riten und des katholischen Ehesakraments nicht bedürfe. Diese Gedanken enthielten für die damalige Zeit eine wahrhaft revolutionäre Forderung, entschied doch im Mittelalter vor allem das Familieninteresse, das die Kirche dann sanktionierte, über die Heirat der Tochter.[23]

Das Dilemma der überschüssigen Nachkommenschaft betraf alle Schichten: die Bauern, die Handwerker, den kleinen Adel und die Feudalherren. Viele Angehörige der jungen Generation sahen sich zu einem Dasein der Armut, der Kinderlosigkeit, der Einsamkeit und Heimatlosigkeit verurteilt. Da bot die Kirche den jüngeren Söhnen einen willkommenen Ausweg: 1095 löste Papst Urban II. (1088–1099) auf dem Konzil zu Clermont eine Woge fanatischer Begeisterung für den ersten Kreuzzug aus, indem er den versammelten Rittern erklärte, sie wären bereits viel zu viele für ihre von Meer und Gebirge begrenzten Territorien, und ihnen zugleich »ewige Belohnung« in Aussicht stellte. Einzig der Krieg gegen die Ungläubigen biete – einmal abgesehen von seiner Gottgefälligkeit (»Gott will es!« lautete der Schlachtruf der Kreuzritter) – die Chance zu neuen Landnahmen. 300000 Ritter (der Tross nicht mitgerechnet) brachen im darauf folgenden Jahr ins Heilige Land auf.

Der Aderlass der Kreuzzüge dezimierte zwar die überzählige männliche Bevölkerung, verschärfte aller-

---

23 Gottfried Koch, op. cit., S. 41

dings noch weiter die Krise des Frauenüberschusses. Denn für unverheiratete Frauen oder Witwen gab es weder von kirchlicher noch von gesellschaftlicher Seite irgendeine materielle Versorgung. Die Benediktinerklöster (die einzigen, die auch Frauen aufnahmen) waren nicht sehr zahlreich und zudem nur den höchsten Kreisen vorbehalten. Als Ersatz für die Versorgung durch die Ehe blieb den allein gelassenen Frauen nur die Selbsthilfe. Viele Kommunen von Frauen und Männern etablierten sich in der Folge in Südfrankreich nach dem Modell der bogomilischen Doppelklöster für Männer und Frauen. In den Niederlanden, in Nordfrankreich und am Rhein entstanden Beginenhöfe,[24] in denen Männer und Frauen, vornehmlich aber Frauen, im Laienstande zusammenlebten, ohne ein Klostergelübde abgelegt zu haben. In den kleinen Landstädten des Languedoc organisierten sich zahlreiche häretische oder orthodoxe Frauenkonvente, die sich die Krankenpflege und die Kindererziehung zur Aufgabe machten. Katharische Frauenkonvente betrieben Mädchenschulen, in denen die vernachlässigte und minderbewertete weibliche Nachkommenschaft sowohl durchgefüttert wie im Lesen und Schreiben unterrichtet wurde. »Sie unterrichten kleine Mädchen in der Bibel und den Episteln, damit sie sich von Kind auf an die Irrlehre gewöhnen«, heißt es in einem Kirchentraktat der Zeit. Indem sie sich mit ihrer Doktrin gegen die Familie und die Fortpflanzung stellten, boten die Ketzer den verachteten und gesellschaftlich überflüssigen Frauen zudem die ideologische Heimat, die ihnen von der kirchlichen und weltlichen

---

24 Genannt nach der »Begine«, dt.: Haube

Obrigkeit verweigert wurde: Wenn sie das katholische Sakrament der Ehe aufs Schärfste verurteilten, gaben sie damit zugleich der erzwungenen Ehelosigkeit einen tieferen Sinn. Die katholische Kirche, sagten sie, habe sogar den Namen der Liebe (= AMOR) in ihr Gegenteil (= ROMA) verkehrt.

Vor dem Hintergrund der existenziellen Nöte der Frauen erging sich derweil die katholische Kirche mit dem Rückgriff auf den alttestamentarischen Mythos vom Sündenfall in einer immer gehässigeren Diskriminierung: »Man versuchte so – ganz im Gegensatz zu Jesus und dem Urchristentum – die durch die Ausbeutergesellschaft bedingte soziale Abhängigkeit der Frau ideologisch zu begründen und auf göttliche Bestimmung zurückzuführen. So traten besonders mit den Kirchenvätern die Berichte der Genesis über die sekundäre Erschaffung und primäre Verführung der Frau in den Vordergrund. Die Frau sei aus einem Teil des Mannes geschaffen und ihm deshalb untergeordnet; Eva sei die Verführerin, die Mutter und Urheberin der Sünde in der Welt, und ein dem Manne gegenüber geistig und sittlich minderwertiges Wesen.«[25]

Doch der Massenzulauf der Frauen zu den häretischen Bewegungen nötigte schließlich sogar die Kirche, auf die südfranzösische Frauenbewegung zu reagieren. Der heilige Dominikus, ansonsten der Meinung, man müsse jeden Kontakt mit Frauen tunlichst meiden, gründete als erstes Kloster seines neuen Ordens ein Frauenkloster (das Kloster von Prouille) mit der Erklärung, dass die Adligen ihre

---

25 Gottfried Koch, op. cit., S. 92

Töchter bisher den Häretikern überlassen hätten. »So waren es hauptsächlich Frauen, meistens ehemalige *perfectae* (lat.: »Vollendete«, also Priesterinnen der Katharer), die er seit 1205 in die katholische Kirche zurückführte. (…) Er selbst lernte wohl die Aktivitäten der weiblichen Vollendeten u.a. auf dem Streitgespräch von Pamiers kennen, auf dem Esclarmonde von Foix auftrat.«[26] Von diesem Gespräch wird berichtet, dass der Gefährte des heiligen Dominikus, Bruder Stephan, Esclarmonde über den Mund fuhr: »Kümmern Sie sich um Ihren Spinnrocken, Madame. Sie haben über Dinge dieser Art nicht zu befinden!« Eine typisch klerikale Ungezogenheit gegenüber den Frauen, die alle Anwesenden empörte, denn Esclarmonde, die Schwester des Grafen von Foix, war Witwe und eigenständige Landesherrin, Mutter von sechs Kindern, und wurde als *perfecta* von allen Katharern hoch verehrt. Die adligen Damen Südfrankreichs waren es nicht gewohnt, in die Küche verwiesen zu werden, zumal sie ihren Ehemännern an Bildung meist haushoch überlegen waren.

Ein Sammelname der häretischen Gemeinden Südfrankreichs ist »Albigenser« nach ihrem Hauptort Albi, sie selber nannten sich meist »Katharer« (von gr.: katharos, dt.: rein). Von der lombardischen Form des Wortes Katharer: »gazzeri«, stammt unser deutsches Wort »Ketzer« ab. Die Bewegung war ursprünglich von Mazedonien ausgegangen, wo gegen Ende des 10. Jahrhunderts ein Dorfpriester namens Bogomil (dt.: Gottesfreund) ein Leben in apostolischer Armut und die Abkehr von den korrupten Mächten von

---

26 Gottfried Koch, op. cit., S. 145

Welt und Kirche predigte. Ein theologisch durchaus revolutionärer Ansatz, denn alle weltliche Autorität stammte nach Ansicht Bogomils vom Satan. Seine Anhänger, die Bogomilen, verbreiteten die Lehre eines asketischen Lebens im Sinne des Evangeliums in ganz Bulgarien und gewannen bald auch eine zahlreiche Gefolgschaft in Byzanz. Als sie dort Mitte des 12. Jahrhunderts unter den Druck der staatlichen und kirchlichen Verfolgung gerieten, drängten sie auf den Balkan zurück und begannen eine Missionierung des Westens. Die Sekte verbreitete sich rasch über den ganzen Balkan und fasste in Griechenland, Italien, Frankreich und Deutschland Fuß. In Bosnien wurde ihre Lehre 1199 sogar zur Staatsreligion. Viele der ersten katharischen Missionare waren »bulgari« – Bulgaren, daher das französische Schimpfwort »bougre« und das englische »bugger«.

In Südfrankreich hießen die Katharer wegen ihres frommen Lebenswandels im Volksmund »bonshommes« (dt.: gute Menschen). Sie zogen zu zweit übers Land, predigten am Wegrand und lebten ausschließlich von Almosen. Prinzipiell lehnten sie jede Gewalt, jede Art von Zwang und jede institutionelle Hierarchisierung ab, wie sie innerhalb der römischen Kirche üblich war. Dennoch fand im späten 12. Jahrhundert eine allmähliche Verkirchlichung statt: Die erste Erwähnung einer katharischen Kirche fällt in das Jahr 1160. Ursprünglich eine Bewegung der Bauern und des Kleinadels, wurden die Katharer bald auch vom Hochadel unterstützt, besonders in Südfrankreich. Dort schlossen sich den Ketzern auch viele Handwerker an, besonders die Weber und Weberinnen von Toulouse bildeten einen harten Kern. In

Nordfrankreich wurde das Wort »tixerant« (von »tisserant«, dt.: Weber) folglich zu einem Synonym für »Ketzer«. In England ist bereits im Jahr 1145 die Rede vom Katharismus. In Köln werden im Jahr 1143 katharische Kommunen erwähnt – dort zog die Benediktinerin Hildegard von Bingen gegen sie zu Feld. Der Heiligen fiel die große Anziehungskraft des Katharismus für die Frauen auf, die sie auf das Versagen des katholischen Klerus zurückführte.[27] In Norditalien fanden die Katharer ihre Anhängerschaft vor allem in den aufstrebenden Stadtstaaten, die sich gegen die Abhängigkeit von bischöflichen Stadtherren und Fürsten auflehnten. Der berüchtigte Ezzelino da Romano, Bruder der Cunizza, gehörte zu den bedeutendsten Anwälten der Katharer in Verona. In Florenz wurden die mächtigen Familien der Baroni, Pulci, Cipriani und Cavalcanti zu ihren Sympathisanten gerechnet.[28]

Die Kirche kopierte in ihrem Kampf gegen die Ketzer bald den Feind: »Dass Dominikus und seine Gefährten neue Missionsmethoden anwandten, indem sie das strenge Leben der katharischen *perfecti* nachahmten, ist bekannt«, schreibt Gottfried Koch.[29] Die Franziskaner hatten in ihren Ordensregeln, ähnlich volksnah wie die Katharer, das Programm der urchristlichen Armut und der Gewaltlosigkeit aufgenommen. Die Dominikaner wanderten wie die Katharer paarweise und zu Fuß durch das Land und ernährten sich von Almosen. Aber sie führten gegen

---

27 Hildegard von Bingen, *Sanctae Hildegardis Epistolae*, MPL 197, col. 251
28 Arno Borst, *Die Katharer*, Stuttgart 1953, S. 124
29 Gottfried Koch, op. cit., S. 145

die Albigenser blutige und totalitäre Kreuzzüge, denen sich ab 1229 der nordfranzösische König anschloss, der seinen adligen Gefolgsleuten reiche Landnahme in Südfrankreich versprach. Eigens gegen diese Sekte der Gewaltlosen und Vegetarier war 1229 in Toulouse die Inquisition erfunden und 1233 den Dominikanern und Franziskanern übertragen worden, die von nun an fanatisch das Geschäft der physischen Vernichtung der Ketzer und die gewaltsame Bekehrung des Landes betrieben. In der Folge wurde das reiche, multikulturelle und blühende Südfrankreich auf Jahrhunderte hinaus verwüstet. Im Jahr 1244 fiel schließlich Mont Ségur, eine der letzten Zufluchtsstätten der Katharer, alle Insassen der Festung, darunter viele Frauen und Kinder, wurden bei lebendigem Leibe am Fuß des Berges auf einem großen Scheiterhaufen verbrannt – ein Ereignis, auf das Pound in seinen *Cantos* wiederholt zurückkommt.

Was glaubten die Katharer? Die älteste Form des Katharismus ist sicherlich der altiranische Dualismus des Zarathustra (oder Zoroaster), der eintausend Jahre vor der Geburt Christi entstanden war. Nach Zarathustras Lehre ist die Welt eine Zwillingsschöpfung des guten Lichtgottes: Ahura Mazda (oder Ormuzd) und des Geistes der Finsternis: Anra Mainyu (oder Ahriman). Im altpersischen Parsismus, der die Philosophie des Zarathustra mit Elementen der Volksreligion vermischte, wird die gesamte Schöpfung bis hinab zu den Tieren und Pflanzen nach dem dualistischen Prinzip klassifiziert. Mit dem Parsismus verband sich der noch ältere Kult des Mithra, des höchsten Sonnen- und Lichtgotts der alten Perser. Von Ostiran aus verbreitete sich der Mithrakult über Indien und den ganzen Vorderen Orient, ab dem Jahr 70 auch über Europa.

Vor allem die römischen Legionen feierten die Mysterien des Mithra und sahen in dem Lichtgott den heldenhaften Kämpfer gegen die Heerscharen der Finsternis. Mont Ségur, der heilige Ort der Katharer, soll übrigens ursprünglich eine Stätte des Mithrakults gewesen sein. Auch im Manichäismus, der persischen Gnosis, gibt es die beiden einander von Ewigkeit her bekämpfenden Prinzipien Licht und Materie. Im Verlauf dieses Kampfes, so heißt es, sind einige Lichtteile von der Materie verschlungen worden, und diese sozusagen in der Diaphanie[30] gefangenen Lichtteile der Weltseele sehnen sich nach der Erlösung aus der Dunkelwelt. Der Sonnengeist Christus ist als Vertreter des freigebliebenen Lichtes auf die Welt gekommen, um die Lichtseelen zu besonnen und sie an ihren Ursprung zu erinnern. Der Begründer dieser Lehre, Mani (215–276), verschmolz Christentum und Parsismus und sah sich selber als den »Parakleten«, also den eigentlichen Vollender der Lehre Christi.

Die Manichäer verwarfen das Alte Testament in toto[31] wie später die Katharer. Der Gott der Genesis

---

30 Zu »Diaphanie« s. S. 317ff.
31 Auch für Ezra Pound ist der eifernde Gott des Alten Testament das Inbild all der Intoleranz, der Dogmatik und des Fanatismus, die zwangsläufig aus dem Monotheismus folgen, der sich gegen die Pluralität der antiken Götterwelt stellt und all die Übergänge und Abstufungen zwischen dem Göttlichen und dem Menschlichen, den Halbgöttern, Heroen, Tiermenschen, Tieren und Pflanzen austilgt. Der Glaube im Besitz der absoluten Richtigkeit und endgültigen Wahrheit zu sein, ist für Pound ein Symptom »der hebräischen Krankheit« – dies natürlich ganz ohne Selbstanwendung.

ist für sie Satan höchstselbst, die materielle Welt und die irdische Zeit eine Schöpfung von Lucifer oder Lucibel.[32] Der wahre Gott bleibt nach der katharischen Überzeugung jenseitig, unsichtbar, verborgen im Lichtglanz und im Reich der Äonen. Als kompromisslose Dualisten glaubten sie, dass Christus reiner Geist gewesen sei und niemals wirklich im Fleisch existiert habe. Der Leib Christus war lediglich ein Phantom und hat nie einen Tod erlitten. Nur wie ein Lufthauch sei Christus durch den Leib der Jungfrau Maria gefahren, weswegen er später zu ihr sagen konnte: »Weib, was habe ich mit dir zu schaffen?« Die Transsubstantion von Brot und Wein in Leib und Blut Christi, wie sie im katholischen Messopfer zelebriert wird, hielten die Katharer für eine abscheuliche Blasphemie: diese Wesensverwandlung habe nur ein einziges Mal, während des heiligen Abendmahls, stattgefunden. Sie verabscheuten zudem das Kreuz als eine schreckliche Lästerung der göttlichen Natur, da es den reinen Geist als Gefangenen der Materie und den Sieg Satans über Christus darstellt, so wie in der ganzen Natur bis hinab zu den Pflanzen das Licht in der Materie gebannt ist. Die Katharer hatten einen wahren Horror vor der Fortpflanzung, in der sie die ruchloseste Handlung überhaupt sahen, weil durch sie erneut eine himmlische Seele (oder ein »Engel«)

---

32 Über die kosmologische Funktion des Bösen schreibt Sigmund Freud: »Der Teufel wäre zur Entschuldigung Gottes die beste Auskunft, er würde dabei dieselbe ökonomisch entlastende Rolle übernehmen wie der Jude in der Welt des arischen Ideals. Aber selbst dann: man kann doch von Gott eben sowohl Rechenschaft für die Existenz des Teufels verlangen wie für die des Bösen, das er verkörpert.« In: »Das Unbehagen in der Kultur«, op. cit., S. 108, und in: *Gesammelte Werke*, London/Frankfurt a.M. 1940/1968, Bd. XV

aus der Lichtwelt in die Dunkelwelt der irdischen Materie herabgezogen wird.

Trotz dieser latenten Sexualfeindlichkeit bekannten sich gerade die Frauen der Provence in großer Zahl zu einer Lehre, nach der nicht Gott, sondern erst Satan den Unterschied zwischen Mann und Frau geschaffen hat, einen Unterschied, der jedoch nur im vergänglichen Körper besteht, nicht in der Seele. Die vom Katholizismus behauptete Ungleichwertigkeit der Geschlechter hat somit für die »Reinen« keine Geltung. In der katharischen Kirche waren denn auch die weiblichen *perfectae* den männlichen *perfecti* völlig gleichgestellt. Im Gegensatz zur Praxis der katholischen Kirche bis zum heutigen Tag konnte das »Mangelwesen« Frau bei ihnen ebenso gut das Priesteramt innehaben wie der Mann. Die »Reinen« verlangten Abstinenz von allen Speisen, die durch Zeugung entstanden sind. Tiere, durch deren Körper gefallene Engel wandern könnten, durften nicht getötet werden, Menschen natürlich erst recht nicht. Den Katharern war im Prinzip jede Gewalt und damit auch jede Notwehr gegen ihre Verfolger untersagt.

Ihre Sittenlehre entsprach in mehr als einer Hinsicht den manichäischen Geboten, die sich nach den drei *signacula* (dt.: Kennzeichen) richteten: dem Verbot von Wein und Fleisch; dem Verbot, Tiere zu töten und Pflanzen zu schädigen; dem Verbot des sexuellen Verkehrs. Doch diese strengen Lebensregeln machten die Manichäer nur für die *electi* (dt.: Auserwählten) geltend, wie die Katharer für die *perfecti*, also für diejenigen Anhänger, die die Kette der Wiedergeburten zerreißen und nach dem Tod in die Welt des Lichtes eingehen wollten. Für die anderen Anhänger, die *auditores* bei den Manichäern und die *credentes* bei den Katharern, wurde der Ehestand toleriert. Manichäer und Katharer kannten als einzige Sakramente das Auflegen der Hände (*consolamentum*) und den Kuss. In den 1930 in Ägypten entdeckten *Kephalaia* des Manes wird geschildert, wie der Auserwählte, der der Welt entsagt hat, in der Stunde des Todes die »Auflegung der Hände« empfängt, wie er alsdann erkennt, dass er im Geiste des Lichtes geweiht worden ist; wie ihm im Augenblick des Todes die Lichtform, die seine eigene Seele ist, erscheint und ihn mit einem Kuss der Liebe tröstet, wie sein Engel ihm die rechte Hand bietet und wie der Auserwählte schließlich seine Lichtform als Erlöserin anbetet.[33]

Rufen wir uns in den Sinn, dass der Gruß und das Auflegen der Hände sowie ein einziger Kuss auch das Höchste waren, was sich der Troubadour satzungsgemäß von seiner Dame erhoffen durfte, so erkennen wir leicht, dass es zwischen dem katharischen Projekt und dem Troubadour-Ideal einer selbstverleugnerischen ritterlichen Liebe einige Entsprechungen gibt. Seinerseits hebt Denis de Rougemont hervor, dass der manichäische Glaube seinem Wesen nach lyrisch ist: eine Invasion der Lichtform des Göttlichen und dass seine Bedeutung für die höfische Redekunst »nicht in einer rationalen und präzisen Gleichsetzung mit dem Dogma liegt, sondern in der lyrischen und psalmodischen Entwicklung der zugrunde liegenden Entwicklung.«[34]

---
33 Manes, *Kephalaia*, Kap. 10, Hg. und Ü.: C. Schmidt, Stuttgart 1935
34 Denis de Rougemont, op. cit., S. 92

Tatsächlich sollten wir bei dem vielumrätselten Phänomen der *amour provençale* immer den Hintergrund der großen Auseinandersetzung der Kirche mit den Häresien im Sinn behalten. So entstand der Zwang zur Verschlüsselung der Liebe, das »trobar clus« (dt.: das Finden des Schlüssels, daher das Wort »Troubadour«), in der südfranzösischen Dichtung ganz sicher auch im Schatten der Ketzerverfolgungen in den Albigenserkriegen. Nach einer bestimmten literaturgeschichtlichen Auslegung wurde mit der »Herrin« der Troubadourlyrik sogar überhaupt die katharische »Kirche der Liebe« angesprochen.[35] Jedenfalls fanden die Dichter angesichts einiger Ähnlichkeiten zwischen den häretischen und den höfischen Umgangsformen wohl eine gewisse Vorsicht geboten.

3. Die Philosophie der Liebe in der Toskana

Im südfranzösischen Frauendienst erfährt alsbald auch der Begriff des Adels eine tiefgreifende Umwandlung; er erhält eine geistige Dimension. Dadurch wird der Geburtsadel dem Adel der Seele untergeordnet, wobei die hohe Abkunft der angebeteten Frau den tiefergestellten Mann gewissermaßen nobilitiert. Sein Adelstitel beruht darin, daß er frei-

---

35 Vor allem eine bestimmte esoterische Tradition will in den Verschlüsselungen der Troubadours und der Terminologie von Cavalcanti und Dante einen Geheimcode von ultra-orthoxen Christen sehen, die das korrupte Treiben der Kirche in einer katholisch allegorisierenden Sprache verurteilten. Das ist die These von Luigi Valli in seinem Werk *Il Linguaggio segreto di Dante e dei ›Fedeli d'amore‹*, Rom 1928, mit dem Ezra Pound sich wiederholt auseinandergesetzt hat.

willig absieht von dem Privileg seiner überlegenen Körperkräfte und seiner gesellschaftlichen Vorrangstellung gegenüber der Frau. Mit den Troubadours entsteht eine Klasse von dichtenden Männern, die den adligen Herren zwar gesellschaftlich unterlegen, aber auf Grund der Qualität ihrer Liebe und der Sensibilität ihres erotischen Verlangens weit überlegen sind.

Wenn er die neue Poetik und Erotik Südfrankreichs mit der Liebeslyrik des *dolce stil nuovo* in der Toskana ineinssetzt, steht Ezra Pound nicht allein da – auch Denis de Rougemont behandelt die frühitalienische Dichtung als direkte Nachfolge der subversiven Entwicklungen in Südfrankreich. Tatsächlich findet sich ein unmittelbares Echo auf die okzitanische Verschiebung der Klassenschranken in der berühmten Kanzone *Al cor gentil* des Bologneser Dichters Guido Guinizelli (1230–1276), die gewissermaßen die Folie zu Cavalcantis philosophischem Lehrgedicht *Donna me prega* abgibt. Der wahre Adel, heißt es bei Guinizelli, sei keine Sache der Geburt, sondern des edlen Herzens des Liebenden, das unberührt vom Makel der Vermischung mit dem Staub bleibt (s. a. Canto 51, Vers 1–5, Canto 72, Vers 32).

Guinizelli, Cavalcanti und Dante (1265–1321) bilden das große Dreigestirn des *dolce stil nuovo* der neuen italienischen Lyrik, die provenzalischen und sizilianischen Modellen folgte, von denen sie höfische Vokabeln wie »Herrin«, »Vasall«, »Amor«, »Hof« entlehnte – eine feudale Mode, die zur gesellschaftlichen Realität des republikanischen, kommerziellen, von den Zünften regierten Florenz kaum passen wollte. Zum revolutionären Potenzial der toskanischen Dichtung in gesellschaftlicher Hinsicht merkt Geraldine Gabor an:

»Gewiß war es kein Jakobinismus, die Adelsprädikate der *gentilezza, cortesia, altezza* neu zu verteilen; es war ein poetisches Spiel; aber dieses Spiel entspricht einem Wandel im Denken, in dem Florenz der Welt um fünfhundert Jahre voraus war. Und wenn Dante (im *Convivio*) der These, dass sich Adel von alter Herkunft ableite, nur mit dem Messer entgegnen will (…), so klingt darin doch bereits etwas vom ›Ça ira‹ der Französischen Revolution an.«[36]

Der intersexuelle Austausch und die radikale Umwertung der als männlich und weiblich festgeschriebenen Rangfolgen, die in der Provence angelaufen waren, wurden in Florenz jedoch abgelöst von einer Wiederaufnahme der herkömmlichen lyrischen Monologe des dichtenden Mannes. Die Frau schweigt, dieweil der Mann über sie spricht. Für den toskanischen Dichter ist sie wie eh und je das besprochene und beschriebene Objekt des Begehrens, sie dient lediglich der »männlich semantischen Nutzung der Frau« (Ina Schabert). Frauen sind für die Dichter des *dolce stil nuovo* und die Petrarkisten keine Dialogpartner mehr, sondern vergeistigte, vollkommen idealisierte und tunlichst bereits in jungen Jahren verstorbene Wesen, denen die einzige Aufgabe zufällt, Vermittlerinnen auf dem Weg des Mannes zu Gott zu sein. Hier ist das Gedicht nicht für die Frau bestimmt, sondern die Frau für das Gedicht. Diese Liebe ist ih-

---

36 Geraldine Gabor in: *Guido Cavalcanti. Le Rime – Die Gedichte*, Hg. und Ü.: Geraldine Gabor und Ernst-Jürgen Dreyer, Frankfurt a.M. 1991, Nachwort S. 228f.

rer Grundtendenz nach narzisstisch, sie hat eine einzige Funktion: die der Inspiration des schöpferischen Mannes.

Öffentlichkeit und Kreativität bleiben männliche Monopole, und die literarische Liebe erfüllt vor allem eine Aufgabe, die kreative Rangordnung unter den dichtenden Männern festzuschreiben. Das abstrakte Lehrgebäude, das Cavalcanti und Dante in ihrer Gedankenlyrik errichten, beschreibt in gesucht scholastischer Terminologie die Vorgänge in der Psyche des Mannes, den die hohe Liebe inspiriert hat. Der verliebte »Gespiele« der Frau mutiert zum belehrenden Mann, der die eigene Leidenschaft nach dem Maß ihrer fortschreitenden Vergeistigung philosophisch benotet. Die neu erwachte Zärtlichkeit zwischen den Geschlechtern wird umgepolt in eine Kopfgeburt der dichtenden Männer. So ist die toskanische Liebeslyrik die rein metaphysische Fortschreibung der erotischen Dimension der provenzalischen *fin amor*. Die Schönheit der Frau führt den Mann in symbolträchtigen Stufenfolgen zur kontemplativen Schau des weltordnenden Geistes. Hier geht es einzig und allein um die männliche Libido.

Ganz im Gegensatz zu dem sexuellen Spielraum, den die südfranzösische Dichtung den Frauen zugestand, stellen die toskanischen Dichter als höchste Daseinsform des Weiblichen wieder den Idealtyp der Jungfrau auf, wodurch der Frau erneut die Kraft und das Recht auf Liebe und Gegenliebe verwehrt ist. Zumindest bei Guinizelli, Dante und Petrarca verliert sich die erotische Aufladung der Troubadourdichtung zunehmend in allegorisierender Vergeistigung. Dante selbst sagt uns, dass er die Freude, die er beim

Gruß seiner Dame empfunden hatte, fortan in sich selber suchen werde und konzentriert sich ausschließlich auf den subjektiven Pol dieses Prozesses. »Die Rezeption und Umwertung der Troubadour-Tradition im Florenz der späten Jahre um 1200 muten deswegen etwas überholt an. Eine konservative und aristokratische Notstalgie haftet Dantes Liebeslyrik ebenso an wie seinen politischen Ansichten«.[37]

Einzig die Dichtung Cavalcantis bildet eine gewisse Ausnahme, denn dieser Dichter war durchaus noch an *diesseitigen* Liebesaffären interessiert. In seinen *Ballate* entdeckt er sogar den natürlichen Adel von Bauernmädchen und betreibt eine entschiedene Poetisierung der Welt. Persönlich kam für ihn nur eine Frau in Frage, die »gleichen Geistes Kind« ist (*Donna me prega*, Vers 62), eine Frau also, die beides, seine geistigen Ansprüche und seine sinnliche Leidenschaft, befriedigt. Aus diesem Grunde wertet er die realen Frauen teilweise auf. Bei ihm, schreibt Pound, »herrscht eine Auffassung des Körpers vor, die diesen als vervollkommnetes Instrument der wachsenden Intelligenz sieht. (…) Die dogmatische Fleischesabtötung ist offensichtlich für die Einsichten von Guidos Lyrik nicht Voraussetzung. (…) Seine Wahrheit ist nicht naturwidrig und beruft sich nicht auf die kirchliche Autorität. Seine Denkweise ist unvergleichlich moderner als die Dantes. (…) Seine Einstellung hierin und in den übrigen Angelpunkten, die er behandelt, beweist, dass

---

37 Joan Kelly-Gadol, »Did Women Have a Renaissance?« in: *Becoming Visible. Women in European History,* Hg.: Renate Bridenzhal, Claudia Koonz, New York 1977, S. 153

er dem mittelalterlichen Seelenfrieden überaus gefährlich war, d.h. sofern man Stillstand für Frieden nimmt.«[38]

Die revolutionäre Bedeutung der toskanischen Dichtung liegt denn auch, einmal abgesehen von ihrer außerordentlichen literarischen Qualität und Neuheit, auf einer ganz anderen Ebene als die provenzalische: Sie ist die erste abendländische Begegnung von Philosophie und Liebe und spiegelt die geistesgeschichtliche Revolution, die durch die Ankunft der Ideen des Aristoteles über die arabischen und jüdischen Kommentatoren und Übersetzer in Europa ausgelöst wurde. Denn das Abendland verstand damals kein Griechisch mehr. Cavalcanti stützte sich für seine philosophische Abhandlung *Donna me prega* weitgehend auf die Schriften des Albertus Magnus (1193–1280), der es sich zum Ziel gemacht hatte, den ganzen Aristoteles dem Abendland auf Lateinisch zugänglich zu machen, während Dante sich eher an Thomas von Aquin (1225–1274) hielt, dessen kirchenfrommes Weltbild ihm die Folie zu seiner *Divina Commedia* lieferte.

Die Widersprüche zwischen der aristotelischen Empirie, der »Philosophie«, wie man sie damals nannte, und der christlichen Offenbarungstheologie traten im Laufe des 13. Jahrhunderts immer klarer zutage, besonders an der Universität von Paris. Das dortige Provinzialkonzil von 1210 hatte verordnet, dass die aristotelischen Schriften weder öffentlich noch privat gelesen werden dürften. In den Statuten der 1250 gegründeten Pariser Universität wurde

---

38 Ezra Pound, »Cavalcanti«, in: *Make it New*, London 1934

dann zwar das Studium der aristotelischen Logik angeraten, das Studium der aristotelischen Metaphysik und Naturphilosophie aber verboten.

Aquinas wurde 1268 nach Paris berufen, um Siger von Brabant und die radikalen Vertreter der »Philosophie« in ihre Schranken zu verweisen. Diese Auseinandersetzung führte dann 1277 zur kirchlichen Verurteilung einer Anzahl von theologisch-philosophischen Sätzen. Der Bann richtete sich besonders gegen die Tendenzen zum Pantheismus, die sich aus Avicennas Lehre von der »Einheit der Intelligenz« ergaben. Alle offensichtlichen Widersprüche zwischen *fides* und *ratio*, Glauben und Vernunft, Theologie und Philosophie, wurden durch Thomas von Aquin »bereinigt«. Im Thomismus erfuhr die naturphilosophische Wende, die durch den lateinischen Averroismus angelaufen war, somit einen schweren Rückschlag. Das sieht Ernst Bloch genauso: Er beobachtet, dass Thomas von Aquin »einen harten Riss setzt zwischen die mit Materie behafteten *formae inherentes* der Welt und die von der Materie freien *formae separatae*«, was der *natura naturans*, »dieser Herzkraft der Materie bei Averroës, genau den umgekehrten Klang wie in der Stoff-Form-Beziehung des Avicenna und Averroës« verleiht. Ganz fern ist bei Thomas »die Einbeziehung aller Formen in eine sich selbsttätig ausformende Materie. (...) Und er setzt dort einen völlig transzendenten Theismus des reinen Geistes, wo die aristotelische Linke lauter Erklärung der Welt aus sich selber eingeleitet hatte. Dagegen jede letzthinnig transzendente Setzung und Erklärung der Welt bezeichnet in der christlichen Hochscholastik die machtvolle Rechtslinie von Aristoteles her. (...) Statt der Selbstverwirklichung vieler Weltformen in Materie selber herrscht einzig die reine Wirklichkeit hoch droben, und ihr Annex Welt ist dann bestenfalls ein Vasall.«[39]

»Ich mag mich irren, aber ich kann nicht glauben, dass Guido Aquinas geschluckt hat«, meint Ezra Pound dazu.[40] Über den revolutionären und ketzerischen Gehalt von Cavalcantis *Canzone d'amore* stellt er fest: »Sie weist Spuren einer Denkweise auf, die man heute für ungefährlich hält, die aber dem Florentiner von anno domini 1290 ungefähr so harmlos vorgekommen sein mag wie den methodistischen Bankiers eine Unterhaltung über Tom Paine, Marx, Lenin und Bucharin auf einer Vorstandssitzung in Memphis, Tennessee. Die Lehren des Aristoteles waren 1213 an der Universität zu Paris in Acht und Bann getan worden. Das Vorurteil hatte sich im Lauf der Zeit abgeschliffen, aber Guido nimmt, meine ich, keinerlei Rücksicht auf irgendwessen Vorurteile. Wir können seine Ansichten bis zu Averroës und Avicenna zurückverfolgen; nicht, dass er ausdrücklich eine ketzerische Lehre verkündete, er zeigt jedoch einen Hang nicht nur zum rationalen Folgern, sondern darüber hinaus zum empirischen Beweis. In all dem erweist er sich als weitaus ›moderner‹ als sein junger Freund Dante Alighieri, der bis über beide Ohren in den Konventionen seiner Zeit steckte, und dessen Schockiertheit sich wahrscheinlich in dem Abschnitt von *Inferno* X niederschlägt, wo Guidos Vater und Schwiegervater ihre intellektuelle Betrieb-

---

39 Ernst Bloch, *Avicenna und die aristotelische Linke*, Frankfurt a.M., 1952, S. 47, 49
40 Ezra Pound, op. cit., S. 357f.

samkeit abbüßen. Jedenfalls lässt sich daraus schließen, daß die Konversation in den Häusern Cavalcanti-Uberti anregender war als in anderen bürgerlichen und klerikalen Kreisen der Toskana zu jener Zeit.«[41]

Als erwiesen gilt, dass sich Cavalcanti mehrfach in Südwestfrankreich und besonders in der Ketzerhochburg Toulouse aufgehalten hat. Doch auch in Florenz, Bologna und ganz Oberitalien hatten die Katharer zu seiner Zeit noch viele Anhänger, sodass ihm die ketzerischen Lehren sicher geläufig waren. Dazu würde stimmen, dass Cavalcanti und seine ganze Sippe bei ihren Zeitgenossen im Ruch der Häresie standen, wobei dieser Anwurf jedoch aus einer noch etwas anderen Konstellation erwuchs als im katharischen Südfrankreich. Tatsächlich wurde Cavalcantis Schwiegervater Farinata degli Uberti 1283 nach seinem Tode offiziell als Ketzer verurteilt, mit der Begründung, er sei ein »Imitator Epicurii« gewesen, also ein Anhänger der Lehre Epikurs (342–271 v. u. Z.). Die Verurteilung traf zugleich seine Familie und Nachkommenschaft, also auch den Dichter selber und die Seinen. Das Grab Farinatas wurde geschändet und alle Güter der Familie eingezogen.

Die damalige Zeit hatte keine genaue Vorstellung von der Lehre des griechischen Philosophen und belegte mit dem Epithet »Epikuräer« alle Ungläubigen und Freigeister. Dante konzentriert sich denn auch im 6. Höllenkreis der *Divina Commedia* auf die »Epikuräer«. Ebenda begegnet er dem Farinata degli Uberti und dem Cavalcante Cavalcanti (Guidos Vater) sowie Friedrich II. von Hohenstaufen:

---

41 Ezra Pound, op. cit., S. 345

»Auf dieser Seit' hat ihre Grabesstätte
Mit Epikurus seine ganze Schule,
Die mit dem Körper lässt die Seele sterben.«
Inferno X, 13–15 [42]

Die Ablehnung der christlichen Doktrin von der Unsterblichkeit der individuellen Seele wurde im zeitgenössischen Diskurs vor allem im Zusammenhang mit den Kommentaren des Averroës thematisiert, und es scheint, dass Guido Cavalcantis Ruf als Häretiker etwas damit zu tun hatte, daß man ihn zu den radikalen Averroisten rechnete.[43]

4. Ezra Pounds ›Erektionen des Lichts‹

»Sacrum, sacrum, inluminatio coitu« intoniert Ezra Pound in Vers 69 seines Cavalcanti-Cantos, und er beteuert es noch einmal im Lager von Pisa:
»in coitu inluminatio«
Canto 74 (dt.: »Erleuchtung im Geschlechtsakt«)
Das Gehirn ein Sexualorgan, der Penis ein Born der Weisheit! Immer wieder macht sich unser Dichter die sinnliche Hörigkeit des Denkens zunutze, das derlei Zweideutigkeiten zustande bringt, so wenn es in der Bibel von der Begattung der ersten Menschen heißt: »Und Adam *erkannte* sein Weib Eva und sie ward schwanger« (*Genesis*, 4.1). Sehr zupass kommt ihm auch der Doppelsinn des englischen Wortes »concep-

---

[42] Dante Alighieri, *Divina Commedia*, dt. u. d. T.: *Die Göttliche Komödie*, Ü.: Philaletes, München/Zürich 1960

[43] Dass dies begründet war, wird heute angesichts von Maria Cortis Traktat: *Donna me prega: La felicita mentale. Nuove prospetti per Cavalcanti e Dante*, Turin 1983, weithin akzeptiert.

tion« (dt.: geistig-künstlerische Eingebung, zugleich: Empfängnis). Das lateinische Wort »coitus« leiht er sich bei Scotus Eriugena aus,[44] der es im Sinne von »Verkehr« verwendet: »Wir haben im ersten Buch erörtert, dass die Materie an sich aus dem Verkehr von intelligiblen Dingen entsteht« (lat.: »ex intelligibilium rerum coitu«).[45]

Für Pound ist dieser doppelsinnige Begriff kein bloßes Wortspiel, sondern Programm – in seinem erotischen »Verkehr« mit den Dingen der Außenwelt sieht er geradezu die Besonderheit des eigenen dichterischen Genies, und aus seinem »Verkehr« mit den verschiedenen Dichtern der Provence, wie er sich bereits in seiner frühesten Lyrik niederschlägt, bildet sich sein mediales und variables Selbst heraus:

»Auf der ›Suche nach mir selber‹, auf der Suche nach ›echter Selbstverwirklichung‹, tappt man umher, stößt auf scheinbare Wahrheit. Man sagt, ›ich bin‹, dies oder das, und hört auf, es zu sein, noch ehe die Worte verklungen sind. Diese Suche nach dem Wesen begann ich mit einem Buch, *Personae* genannt, in dem ich gleichsam mit jedem Gedicht eine fertige Maske des Selbst beiseite legte. Ich fuhr mit einer langen Reihe von Übersetzungen fort, die lediglich kunstvollere Masken waren.«[46] In einem Satz des Neuplatonikers Porphyrios erkennt er das Wesen seiner schöpferischen Kraft und integriert ihn in sein Lebensprojekt:

---

44 Laut Akiko Miyake, *Ezra Pound and the Mysteries of Love*, Durham und London 1991
45 Scotus Eriugena, *De divisione naturae*, lib. 3, 126f.
46 Ezra Pound, »Vorticism«, 1914, in: *motz el son – Wort und Weise*, Hg. und Ü.: E. Hesse, Zürich 1957, S. 120f.

»Omniformis omnis intellectus est«
(dt. etwa: jeder Verstand ist allgestaltig oder: jeder Verstand kann die Form aller Dinge annehmen).[47] In derlei Wandelbarkeit sieht er sein »spermologisches« Selbstverständnis bestätigt. Weitere Gewähr gibt ihm Aristoteles:

»Schon Aristoteles sagt uns, dass ›der gewandte Umgang mit Metaphern, der ja in dem raschen Erfassen von Zusammenhängen besteht, das echte Kennzeichen des Genies ist‹. Jene Fülle, jene Greifbarkeit der Bilder ist wirklich ein sicheres Anzeichen dafür, dass der Verstand von der emotionalen Woge emporgetragen wird.«[48]

Der Dichter erklärt sich »das enorme Fassungsvermögen des Gehirns als Erzeuger und Hersteller von Denkbildern [*images*]« eben daraus, dass das menschliche Hirn »in seinem Ursprung und in seiner Entwicklung nichts anderes ist als eine Art großes Gerinnsel der genitalen Flüssigkeit, das in der Suspension oder Reserve gehalten wird«. Die Wendigkeit und bildnerische Kraft seines Geistes ist also letztlich eine Folge des Umstands, dass das menschliche Gehirn überhaupt aus männlichen Samenzellen, Spermatozoiden, besteht: »wenn wir in Betracht ziehen, dass die Kraft des Spermatozoids genau die Kraft ist, eine Form nach außen zu projizieren«.[49]

---

47 Porphyrios, *De Occasionibus*, cap. 13, s. Fußnote 129
48 Ezra Pound, »The Serious Artist« (1913), dt. in: *motz el son: Wort und Weise*, Zürich 1957, S. 76
49 Ezra Pound, Vorwort zu seiner Übersetzung von Rémy de Gourmont, *Physique de l'amour* (Paris 1903) u. d. T.: *The Natural Philosophy of Love*, London 1922, S. viii

Ontogenetisch gesehen stellt sich Pound die Evolution des menschlichen Gehirns so dar: »Vorausgesetzt erst wenige, dann (...) eine Masse dieser zurückgehaltenen spermatozoischen Partikel, abwartend in dem Organ, das sich über die Jahrtausende durch Abermillionen von ähnlichen Wartezuständen gebildet hat. Jedes dieser Partikel ist, das erübrigt sich zu sagen, der Form bewusst und hat jedenfalls eine Fähigkeit zum formalen Ausdruck: Ist das Denken nicht eben ein Vergleichen und Verbinden von Formen?«

Selbstverständlich »potenziert« sich diese Kraft im männlichen Genie: »Das schöpferische Denken hat sich in Denkbildern manifestiert, in der Musik, die dem Gehör ist, was das konkrete Denkbild dem Gesicht. Und das Denken des Genies (...) ist ganz offensichtlich in seiner Weise dasselbe, nämlich ein jäher Erguss der Intelligenz, der die Form annimmt, die das Problem verlangt, was die Antwort hervorbringt – zur Verblüffung des Mannes, der auf dem Abakus abzählt.«[50]

So hängt denn Pounds schöpferisches Potenzial aufs Engste mit seiner Potenz zusammen. Das weiß er schon aus persönlicher Erfahrung: »(...) der Mann, im Grunde Phallus oder Spermatozoid, der das weibliche Chaos frontal attackiert. Integration des Mannes im männlichen Organ. Man hat es selber empfunden, wenn man irgendeine neue Idee in die große passive Vulva Londons hineinrammte: eine Erregung analog der männlichen Erregung bei der Kopulation.«[51]

---

50 Ezra Pound, op. cit., S. viii, xi
51 Ezra Pound, ibid.

Diese Art des genialen phallischen »Verkehrs« hat für unseren Dichter jederzeit Vorrang vor den bloß analytischen Verstandesfunktionen minderer Männer, die sich »im mühsamen Zusammentragen und Vergleichen der toten Denkbilder anderer Menschen« erschöpfen, denn: »Ich fasse das individuelle Genie als den Mann auf, in dem der neue Ausbruch, der neue spermatozoische Überdruck (quantitativ und qualitativ) ins Gehirn wallt. (…) das verstandesmäßige Schlußfolgern kommt nur da zustande, wo es einen anfänglichen Mangel gab, eine Schwäche im Samenerguss.«[52]

Nun kann sich Pound die Unmännlichkeit des systematischen Denkens eigentlich kaum noch leisten, und tatsächlich war sein Umgang mit antagonistischen Ideen geprägt vom weitgehenden Verzicht auf logische Verstandesfunktionen, wann immer er an eine unüberbrückbare Schranke seines Denkens geriet. Sein Vertrauen in die Potenz der Spermatozoen in seinem Kopf ließ aber auch einen dialektischen »Verkehr« der Widersprüche nicht zu. 1913 beauftragte Ezra Pound den jungen Bildhauer Henri Gaudier-Brzeska, seine marmorne Porträtbüste in Gestalt eines mannsgroßen Phallus auszumeißeln.

Daraus, dass die künstlerische Kreativität derart am männlichen Samenfaden hängt, erklärt sich ohne weiteres die unschöpferische Natur des Weibes. Pounds spermologisches Selbstverständnis setzt einen prinzipiellen Dimorphismus zwischen dem männlichen und dem weiblichen Gehirn voraus. So bleibt er die letztendliche Erklärung dafür, dass

---

52 Ezra Pound, op. cit., S. xvi

Frauen überhaupt ein Gehirn haben, schuldig. Die Frau, behauptet Pound, ist nur »die Sammelstätte der ererbten Fähigkeiten, besser als der Mann in den ›nützlichen Gesten‹, dem Vervollkommnen. Aber dem Mann stehen, nach allem, was wir aus der Geschichte wissen, die ›Erfindungen‹ zu, die neuen Gesten, das Übermaß, die Zufallstreffer, das Unpraktische, weil ihm allein der Erguss vergönnt ist, das neue Befeuchten des Hirngewebes mit *la mousse* des Lebenssaftes.«[53]

So vertritt die Frau auch immer das Althergebrachte, den Status quo – sie ist die »Bewahrerin, die Erbin vergangener Gesten« des Mannes[54], die »Konservatrix«, das passive Aufnahmegefäß für den männlichen Samen. Sie bleibt somit ebenso instinktbefangen wie das Insekt. Im Grunde ist sie ein Naturwesen, keine Partnerin im Schöpferischen, also dem, was das wesentlich Menschliche ausmacht.

Pound kam zwar erst 1922 anlässlich seiner Übersetzung von Rémy de Gourmonts *Physique de*

---

53 Ezra Pound, ibid.
54 Pounds Förderung von verschiedenen Schriftstellerinnen – am bekanntesten sind Hilda Doolittle und Marianne Moore – ist literaturnotorisch. Da muß die editoriale Anweisung an seinen Agenten für die Zeitschrift *The Exile* vom 15. Februar 1927 verblüffen: »Lieber Price, hiermit geht Ihre letzte Manuskriptsendung POSTWENDEND an Sie zurück. Geben Sie sich keine Mühe, mir Essays (…) von Weibern zu schicken. (…) Solange kein Weib etwas erfunden hat, wollen wir diese Zeitschrift auf männliche Unternehmungen abstellen. (…) Diese Sprachregelung, nur männliche Texte zu drucken, braucht nicht publik zu werden. Das würde dem Absatz nicht gut tun, ABER wenn wir sie ein paar Jahre lang durchhalten, wird der stetige Zuwachs an Qualität letztlich diesem ungerechten Kriterium zuzuschreiben sein. Der Beweis, dass irgendeine Frau je eine literarische Technik erfunden hat, steht noch aus. Sicher, es gab Schriftstellerinnen, aber die Männer waren besser.«

l'amour[55] zu diesen umwerfenden Einsichten, aber sie bedienten seinen lebenslangen Komplex in Bezug auf die »Männlichkeit« des Dichtens.[56] Immer wieder muss er sich selbst und aller Welt beweisen, dass seiner jugendlichen und existenziellen Wahl, ein Poet im Stil des romantischen Schönheitskultes der Präraphaeliten und der Troubadours zu werden, nichts Weibisches anhaftete, dass es sich beim Dichten um eine ebenso virile Kunstausübung handelt, wie es z. B. die Kunst des Bildhauers ist.[57] Gerade Pounds angeborene Gabe der sensiblen Einstimmung auf das menschliche, natürliche und literarische Du brachte ihn in lebenslangen Konflikt mit den Erwartungen, die unsere harte, konkurrenzbesessene Zivilisation an »den« Mann stellt. Erschwerend dazu kam für ihn die schon vor dem Ersten Weltkrieg angelaufene Wiederermächtigung des Männlichen als Reaktion auf das militante Auftreten der englischen Feministinnen und ihrer Forderung nach der Gleichstellung, die gerade in der Literatur der Frühmoderne zu einer neuen Männer-Kumpanei führte, mit der alles, was

---

55 U. d. T.: *The Natural Philosophy of Love*, London 1922
56 Auch das Buch *The Glands Regulating Personality* des amerikanischen Arztes Louis Berman (1921) brachte Pound neue Einsichten in die Drüsenabhängigkeit des Denkens, wobei er der Zirbeldrüse als dem Organ, das zwischen dem äußeren und dem inneren Licht vermittelt, den Vorrang vor der Hypophyse gab. S. a. »The New Therapy«, Ezra Pounds Rezension in *The New Age*, XXX/20 (16. März 1922) S. 259f.
57 Im Gespräch wiederholte Pound mit Vergnügen den Witz seines Freundes Jean Cocteau, die weibliche Form des französischen Wortes »écrivain« (Schriftsteller) sei »écrivisse« (Krabbe). Die angehende italienische Dichterin Maria Luisa Spaziani fragte er, ob sie »Poeta« oder »Poetessa« werden wolle. Sie entschied sich für »Poeta«.

gewohnheitsmäßig auf »weiblich« kodiert war, rigoros als minderwertig und unschöpferisch aus dem Geistesleben exorziert wurde. Auch für andere große Autoren der Klassischen Moderne beruht die negative Identität der Frau auf dem Fehlen desjenigen Organs, das den Menschen ganz eigentlich vom Tier unterscheidet: des Penis. Statt dessen hat sie, wie Henry Miller nicht müde wird zu staunen, nur ein Loch. »Was alles so an einem Schwanz hängt«, wundert sich Virginia Woolf beim Anblick der schwanzlosen Katzen der Insel Manx.

Rémy de Gourmont hatte Pound den Frauendienst der Provence und Toskana in einem gänzlich neuen Licht gezeigt: dem Licht der Zoologie. Seine spekulativen Betrachtungen über das Liebesleben der Insekten, bei denen das Männchen so häufig zum sexuellen Wegwerfobjekt des Weibchens wird, aktivierten bei Pound offenbar einige uralte Kastrationsängste des Mannes. Aus der Insektenperspektive bekennt sich der Dichter, der zunächst den Problemen der Frauen durchaus aufgeschlossen war, nun wieder zum »malestream« der europäischen Geistesgeschichte, zum Kult des Phallus und zur Selbstprofilierung des männlichen Ich. Ganz sicherlich war Pounds biologistisches Selbstverständnis als »starker Mann« ein erster Schritt auf der langen Straße zu Faschismus und Rassenwahn, weg von seinem ursprünglichen Lebensprogramm der Offenheit, denn:

»Die Erklärung des Hasses gegen das Weib als die schwächere an geistiger und körperlicher Macht, die an ihrer Stirn das Siegel der Herrschaft trägt, ist zugleich die des Judenhasses. Weibern und Juden sieht man es an, dass sie seit Tausenden von Jahren nicht geherrscht haben.«[58]

Mit seinem Sinneswandel verleugnet Pound, ohne es sich einzugestehen, die eigene Definition seines Genies als Sensorium für den Reiz des anderen Seins, was nach der vorherrschenden Grammatik der Geschlechter eine *weibliche* Sensibilität bedeuten würde. Das *omniforma*-Prinzip steht jeder Verhärtung der Identität zu einer Charaktermaske entgegen – es erfordert im Prinzip die Offenheit des »unbeschriebenen Blattes«, wie sie konventionell von jungen Frauen erwartet wird. Genau diesen amorphen Zustand der Offenheit für das Andere ruft sich Pound zu Beginn der Pisaner Cantos wieder in den Sinn:

    ΟΥ ΤΙΣ, ΟΥ ΤΙΣ? Odysseus
        mein Familien-Name
    »Ich bin Niemand, mein Name ist Niemand«
                Canto 74

(Anspielung auf die Stelle bei Homer, wo Odysseus, von dem Zyklopen nach seinem Namen befragt, ihm

---

58 Max Horkheimer, Theodor W. Adorno, *Dialektik der Aufklärung*, Frankfurt 1969, S. 101
Auguste Comte spricht von der »radikalen Unfähigkeit des weiblichen Geschlechtes zu regieren, und sei es nur die Familie« infolge der »weiterbestehenden Kindheit«, die das weibliche Geschlecht charakterisiere. Vgl. bei Fichte (*Grundlagen des Naturrechts* §§ 37 und 38): »Das Weib ist sonach schon durch seine Weiblichkeit vorzüglich praktisch, keineswegs aber spekulativ.« Woraus er folgert: »Öffentliche Staatsämter allein können Weiber nicht verwalten.« Und bei Hegel (*Rechtsphilosophie* § 166): »Der Mann hat daher sein wirkliches substantielles Leben im Staate, der Wissenschaft oder dergleichen (…) Stehen Frauen an der Spitze der Regierung, so ist der Staat in Gefahr, denn sie handeln nicht nach den Anforderungen der Allgemeinheit, sondern nach zufälliger Neigung und Meinung.«

mit dem Wortspiel auf seinen Namen: ΟΥ ΤΙΣ; dt.: Niemand, antwortet).

Ezra Pound ist, wie er selber sagt, ein »Seismograph«, der das Andere, Nicht-Identische registriert, während der »richtige« Mann sein Selbstbewußtsein dadurch erringt und bewahrt, dass er sich vom Anderen abgrenzt. So entsteht das Ich, das sich als der zweckgerichtete, männliche Charakter des Menschen herauskristallisiert hat, in seiner Kälte nur dank einer furchtbaren seelischen Selbstverstümmelung. Doch erst unter dem Schicksalsschlag seiner Internierung im Drahtkäfig der US-Army in Pisa, der ihm das wirkliche Ausmaß seiner schöpferischen Autonomie und Selbstbestimmung schmerzhaft fühlbar machte, erkannte Pound die Ursache für sein menschliches Versagen im Zweiten Weltkrieg in dem verweigerten Mitgefühl für die menschlichen Opfer. Jetzt bereut er seine monumentale Denunziation des Mitleids als »jüdische« und weichliche Sentimentalität in Canto 30:

J'ai eu pitié des autres
probablement pas assez, und dann nur wenn
es mir gelegen kam
Canto 76

(dt.: ich habe Mitleid gehabt mit anderen, wahrscheinlich nicht genug)

Von nun an wächst das lebensgeschichtliche Versagen des Mitleids zu einem mächtigen Motivblock der späten *Cantos* heran:

Les larmes que j'ai créés m'inondent
Tard, très tard je t'ai connue, La Tristesse.
bin hart gewesen wie die Jugend sechzig Jahr
Canto 80

(dt.: die Tränen, die ich schuf, ertränken mich. Spät, sehr spät hab ich dich, Traurigkeit, gekannt).

Ausdrücklich bezeichnet er seine Blindheit gegenüber der Unmenschlichkeit auch als Verrat an seiner eigenen, besseren Natur, diesmal verschlüsselt in einer ganzen Zeile von Sinogrammen, deren Sinn er wiedergibt als:

> Opfern einem Geist, der einem nicht zu eigen,
> ist Gleisnerei [Kriecherei]
> Canto 77[59]

Die intensive übersetzerische Beschäftigung mit de Gourmont hatte noch weitere bislang kaum beachtete Folgen für Pounds *Cantos*. Denn immer wenn das Gedicht dem Autor in dem Wust von historischem Beiwerk oder politischer Verranntheit zu versanden droht, immer wenn es sich an einer inneren Widersprüchlichkeit festläuft, greift Pound nun auf die »naturwissenschaftliche« Thematik von Rémy de Gourmonts Traktat zurück. Die Rechtfertigung dafür hat Pound in seinem umfangreichen Essay über den französischen Autor bereitgestellt.[60] De Gourmont, heißt es darin, sei »der Künstler des Nackten« gewesen, also einer, der vom zufälligen Zeitkostüm absieht und emotionale Werte geltend macht, die überzeitlich und allen Zeitläuften gegenwärtig sind.

---

[59] Die Reihe der chinesischen Schriftzeichen stammt aus Konfuzius, *Analects* II, xxiv, 1. Richard Wilhelm übersetzt sie: »Andern Geistern als den eigenen zu dienen, ist Schmeichelei.« Arthur Waley übersetzt sie: »To sacrifice to ancestors other than one's own is presumption.« In China konnte ein Mann sich nur auf die Geister der eigenen Ahnen berufen.

[60] Ezra Pound, »De Gourmont: A Distinction« (*Little Review* V, Febr./ März 1919), in: *The Literary Essays of Ezra Pound*, Hg.: T. S. Eliot, London 1954

Somit bedeutet Pounds wiederholter Rekurs auf die Gegenständlichkeit der Insekten, Pflanzen, Tiere ein »Zurück zur Natur« und zu jenem »Nährboden der Triebe«, in dem für Pound überhaupt die Daseinsberechtigung der Dichtung liegt.

»Man möchte beinah glauben, dass es in der Kunst auf eine Art Energie ankommt, auf etwas mehr oder minder Elektrisches, Radioaktives, eine Kraft, die leitet, ineinanderfügt, zusammenschließt. (…) Man möchte eine Idee mit ihren gefühlsmäßigen Verkettungen mitteilen oder ein Gefühl mit seinen ideenmäßigen Verkettungen oder einen Sinneseindruck mit den daraus abgeleiteten Gefühlen (…) Man fängt mit Jaulen und Bellen an und steigert sich zu Tanz und Musik, zu Musik mit Worten, zu Worten mit Musik und endlich zu Worten mit einem schwachen Nachhall von Musik, Worten, die eine Musik in den Sinn rufen, abgemessenen Worten oder Worten in einem Rhythmus, der einen bezeichnenden Zug des gefühlsmäßigen Eindrucks oder das Wesentliche der tragenden oder ursächlichen Erregung beibehält.«[61]

Was von der literarischen Rezeption bisher noch kaum bemerkt worden ist: Diese scheinbar so abwegigen Spekulationen Pounds nehmen den hochaktuellen »Discours« der modernen französischen Philosophen vorweg, die mit dem Begriff des »Imaginären« eine Antwort auf eine wichtige Frage Sigmund Freuds versuchen. Freud selbst hat das Stadium des Imaginären als das »ozeanische Gefühl« bezeichnet und darüber geschrieben: »Ursprünglich

---

[61] Ezra Pound, »The Serious Artist«, 1913, in: *motz el son – Wort und Weise*, op. cit., S. 74

enthält das Ich alles, später scheidet es eine Außenwelt von sich ab. Unser heutiges Ichgefühl ist also nur ein eingeschrumpfter Rest eines weitumfassenderen, ja eines allumfassenden Gefühls, welches einer innigeren Verbundenheit des Ichs mit der Umwelt entsprach. Wenn wir annehmen dürfen, dass dieses primäre Ichgefühl sich im Seelenleben vieler Menschen – in größerem oder geringeren Ausmaße – erhalten hat, so würde es sich dem enger und schärfer umgrenzten Ichgefühl der Reifezeit wie eine Art Gegenstück an die Seite stellen, und die zu ihm passenden Vorstellungsinhalte wären gerade die der Unbegrenztheit und Verbundenheit mit dem All, dieselben, mit denen mein Freund [Romain Rolland] das ›ozeanische Gefühl‹ erläutert. Haben wir aber ein Recht zur Annahme des Überlebens des Ursprünglichen, neben dem Späteren, das aus ihm geworden ist?«[62]

In seiner strukturalistischen Lektüre Freuds trifft Jaques Lacan eine Dissoziation zwischen dem »symbolischen« und dem »imaginären« Bereich, die für das Verständnis der subversiven Stimme, die heimlich unter der Oberfläche von Pounds Sprache mitläuft, von großer Relevanz ist.[63] Lacan zufolge bestimmt das »Imaginäre« diejenige seelische Entwicklungsphase im vorsprachlichen Leben des Kindes, in dem es sich noch nicht völlig aus der Symbiose mit dem Mutterleib gelöst hat. Auf dieser Stufe der Selbsterfahrung besitzt das Kind noch kein ver-

---

62 Sigmund Freud, »Das Unbehagen in der Kultur«, op. cit., S. 68
63 S. Jacques Lacan, »Das Spiegelstadium als Bildner der Ichfunktion« (1938) und »Die Bedeutung des Phallus« (1958), in: Jacques Lacan, *Schriften*, 3 Bde. Freiburg/Br. 1973–1980

festigtes Ich-Bewusstsein, sondern entwickelt ein primäres Selbstgefühl über imaginäre Identifikationen mit der realen Außenwelt oder, genauer gesagt: Es stellt metaphorische Kontinuitäten zwischen dem eigenen Dasein und dem Dasein des Anderen her, in dem es sich spiegelt. Doch die imaginäre Szene der metaphorischen Sinnstiftung, der Weltverbundenheit und universellen Kontinuität wird, Lacan zufolge, in einem späteren Entwicklungstadium von dem sprachlichen Bereich des »Symbolischen« überlagert, und zwar sobald die ödipale Phase einsetzt, die nun nicht mehr von der Mutter, sondern vom Vater her bestimmt wird.

Die ödipale Ablösung von der Mutterwelt kennzeichnet den Eintritt des Kindes in die menschliche Gesellschaft und in die Zivilisation, es stellt seine zweite Geburt in die wesentliche, die patriarchale Ordnung der Welt dar. Den Ausschlag gibt, laut Lacan, die erste und wichtigste Abtrennung von der allumfassenden Totalität: die Entdeckung des Phallus. Es ist die sexuelle Differenz, die die anfängliche Einheit aufbricht. Das Kind lernt, dass seine Identität in der Gesellschaft auf dem Ausschluss des Anderen und der Differenz von ihm beruht, also auf der Herstellung von Diskontinuitäten. Nun erst kann es das Zeichensystem der menschlichen Sprache erlernen, das seinerseits aus gegeneinander abgesetzten Zeichen und Lauten besteht. Von jetzt an bescheidet sich der Heranwachsende damit, keinen direkten Zugang mehr zur Realität zu haben. Seine frühkindliche metaphorische Erkundung der Welt-Präsenz wird ersetzt durch die Erfahrung der gleitenden Ablösungen von Symbolen und Zeichen untereinander, die diese Welt »re-präsentieren«, aber im Grunde immer nur die Absenz der realen Objekte bekunden.

Die ganze symbolische Ordnung beruht auf diesem Seinsmangel: »Je pense où je ne suis pas, donc je suis où je ne pense pas« (dt.: Ich denke, wo ich nicht bin, also bin ich, wo ich nicht denke), so variiert Lacan den kartesischen Existenzbeweis. Und er definiert die Zivilisation des Menschenmannes (»l'homme«) insgesamt von seiner Beziehung zur Kastrationsdrohung her – die Frau gehört nicht dazu, weil die Kastrationsdrohung sie nicht betrifft. Der Phallus oder, symbolisch korrekter gesprochen, »Der-Name-des-Vaters«, gliedert als der »transzendentale Signifikant« das gesamte Gebiet der Zivilisation, d.h. er setzt sich in vielen anderen vaterrechtlichen Signifikanten fort, denen »von Natur aus« die Herrschaft zusteht: Gott, Vater, Staat, Gesetz, Ordnung, Vernunft, Logik usf. Der Phallus programmiert alle binären Gegensatzpaare logozentrisch nach dem Muster der Geschlechtertrennung und der Unterwerfung des einen Geschlechts unter das andere: Norm/Abweichung, rational/irrational, richtig/unrichtig, mein/dein, Mensch/Tier und so ad infinitum.

Wie wir gesehen haben, bekannte sich Ezra Pound ausdrücklich zu dieser phallokratischen »symbolischen Ordnung« und ihren Hierarchien. Aber noch etwas anderes, Verdrängtes, hat teil an seiner besonderen Versprachlichung. Julia Kristeva hat es mit ihrer feministischen Dekonstruktion des von Lacan entworfenen symbolischen Systems auf Sehschärfe gestellt. Sie ergänzt Lacans »symbolische Ordnung« durch ihr Konzept des »semiotischen« Bereichs der

Sprache: Das »Semiotische« besteht aus einer Art Rückstand der prä-ödipalen imaginären Erlebnisweise und ermöglicht eine andere, eine libidinös gesteuerte Aufladung des Sprachmaterials. Der Einzelne findet zwar, laut Kristeva, durch die Abtrennung von der Symbiose mit der Mutter zur Identität, doch anders als beim verhärteten phallischen Subjekt Lacans bleibt diese Identität in Bewegung – es ist ein fließendes, entgrenztes Subjekt, das im Intertextuellen operiert. Der »semiotische« Sprachbereich wirkt sich aus über Verwerfungen der vorgeschriebenen logischen Einheit und Zuwiderhandlungen gegen die linearen Regeln der Verständigung im Zeichensystem.

Vor allem die Sprache der Poesie kann solche prä- und transverbale Elemente aufnehmen und weitergeben. Viele sinnliche Eigenheiten können auf diese Weise in die dichterische Sprache eingehen: Klang, Ton, Bild, Rhythmus, Duktus, der vorantreibende Puls oder Tonfall, die sinnlich-materielle Textur der Wortwahl, das Stolpern, die Unebenheit, die Ungereimtheit, Mehrdeutigkeit, der Abbruch und sogar das Verstummen. Für Kristeva sind diese Stilmittel Rückstände des »Imaginären«, die von der »symbolischen Ordnung« fortwährend unterdrückt oder an die Peripherie gedrängt werden – aber nie restlos. Denn das »Semiotische« bildet nicht eigentlich einen Gegenpol zum konventionellen Zeichensystem, es ist eher eine immer mitlaufende Grenze des Systems – eine Kraft innerhalb und außerhalb der Gesellschaft, ähnlich der Stellung der Frau in der patriarchalen Ordnung. So unterminiert das »Semiotische« andauernd das »Symbolische«. Das gilt vor allem für den modernen literarischen Text, in dem die gesicherten Bedeutungen der genormten Sprache so häufig unterlaufen, aufgehoben und gesprengt werden von den Unterströmungen einer alternativen Sinnaufladung, die das stabile Sprachzeichen verschieben oder es durch seine tonalen, rhythmischen, bildlichen, materiellen Eigenheiten aus der Balance werfen. Diese »weibliche« Dimension der Sprache macht sich gegenüber dem »männlichen« Logos geltend, steht aber, wie Kristeva eigens betont, sowohl den schreibenden Männern wie den schreibenden Frauen zu Gebot, weil das »Imaginäre« noch keine Geschlechtertrennung kennt.[64]

Gerade anhand von literarischen Texten lässt sich beobachten, wie männliche Autoren sich von den selbstgeschaffenen Rollenzwängen durch die Inanspruchnahme des »Semiotischen« zu befreien suchen – freilich nur innerpsychisch und auf der literarischen Ebene, wo das männliche Ich nicht fürchten muss, von einem anderen überwältigt zu werden oder schmerzhafte Rollenveränderungen vornehmen zu müssen. Text, Kontext und Intertextualität greifen ineinander dank dem Bestreben der schöpferischen Männer, nun auch den symbolisch nicht zu vermittelnden primären, nichtsprachlichen Bereich zu kolonialisieren: all das Warme, Animalische, Vorbewusste, das sie bisher als »weibliche Unlogik« aus der Kultur ausgeschlossen hatten. Sogar das biologische Privileg der Frauen, Leben schenken zu können,

---

64 Meine Ausführungen folgen dem Referat Julia Kristevas zur Joyce-Tagung in Frankfurt 1984, »Joyce, ›the gracehoper‹ oder Orpheus' Wiederkehr«, in: *taz*, Berlin, 6. August 1984. S. a. J. Kristeva, *Die Revolution der poetischen Sprache*, Ü.: R. Werner, Frankfurt a.M. 1978

wird in verschiedenen avantgardistischen Fiktionen der Zeit nun auf den Mann überschrieben – etwa bei D. H. Lawrence, Guillaume Apollinaire, T. S. Eliot, F. T. Marinetti.

»Der vollkommene Schriftsteller würde die Worte dazu bringen, zu singen, zu tanzen, zu küssen, dazu, den männlichen und weiblichen Geschlechtsakt zu vollziehen, Kinder zu kriegen, zu weinen, zu bluten, zu rasen (...) kurzum all das zu tun, wozu Mann und Frau und die Kräfte der Natur imstande sind«, verkündete schon Walt Whitman.[65] In der Literatur kann der Mann den Eros entfalten, den er den realen Frauen entzogen hat, doch nun ohne Gegenpart. Anstelle der erotischen Verflüssigung des eigenen Ich auf dem Höhepunkt der Liebe sühnt eine Eros-Bindung unter den Wörtern die herkömmlichen Logos-Abtrennungen des männlichen Verstandes im wirklichen Leben. Viele Autoren unseres Jahrhunderts – W. B. Yeats, D. H. Lawrence, T. S. Eliot, Ezra Pound – verfolgen eine schizophrene Strategie der lautlosen Okkupation des Weiblichen nach innen und der lautstarken Exorzierung der Frau nach außen.[66]

Eben dieser Wiederaneignung der Präsenz der Triebe und der Triebenergien dient auch die neue Gangart der Sprache in dem bahnbrechenden dichterischen Programm Pounds, das eine neuartige Umsetzung des Körpers und des Körperlichen in die Sprache anpeilt, bei der Sprache und Denken auf ihre tiefsten amorphen Schichten zurückgeführt werden,

---

[65] Walt Whitman in: *Daybooks and Notebooks*, New York 1978
[66] S. dazu: Manfred Pfister, »Die einverleibten Frauen«, in: Eva Hesse, Michael Knight, Manfred Pfister, *Der Aufstand der Musen – Die ›Neue Frau‹ in der englischen Moderne*, Passau 1984

auf eine Art physische Vor-Orientierung der symbolischen Sinnsetzung – mit wunderbarem Gewinn für die Literatur, aber ganz horrenden Abstrichen im mitmenschlichen und politischen Bereich.

Lange vor der Freilegung des »Semiotischen« in der modernen französischen Literaturtheorie ging Rémy de Gourmont von der Prämisse aus, dass das Denken nur ein Modus des Fühlens sei und dass deswegen den Denkergebnissen, die aus der Sensibilität, in die sie eingebettet waren, herausgelöst worden sind, nur eine sehr flache Bedeutung zukomme. Abstrakte Begriffe sind lediglich die Spelzen und Hülsen der Gedanken, die zuvor von anderen »ausgedacht« oder »ausgelebt« worden sind. Sie besitzen nicht mehr die Daseinsdichte des Eros. Das ist ganz im Sinn von Pounds Statement:

Amo ergo sum, und zwar genau in dem Maße
Canto 81

Akzeptiert man diesen Existenzbeweis Pounds, dann ist es für den Dichter naheliegend, auf sinnliche Wahrnehmungen zurückzugreifen, wenn er mit Problemen konfrontiert wird, statt sich auf eine Erörterung einzulassen. Dieser Verzicht auf die begriffliche Auseinandersetzung wird nun geradezu ein Axiom Pounds im Umgang mit den philosophischen Einsichten, die er seinen Lesern vermitteln will:

Und wer den Verstand statt der Sinne nimmt,
rammt Schrauben ein mit dem Hammer
Canto 104

Dem Abreißen seines Denkens in vereinzelte Denkfetzen und ungelöste Widersprüche setzt er hoffnungsvoll die erotische Bindekraft des »Imaginären« entgegen. In den späteren Cantos entdeckt er eine zusätzliche Bestätigung für de Gourmonts Denkansatz in dem Plotinos-Wort:

> Dass der Körper inwendig der Seele ist
> Cantos 98, 99, 113

Die umgebende Seele wird damit als sinngleich mit der einbettenden Sensibilität gesetzt, die, wiederum laut de Gourmont, im animalischen Nervensystem vorgegeben ist:

»Jeder animalische Organismus hat einen Herrn und Meister: das Nervensystem. Wo kein Nervensystem existiert, gibt es fraglos auch kein Leben im eigentlichen Sinn.«[67]

In Canto-nesisch übersetzt, lautet das:

> Und der Stier, getrieben durch eine Gewalt
> in seinem Inneren,
> nicht Herr darüber, bemeistert
> Canto 113

eine Stelle, die direkt de Gourmonts Spekulation aufgreift: »Was das feurige Tier zu seinem Weibe zwingt, ist nicht die Lockung einer Lust, die zu flüchtig ist, um tief gefühlt zu werden, sondern eine Gewalt außerhalb des Individuums, wiewohl in seinem Organismus enthalten.« Diese Bestimmung der Sexualität als eine Gewalt »außerhalb des Individuums, wiewohl in seinem Organismus enthalten« begreift das Geschlechtliche als eine Form der Teilhabe am Ganzen. De Gourmont hat damit den Geschlechtsakt gewissermaßen »sozialisiert«, wie es übrigens auch Sigmund Freud tat, der darin die Aufhebung des bürgerlichen Individuationsprinzips sah: »Die Sexualität ist ja die einzige Funktion des lebenden Or-

---

67 Ezra Pound, »De Gourmont: A Distinction«, in: op. cit., S. 341

ganismus, welche über das Individuum hinausgeht und seine Anknüpfung an die Gattung besorgt.«[68] In dieser Funktion spielt der Sex dann auch in die religiöse Dimension hinüber. Der Neuplatoniker Iamblichos (ca. 330) schreibt: »Wir sagen, dass die Erektion des Phallus ein sicheres Zeichen der fruchtbaren Kraft ist, dass dadurch die zeugende Energie der Welt hervorgerufen wird. Aus diesem Grunde werden auch viele Phalli im Frühjahr geweiht, weil die ganze Welt von den Göttern die Kraft erhält, die die Fortpflanzung hervorbringt.«[69] Iamblichos wird von Pound in seinem hochzeitlichen Canto *V* angerufen:

Unauslotbare Meere und Sterne,
Iamblichos' Licht, darin
    die Seelen himmelan stieben
(…)
»Et omniformis«: Luft, Feuer, das milchweiße Licht.
Topas hab ich im Griff und dreifach Blau
    jedoch am Dorn der Zeit.

Das dichterische Schaffen ist, so gesehen, ein Liebesspiel mit der Welt. Weil sich der Dichter im Akt der Begattung ebenso wie im schöpferischen Akt als Gott fühlt, besteht eine Entsprechung zwischen dem »Erkennen« der Frau (im biblischen Sinn) und der Erkenntnis der göttlichen Formen, die latent in der Wirklichkeit schlafen. Die Erotik als das sexuelle Begehren und der Eros als das Begehren nach dem

---

68 S. Freud in: *Gesammelte Werke*, London/Frankfurt a.M. 1940/1968, Bd. XV, S. 482
69 Iamblichos, *De mysteriis Aegyptorum*

Sinnzusammenhang werden vom Dichter als Einheit erlebt.

UBI AMOR, IBI OCULUS
Canto 90 und 114

(dt.: wo Liebe ist, ist auch Wahrnehmung) intoniert Pound noch in seinen späten *Cantos*. Auch Rémy de Gourmont, führt er aus, »akzeptiert keinen Dualismus zwischen Körper und Seele oder lässt zumindest durchblicken, dass dieser mittelalterliche Dualismus unzulänglich ist. Es gibt eine gegenseitige Durchdringung, eine Osmose von Körper und Seele, zumindest als Hypothese: ›Meine Worte sind die unausgesprochenen Worte meines Leibes‹.« In dem testamentarischen Canto-Fragment 116 transponiert Pound das überwölbende Prinzip des metaphysischen Lichts ausdrücklich in eine phallische Metapher: die der »Lichteichel«, mit der er bereits in dem Gedichtzyklus *Mauberley* (1920) seinen schöpferischen Drang veranschaulicht hatte:

Indes geboren in halbwildem Land,
Und hintenan, war er darauf versteift,
Der Eichel Lilien abzuringen.

Lilie und Eichel bezieht Pound direkt aus der *Physique de l'amour*: »Die Eichel, die alle Formen zwischen rund und spitz annehmen kann, hat beim Rhinozeros die Gestalt einer plumpen Fleur-de-lys.« (Eichel = lateinisch: »glans«, französisch: »glande«, englisch: »acorn«; Fleur-de-lys = die stilisierte Lilie der Wappenkunde). Noch in seinen letzten Canto-Entwürfen feiert Pound den schwedischen Naturforscher, Botaniker und Zoologen Karl von Linné (1707–1778), der im Stempel der Pflanzen den »botanischen Penis« entdeckt hatte. Linnaeus' wissenschaftliche Werke, die erstmals ein Sexualleben der Pflanzen ins Gespräch brachten, waren zu seiner Zeit ein echter Skandal. Sogar Goethe war schockiert.

Ganz im Sinne des älteren französischen Autors verkündet Pound seine Überzeugung: »Der künstlerische Nachweis eines Menschen ist nicht der Nachweis der objektiven oder theoretischen Schichten in ihm, sondern der seines Wollens und Fühlens.«[70] In dieser Hinsicht ein Anhänger der Lebensphilosophie, greift Pound unversehens auf Schopenhauer zurück: die Welt ist Wille, nicht Geist oder Vorstellung, und dieser Wille ist identisch mit dem Leib. Gerade im Geschlechtsakt findet sich aber die intensivste Bejahung des Willens und des Lebens. So ist Pounds wiederholtes Bekenntnis zur *directio voluntatis* (dt.: der Stoßrichtung des Willens) zu verstehen, ein Begriff, den er von Dante entlehnt hatte.[71] Die Dichtung, sagt Pound, verleiht der Sprache eine »phallische Stoßrichtung«; was den Dichter motiviert, ist also die schöpferische Variante des männlichen Sexualakts:

> Leidenschaft: eine Form zu zeugen in den
> Regenschlieren
>
> Canto 7

Alles kommt darauf an:
> dass das Herz geradlinig sei
> Der Phallus sein Ziel anpeile
>
> Canto 99[72]

---

70 Ezra Pound, »Patria Mia« (1908–1913), in: *Patria Mia*, Ü.: Hedda Soellner, Zürich 1960, S. 76
71 Dante Alighieri, *De vulgari eloquentia*, II. 2
72 Die anatomisch merkwürdige Gleichsetzung der Körperteile Herz und Penis wird Pound über das chinesische Schriftzeichen *hsin* (Herz) vermittelt, das in einer älteren Form in einer Bronzeinschrift

5. Hellenistische und gnostische Hintergründe

Pounds spermologische Spekulationen muten reichlich absurd an. Doch sind sie auch nicht komischer als andere sexuelle Identitätsstiftungen, die einander im Laufe der abendländischen Geistesgeschichte abgelöst haben. »Grundsätzlich ist der Inhalt allen Geredes über sexuelle Unterschiede nicht rückgebunden ans Faktische, er ist so beliebig wie das Spiel der Phantasie«, schreibt Thomas Laqueur zum Abschluss seiner faszinierenden historisch-philosophischen Untersuchung *Making sex*.[73] Auch in der exotischen Gattung der spermologischen Science Fiction hatte Pound illustre Vorläufer, die allerdings von der heutigen akademischen »Pound-Industrie« kaum wahrgenommen werden. Emerson zum Beispiel forderte bereits 1840 ein »spermatisches Buch« samt den »initiatorischen, spermatischen, prophetischen, menschenschöpferischen Worten«, er sprach von dem »oestrum der Rede« (lat.: oestrum, die Brunst oder die prophetische Inbrunst) und von dem »als Logos oder Wort ejakulierten Gedanken«.[74]

Vor allem ist in diesem Zusammenhang aber die hellenistische Gnosis zu nennen, die schon der Neu-

---

der Chou-Dynastie dem Penis ähnlich sieht (eigentlich zeigt das stilisierte Abbild des Herzens oben das Pericardum, in der Mitte das eigentliche Organ und unten die Aorta). Bestärkt wird Pound in seiner Auslegung durch die Übersetzung des englischen Missionars Walter Henry Medhurst (1796–1857), der *hsin* als »carnal mind« (dt.: fleischlicher Sinn) wiedergab, während das Zeichen sonst allgemein als »Herz«, »Intelligenz« oder »Sinn« gelesen wird.

73 Thomas Laqueur, *Making sex*, Cambridge, Mass./ London 1990
74 In: *Journals and Miscellaneous Notebooks of Ralph Waldo Emerson*, Hg.: H. Gilman et al., 14 Bde., Cambridge Mass., 1960, Bd. VII, S. 547; Bd.VIII, S. 48; Bd.IX, S. 72

platoniker Porphyrios (232 – ca. 305) als die »aus der alten griechischen Philosophie hervorgegangene Häresie« heftig zurückgewiesen hatte. Die sehr unterschiedlichen gnostischen Systeme, in denen pythagoräische, neuplatonische, altpersische, griechische, jüdische, indische und syrische Elemente zu verschiedenen Synthesen gebündelt waren, hatten eines gemeinsam: sie machten die Frage nach der Weltentstehung zur Basis ihrer spekulativen Entwürfe, wobei sich vor allem das Problem »unde malum?« (lat.: woher kommt das Böse?) stellte, also die Frage, inwiefern das rein geistige, göttliche Prinzip als Urheber und Schöpfer der qualitativ so ganz und gar andersartigen materiellen Welt gelten kann. Nun trat die griechische Vorstellung von der Schöpfung als immerwährendem zyklischem Prozess, bei dem alles Sein von einem höchsten göttlichen Prinzip ausstrahlt – u.a. als Hervorbringung des Lichts aus einem Ur-Licht oder als Hervorgehen der Zahlen aus einer Ur-Einheit – ein Prozess, an dem auch der Mensch noch teilhaben kann – in scharfen Gegensatz zu der alttestamentarischen Vorstellung der Schöpfung als einer vollendeten Tatsache, vor die der Mensch gestellt ist, ohne Anteil daran zu haben. Biblisch wird die Welt aufgefasst als ein für alle Mal aus dem Nichts, *ex nihilo*, entstanden – ein Ansatz, der Ezra Pound bei seiner tief verwurzelten Abneigung gegen die Abstraktion äußerst suspekt sein musste.[75]

---

[75] Die kapitalistische Geldschöpfung aus dem Kredit *ex nihilo* wurde denn auch zu einem Angelpunkt seiner Kritik an »usura«, dem wucherischen bzw. kapitalistischen Ausverkauf des Lebens und der Kunst in unserer Zeit.

Aus den gnostischen Überbrückungsversuchen zwischen dem mythologischen und dem mosaischen Ansatz entstanden die unterschiedlich gestuften Genealogien zwischen der Welt des jenseitigen Geistes (auch *Pneuma, Nous* oder *Logos* genannt) und den diesseitigen Welten der menschlichen Psyche und der irdischen Materie, in denen sich der ursprüngliche göttliche »Funke« verloren und verirrt hat. Vor allem geriet nun die Rolle des biblischen Schöpfergottes oder »Demiurgen« ins Zwielicht. Denn der eifernde Jehovah des Alten Testaments mit seiner gestrengen Forderung einer bedingungslosen Unterwerfung unter sein Gebot war offensichtlich von ganz anderer Natur als der verzeihende Gott der Liebe im Neuen Testament, der seinen Sohn Jesus Christus eigens auf die Welt entsandt hatte, um die Menschen zu erlösen. Der gnostische Umgang mit dem Widerspruch zwischen einer Religion der Gerechtigkeit und einer Religion der Gnade bestand darin, dem höchsten Schöpfergott die Verantwortung für die Erschaffung der diesseitigen Welt weitgehend abzunehmen und ihn ins Außerirdische zu projizieren. Für die Gnostiker lag die irdische Welt, die der Schöpfergott geschaffen hatte, Äonen weit unter der rein geistigen Welt des ersten göttlichen Prinzips. Dem Geistesmenschen oder »Pneumatiker« (im Gegensatz zu dem vom Demiurgen geschaffenen bloßen Seelenmenschen oder »Psychiker«) geht es darum, durch Erkenntnis und vollkommenes Einswerden mit ihm den göttlichen Funken in den geistigen Urgrund zurückzuführen. Dieses Ziel wurde zumeist durch eine asketische Entkörperung erreicht, doch gab es bei einigen antinomischen Parteien der

HELLENISTISCHE UND GNOSTISCHE HINTERGRÜNDE 75

Gnosis, vor allem den Karpokratianern, auch den entgegengesetzten Weg: die zügellose Befriedigung des Geschlechtstriebs, mit dem ebenfalls die Verachtung des Fleisches und des beschränkten Gesetzesstandpunkts des Demiurgos bezeugt werden konnte.[76]

Im Grunde war die Gnosis der Versuch, das Christentum im Einklang mit den antiken Mysterien zu hellenisieren und es in einem neuen Mysterienkult als die Vollendung und den Abschluss der alten griechischen und orientalischen Naturreligionen darzustellen. Die Kirchenväter wollten davon nichts wissen, sie bekämpften die Gnosis leidenschaftlich und wollten den christlichen Glauben als zeitlos und unabhängig von aller bisherigen Philosophie und Metaphysik – also ebenfalls als *ex nihilo* entstanden – darstellen. In den spekulativen Kosmologien der verschiedenen gnostischen Sekten sieht die Kirche seither die Summe der überholten heidnischen Weltsicht, während die neuzeitliche Religionswissenschaft eher die Herkunft der Gnosis aus den hellenistischen und orientalischen Mysterienkulten betont, die sich im Ideenaustausch der Völker des römischen Weltreichs zu einer synkretistischen Religion verbanden – dies ein religiöser Hintergrund, der nach Pounds Überzeugung noch im Mittelalter im multikulturellen Kontext der Provence lebendig war. Die verblüffenden Parallelen zwischen den antiken Sagen und den Lebensläufen der Troubadours bilden

---

76 S. Hans Jonas, *Gnosis*, Hg.: Christian Wiese, Frankfurt a.M./Leipzig 1999, S. 73 f., 324 ff.

denn auch einen wichtigen lyrischen Motivstrang seiner ersten dreißig *Cantos*.

Dass man es bei der Gnosis eher mit einer Gattung von »*metaphysical fiction*« zu tun hat (so Peter Sloterdijk) als mit »festgefügter wiederholungsfähiger Dogmatik«, musste unseren amerikanischen Dichter besonders ansprechen, handelt es sich hier doch genau um jene »polymythische Frechheit der Häretiker, die sich die Freiheit nehmen, selbst zu erdichten, woran sie ›glauben‹ werden. Die Kirchenmänner denunzieren instinktsicher alle Manifestationen des freien Geistes, der noch im Allerheiligsten erfinderisch zu sein wagt.

[...] War denn nicht jedes pneumatische Selbst dazu berufen, zum Helden in einem höchsteigenen Erlösungsroman zu werden? Was die christlichen Bischöfe für Substanz halten, nehmen die gnostischen Selbstautoren als Form: Evangelizität ist für sie eine Schreibweise, Auferstehung ein Lebensstil.«[77]

Auch Pound ist so ein häretischer »Selbstautor« im Sinne Sloterdijks und meint in seinem Frühwerk *The Spirit of Romance* des Jahres 1910: »Bedenken Sie, wie das provenzalische Lied nie gänzlich losgekoppelt ist von den heidnischen Riten des Monats Mai. Die Provence wurde von den Invasionen des Nordens der dunkleren Zeiten weniger aufgewühlt als das restliche Europa. Wenn das Heidentum irgendwo überlebte, dann klammheimlich im Langue d'Oc. Daß der Geist der Provence hellenistisch war, leuchtet jedem

---

77 Peter Sloterdijk, *Weltrevolution der Seele. Ein Lese- und Arbeitsbuch der Gnosis von der Spätantike bis zu Gegenwart*, 2 Bde., Hg.: P. Sloterdijk/ T. H. Macho, Zürich 1993, S. 24f.

ein, der die *Anthologia Graeca* mit den Texten der Troubadours vergleicht. Sie haben irgendwie die Namen der Götter verloren, die Namen der Liebenden aber beibehalten. Ovid und die Eklogen des Vergil scheinen ihre Hauptbücher gewesen zu sein. (...) Uns umgibt ein Universum, das von beweglichen Energien geladen ist; unsere Erkenntnisse fußen auf dem keimhaften Universum des grünen Holzes und des grünen Steins. Was seinen [des Menschen] Sinn angeht, so scheint die eine Denkweise in dem zu beruhen, was die Griechen das Phantastikon nannten. (...) Diese Denkweise umwölkt den Menschen wie eine Seifenblase, auf deren Oberfläche sich alle möglichen Flicken des Makrokosmos abbilden. (...) Die andere Denkweise besteht in einer Art Kristallkernbildung. Dieses Denken ist im Menschen wie der Gedanke des Baums im Samen, oder der Gedanke des Grashalms, der Ähre oder der Blüte. Und diese Geistesart ist die poetischere: sie wirkt auf die Vorgänge der Umgebung ein und setzt sie um, ähnlich wie der Samen das Erdreich umsetzt, in dem er steckt. Eine solche Denkweise ist dem vitalen Universum blutnah. Die Macht der griechischen Schönheit aber beruht darin, dass ihr Geist immer am Werk war, dieses vitale Universum zu übersetzen.«[78]

---

[78] Ezra Pound, *The Spirit of Romance* (1910), Norfolk, Conn. 1982, S. 90. Denis de Rougemont sieht seinerseits eine Beziehung zwischen den keltischen und den griechischen Sagen: Die Suche nach dem Gral wäre demnach eine andere Version der Suche nach dem goldenen Vlies, die pythagoräische Lehre von der Reinkarnation eine Version des druidischen Glaubens an die Unsterblichkeit. Die druidischen Kulte seien eine Art von »internationaler Institution« gewesen, die von Irland und England bis nach Italien und Kleinasien Verbreitung gefunden hätte. S. a. *Passion and Society*, London 1960, S. 62

Was Pound hier »the germinal mind« (das keimhafte Denken) nennt, entspricht in manchen Zügen dem *spermatikos logos* der gnostischen Weltsicht, jener samenhaltigen Weltvernunft, aus der das Universum ausgeflossen ist, denn die Gnosis ist in gewissem Sinne »ein einziges großes Mysterium der Geschlechtlichkeit« (H. Leisegang). Hans Jonas merkt an, dass ihre durchgehend sexuelle Metaphorik darauf beruhe, »dass die griechischen Wörter *epinoia* (Gedanke) und *ennoia* (Idee) wie auch die häufiger begegnende *sophia* (Weisheit) anderer Systeme weiblich sind; dasselbe gilt für ihre Entsprechungen im Hebräischen und Aramäischen. Der ›Gedanke‹, gezeugt von dem ursprünglichen ›Einen‹, stellt – in Beziehung zu ihm – ein weibliches Prinzip dar, und in Erwiderung auf ihre (*sophias*) Fähigkeit, zu empfangen, übernimmt der Geist (*nous*) die männliche Rolle.«[79] Schon in dem Wort »Gnosis« (dt. Erkenntnis) schwingt der Akt der Zeugung mit, denn »Gnosis« und γιγνώσκειν gehören zur selben Sprachgruppe wie »gignere« = zeugen. Gnosis und Genesis sind hierin sinngleich: Aus dem Weltsamen, der durch einen Willensakt aus der Gottheit hervorging, ist alles irdische Dasein entstanden. Die ganze Welt wäre demnach dem Wesen nach ein göttlicher Samenerguss, und dieser göttliche Zeugungsstoff ist mit Pneuma (Atem, Luft, Wind) vermengt, jenem »Hauch«, durch den Gott Adam beseelt hat. Denn Sperma ist lufthaltig, ein milchweißer Schaum. Durchwegs wird in der Antike die Natur des menschlichen Samens als pneumatisch beschrieben.

---

79 Hans Jonas, op. cit., S. 137

Auch in der Stoa finden wir die Lehre vom *logos spermatikos*, es ist der Gedanke, der als ein feuriges Pneuma in den menschlichen Samen eingeht. So gesehen, besitzt der einzelne Mensch selbst die kreative Gotteskraft in dem Samen, den er aus seinem eigenen Leib ejakuliert. Man erinnere sich an den stufenweisen Progress der Erkenntnis in Canto 91:
  Auf dass das leibliche Licht austrete
    dem leiblichen Feuer
und später:
   Von Kristall zu Feuer,
    über das leibliche Licht.
 Gemäß der universellen Analogie zwischen dem Makrokosmos des Weltalls und dem Mikrokosmos des Menschen wird der Schöpfungsakt als Emanation des Seins aus dem höchsten Wesen im Samenerguss des Einzelwesens reproduziert, was natürlich in besonderem Maße für den Dichter gilt, dessen Wort auf der menschlichen Ebene dem göttlichen Wort bzw. dem Logos des Weltanfangs entspricht. Die gnostische Logos-Vorstellung fasst Pound in das chinesische Schriftzeichen *k'ou* (dt.: Mund):
 Mund: ist die Sonne, die Gottes Mund ist
       口 *k'ou*
       Canto 77
Besitzt der Mensch, oder genauer: der Mann, die ursprüngliche Gotteskraft im eigenen Sperma, dann werden seine schöpferischen Seelenkräfte umso mächtiger, je mehr Samen er aus seinem Leib zu Tage fördert. Für den Gnostiker liegt die Erlösung darin, diesen Samen seiner irdischen Bestimmung, nämlich der Fortpflanzung, zu entziehen und ihn wieder dem göttlichen Urquell zuzuführen.

Dafür bieten sich ihm zwei Wege: der Weg der ausschweifenden Sinnlichkeit und der Weg der fleischtötenden Enthaltsamkeit.[80] Der frühchristliche Asket ging in die Wüste oder ins Kloster, während der gnostische Antinomiker zur Spermakommunion schritt. Die Karpokratianer und die Barbelo-Gnostiker (»Barbelo« nach der hebräischen Wortverbindung Barbhe-Eloha: »In der Vier ist Gott«) des Epiphanios (um 335) forderten die Weibergemeinschaft, in der die eigentliche Liebe unmöglich wird, weil die kollektive Liebe aller zu allen den individuellen Liebesanspruch auf Einzigkeit und Ewigkeit unterläuft.[81] Indem der Geschlechtsverkehr nun ohne Zuneigung vollzogen wird, bringt der Gnostiker seinen Samen oder sein »Licht-Ich« zu Gott zurück und errettet auf diese Weise den *logos spermatikos* für das Universum.

Die gnostische Polarität zwischen Enthaltsamkeit und Ausleben spukt unverkennbar hinter Pounds frühester Äußerung zur kosmischen Metapher: »Es ist eine uralte Hypothese, dass der kleine Kosmos dem größeren ›entspricht‹, dass der Mensch sowohl ›Sonne‹ wie ›Mond‹ in seinem Inneren hat. Daraus würde ich folgern, dass es zumindest zwei Wege gibt – ich behaupte nicht, dass sie zu demselben Ort führen – der eine der Weg der Askese, der andere mangels einer besseren Bezeichnung der Weg des ›Frauendienstes‹. Bei dem ersten entwickelt der Mönch, oder wer ihn sonst gehen mag, unter unge-

---

80 Wolfgang Schultz, *Dokumente der Gnosis*, Jena 1910
81 Vgl. die kollektivistische und kommunistische Oneida Colony, auf die sich Ezra Pound noch in Canto *114* beruft. S. a. S. 110

heuerlichen Mühen und Entsagungen den zweiten Pol in seinem Inneren und erzeugt eine magnetische Oberfläche, welche die Schönheiten – ob himmlisch oder anderweitig – durch *contemplatio* registriert. Beim zweiten Weg, der mir, wie ich gestehen muss, dem *mens sana in corpore sano* besser zu genügen scheint, wird der magnetische Fluss zwischen den vorherrschenden natürlichen Polen der beiden menschlichen Triebwerke erzeugt.«[82]

Doch auch der sinnliche Weg des »Frauendienstes« geht für den Mann, wie wir an Dante und Petrarca sehen, bald in eine Verinnerlichung des weiblichen Prinzips über, das dann als der vergeistigte »zweite Pol« in seiner Seele aufgerichtet wird – unter völligem Verzicht auf das reale Objekt der Begierde. In einigen gnostischen Kosmologien fehlt denn auch jegliche Beteiligung weiblicher Hypostasen an der Weltentstehung. Gemäß der Lehre des Gnostikers Basileides etwa lässt Gott seinen Samen fallen, und man weiß nicht einmal wohin. Dagegen ist bei anderen gnostischen Systemen die erste Emanation der höchsten mannweiblichen Gottheit weiblich. In der simonianischen Gnosis war es die *Ennoia* (Idee), die auf Erden als »Helena« auftrat, bei den Valentinianern war es die *Sophia* (Weisheit), die zum Heil führte. Bei ihnen bestand die Erlösung in der Wiedervereinigung der beiden sexuellen Pole des Göttlichen.

Freilich hatten auch die anerkannten großen Denker des klassischen Altertums keineswegs ange-

---

82 Ezra Pound, *The Spirit of Romance*, op. cit., S. 93 f.

nommen, dass die Zeugung durch einen gleichwertigen stofflichen Kontakt von männlichem Samen und weiblicher Eizelle zustande käme. Aristoteles bestimmte den Kopf als »spermatikotatos«, seine Vorstellungen von der Zeugung »bringen uns zurück zu der Konstellation von Schleim/Hirn/Sperma. Eine Empfängnis [engl.: ›conception‹] findet statt, wenn der Mann eine Idee, eine künstlerische oder handwerkliche Konzeption, im Gehirn-Uterus der Frau hat.«[83] Woran wir sehen, dass die unfassbare Kreativität des Spermas sowohl das Hirn des Mannes wie den Uterus der Frau als ureigenes Territorium beanspruchen kann: Der Embryo wird nicht erst im Schoß der Frau »empfangen«, er war schon zuvor im Geist des Mannes »konzipiert« worden. Selbstverständlich hängt auch hier alles von dem Kaliber der männlichen Konzeption ab. Etwa meint Thomas von Aquin, die Zeugung eines weiblichen Embryos käme nur durch hemmende Umstände und widrige Zufälle (*mas occasionibus*) zustande, weil die volle Verwirklichung der menschlichen Art männlich sein müsse. Der Frau steht nämlich nicht die gleiche Gottesähnlichkeit zu wie dem Manne, sie ist nicht gottunmittelbar, sondern außer Gott noch zusätzlich dem Mann untertan. Genetisch ist sie im Vergleich zum Mann, bei dem die Ratio dominiert, ein Mangelwesen und ihm somit schon ›von Natur aus‹ unterworfen. Der eigentliche Daseinszweck der Frau liegt in ihrer untergeordneten Funktion bei der Fortpflanzung des Mannes. Nach dieser Denkweise entsteht in der Ge-

---

83 Thomas Laqueur, op. cit., S. 42

nealogie des abendländischen Geistes eine Sohn-
schaft nach der anderen, ganz ohne Mitwirkung von
Frauen. Bezeugt wird das durch die Herrscherchroni-
ken der großen Literatur, in denen die Ahnenlinien
als reine Reproduktion zwischen den männlichen
Genies dargestellt werden.[84]

Das schöpferische Licht des *intellectus agens* (die
tätige oder schöpferische Vernunft, vgl. S. 117–123)
von Pound in seinen späteren *Cantos* mit dem chinesischen Sinogramm 明 *(ming)* veranschaulicht, bewegt sich zwischen dem aktiven männlichen und
dem passiven weiblichen Pol, b e i d e im Inneren des
Mannes: »Sonne und Mond, der totale Lichtablauf,
Ausstrahlung, Absorption und Rückstrahlung des
Lichtes, daher die Intelligenz.«[85]

6. Natur/Kultur in der mythologischen Grammatik der Geschlechter

Die Polarität des »totalen Lichtablaufs« enthält für
Pound eine zusätzliche anthropologische Dimension:
die der mythischen Versöhnung von Kultur und Natur. Doch auch sie geht letztlich nicht hinter die
unverrückbare sexuelle Konstruktion zurück, nach
der die Frau für die »Natur«, für »Erde«, »Acker«,
»Grab« und für den Blutzusammenhang steht, während der Mann den abgehobenen Geist und die vom
Geist geschaffene Kultur repräsentiert, die sich über

---

84 S. dazu Harold Bloom, *The Anxiety of Influence*, New York 1973
85 Ezra Pound, *Confucius: The Unwobbling Pivot & The Great Digest*, Ü.:
Ezra Pound, Bombay/Calcutta/Madras 1949, S. 20

die niedergeworfene Natur erhoben hat. Mythisch und poetisch festgehalten ist der Übergang zur Welt des männlichen Geistes in den *Eumeniden*, dem letzten Teil der *Orestie* des Aischylos (500 v. u. Z.), dem Drama, das in unserer Überlieferung häufig als die Geburtsstunde der Demokratie zitiert wird: Darin gelangt der Muttermörder Orestes auf der Flucht vor den rächenden Muttergöttinnen, den Erinnyen, nach Athen und wird vor das athenische Blutgericht gestellt, das ihn von jeder Schuld freispricht. Den Ausschlag für dies Urteil gibt die (unzulässige) Stimme der Göttin Pallas Athene, die nicht von einer Frau geboren wurde, sondern direkt dem Kopf des höchsten Männergottes, Zeus, entsprungen ist. Ihre Urteilsbegründung lautet: Der Sohn ist einzig dem Vater verpflichtet, denn die Mutter ist nur die zufällige Ackerfurche gewesen, in die der Vater seinen Samen gelegt hat. Die Ernte aber gehört, wie jedermann weiß, dem Sämann, nicht der Erde.

Dieser monströse und ermogelte Freispruch wird im antiken Drama sogleich gefeiert als Sieg Apollons, des geistigen und männlichen Lichtprinzips, über das materielle weibliche Erdprinzip und als Grundstein der neuen und höheren Gerechtigkeit, die fortan die Frauen, also die Hälfte der Menschheit, von der früheren Rechtsgleichheit ausschließt. Das urzeitliche Recht, nach dem Gleiches mit Gleichem vergolten werden musste, wird als zwischen den Geschlechtern ungültig zurückgewiesen. Die verhöhnten Rachedämoninnen werden »versöhnt« (und reingelegt), indem man ihnen ihren früheren Zuständigkeitsbereich für den Zyklus von Geburt, Fruchtbarkeit und Tod abspricht und sie zu kulti-

schen Hüterinnen der patriarchalen Ehe einsetzt –
denn auf die weibliche Fruchtbarkeit wollten die
Männer denn doch nicht verzichten. Von nun an
werden die Göttinnen der Rache und der Gerechtigkeit nicht mehr »Erinnyen« (die Zürnenden), sondern euphemistisch »Eumeniden« (die Gütigen) genannt.

Das väterliche Gesetz der symbolischen Ordnung
schließt so oder so den primären Bereich der Mutter-
bindung aus. Zentraler Topos für die Versöhnung der
beiden Bereiche in den *Cantos* ist »Eleusis«, die antike Kultstätte der Muttergöttin Demeter und ihrer
Tochter Persephone in der Nähe von Athen, wo
man seit mittelhelladischer Zeit den Göttinnen der
Fruchtbarkeit Opfer brachte, um das Wachstum der
Feldfrüchte und den Nachwuchs der Menschen zu
fördern. Die archaischen Fruchtbarkeitsrituale der
»Eleusinia« behaupteten sich noch weit in die Herrschaft des Vatergottes Zeus, ja bis in die Zeit des römischen Weltreichs hinein, denn sie waren tief verwurzelt im Bewusstsein des Volkes. Ganz ähnlich
verhielt es sich mit dem Marienkult in Europa, der
um die Zeit der Troubadours mächtig auflebte und
bis zum heutigen Tage viele Züge der antiken Verehrung der Muttergöttin trägt. Pound meint, dass in
dem Fest Kalenda Maya der Provence und in der Marienverehrung die Erinnerung an die Riten zu Ehren
der Venus Genetrix fortbestanden hätten.

Die Übertragung der grünen Kräfte der Erde in
eine sublimierte Sexualsymbolik war tatsächlich die
Quintessenz der geheimen eleusinischen Mysterien. Aber Ezra Pounds unerschütterliche Überzeugung, dass zwischen Eleusis und Cavalcantis *Canzone*

d'amore ein esoterischer Zusammenhang besteht,[86] geht in letzter Instanz auf sexuelle Unterstellungen des Clemens von Alexandria (150 – ca. 211) zurück, der in dem Kapitel »Die Mysterien der Deo« seines *Protreptikòs II* gegen den Kult von Eleusis polemisiert, indem er die stufenweise Initiation der großen und kleinen Eleusinien mit den orgiastischen Riten von Attis, Kybele und Rhea in Phrygien gleichstellt. Dadurch leistete der Kirchenvater durch die Jahrhunderte wilden Männerphantasien Vorschub, die den aus der matrilinearen Vorzeit stammenden athenischen Vegetationsgöttinnen ziemlich wesensfremd waren.

Tatsache ist: Während der »Epopteia« (der Schau der verborgenen Wahrheit und dem Erlebnis der höchsten Glückseligkeit) innerhalb der geheimen Weihen ersten Grades zeigte der Hierophant den Kandidaten gewisse sakrale Objekte, die »Hiera«, die von der tradierten Eleusisforschung bisher nicht mit letzter Gewissheit identifiziert werden konnten, die aber generell als das aus Sesam oder Weizen nachgeformte Schamglied (melos) von Zeus und die weibliche Scham (mullós bzw. ktéis) von Koré/Persephone vorgestellt werden. Die Forschung ist sich nicht einig darüber, ob der Epoptes diese Hiera bloß schauen oder ob er sie zudem manipulieren durfte. Zugleich mit dem Vorzeigen der Hiera wird die bisher vorherrschende Dunkelheit von einem blenden-

---

86 S. Akiko Miyake, *Ezra Pound and the Mysteries of Love*, Durham/London 1991. Miyake hat nachgewiesen, dass Pounds Überzeugung auf das fünfbändige Werk von Gabriele Rossetti (1783–1854) *Il mistero dell' amor platonico del medio evo* (1840) zurückgeht.

NATUR/KULTUR IN DER GRAMMATIK DER GESCHLECHTER 87

den Licht erhellt. Danach werden die Kandidaten Zeugen eines mystischen Eherituals (des hieros gamos), vollzogen zwischen dem Hierophanten und einer Priesterin als Repräsentantin der Göttinnen. Auch in Bezug auf diese Ehezeremonie ist die Eleusisforschung uneins, sie schwankt zwischen einer rein symbolischen und einer rein physischen Auslegung. Während Ezra Pounds Mentor in okkulten Dingen, der prüde und ehefeindliche George Robert Stow Mead, nur die symbolische Auslegung zuließ, zog Pound für sein Teil stets die physische Auslegung vor. Das »Tremendum«, der Schauder des Göttlichen, das der Eingeweihte auf der höchsten Initiationsstufe erfährt, wird in den *Cantos* wiederholt als Donner oder jäh aufleuchtender Blitzstrahl beschworen. Pound selber meinte allen Ernstes, im Orgasmus diese oberste Stufe erreicht zu haben: »Pound hat tatsächlich geglaubt, dass die *epopte*, der Moment blendenden Lichtes, ein Orgasmus war. Er hat es mir gesagt«, berichtet James Laughlin.[87]

Pound sieht jedoch in Eleusis eher den esoterischen und elitären Geheimbund der hellenistischen Spätzeit als das anthropologische Eleusis der archaischen Vorzeit. Auch für ihn steht der antike Kult im Zeichen der phallischen Orgie, in der »alle Weiber Gemeineigentum sind«,[88] wodurch die Männerherrschaft schwerlich modifiziert wird. Die Vorstellung der Tempelprostitution, die Clemens von Alexandria der uralten Weihestätte unterstellt hatte, faszinierte ihn lebenslänglich. Tatsächlich fand eine Tempel-

---

87 Zitiert von Miyake, op. cit., S. 19
88 Johann Jakob Bachofen, *Das Mutterrecht*, Leipzig 1861

prostitution nicht in Eleusis, sondern in den kleinasiatischen Kulten der Astarte und Kybele statt, wo sich jede Frau einmal im Leben einem Fremden hingeben musste, um das Geld, das sie dafür erhielt, der Göttin zu schenken. Der Sinn dieses in späteren kommerziellen Zeiten oft missverstandenen Brauchs war jedoch nicht die sexuelle Ausschweifung, sondern der feierliche Dank und die Gegengabe an die Göttin für das Geschenk der Fruchtbarkeit – eine Art von antikem »Potlatch«.

Pound, dessen negatives Gegenthema zu »Eleusis« die »Usura«[89] ist – also der Ausverkauf aller freien Gaben der Natur als Waren –, sieht die kultische Freizügigkeit der Frauen mit elegischen Gefühlen und schreibt (in einem Absatz über die Vielweiberei König Heinrichs VIII.) bedauernd über »die vielen Tonlagen, die aus der englischen Lyrik verschwunden sind, weil vielleicht Eleusis die Wahrheit war und weil ein modernes Eleusis nur in den Wildnissen der männlichen Phantasie möglich ist«.[90] Noch aus einem seiner letzten Canto-Fragmente hören wir das heraus:

Ich bin unbedingt für *Verkehr* ohne Tyrannei

Canto *110*

(Er bedient sich des deutschen Wortes »Verkehr«, dessen Doppelsinn ihm die Verfasserin erklärt hatte).

Seinem ersten italienischen Übersetzer hatte er den Vers: »Sie brachten Huren nach Eleusis hin« in dem Usura-Canto 45 wie folgt erklärt: »Das mit Eleusis ist

---
89 Vgl. *Ezra Pound. Usura-Cantos XLV und LI*, Hg. und Ü.: E. Hesse, Zürich 1985
90 Ezra Pound, *Guide to Kulchur*, Norfolk, Conn. 1938, S. 294

SEHR elliptisch. Es bedeutet, dass man anstelle des sakramentalen Fickens in den Mysterien die billige Hure hat. (...) Und das Sakrament, das im Koitus besteht und NICHT im Kauf einer Lizenz von einem breitarschigen Priester oder vom Standesamt, wurde durch das Christentum, oder durch eine falsche Auslegung dieser Ersatzreligion, total entwürdigt.«[91] Womit er sich gewissermaßen, wenn auch auf einer anderen Diskussionsebene, wieder mit der Auflehnung der Katharer und der Troubadours gegen die Institution der Ehe trifft.

Der Geschlechtsakt des Mannes hat demnach eine sakramentale, eine heiligende und heilende Funktion, wie sie in den frühgeschichtlichen Riten der Hochzeit von Himmel und Erde, Gott und Göttin, Mann und Frau beschworen wurde. Darin schreibt sich der weltweite Übergang von den Erdkulten der Großen Mutter mit ihren Vegetationsgottheiten und Halbgottheiten, Nymphen und Zwitterwesen zu den Lichtreligionen mit ihrem vorwiegend männlichen Pantheon von Himmelsgöttern fort. Im Paläolithikum und zum Teil noch im Megalithikum war das chthonische Denkbild der Behausung in steinzeitlichen Höhlen mächtig, deren Gänge das geheimnisvolle Dunkel des weiblichen Schoßes, Bauch und Grab zugleich, abzubilden schienen. Mit der Entdeckung einer kalendarischen Zeitmessung anhand der Beobachtung des Sternenhimmels erhob sich der Blick himmelan. Das zyklische und ackerbauliche Schema des Jahresablaufs wurde allmählich

---

91 *Ezra Pound. Selected Letters*, Hg.: D. D. Paige, Brief Nr. 338 an Carlo Izzo vom 8. Januar 1938

verdrängt von der Vorstellung eines linearen Aufstiegs oder Fortschritts des Menschen durch die Zeit mit einer zunehmenden Vergeistigung. In allen Hochkulturen war es unfehlbar die Bestimmung des höchsten (männlichen) Lichtprinzips, sich im Namen einer immateriellen »rein menschlichen« Existenz, die mit den animalischen Niederungen der Naturwesen kaum noch zusammenhing, über die stoffliche (»weibliche«) Natur zu erheben.

Diese Mutation im menschlichen Bewusstsein nimmt in der Architektur, der Mutter aller Künste, Gestalt an – abzulesen etwa an den verschiedenen Bauabschnitten von Stonehenge, der großen Steinstätte, die zunächst als megalithisches Hünengrab, dann aber vom Neolithikum an zur Beobachtung und Voraussage von Sonnen- und Mondfinsternissen und zur Berechnung des Jahresablaufs diente. In Ägypten entstand aus dem Schnittpunkt zwischen den Erd- und den Lichtreligionen die Pyramide, deren Spitze in den Himmel ragt, indes die gewundenen und heimlichen Gänge zur Grabkammer im Inneren des Bauwerks an ältere chthonische Vorstellungen erinnern. Im Zweistromland Mesopotamiens nahm der Zikkurat Gestalt an, ein Turm, der das uralte höhlenzeitliche Motiv der Spirale oder des Labyrinths in die Senkrechte stellte. Der Turm von Babylon, bei dessen Bau die Menschen ihre gemeinsame Sprache verloren, wird in der Kunst bezeichnenderweise immer als Zikkurat dargestellt. Nach der Schilderung Herodots bestand die Stadt Ekbatana in ähnlicher Weise aus sieben abgestuften Terrassen »von der Farbe der Sterne«, die den sieben Planeten entsprachen und so auf Erden ganz konkret die himmlische Lichthierarchie reproduzierten. Ekbatana ist Pounds oft beschworene ideale Stadt, die »Stadt des Deiokes«. Auf einen solchen Bau legt er die mythische Danaë:

> Ekbatana, die Uhr tickt und verhallt
> Die Braut gewärtig, daß der Gott sie anrühre
> Canto 5

Mit dieser Szene wird das uralte Ritual der Hochzeit von Himmel und Erde dargestellt. In der Sage empfängt Danaë ihren Sohn dadurch, daß sich Zeus' Samen in einem goldenen Lichtregen in ihren Schoß ergießt.[92] Hier wird deutlich, wie mit der sexuellen Hierarchisierung sehr frühzeitig auch der Wunsch nach einer zumindest symbolischen Aussöhnung zwischen Himmel und Erde, Mann und Frau, Geist und Stoff aufkam – durch den sexuellen Verkehr, freilich zu den Bedingungen des Mannes, da der Frau weder im kultischen Ritual noch im Mythos eine Eigenbestimmung zugestanden wird. Auch Danaë wird einfach von Zeus übermannt, und noch dazu auf dem Söller eines phallisch aufragenden Turms.

An dieser Hierarchisierung scheitert seit altersher das Bemühen um eine Versöhnung durch wohlgesinnte Männer und insbesondere durch Dichter, die dank ihrer Sensibilität größere Affinitäten zu den als weiblich kodierten Eigenschaften besitzen als »unter Männern« üblich. Die glückliche Ehe zwischen dem »menschlichen« Geist und der »sinnlichen« Natur, die Pound bei der Behandlung der Sage im Sinn hat, bleibt patriarchalisch: Auch hier beansprucht der

---

92 Tizian stellt diesen Lichtstrom, der sich in Danaës Schoß ergießt, zynisch als einen Regen von Golddukaten dar.

Mann die Verfügungsgewalt für sich allein und träumt nur davon, dass dies ihm nicht den Groll, sondern die hingebende Dankbarkeit der »Partnerin« eintragen werde:

> Fac deum! Est factus!
> (…)
> Seine Rute rammt Gottheit in meinen Schoß
> Sic loquitur nupta
> Cantat sic nupta
> Canto 39

(dt.: Mache Gott! Er ist gemacht! so sprach die Braut, so sang die Braut)

Bei aller Sehnsucht nach einer Resurrektion der Natur geht Pound nie über den Schnittpunkt hinaus, in dem die Lichtreligionen die Erdkulte überlagerten. In überaus lyrischen Canto-Passagen zelebriert er die mythischen Vergewaltigungen der Nymphen durch die olympischen Götter, die in der griechischen Sage als Echo der dorischen und männerrechtlichen Ablösung der matrilinearen Kulte nachhallen.[93] So

---

93 Die dorische Überwältigung der matrilinearen, minoischen Kulturen hat einen offensichtlichen, doch immer noch verkannten Nachhall in den Urerzählungen Europas. So finden offensichtlich sowohl der trojanische Krieg, die Tragödie des Agamemnon wie die *Odyssee* eine Erklärung darin, dass in einer Übergangszeit das Königtum nur in der weiblichen Linie weitergegeben wurde. Agamemnon wurde in Mykene König allein durch die Ehe mit Klytemnästra, Menelaos in Sparta durch die Ehe mit Helena. Deswegen (und nicht wegen ihrer Schönheit) musste Menelaos Helena zurückerobern; deswegen war Agamemnon in seiner Herrschaft bedroht durch Klytemnästras Untreue mit Ägisth, deswegen hatte Penelope so viele Freier, wiewohl ein männlicher Erbe, Telemachos, doch schon im Haus war.

schreibt Pound in mythologischer und anthropologischer Doppelbödigkeit das Dilemma des männlichen Charakters in unserer Zeit fest: als Angst, die überlegene Ichheit zu verlieren, doch zugleich auch als Lockung eines Glücks, in dem die Aufhebung der zivilisatorischen Versagungen und die Versöhnung mit dem Lustprinzip zu liegen scheinen.

Überall im mythischen Gedächtnis der Menschheit findet sich das utopische Bild einer herrschaftslosen Zeit, ob man sie das »Goldene Zeitalter«, das »Zeitalter des Saturn« oder das »Zeitalter der fünf mythischen Herrscher Chinas« nennt, es ist eine Zeit, in der die Frauen den Männern noch nicht als Eigentum »gehörten«, sondern frei und regellos mit ihnen verkehrten. Für sein Teil assoziiert Pound diese Wunschvorstellung mit dem Kult von Eleusis, aber da er sich vorbehaltlos zu den Lichtreligionen bekennt, setzt er innerhalb der mythischen Ordnung noch einmal die Überwindung der Natur an die Stelle der Aussöhnung mit ihr. Doch nach dem psychischen Kollaps im Drahtkäfig der US-Army bei Pisa und dem Schiffbruch des autonomen männlichen Ichs wurde alles anders. Er empfindet nun hautnah die Bedrohung der symbolischen Ordnung durch das bislang verleugnete Imaginäre und wechselt wiederholt auf die Nachtseiten der Seele hinüber. Dabei durchmisst er jene Regionen unter dem Meer und der Erde, die fortan im Motivgeflecht der *Cantos* einen immer größeren Raum einnehmen und zu den großen dichterischen Passagen des Spätwerks führen:

bistu geschwommen in einem Meer von
>>>Maschendraht je
>>durch ein Äon des Nichts,
Als das Floß entzweiging und sich die
>>>Wasser über mir verliefen
>>>>Canto *80*

Das große Logbuch der *Cantos* folgt nun keinem vorgefassten Plan mehr,[94] keiner »Aquinas-Karte«, an der sich ein Dante noch orientieren konnte, sondern setzt sich fort:
wie Winde raumen, wie das Floß hintreibt
>>>>Canto *74*

Mit Macht meldet sich nun das chthonische Gegenthema des »Weiblichen«:

Wie zerrt, O GEA TERRA,
>>was zerrt wie du an uns zerrst
>>>bis wir zu dir hineinsinken auf Armesspanne
und dich umarmen. Zerrst,
>>wahrlich du zerrst.
Weisheit liegt neben dir
>>schlicht, über Metaphern.
(…)
Mensch, Erdreich: die beiden Hälften des Prägstocks
aber ich werde aus all dem hervorgehen
>>>und niemanden kennen
und niemand mich
>>connubium terrae
>>>>Canto *82*

---

[94] Soweit dies Pounds nicht ganz einsichtigem Programm überhaupt entsprach. »Man kann dem Dante'schen Kosmos nicht folgen in einem Zeitalter des Experiments«, Ezra Pound, *Writers at Work*, 1963

(Gea oder Gaia.: die griechische Göttin der Erde; terra, lat.: die Erde; connubium terrae: lat.: der Beischlaf mit der Erde; der Mensch in »Mensch, Erdreich« ist natürlich als der generische und »geschlechtsneutrale« Maskulin zu verstehen).

Im allerersten Canto sahen wir, wie der Protagonist Odysseus/Pound dem Geist der Mutter die Teilnahme am Opfer verwehrt: Die Mutterwelt sollte nicht teilhaben an dem Ritus der Wiederbelebung der Toten. Doch in den späten *Cantos* sind es nicht mehr die von den dorischen Göttern übermannten Nymphen, sondern die mächtigen archetypischen Frauen der Sage und der Geschichte, die der Dichter in seinen großen dichterischen Schüben heraufbeschwört: »Reina« (Königin Elisabeth I.), Eleanor, Helena, Gaia, Tellus, Dione, Artemis/Diana, Demeter und Persephone, Nemesis/Fortuna, die Zauberin Kirke, Undine und die Meergöttin Leukothea, all die Wasserwesen, die an die Oberfläche steigen, um dem Dichter, nun da er dem Irrationalen, dem Chaos, der Ohnmacht, dem Tod, der Natur verfallen ist, in seiner existenziellen Not beizustehen. Sie vertreten die prähistorische Mutterwelt und den Kult des Schoßes, der dem Kult des Phallus voranging, und stehen für »das ewig Weibliche«, das Pound zuvor von den männlichen Bezugssystemen der Kultur, der Wissenschaft, Kunst und Literatur und Geschichte radikal ausgegrenzt hatte. Es sind anima-Figuren für die eigene unterdrückte und ausgebeutete Natur des Mannes, die seinen mühsam erlangten Bewusstseinszustand immer gefährden.

Eine dunkel empfundene Urschuld, das Gefühl, einen zentralen Verrat an sich selber begangen zu haben, begleitet von nun an den Dichter auf seinem Weg durch die kalendarische Zeit und lässt sie als eschatologische Entfernung von der idealen Vor-Zeit erscheinen, die in dem angestrebten irdischen Paradies Gestalt gewinnen sollte.[95] Das Thema der Bisexualität, genauer die Einsicht des Dichters, dass es in seiner Anlage sowohl »männliche« wie »weibliche« Eigenschaften, Yin und Yang,[96] gibt, die beide entsprechend entwickelt und miteinander in einer wahren Menschlichkeit integriert werden sollten, wird im Alter bestimmend für seine Identitätssuche – und für seine erneuten Kursabweichungen von dieser Suche bis zu den letzten Entwürfen und Fragmenten.

> ἕλεναυς. Dass Drake die Armada sah
> und Höhlen der Tiefsee
> Ra-Set schifft über Kristall
> (...)
> in der Königin Augen: Widerschein
> & Algengeschlink –
> grüne Höhlen der Tiefsee
> Canto 91

(ἕλεναυς, gr.: helenaus, dt.: die Schiffe-Zerstörende, ein Beiname der Helena, den Pound bereits in Canto 7 in bezug auf Eleanor von Aquitanien verwendet

---

[95] Sigmund Freud erklärt, es sei seine Absicht gewesen, »das Schuldgefühl als das wichtigste Problem der Kulturentwicklung hinzustellen und darzutun, dass der Preis für den Kulturfortschritt in der Glückseinbuße durch die Erhöhung des Schuldgefühls bezahlt wird.« S. Freud, »Das Unbehagen in der Kultur«, op. cit., S. 119

[96] Das chinesische Emblem wirkt wie eine graphische Darstellung von Platons Kugelmenschen!

hatte. Äschylos hatte in seinem Drama *Agamemnon* dem Chor das Wortspiel »helenaus, helandros, heleptolis« – Schiffe-, Männer-, Städte-zerstörend – auf den Namen »Helena« in den Mund gelegt. Drake: Sir Francis Drake, der Admiral Elizabeths II., der vor den Küsten Englands die spanische Armada sichtete).

Jetzt findet Pound eine neue Bestimmung für das Paradies auf Erden, das er in seinen *Cantos* anvisiert: »Des Menschen Paradies ist seine Menschlichkeit.« In diesem Sinne ruft er in den *Rock-Drill Cantos* die Kwannon an, den männlich-weiblichen Bodhisattwa, der die Barmherzigkeit verkörpert, und verbindet sie mit der Gestalt der ägyptischen Mondgöttin Isis:

> Isis Kwannon
> aus der Beuge des Mondes
> Canto 90

»Isis-Kwannon« ist identisch mit der »Prinzessin Ra-Set«, der Herrin des Bootes, auf dem sich die Seele auf die Fahrt durch die ägyptische Unterwelt eingeschifft hat. Beide Motive entnimmt Pound dem *Libro Egizio degli Inferi*.[97]

Dazu erklärt der Ägyptologe Boris de Rachewiltz: »Die Verbindung Isis-Kwannon muss aus dem Zusammenhang mit ›Ra-Set‹ verstanden werden. Der Kommentar zum *Papiro Magico Vaticano* veranlasste Pound unter anderem, sich mit dem Problem von Gut und Böse im alten Ägypten zu beschäftigen. Diesem Papyrus zufolge wird nämlich Set, das böse

---

[97] Boris de Rachewiltz, *Il Libro Egizio degli Inferi*, Rom 1959. Vgl. dazu: Boris de Rachewiltz, »Magische und heidnische Symbole in der Dichtung Ezra Pounds«, in: *Ezra Pound. 22 Versuche über einen Dichter*, Hg.: E. Hesse, Frankfurt a.M. 1967

Prinzip, losgesprochen und in das Boot des Sonnengottes Ra aufgenommen. Ra ist die männliche Gottheit *par excellence*, ja, seine Männlichkeit wird durch verschiedene seiner Attribute eigens hervorgehoben, während Set stets als ›typhonische‹ Kraft aufgefasst und deshalb mit Feuchtigkeit, Passivität, also weiblichen Merkmalen ausgestattet wurde. Die Idee eines unheilbringenden, aber naturnotwendigen Wesens ist im Osiris-Mythos selbst enthalten, wo Set, den Horus in Ketten gelegt hatte, von Isis befreit wird, die sich hier als das barmherzige Prinzip darstellt, und in dieser Hinsicht mit Kwannon verglichen werden kann. ›Ra-Set‹ wäre demnach ein Pound'scher Synkretismus, der auf den unerlässlichen kosmischen Ausgleich zwischen Gut und Böse verweist. (…) Dass dies der Sinn ist, der Pound in Canto 91 vorschwebt, wird uns deutlich, wenn wir sehen, wie er Ra und Set als eine weibliche Wesenheit einführt, obwohl sie im ägyptischen Götterreich als zwei männliche Gottheiten gelten.«[98]

Das Thema von Gut und Böse steht jedenfalls in unmittelbarem Zusammenhang mit der bewegenden Selbstanklage in Canto 116:

Und warum sie fehlgehen,
    da ihr Sinn nach Richtigkeit steht?

Das chthonische Thema gewinnt in den späten *Cantos* immer größeren Kielgang. Als thematischen Reim auf die Fahrt zu den Toten in Canto 1 bezeichnet der Dichter nun die megalithische Nekropole von Stonehenge als die ihm vorbestimmte Grabstätte:

---

98 Boris de Rachewiltz, op. cit., S. 288

> Legt mich zu Aurelie, gen Sonnenaufgang
> zu Stonehenge
> dort ruhn die Meinen
> Über Harm
> Über Hass
> sich überbäumend, Licht über Licht
> (…)
> das strömende Licht wältigt die Sterne.
> In der Ache von Ra-Set
> Auf dem kristallenen Fluss
> So hath Sibile a bocken isette
> Canto 91 [99]

»Aurelie« ist die alte englische Form von »Aurelius«, ein halb mythischer König aus der Frühgeschichte Englands. Pound gesellt sich hier zu den Vorkämpfern der verlorenen Sache in der Geschichte: »Dort ruhn die Meinen«, also die Ketzer und Aufrührer gegen die herrschende Meinung. Damit begräbt er zugleich alle Hoffnung auf den neuen Geistesfrühling aus der großen amerikanischen Kultursynthese (dem »melting pot«), den er herbeiführen wollte.

In Bezug auf die Liebe demonstriert uns Pound zuletzt weniger die »Versöhnung mit der Natur« als die reziproken Deformationen von »Mann« und »Frau« unter der allbeherrschenden Grammatik der

---

[99] Vgl. hierzu Christine Brooke-Rose, »Legt mich zu Aurelie, gen Sonnenaufgang zu Stonehenge«, in: *Ezra Pound. 22 Versuche über einen Dichter*, op. cit.
Tatsächlich ist Ezra Pound nicht in Stonehenge begraben, sondern an einer anderen den Ketzern vorbehaltenen Grabstätte: dem Bezirk der Friedhofsinsel San Michele in Venedig, die protestantischen, griechisch-orthodoxen und religionslosen Ausländern vorbehalten ist.

Geschlechter. Dennoch sollte man seinen Beitrag zu diesem Problem nicht achselzuckend übergehen. »Die Hoffnungen eines Mannes sind das Maß seiner Zivilisiertheit, (...) die Möglichkeiten für die Verwirklichung seiner Hoffnungen sind das Maß der Zivilisation seiner Zeit.«[100] Es sind nur Pounds Hoffnungen, nur seine Sehnsüchte, die in seinem Werk zu Wort kommen, aber sie wecken dennoch den »von der Enge des Bewusstseins befreiten Sinn für das objektiv Mögliche in dem etablierten Wirklichen«, wie J. Habermas in anderem Zusammenhang formuliert.[101]

7. Die konfuzianische Harmonisierung

Pound folgt der Aufklärung in ihrer unkritischen und ahistorischen Vorstellung vom Konfuzianismus und vernachlässigt dabei den wichtigen konfuzianischen Begriff 先 (hsien[1]), den er selbst übersetzt als: »Wissen, was vorangeht und was nachfolgt«. Gerade Pound, der seine anthropologischen Spekulationen mit dem schönen Wort »Kulturmorphologie« des Leo Frobenius schmückt, erliegt hier einem Denkfehler, der ihm die Weltanschauung als zeitlos und naturgeben erscheinen lässt, statt in der Rückkoppelung an ihren Werdegang. Das betrifft sowohl den Taoismus wie den Konfuzianismus: Beide stehen am Ende einer historischen Phase, die in der Anthropologie »kinship structure« genannt wird. Das ist die vorstaatliche Phase des natürlichen Gemeinsinns inner-

---

100 Ezra Pound, *Guide to Kulchur*, London 1938, S. 144
101 Jürgen Habermas, *Theorie und Praxis*, Neuwied 1963, S. 204

halb der Familie, in der Liebe, Achtung und Sorge
füreinander die Wurzeln eines ungeschriebenen
Rechtsempfindens bilden.

Kindes- und Bruderliebe ist die Wurzel der
                                 Menschlichkeit
    die Wurzel des Ablaufs
 nicht hochtrabende Reden oder flotte Willfährigkeit

heißt es in Canto 74

Das familiäre Prinzip der sozialen Integration bestimmt das frühe Rechtsempfinden (chin.: *li*, die Sitte), das in der konkreten Gegenseitigkeit von turnusmäßigen Abhängigkeiten innerhalb der Generationenfolge entstanden war. Doch diese Form der Sozialisierung des Einzelnen wurde zu Lebzeiten von Laotzu und Konfuzius abgelöst von einer neuen Phase: der Phase der nicht-familialen Bindung an ethisierte Weltbilder. Die menschlichen Interaktionen wurden von nun an nach völlig anders gearteten Prinzipien gewertet, nämlich nach einer staatshaften Moral, die sich ideologisch als eine von den Ahnen und Göttern vorgegebene, familiäre Ordnung legitimierte. Durch den Verlust der generationsbedingten Gegenseitigkeit in der Familie trägt die spontane Menschlichkeit der Frühzeit nicht mehr – Sittlichkeit wird zur Sache des selbstverantwortlichen Einzelnen. Da jede Gesellschaft, wie Niklas Luhmann sagt, ein »sinnkonstituierendes System« ist, das immer neue Konstruktionen verlangt, um die grundsätzliche Inkompatibilität von Macht und Sinn zu verschleiern, entstehen an diesem Punkt die verschiedenen Ideologien der Geschichte, mit denen die Vorrangstellung einzelner Gruppen – in China war es das konfuzianische Beamtentum – für das gesamtgesellschaftliche und zeitlose Interesse der Menschheit ausgegeben wird.

Beide, Laotzu und Konfuzius, standen an der Schwelle zu dieser neuen Entwicklung mit dem Unterschied, dass Laotzu sie ablehnte, während Konfuzius sie aus der älteren Ordnung zu rechtfertigen suchte. Solange die »kinshipstructure« innerhalb der Generationsablösung das Niveau einer gegenseitigen Befriedigung erreichte, war sie selbsterhaltend, d.h. die familiale Ordnung regulierte sich spontan aus sich selbst und bedurfte keiner besonderen Mechanismen oder Institutionen, um sie wirksam zu erhalten. Erst als der ursprüngliche Sinn (chin.: 道, *tao*) der Gemeinschaft verlassen wurde, so Laotzu, entstanden die Grundsätze von Pflicht, Gehorsam und Unterwerfung: »Die Blutsverwandten wurden uneins: so gab es Kindespflicht und Liebe. Die Staaten kamen in Verwirrung, so gab es treue Untergebene.« Das neue Strukturprinzip heißt Herrschaft, nicht Gegenseitigkeit. Nur noch für eine Weile ragt das Naturrecht der ungeschriebenen Sittlichkeit in die neue vaterrechtliche Zeit der familialen Zucht und der positiven Staatsordnung hinein. Die familiale Hege und Pflege dient von nun an der ideologischen Rechtfertigung des hierarchischen Prinzips als der »väterliche« und »wohlmeinende« Staat – d.h. die familiale Ordnung hatte ihren historischen Augenblick der Wahrheit überschritten. Die in der ursprünglichen Lehre des Konfuzius versuchte Sinnvermittlung zwischen Familie und Staat greift immer weniger.

Die längste Zeit seines Lebens hat Ezra Pound das nicht gesehen. So kommt es, dass seine Fehlurteile in Bezug auf die chinesische Geschichte in den *Cantos* recht zahlreich sind und eine größere Untersuchung erfordern. Vor allem in den beiden späten Canto-Abschnitten, den *Rock-Drill Cantos, 85–95* (1955) und den *Thrones, 96–109* (1959), die in der staatlichen Anstalt entstanden, sucht er paradoxerweise Halt in staatlichen Ordnungsprinzipien und alten Gesetzbüchern. Bei seiner Erkundung der verschiedenen Sinnversprechen in der Geschichte liegt der Ton nicht mehr auf der Eigengesetzlichkeit der Dinge, sondern zunehmend auf dem positiven Staatsrecht vor allem in China, das er als »das Walten von Wohlwollen« idealisiert. Doch wir beschränken uns hier zunächst auf das Thema der privaten »konfuzianischen« Regelungen in seiner Familie, die das Fatale seiner Fehleinschätzungen auch ganz gut veranschaulichen.

In seinen Londoner Jahren hatte Pound die Übergriffe einer Persönlichkeit auf die andere »im Schweinekoben der Familie« schroff von sich gewiesen. In »Auftrag« (engl.: »Commission«), einem seiner berühmtesten Gedichte, beschwor er seine Verse, »zu den Einsamen, den Unbefriedigten, den Überreizten« zu gehen, zu denen, »die von Konvention unterjocht sind«, den »lieblos Vermählten«, denen »mit heiklen Gelüsten«, und er beendet das Gedicht mit dem Ausfall:

>   Geht zu den Halbwüchsigen, die in Familie
>   erstickt sind –
>   O, wie widerlich ist der Anblick
>   Dreier Generationen eines Geschlechtes,
>   alle zusammen –
>   Wie ein alter Baum mit Trieben
>   Und manchem morschen Ast, der abfault.

Ziemlich »unkonfuzianisch«, möchte man meinen. Doch sein ursprüngliches Bild des chinesischen Meisters stand nicht im Widerspruch dazu, wie wir an dem »Konfuzius-Canto« des Jahres 1924 erkennen:

> Und K'ung sprach:
> »Haltet hoch, was im Kind angelegt ist
> Von dem Augenblick, da es Atem holt,
> Aber ein Fünfziger, der nichts dazugelernt hat,
> Ist keiner Achtung wert.«
> Canto 13

Pound hatte die avantgardistische Phase seiner Selbstmodernisierung mit dem »rappel à l'ordre« (wie es Jean Cocteau nannte) abgeschlossen und ging alsdann zur »Klassischen Moderne« über. In seinem Fall bedeutete das eine Rückbesinnung auf den zeitlosen Kanon in der Literatur und den Bruch mit den aufrührerischen Experimenten der frühen Avantgarde. Dass er diesen Kanon gleichzeitig zerstörte, indem er ihn in Fragmente zerbrach und nach eigenen Maßgaben neu arrangierte, fiel ihm nicht weiter auf. 1924 verabschiedete er sich von seiner bohemehaften Existenz in Paris und ließ sich mit seiner Frau Dorothy Shakespear und seiner Mätresse Olga Rudge in der »Neuen Ordnung« Italiens nieder.

Den Begriff des *tao* definiert er jetzt als »eine geordnete Bewegung unter Anleitung der Intelligenz«. Er war nun ganz der Ordnung, einer männlichen, logozentrischen und patriarchalischen Ordnung, verschworen – den chinesischen Begriff *jên*[2] (eigentlich geschlechtsunspezifisch: der »Mensch« oder die »Menschlichkeit«) versteht er ohne Umschweife als

»Mannheit. Der Mann und all seine Inhalte«. Für sich persönlich machte er den von ihm gern zitierten Spruch des Konfuzius geltend, dass ein Mann, der nicht Ordnung in seinem Inneren habe, auch die Welt nicht in Ordnung bringen könne, und ignorierte dabei den für ihn viel relevanteren ursprünglichen Kontext dieses Wortes. Denn Konfuzius hatte gesagt, dass ein Mann, der seine Ehefrau und seine Konkubine nicht in Zaum halten könne, nicht zum Herrscher von China berufen sei.

Innerhalb der Familie rechtfertige Pound seine langjährige Konkubinage mit Olga Rudge als etablierte gesellschaftliche Konvention: erstens, weil Konfuzius sie akzeptiert habe, was er aus der Tatsache ableitete, dass Konfuzius sie nicht abgelehnt hatte; und zweitens durch die Berufung auf Emanuel Swedenborg (Cantos 89, 93 und 94), demzufolge die Beziehung eines Ehemanns zu einer Kebsfrau zu keiner finanziell ruinösen Trennung der Ehe führen dürfe. Für Swedenborg gab es zwei akzeptable Liebesbeziehungen: die »konjugale« zwischen den Ehepartnern und die »konjugiale« zwischen Ehemann und Mätresse, wobei die Mätresse aber auf keinen Fall denselben Rang in der Gemeinde einnehmen durfte wie die rechtmäßige Gattin. Die Swedenborgsche Gesellschaft wird durch die Anziehungskraft solcher Beziehungen zusammengehalten, und das Leben des Einzelnen wird bestimmt von der »Qualität seiner Liebe« (Swedenborg) oder, wie Pound sich im Lager von Pisa erinnert: »the quality of the affection« (Canto 76).

Abgesehen von diesen geregelten Beziehungen der halb-offenen Ehe werden dem Mann noch weitere Nebenaffären zugestanden, sofern er sie aus gesundheitlichen Gründen benötigt. Das Ehesystem Swedenborgs fand in den experimentierfreudigen Vereinigten Staaten des 19. Jahrhunderts zahlreiche Anhänger. Es kam ins Wanken, als die amerikanischen Konkubinen denselben sozialen Rang wie die Ehefrauen forderten, und es zerbrach, als Ehefrauen und Konkubinen gemeinsame Sache machten und nun auch den Männern gleichgestellt werden wollten. Ezra Pounds innerfamiliäre Regelung ging in die Brüche, als er selber gegen das oberste Prinzip Swedenborgs verstieß und im hohen Alter von seiner Frau die Scheidung verlangte, um seine junge Freundin Marcella Spann zu heiraten.[102] Für sich selber gibt Pound nun das Spiel – mehr war es wohl nicht – mit der patriarchalischen, hierarchischen und »konfuzianischen« Familienordnung auf und stellt den Problemkomplex der Familie jetzt ganz unter den Aspekt der Menschenrechte des Einzelnen gegenüber dem Klan. Lapidar heißt es nun:

»veritas, durch Anthesis, aus Meertiefen«
Canto 111

Also Wahrheit durch »Anthesis« bzw. durch volles Erblühen. Er spielt damit auf die Anthomedusa an, ein Meergeschöpf, dessen Namen »Eleutheria« er in einem sehr frühen Canto mit dem griechischen Wort »Freiheit« assoziiert hatte, womit hier natürlich die sexuelle Freiheit gemeint ist:

---

[102] Die Spannungen, die aus dem Konflikt der Eifersucht der Ehefrau auf die junge Geliebte erwachsen, hat Pound in seiner eigenwilligen Bühnenversion von Sophokles' *Frauen von Trachis* (1957, dt.: Zürich 1960, Ü.: E. Hesse) thematisiert.

Und in einem späteren Jahr,
   das Korallengesicht, wolkig unterm Gewoge,
   Eleutheria, holde Daphne des Küstenstrichs,
Der Schwimmerin Arme zu Ästen geworden,
Wer weiß noch in welchem Jahr,
   flüchtig vor welcher Horde Tritonen?

Canto 2

Pound zitiert dasselbe Motiv in Canto 29 erneut, dort, wo er die beiden antipodischen Typen des Weiblichen darstellt. Die Eleutheria oder Anthomedusa ist ein quallen- oder seetangähnlicher Organismus, der in seiner ungeschlechtlichen Phase der Vermehrung als regloser Korallenstock verharrt, aber in der geschlechtlichen Phase, also der »Anthesis« oder Blüte, freibeweglich durchs Meer treibt, in Pounds Worten: »flüchtig vor welcher Horde Tritonen«. In dem Canto 29 wird dies Motiv anhand der beiden historischen Konkubinen Cunizza da Romano und Pernella Orsini durchgespielt. Pernella, die sich in festen Händen befindet und die ihren Besitz zu festigen sucht, verkörpert die statische, sesshafte Seinsform des Weiblichen, während Cunizza, die von Liebhaber zu Liebhaber wechselt und ihre Habe – in diesem Fall ihre Leibeigenen – fahren lässt, die freitreibende, dynamische Phase der geschlechtlichen Blüte verkörpert. Cunizza wurde bekanntlich, trotz ihres losen Wandels, von Dante in den »*terzo cielo*« versetzt, den dritten Himmel all derer, denen um ihrer Liebe willen verziehen worden ist. Pound sucht nun seinerseits das Wesen des Weiblichen im Generationswechsel der Hydromedusen zu fassen:

> Seetang, bald welk, bald wallend,
>   Sinn, ankerlos, zage Jugend, Tang, ankerlos
> Über den Fels gespreitet, bald ausgewaschen,
>   bald wallend;
> ›Wein, Weib‹, TAN AOIDAN
> Vorweg unter diesen das zweite, das Weib
> Ist ein Element, das Weib
> Ist ein Chaos
> Ein Krake
> Ein biologisches Werden
>   und wir trachten uns hinzugeben …
> TAN AOIDAN, unsrer Lust, ankerlos …
> Untermeerisch ist sie, ein Krake, ist
> Ein biologisches Werden«
>   Canto 29

(TAN AOIDAN, gr.: Gesang)

Diese zweilebige bzw. »amphibische« Daseinsform des Weiblichen – statisch in der ungeschlechtlichen Phase als Wahrerin des Eigentums und der überlieferten Konventionen, dynamisch in der geschlechtlichen Phase als alle Schranken des Besitzes und der gesellschaftlichen Konvention durchbrechendes anarchisches Element – beschwört Pound erneut in seinen letzten Texten:

> Ihre Dichotomien (weiblich) zugegen in Himmel
>   und Hölle
>   Seegräser züngelnd unterm Wogenschwall
>   im Felsgrund verfangen.
>   Canto 114

Die Eleutheria als freitreibendes Wasserwesen wird in den späten *Cantos* immer mehr zu einer *anima*-Figur des Dichters: Sie ist die Göttin Leukothea, die den schiffbrüchigen Odysseus/Pound rettet, sie ist »Undine« oder das »Meermädchen«, oder die »Reina« in den Cantos 111 und 113; sie ist Schlange oder Sirene – gemäß der uralten Vorstellung von den »Melusinen im Blut«.

Am wichtigsten ist Pound, dass weder die Ehefrau noch die Konkubine einen ausschließlichen Besitzanspruch an ihn stellen darf. Er sah diesen Standpunkt 1936 bestätigt, als ihm der schottische Dichter Joseph Gordon MacLeod die Augen für den Unterschied zwischen Besitz und Eigentum öffnete, den bereits J. P. Proudhon in seinem Traktat *Qu'est-ce que la propriété? Ou recherches sur le principe du droit et du gouvernement* (1840) dadurch veranschaulicht hatte, dass er den Liebhaber der Frau den »Besitzer«, den Ehemann aber den »Eigentümer« nannte. Der Unterschied liegt in der gelegentlichen Benutzung und dem gesetzlichen Rechtstitel. In seinem Brief an MacLeod zog Pound daraus unmittelbare Folgerungen für sein Privatleben: »*Damn it*, ich will ja nicht jedes Hotel, in dem ich übernachte, *kaufen* oder haben. Eigentum ist häufig etwas wahnsinnig Lästiges und ein Anker.«[103]

So findet die Auflehnung der provenzalischen Frauen gegen ihre Verdinglichung durch die Ehe ein männliches, wenn auch wenig ritterliches Pendant in der Neuzeit. Auf die Unterscheidung MacLeods kommt Pound von nun an wiederholt zurück und immer im Kontext der Frauen seines Lebens. Noch in den letzten Cantos heißt es:

---

103 Ezra Pound, Brief v. 28. März 1936 (Nr. 279) in: *The Letters of Ezra Pound 1907–1951*, Hg.: D. D. Paige, London/New York 1951

Diese einfachen Leute, die gegen die Eifersucht
  angingen, wie der Mann aus Oneida.
Eigentum! Eigentum!
War da ein nachdenklicher Mann namens MacLeod:
  dem Eigentum Eintrag zu tun«
                                              Canto 114

Der »Mann aus Oneida« ist John Humphrey Noyes (1811–1886), der auf kollektivistischer und kommunistischer Basis die überaus erfolgreiche soziale Utopie der »Oneida Colony« (von 1847–1909) in den Vereinigten Staaten gründete. Innerhalb der Kommune gab es die »Complex Marriage« (dt.: die »komplexe Ehe«), in der alle Mitglieder miteinander verheiratet waren. Grundregel war das Verbot irgendwelcher Eigentumsansprüche auf Menschen, ob Geschlechtspartner oder Kinder. Eifersucht galt als größtes Vergehen innerhalb der Kommune.[104] Die Affinität dieses utopischen Gesellschaftsexperiments mit den Barbelo-Gnostikern springt geradezu ins Auge, ist aber bisher nie näher untersucht worden. Die gnostische Sekte praktizierte ebenfalls die Weibergemeinschaft, in der alle von allen geliebt werden mussten, bei der aber keiner eine Frau oder ein Kind für sich allein beanspruchen oder den sexuellen Verkehr mit einem anderen verweigern durfte.

Im Jahr 1925 hatte Pound mit der Geburt seiner Tochter Mary erstmals die Freude der Vaterschaft erfahren. Nun stellt sich ihm das brandneue Problem der Kindeserziehung als Bogenschlag zwischen

---

104 S. John Humphrey Noyes II, *A History of American Socialisms*, Philadelphia 1870

DIE KONFUZIANISCHE HARMONISIERUNG

dem Alten und dem Neuen, und er verquickt das Selbstverständnis des eigenen Genies als besondere Sensibilität mit dem chinesischen Begriff *ling*, den er etwas unpräzise mit »Sensibilität« übersetzt[105] und später sogar seinen *Rock-Drill Cantos* voranstellt:

LING²

> Unsere Dynastie kam auf durch eine große
> Sensibilität
> Canto 85

Potenzierend hinzu kam der Begriff *pen-yeh* (in Pounds Übersetzung: das »Familiengewerbe«),[106] der herangezogen wird, um die Erziehung des Kindes zu Unterordnung und Selbstbeherrschung zu rechtfertigen:

> Das Zehnte ist PEN-YEH
> ›ein aus Beharrung entwickeltes Können‹
> Canto 99

---

105 *Ling*, Nr. 4071, wird in *Mathews' Chinese-English Dictionary*, Harvard 1943, das Pound benutzte, wiedergegeben als: »The spirit of being which acts upon others« (dt.: das Wesen des Geistes, der auf andere einwirkt). Pound zitiert es in den *Rock-Drill Cantos* aus der Übersetzung von Le Couvreur, »Die Lehren des Ministers Y Yin«, in: *Chou King*, Kap. 4. Teil II. »Ling« soll die Chou-Dynastie auf den Thron von China gebracht haben.

106 Ohne den chinesischen Begriff zu kennen, gibt der amerikanische Soziologe Abram Kardiner eine sehr gute Beschreibung der Funktion von »pen-yeh« für die Statik traditionaler Kulturen: In der primären Institution der familialen Hege und Pflege wird der junge Mensch so erzogen, dass er späterhin die sekundären Institutionen der Erwachsenen aufrechterhält und in ihnen die primären Institutionen reproduziert, wodurch die nächste Generation genauso erzogen und motiviert wird wie er selbst.

Sehr früh stellt er der Tochter die Aufgabe, seine *Cantos* ins Italienische zu übersetzen.[107] Mit diesem Gedanken im Hinterkopf gibt er den entsprechenden Text im *Chung-yung* XIX, 2 des Konfuzius wie folgt wieder: »Kindliche Ehrfurcht erweist sich in der Gewissenhaftigkeit und Ausdauer, mit denen man den Willen seiner Vorfahren ausführt und deren Werk zu Ende bringt.«. *Pen-yeh*, »ein durch Beharrung entwickeltes Können«, führt allmählich zu τέχνη (zur technischen Meisterschaft):

Erst pen-yeh

dann τέχνη

Canto 98

Aber *Pen-yeh* ist für den Dichter auch verbunden mit dem Prinzip des Privateigentums – Begründung: Wer kein Eigentum hat, wird nicht bereit sein, es zu verteidigen (so in *Rock-Drill*). Das geht an die Adresse der Taoisten, die mit ihrer anarchistischen Tendenz angeblich *Pen-yeh* zerstören, indem sie die fünf menschlichen Grundbeziehungen auflösen, in denen sich die Pflichten der Rangfolge nach untereinander ordnen: der Untertan dem Herrscher, der Sohn dem Vater, die Frau dem Ehemann, der jüngere Bruder dem älteren Bruder, der Freund dem Freunde. Der spätere Konfuzianismus gibt das konfuzianische Rollensystem innerhalb der Familie als

---

107 Eine Aufgabe, die sie als Erwachsene in jahrzehntelanger Arbeit getreulich erfüllt hat, s. *Pound. I Cantos*, Ü.: Mary de Rachewiltz, Mailand 1985

das ideale Modell der erfüllten Reziprozität im Staat aus, während es in Wirklichkeit die sozial-ethische Legitimation für den Aufstieg einer neuen Schicht abgab: des chinesischen Beamtentums.

Ezra Pound, dem zeitlebens nichts so verhasst war wie die Bürokratie, schluckte den ideologischen Köder der chinesischen Staatsdoktrin unbesehen. Das Beispiel von *Pen-yeh* ist symptomatisch für Pounds Fehlleistungen in bezug auf den Konfuzianismus: Er akzeptiert als zeitlosen Grundwert ein System von traditionell erworbenen Antworten auf ethische und politische Fragen und gibt diesen Schematismus als Resultat seiner begnadeten Sensibilität aus. Der Ahnenkult, der in China aus der zwanglosen Generationsabfolge innerhalb der Familie entstand, hat auch dort seit langem nichts mehr mit der Logik der Erfüllung, sondern nur noch mit der Logik der Unterdrückung zu tun. Innerhalb der eigenen Familie bestimmte Pound die Rollen denn auch recht einseitig und starr. Die Freiheit des Rollenwechsels und der Rollendistanz gestand er nur sich selber zu. So kam es über seine Altersliebe zu Marcella Spann zum katastrophalen Zerfall des lebenswierigen Arrangements und der trostlosen Feststellung:

 Ist keine Liebe im Haus, so ist nichts da.
 Die Stimme des Hungers verhallt.
Canto 116

Erneut stellt er den Problemkomplex der Familie unter den Aspekt der Menschenrechte des Einzelnen gegenüber dem Klan, wie einst in dem programmatischen Gedicht »Auftrag«. Ratlos wirft er eine Frage auf, die im neo-konfuzianischen System nicht vorgesehen war:

Dass Hass der Liebe entwachse
etwas ist aus den Fugen
Canto 110

In seinen letzten Entwürfen und Fragmenten, den *Drafts & Fragments of Cantos 110–117* (1969), glänzt Konfuzius dann durch totale Abwesenheit. An die Stelle der konfuzianischen Ordnung treten die Texte der tibeto-birmanischen Na-khi, die in ihrer hochalpinen Region zwischen China und Tibet ein selbstständiges Königreich gebildet hatten, aber 1723 von den Mandschu in das chinesische Reich eingegliedert wurden. Bis zu diesem Zeitpunkt waren reguläre Eheschließungen nur unter den Stammeshäuptern vereinbart worden, während das einfache Bauernvolk ausschließlich die freie Liebe kannte. Die Na-khi konnten sich mit der von den Mandschu eingeführten Institution der Ehe nie richtig anfreunden. Noch bis in die erste Hälfte des zwanzigsten Jahrhunderts war es üblich, dass die jungen Leute, die sich in eine nach chinesischem Brauch von den Heiratsvermittlern ausgehandelte Ehe nicht fügen wollten, auf die Berge hinaufstiegen, um auf irgendeiner Almwiese gemeinsam Selbstmord zu begehen. Solche Doppelselbstmorde waren bei den Na-khi so häufig, dass es kaum Familien gab, die nicht einige Selbstmörder aus Liebe zu den Ihren zählten.

Aus dieser Überlieferung destilliert der greise Pound für seine unglückliche Altersliebe in diesen allerletzten Texten eine einzigartige und bewegende Liebesdichtung. Es sind sozusagen seine »Marienbader« Cantos. In unserem Kontext bedeutet das aber: Ezra Pound war zu seinem ursprünglichen »Auftrag« zurückgekehrt und hatte das Hauptmotiv der Troubadourdichtung, die Antithese von Liebe und Ehe, erneut aufgenommen. Man kann nur bedauern, dass seine dichterischen Kräfte versiegten und es ihm nicht erlaubten, diesen in den letzten Texten und Fragmenten skizzierten Neuansatz weiterzuführen.

II. Die westliche Philosophie in den Cantos

1. Rückblende: Der Einbruch der Arabisten in die »philosophia perennis«

Mit *philosophia perennis* (griech./lat.: die »immerwährende Philosophie«) wird der gemeinsame Grundbestand philosophischer Probleme im abendländischen Denken, insbesondere in der Antike und im Mittelalter, bezeichnet.

Siebenhundert endlose Jahre lang stand alles europäische Denken im Bann der Scholastik. So lange Zeit war die Vernunft nur die Magd der Theologie, ihre Dienstleistungen beschränkt auf die Erläuterung des vorgegebenen kirchlichen Dogmas. Ihre Pflichten erschöpften sich in der Setzung von allgemeinen abstrakten Begriffen, um den Glauben rational zu untermauern.[108] Das empirische Wissen blieb als »unter aller Kanone« vom Denken ausgegrenzt – wobei »Kanone« nicht das Geschütz meint, sondern die Kanonik. Die rein begrifflichen Operationen, mit denen die Wirklichkeit überspielt wurde, führten zu einer Verzerrung der Relation zwischen der »objektiven«, göttlichen, und der »subjektiven«, menschlichen, Ver-

---

108 In diesem Bezugsrahmen sollte man das neuerliche Statement von Papst Benedikt sehen, dass Vernunft und Glauben keine Gegensätze sind.

nunft, die erst justiert werden sollte, als bisher unbekannte Texte des Aristoteles samt ihren arabischen Kommentaren in Europa ankamen.

In der Frühscholastik bis ca. 1200 war die objektive Vernunft absolut und übersinnlich gesetzt worden: Vernunft war einzig dem *Logos* oder dem *Nous* zu eigen, sie war Gottes Wort und Schöpferkraft, der menschlichen Vernunft bestenfalls durch einen göttlichen Gnadenakt zugänglich. Die Hochscholastik entwickelte dann den Begriff der objektiven Vernunft weiter zur Vorstellung von dem *intellectus agens* (dem aktiven Geist), der auch in den diesseitigen Dingen webt. Die *ratio* begriff sich von da an zunehmend als »Abbild des vernünftigen Wesens der Welt, gleichsam als Sprache oder Echo des ewigen Wesens der Dinge«.[109] Im Ganzen genommen entwickelten sich die Sinnkonstruktionen des christlichen Mittelalters im wechselnden Ausgleich zwischen den Gedankensystemen von Platon (427–347 v. u. Z.) und Aristoteles (384–322 v. u. Z.), wobei Platon dem Mittelalter nur bekannt war über den, im Nachtrag christlich umgedeuteten Neuplatonismus von Plotinos (ca. 205–270) und seiner Schüler Iamblichos, Porphyrios, Psellos, Proklos sowie Dionysios Areopagita.[110] Tatsächlich entwickelte sich das mittelalterliche Denken im We-

---

109 Max Horkheimer in: *Sociologica II*, Frankfurt 1973, S. 193–196
110 Dionysios, der Areopagit, auch »der Pseudo-Dionysios« genannt. Seine Schriften, die zwischen 350 und 500 unserer Zeitrechnung entstanden, wurden vom Erzbischof Hypatios von Ephesos und später von den Humanisten Lorenzo Valla und Erasmus als »Fälschungen« entlarvt, weil er (schon aus lebenszeitlichen Gründen) nicht, wie im Mittelalter angenommen, identisch war mit dem vom Apostel Paulus bekehrten Dionysios (*Neues Testament*, Apostelgeschichte des Lukas, 17, 34).

sentlichen Welle um Welle aus dem Neuplatonismus und dann ab dem 12. Jahrhundert aus der allmählichen Ankunft der verloren gegangenen naturwissenschaftlichen und teilweise auch der philosophischen Texte des Aristoteles[111] über die arabisch-jüdische Vermittlung im Abendland. Die großen arabischen und jüdischen Gelehrten: Alkindi (Ende des achten Jahrhunderts), Alfarabi († 950), Avicenna (*980), Averroës (1126–1198), Moses Maimonides (1135–1204), hatten die griechischen Texte freilich nicht in der uns heute zugänglichen Gestalt erhalten, sondern ebenfalls verquickt mit neuplatonischen und metaphysischen Elementen.[112]

In der *philosophia perennis* gilt der weltordnende Geist oder *Nous* als der Bereich des eigentlichen Seins, in ihm enthalten sind die geistigen »Formen« oder »Ideen«, also die Archetypen der Einzelerscheinungen. Diese übergreifenden Allgemeinbegriffe, *universalia* genannt, gelten als die eigentliche Wissensform: Intelligibel (geistig wahrnehmbar) ist etwa der Begriff »die Menschheit«, nicht aber das menschliche Individuum. Für Platon prä-existieren die *universalia* den Einzeldingen. Für ihn sind die *universalia* dem Denken bestenfalls in einer Art visionärer Vorahnung fassbar. Die Vielfalt der realen Einzel-

---

111 Dagegen waren die logischen Schriften des Aristoteles dem Abendland in der Übersetzung des Boëthius (ca. 475–525) wohlbekannt und hatten großen Einfluss auf die Scholastik.
112 Unter den abendländischen Übersetzern aus dem Arabischen zeichnete sich besonders Michael Scottus († 1235) aus. Er übersetzte an der Schule von Toledo und am sizilianischen Hof Friedrichs II. u.a. die Kommentare Avicennas und Averroës', sowie Aristoteles' *De anima*. Dante versetzte ihn deswegen in den 8. Höllenkreis der Zauberer und Wahrsager.

dinge samt ihren sinnlichen Eigenschaften werden in seiner Lehre bloß als diesseitige »Erscheinungen« der Ideenwelt des *Nous* gewertet, es sind unvollkommene Abbilder oder Annäherungen an ihre überzeitlichen Archetypen. Dennoch sind die unvergänglichen geistigen Urbilder hinter den Erscheinungen der eigentliche Gegenstand des Denkens, nach ihnen drängt, beseelt vom platonischen Eros, die menschliche Einzelseele. »Sprache höhlt Sein in Verlangen«, schreibt Jacques Derrida, der – wie einige andere französische Theoretiker – in mehr als einer Hinsicht die Problemstellung der *philosophia perennis* wieder aufnimmt und sie weiterführt.

Aristoteles andererseits verankerte die *universalia* im Zeitlichen: Das Geistige wohnt den Einzeldingen bereits als ihre ideelle oder potenzielle Gestalt inne. Für ihn ist die Materie »energeia« oder »Wirk«-lichkeit: in allen vorhandenen Dingen bildet sie das individuelle Element, das ihre konkrete Besonderheit ausmacht. Die »Idee« oder die *forma* ist der allgemeine Bestandteil an den Dingen und kann deswegen auch der subjektiven Vernunft wahrnehmbar werden. Ihm stellt sich die Welt in einer geordneten Hierarchie des Werdens dar, aufsteigend von der »reinen Materie«, die kein unabhängiges Sein hat, nicht wahrnehmbar und der Vernunft nicht fassbar ist, bis zur »reinen Form« am anderen Ende der Skala, die als einfaches stoffloses Sein der Wissensinhalt aller Wissensinhalte ist.

Zusammengehalten wird das Weltbild des Aristoteles durch den Muskel der *entelechia:* das Streben alles Potenziellen zur Aktualisierung, oder gemäß der späteren mystisch gefärbten Terminologie: durch die

Liebe zum göttlichen Sein, die alle Wesen bewusst oder unbewusst antreibt. Diese Liebe ist die universelle Antriebskraft der sich im Stoff verwirklichenden Formen oder auch der im Organismus beschlossene Drang, der seine Entwicklung und Vollendung (*perfectio*) bewirkt. Aus der quasi erotisch-ästhetischen *energeia* entsteht die universelle zielgerichtete Dynamik des Werdens und der Veränderung. Wir sehen, dass innerhalb des Rahmens der von der Auseinandersetzung zwischen Platon und Aristoteles bestimmten *philosophia perennis* verschiedene Auffassungen über die Teilhabe der geistigen Hinterwelt am Sinnfälligen entstanden sind, von denen jeder Ansatz in unterschiedlicher Weise mit erotischer Energie aufgeladen ist.

Der arabische Philosoph Avicenna unterschied in Bezug auf diese Lehrmeinungen die platonische Auffassung von der Präexistenz der »Ideen« (*universalia ante rem*), und die aristotelische Auffassung von der Immanenz der »Ideen« in den Dingen selbst (*universalia in rebus*). Gemäß dem scholastischen Realismus, den Albertus Magnus (1193–1280) und Thomas von Aquin (1225–1274) vertraten, bezeichnen die *universalia* eine Einheitlichkeit, an der die Einzelwesen partizipieren.

In der nominalistischen Auffassung der Spät-Scholastik sind die *universalia* dann das bloß Gedachte, die beliebigen vom Gegenstand abstrahierten Begriffe, denen keine Wirklichkeit zukommt. Allgemeinbegriffe wie »die Menschheit« sind ihnen zufolge nur Prädikatoren, die eine Menge oder eine Anzahl von Individuen bezeichnen. Dies nennt man die Lehrmeinung von den *universalia post rem*. Sie entspricht am ehesten dem positivistischen Vernunftbegriff und dem logischen Formalismus der Neuzeit.

Bis zum zwölften Jahrhundert hatte in Europa der scholastische Rationalismus vorgeherrscht, nämlich die Annahme, dass die Erkenntnis der Welt rein aus dem Kopf konstruiert werden könne, ohne je in das Buch der Natur zu blicken. Doch mit der Ankunft der naturwissenschaftlichen aristotelischen Texte über die jüdischen und arabischen Interpreten erfuhr das Konzept der Natur eine nachhaltige Aufwertung. Sogar Theologen begannen, in der Natur die *natura naturans* zu sehen: das göttliche und schöpferische Prinzip in den endlichen Dingen. Die Aneignung der neuen aristotelischen Texte führte dazu, dass die europäische Suche nach Wahrheit von nun an auf zwei Gleisen erfolgte: der *philosophia theologica* und der *philosophia naturalis*. Gemäß der neuen Auffassung kann die rationale Erfassung der diesseitigen Dinge dem göttlichen Ursprung dieser Dinge nicht zuwiderlaufen. In das bis dato rein spekulative Gebäude der Theologie sickerte die aristotelische Erfahrung des Diesseitigen ein, die nun nicht mehr rein negativ bewertet wurde. Diese weltanschauliche Mutation bewegte das scholastische Denken des Mittelalters aufs Heftigste und bereitete die Heraufkunft der wissenschaftlichen Denkweise in der Renaissance vor, von der wir bis heute zehren.

Für alle Arabisten ist der Begriff des *intellectus agens* (der tätigen oder schöpferischen Vernunft) ausschlaggebend, er ist, gemäß Aristoteles in *De anima,* gleichbedeutend mit der Seele oder der Beseelung überhaupt. Der arabische Philosoph Ibn Ruschd, genannt Averroës, vertrat in Bezug auf die aktive Vernunft einen monopsychischen Standpunkt, d.h. er ging von einer außerhalb der subjektiven Vernunft wirkenden objektiven Intelligenz in den Dingen selbst aus, die zugleich die Grundlage aller rationalen Verständigung bildet. Der *intellectus agens* ist bei ihm der Inbegriff aller Ideen, die der Einzelseele eingeboren sind und die sie »er-innert«, sobald sie ihrer im Diesseitigen gewahr wird. Auch in der Wahrnehmung der subjektiven und »passiven« Vernunft des Individuums macht sich somit die übergeordnete, eigengesetzliche und »aktive« Vernunft geltend. Für Averroës ist der *intellectus agens* die reine, allen Einzelwesen gemeinsame, zeitlose Einheitlichkeit des Denkens: »*Quod intellectus est unus numero omnium*«, schreibt er (dt.: weil die Vernunft einheitlich ist in der Vielfalt des Ganzen).

Nur diese überindividuelle Vernunft ist eine unsterbliche Wesenheit, und die individuellen Seelen gehen nach dem Tode in sie ein. Genau an dieser Stelle gewann die Häresie neue Impulse und spaltete die Geister, denn der lateinische Averroismus widersprach mit seinem Konzept des *intellectus agens* den Bemühungen des Albertus Magnus und seines Schülers, Thomas von Aquin, die aristotelischen Texte in einen Einklang mit der orthodoxen Schulmeinung zu bringen.

Doch schon in den Texten des Aristoteles selbst war ein häretischer Ansatz vorgegeben, denn er hatte die Ewigkeit der Welt vorausgesetzt, was ebensowenig mit dem alttestamentarischen Bericht von ihrer Erschaffung wie mit der Verheißung eines Endes am Tag des Jüngsten Gerichts vereinbar ist. Wenn darüber hinaus nach der Auslegung des Averroës nur der überindividuelle Intellekt unsterblich wäre, dann steht auch das im Widerspruch zur christlichen Doktrin von der Unsterblichkeit der individuellen Seele. Averroës' Texte waren aus diesem Grund bereits zu seinen Lebzeiten im muslimischen Spanien als Häresie verurteilt und verbrannt worden. Auch im christlichen Abendland wurden ihre radikalen Vertreter, vor allem Siger von Brabant und Boëthius aus Dazien, von der Kirche als ketzerische Dissidenten verfolgt. Sowohl Albertus wie Thomas schrieben leidenschaftliche Traktate gegen den Averroismus. Trotzdem stand Averroës unter der intellektuellen Avantgarde der Zeit in hohem Ansehen.

Wir sollten uns zudem darüber klar sein, daß die scholastische Auseinandersetzung über den Ort des *intellectus agens* innerhalb oder außerhalb der Einzelseele die Frage nach der menschlichen Teilhabe am Göttlichen aufwirft und dadurch nahezu identisch ist mit der Geschichte der Mystik überhaupt und zu einem großen Teil auch mit der Geschichte des Pantheismus.

Die Feindschaft der christlichen Orthodoxie galt vor allem den pantheistischen Tendenzen, die über den arabischen Neuplatonismus in die aristotelischen Kommentare gelangt waren. Späterhin jedoch kommentierten gerade die besten kirchlichen Lehrer die sämtlichen Schriften des Aristoteles, wobei ihnen der missliebige Averroës vielfach sogar als Vorläufer Christi »in naturalibus« galt. Doch noch im sechzehnten Jahrhundert verkündete Papst Leo X. (1475–1521) das Anathema über die Lehre von der Einheit der Vernunft und ihre Anhänger.

2. Ezra Pound und die Lesbarkeit der Welt

In Ezra Pounds *Cantos* treten Plotinos und die »Philosophen des Lichts« – vor allem die Dichter Cavalcanti und Dante sowie die Denker Albertus Magnus, Grosseteste und Eriugena – stets als die Wortführer jener »strahlenden Welt« der trennscharfen Unterscheidungen und der hierarchisch abgestuften Erkenntnisweisen auf, die er unserer heutigen Zeit mit ihrer hirnlosen Vergröberung aller Lebenswerte entgegenhält. Denn von der Renaissance an hat Europa, wie er schreibt, die Welt des metaphysischen Lichtes, also des *intellectus agens*, aus den Augen verloren: »Fraglos wurde die Metamorphose in das fleischliche Gewebe etwa um das Jahr 1527[113] herum zu einer häufigen und allgemeinen Erscheinung. Der Mensch wird Körper, korpuscular, aber nicht im strengen Sinn ›beseelt‹. Er ist nicht mehr der Körper aus Luft, gehüllt in den Körper aus Feuer, es geht kein Leuchten von ihm aus; das Licht tritt nicht mehr vom Auge aus, so viel Fleisch ist da, stoßdämpfend vielleicht, auf alle Fälle dämpfend.«[114]

Die moderne Einstellung gegenüber der Scholastik bringt Pound präzise auf den Punkt: »Wir verbringen unsere Zeit nicht mehr damit, zu ›entscheiden ob‹, wir ›beobachten, dass‹.«[115] Er selbst liest überall in die philosophischen Konstrukte der mittelalterlichen Denker eine naturwissenschaftliche Zielsetzung hinein, ohne sich je klarzumachen, dass das Entschwin-

---

113 1527: Sacco di Roma, in dem Pound wohl das Ende des Mäzenatentums der Renaissance-Päpste sieht.
114 Ezra Pound, »Cavalcanti« in: *Make it New*, London 1934, S. 350f.
115 Ezra Pound, *Guide to Kulchur*, Norfolk, Conn. 1938

den der Lichtphilosophen aus unserem heutigen Blickfeld ja gerade durch den Siegeszug der klassischen Naturwissenschaften und dem Beharren auf dem empirischen Beweis verursacht wurde, denn diese waren es doch, die den Neuplatonismus ablösten und die Welt zu den Fragmenten reduzierten, die wir heute noch von ihr besitzen.

Pound bekennt sich ohne Vorbehalt zur Naturphilosophie, sieht also in der Natur eine eigenständige Vernunft und erkennt in der beginnenden Aufwertung der Natur im 13. Jahrhundert frühzeitig und hellsichtig den ersten Ausbruch aus der eurozentrischen Verengung und in der Folge den ersten Ansatz zu revolutionären gesellschaftlichen Veränderungen. In seinem Essay über Cavalcanti meint er, Cavalcanti habe »wohl gewisse Vorstellungen der aristotelischen Kommentatoren übernommen, der *filosofia famiglia* von Avicenna, der, nebenbei bemerkt, einer der ansprechendsten Autoren der Periode ist, von Averroës, der wie Cavalcanti von seinen Lesern hellwache Intelligenz verlangt, von Albertus Magnus, der den experimentellen Beweis aufstellte,[116] von Grosseteste, dessen Lichttheorie von arabischen Abhandlungen über die Perspektive abgeleitet ist. Jedenfalls müssen wir uns bei allen ernstzunehmenden geistigen Entwicklungen der Zeit Cavalcantis den arabischen Hintergrund vergegenwärtigen: die konzentrischen Kreise des Himmels und Averroës' Bestimmungen der Erkenntnisgrade; und wir dürfen Cavalcanti

---

116 Zu Albertus Magnus s.a. S. 312f. Cavalcanti stützte sich in seiner philosophischen *Canzone* eher auf Albertus als auf Thomas von Aquin. s. David Knowles, *The Evolution of Medieval Thought*, London 1962.

wohl als Glied in jener heimlichen Folge von Denkern sehen, die von Albertus Magnus bis zur Renaissance die Freiheit des Denkens und die Verachtung oder zumindest keine vorbehaltlose Achtung der stupiden Autorität verkörperten.«[117]

In seinem Umgang mit den verschiedenen philosophischen Systemen verwendet er die subjektive Perspektive aus dem »Periplus«, die auch die Struktur seiner Erkundungsfahrten in den *Cantos* bestimmt: *periploi* (griech.: Umschiffungen der Küste) nannte man die Reisebeschreibungen der Antike, in denen das Land vom fahrenden Schiff aus gesehen wird, nicht aus der abstrakten Vogelperspektive unserer Landkarten. Er trat also als Versuchsperson an, um die »objektive Vernunft« subjektiv zu »er-fahren«, ein Ansatz, der mit dem avantgardistischen Programm der Ineinssetzung von »Kunst und Leben« verwandt ist.

Wenn die Frage, wie die Wirklichkeit Sprache wird, der Angelpunkt all der Verfahren ist, mit denen Pound die Literatur der Moderne revolutionierte, so findet sie eine Weiterführung in seinem Umgang mit der Philosophie. Denn auch hier ist ihm die möglichst konkrete Entsprechung von Wort und Welt maßgebend: Deswegen darf der Sinn, zu dem er gelangt, nie frei erfunden sein, er muss in der Realität entdeckt und erlebt werden. Pounds Richtlinie ist die eigene *sinceritas* (die »Redlichkeit« im deutschen Wortsinn), sie orientiert sich durchwegs an der Struktur der Deckung von Objekt und Subjekt. Auf seine

---

117 Ezra Pound, »Cavalcanti« in: *Make it New,* London 1934, S. 356f.

»Redlichkeit« konnte er noch in der extremen Verunsicherung der Isolierung im Straflager der US-Army zurückgreifen:

> Was du innig liebst, ist beständig,
> der Rest ist Schlacke
> Was du innig liebst, wird dir nicht weggerafft
> Canto 81

Er hatte ein Doppelverfahren entwickelt, das zu seinen Wertungen führt: die Sympathie und das Urteil, wobei die Sympathie dem Urteil immer vorauseilt und unanfechtbar bleibt, während das Urteil sich dem Außenstehenden häufig als problematisch erweist. Seine dichterischen Worte jedenfalls entstehen im Zusammenspiel des Subjekts mit der objektiven Welt, einem erotischen Spiel, bei dem es weniger zu feststehenden philosophischen Aussagen *über* irgendein Thema kommt als zu zum Ereignis eines werdenden Sinns *zwischen* Autor und Welt. So wie in der modernen Naturwissenschaft der Gegenstand der Forschung nicht mehr die Natur an sich, sondern die der menschlichen Fragestellung ausgesetzte Natur ist, so tritt Pound in seinen *Cantos* im Selbstversuch an, den Prozess des werdenden Sinns seines Lebens aufzuzeichnen. Und tatsächlich hat im Endeffekt das Leben – auf ungeheuer tragische Weise – an seinen *Cantos* mitgeschrieben.

Dennoch stand er am Ende seines Lebens in seinen *Cantos* vor einem »*paradiso spezzato*« (einem Paradies aus lauter Fragmenten und Splittern), und der verheerenden Einsicht:

> I cannot make it cohere
> Canto 116

(dt. »es fügt sich mir nicht ein«).

Die überwölbende Einheit des Sinns, die sich quasi von selbst aus dem Ganzen ergeben sollte, war ihm zerfunkelt in der Vielfalt von Hunderten von Momentaufnahmen, viele davon von einmaliger Klugheit, Prägnanz, Schönheit und Lebendigkeit. Aber er resigniert nur in eigener Sache. Denn der Glaube, dass der *intellectus agens* es schon richten wird, bleibt. Ein paar Zeiten weiter heißt es:

> Will sagen, es fügt sich schon ein
> auch wenn es meine Stichworte nicht tun.
> Canto 116

Das ist genau die Behauptung, die Averroës im 12. Jahrhundert mit dem Titel seines Traktats *Tahafut al-Tahafut* aufstellt, nämlich auf deutsch: »Die Inkohärenz der Inkohärenz.«[118]

Leute, die meinen, in der Philosophie sattelfester zu sein, als es Ezra Pound je war, haben ihn als amerikanischen »Cowboy in der Hochscholastik« verhöhnt. Pound hatte jedoch Bundesgenossen in der Schulphilosophie, die von seiner Existenz nichts ahnten. Etwa meint Max Horkheimer über das Fehlen der Idee einer allgemeinen und objektiven Vernunft in unserer Zeit: »Mit der Ausbildung einer eigenen Logik, mit der Verselbstständigung des Subjekts, seiner Distanzierung von der Welt als bloßem Material, entsteht im Widerspruch zu jener umfassenden, dem Subjekt und Objekt gleichermaßen eigenen Vernunft die formale, ungebundene, ihrer selbst gewisse

---

[118] »Die Inkohärenz der Inkohärenz«, Titel eines Traktats von Averroës aus dem 12. Jahrhundert, in dem er sich mit der Schrift Ghazalis *Tahafut al Falasifa* anlegte, die als *Destructio Philosophorum* ins Lateinische übersetzt wurde. Averroës' Gegenschrift wurde deswegen u. d. T.: *Destructio Destructionis* ins Lateinische übersetzt.

Ratio. Sie wehrt sich gegen die Vermengung mit dem Sein, verweist es als bloße Natur in einen Bereich, dem sie selbst nicht unterliegt. (…) Wann immer wir von Philosophie im emphatischen Sinne reden, (…) finden wir uns einer objektiven Konzeption der Vernunft gegenüber. Sie ist bezogen auf das Ganze des Seienden, das auch das Individuum und seine Zwecke einschließt, ohne sich jedoch mit ihm zu decken. Der Einklang einer Handlung, eines ganzen Lebens (…) ist dann das Kriterium der Vernunft. (…) Das ist es, was mit objektiver Vernunft, die die subjektive in sich schließt, gemeint ist. (…) Wenn heute in einem sehr radikalen Sinn von einer Krise der Vernunft die Rede sein muss, so darum, weil entweder Denken unfähig ward, die Idee des objektiv Vernünftigen zu fassen, ohne die auch subjektive Vernunft unsicher und haltlos bleibt, oder weil Denken jene Idee selbst als Trug, als ein Stück Mythologie zu negieren beginnt.«[119]

Sechzehn Jahre später als Pound und aus einer anderen politischen Richtung kommend, hatte Ernst Bloch ebenfalls die revolutionären Folgen des gedanklichen Neuansatzes im 13. Jahrhundert aufgezeigt und dabei unversehens den historischen und geistesgeschichtlichen Nexus zwischen Cavalcanti und den bürgerlichen Revolutionen der Neuzeit bestätigt, den der Amerikaner in seinen *Nuevo Mundo Cantos XXXI–XLI* herstellt:

»Als aber die Aufklärung kam, mit ihrem so vielfältigen Wertbegriff ›Natur‹, wirkte in dieser neben anderen Ursprüngen durchaus auch Avicennas *uni-*

---

[119] Max Horkheimer, ibid.

tas intellectus nach. Die Einheit allgemeiner Vernunft findet sich, durch Neustoizismus nur halb verdeckt, gerade in dem Überwölbenden, als das Naturrecht, Naturmoral, Naturreligion damals in der Aufklärung erschienen sind. Item: es ist Friede in der Bedeutungsrichtung des *intellectus agens vel universalis* gemeint; soll heißen: Friede für alle, die rechter und tätiger Einsicht sind.«[120]

Hier sei der Autorin noch der Hinweis erlaubt, dass in der Entdeckung der ökosystemischen Selbstregulierung der Natur in unseren Tagen der Gedanke einer objektiven Vernunft zu einer weiteren Konsequenz geführt worden ist.

3. Das Bauchgrimmen des Plotinos

Der Weltentwurf des Plotinos (ca. 205–270) findet einen tiefen Nachhall bei Ezra Pound. Er setzte sich lebenslang – positiv und negativ – damit auseinander. Schon 1909, also zu sehr früher Zeit, findet er in dem Gedicht »Plotinos« eine Selbstanwendung:

Wie einer, den es durch den Schwingungsknoten
                                      zieht,
Rückläufig in den Wirbelkern hinein.
Und dann aus schierer Einsamkeit schuf ich
Neue Gedanken mir, Mondphasen meiner selbst.

Der geniale synkretistische Entwurf des Plotinos – Hegel nannte ihn einen »Ruck in der Entfaltung des

---

120 Ernst Bloch, *Avicenna und die aristotelische Linke*, Frankfurt 1952, S. 39

Weltgeistes« – entstammt der Schule von Alexandria und enthält außer den griechischen auch jüdische und orientalische Elemente. Plotinos fasste die platonischen Formen als die Gedanken des Ur-Einen auf, und dieser denkerische Prozess ist bei ihm die Weltvernunft, der *Logos* oder *Nous*, dessen Selbstbewegung und Selbstverwirklichung letztendlich in den Anfang zurückmündet.[121] »Der Dinge Urgrund ist auch ihr Ziel«, sagt Dionysios Areopagitos[122]: von der Einheit zur Vielheit und zurück in die Einheit. Das Streben aller Geschöpfe zurück in den Urgrund bildet einen mystischen Sog, der Eros und Intellekt antreibt, *pathema* nennt es Plotinos. An dieser allseitigen Sehnsucht lädt sich eine universelle Sympathie unter allen Wesen auf – es ist die Rückkoppelung an das Eine, das die Pluralität der Dinge in einer innigen Gemeinschaft zusammenhält.

Später in den Höllen-Cantos (*14* und *15*) hat Ezra Pound das lichtlose Inferno des modernen Kapitalismus geschildert: den Wucher, die verlogene Rhetorik, das korrupte Zeitungswesen, die parasitäre Kulturszene, die akademische Verkrustung, die bürgerliche Monopolisierung von geistigen und materiellen Werten, den westlichen Imperialismus, die Rüstungsindustrie, die Kriegstreiberei, all die Übel unserer Zeit, die ihn zu überwältigen drohten. Vor dem Untergang in dieser Hölle der Moderne aus Finsternis, Dreck

---

[121] Die einzelnen Stufen dieser »Emanation« sind: a) das Eine, b) der Geist und seine Ideen bzw. der *Logos* und die *formae*, c) die Seele und d) die Materie.

[122] Dionysios Areopagitos ist der angenommene Name eines griechischen Verfassers, der um 500 lebte und über den neuplatonische Gedanken, die von der frühen Kirche heftig als heidnisch bekämpft worden waren, erneut in das Christentum eindringen.

und Ungeziefer führt ihn, wie er sehr eindrucksvoll schildert, der neuplatonische Philosoph Plotinos wieder ans Licht der Sonne, zu einer Vision des erfüllten Sinns. Der Neuplatonismus ist mithin eine tragende Säule der Zivilisationskritik in den *Cantos*.

Auch des Dichters Auffassung von der verloren gegangenen Schönheit, die er mit seinen *Cantos* wieder in unser Blickfeld holen will, ist dem neuplatonischen Denken zutiefst verbunden. Denn nach Plotinos gibt es innerhalb der Selbstverwirklichung des geistigen Prinzips zwei zeitliche Phasen: in der ersten verharrt der *intellectus agens* in der reinen Potenzialität, in der zweiten wendet er sich kontemplativ zurück zur Einheit des Urgrunds und wird so »in-formiert«, also Seins-erfüllt. Nun erst ist der *Nous* zur Aktualität gelangt, und wie Anselm von Canterbury sagt, in dem Dreischritt von Erinnern, Erkennen und Lieben *trinitas* geworden. Diese Rückläufigkeit des Daseins und des Denkens bestimmt auch Ezra Pounds Auffassung des Schönen denn:

Die Musen sind Töchter der Erinnerung

so in Canto 74, den Pound im Militärstraflager bei Pisa schrieb – mit dem Rückgriff auf Cavalcantis *Donna me prega* (Vers 16). Die Erschaffung des Schönen ist ein »Er-Innern« und Wieder-Erkennen, ein *feedback,* das zugleich die tiefere Ursache aller Kreativität ist, und das Schöne (»das sinnliche Scheinen der Idee« nennt es Hegel) ist nichts Statisches und Abgeschlossenes, sondern ein vitaler fortzeugender Prozess (Plotins *pathema*).

Wiederholt greift Pound auf diese neuplatonische Vorstellung zurück. Er hatte sie zuerst 1910 in seinem frühen Gedicht *In Durance* formuliert:

›DAEMON‹,
›Quasi KALOUN.‹ Coleridge sagt, Schönheit sei
meist dies:
Ein ›Anruf an die Seele.‹«

Bei dem englischen Dichter Samuel Taylor Coleridge (1772–1834) lautet die von Pound zitierte Textstelle: »Das Schöne rührt her von der wahrgenommenen Harmonie eines Gegenstandes – ob sichtbar oder hörbar – mit den angeborenen und wesentlichen Gesetzen der Erkenntnis und der Einbildungskraft: und es wird stets intuitiv erfasst. Wie das Licht dem Auge, so die Schönheit der Seele, die nicht umhin kann, Wohlgefallen an all dem zu finden, was sie als ihren lebendigen Anlagen vor-gestaltet erkennt. Daher nannten die Griechen auch einen schönen Gegenstand *kalòn quasi kaloun*, das heißt, einen Anruf an die Seele, etwas, das sie unmittelbar als wesensgleich aufnimmt.«

Coleridges »überaus magische Definition der Schönheit«, schreibt Pound, sei bereits von Dante vorweggenommen worden, und er zitiert:

Der Melodien süßeste hienieden
Und die zumeist die Seele an sich zöge,
Schien eine Wolke, die zerrissen donnert,
Verglichen mit den Tönen jener Leier,
Mit der der liebliche Saphir gekrönt war,
Davon saphirblau glänzt der klarste Himmel
Paradiso XXIII, Vers 97–102 [123]

---

[123] Dante Alighieri, *Die göttliche Komödie*, Ü.: Philalethes, München/Zürich 1960

Pound übernimmt die letzte Verszeile in der englischen Übersetzung von D. G. Rossetti: »whereby is crowned that sapphire whereby the clearest heaven is ensapphired«.[124] Dieser Vers ist offensichtlich der Auslöser der Motivreihe des »Saphirs« in Pounds Dichtung, um die sich zuerst das Gedicht »Phanopoeia« kristallisiert hat (das griechische Wort »phanopoeia« bedeutet sinngemäß: »Licht oder Bilder schaffen«). Es scheint auf ein visionäres Erlebnis Pounds zurückzugehen, der Autor schreibt ihm einen einzigartigen Schlüsselwert zu, denn »Phanopoeia« war sein ursprünglicher Arbeitstitel für die *Cantos*.[125]

You are englobed in my sapphire (dt.:Verleibt bis du nun meinem Saphir), heißt es dort. Immer verbindet Pound das Saphirblau mit der Dimension der Erinnerung. Noch in den späten Cantos 91 und 92 stellt er den *Nous* als einen tief saphirblauen Fluss dar, in dem die Wesen eintauchen, und er zitiert Plotins *Enneaden*:

> EX OUSIAS ... HYPOSTASIN
> III, 5, 2   PERI EROTOS
>   Canto 100

In dem Abschnitt »Peri erotos« (dt.: über den Eros) hatte Plotinos geschrieben, dass der Eros »eine Substanz ist, wesenhaft aus einer Wesenheit«,[126] aber zugleich auch »eine Substanz, die immer auf ein anderes Wesen, ein Schönes, ausgerichtet ist, und ihr Sein

---

124 Ezra Pound, *The Spirit of Romance*, London 1910, Ausgabe Norfolk/Conn. 1935, S. 149
125 S. Pounds Brief an James Joyce vom 17. März 1917
126 Plotinos, *Enneaden*, III, 5, 3, dt. in: *Plotinos Schriften* 5 Bde., Hg.: R. Harder, Leipzig 1930–1937

besteht darin, der Mittler zu sein zwischen dem Sehnenden und dem Ersehnten, als das Auge der Sehnsucht.«[127] Die »Hypostase« meint die Verwirklichung des Begriffs oder der *forma*.

UBI AMOR IBI OCULUS EST

schreibt Pound in Cantos 90 und 114: »Wo Liebe ist, da ist Wahrnehmung«.

Plotinos führt im Weiteren aus, dass alle Wesen im Maß ihrer verschiedenen Seinsstufen die Fortsetzung ihrer Existenz, also die Kraft, sich zu reproduzieren, aus der Wunschproduktion der Anfänge beziehen. Unfehlbar gehe eine Besinnung auf den Anfang jedem schöpferischen Akt voraus. Auch Pound bezieht sich in dem testamentarischen Canto 116 auf das »Auge der Sehnsucht« als den eigentlichen Träger des Eros:

> um »wieder zu sehen«,
> das Zeitwort ist »sehen«, nicht »weitergehen«
> Will sagen, es fügt sich schon ein
>   auch wenn es meine Stichworte nicht tun.

Die beiden letzten Zeilen bilden u.a., wie wir jetzt erkennen, ein halsstarriges Bekenntnis zu dem *pathema*, der Plotin'schen Einheit-in-der-Vielheit, die unsere fragmentierte Wirklichkeit zusammenhält, auch wenn es dem Dichter nicht gelungen ist, diese Totalität als objektiven Sinnzusammenhang in den Griff zu bekommen.

Erst im hohen Alter in der Anstalt kam Pound dazu, die Werke des Plotinos tatsächlich zu lesen.

---

[127] Plotinos, op. cit., III, 7, 11

Das geht daraus hervor, dass direkte Zitate aus Plotins *Enneaden* erst in den *Thrones*-Cantos auftauchen.[128] Nun heißt es ganz überraschend:

> Und Plotinos mit Bauchgrimmen
> Eine riesige Perversion
>   aus Plotinos seinem Bauchgrimmen
> Doch immerhin meint er: Gott in allen Menschen
>   Der Körper ist inwendig.
>   Canto 99

Diese späte Verunglimpfung ist umso erstaunlicher, als Pounds Weltanschauung und der ganze Aufbau seiner *Cantos* in so hohem Maße dem neuplatonischen Konzept verpflichtet sind. Wie auch im Falle des Konfuzius verwirft unser Autor am Ende tragende Pfeiler seines Lebensplans. Trotz seiner neugefassten Vorbehalte aber ist er immer noch so tief im Neuplatonismus verstrickt, dass seine Lossage nur an der Oberfläche seiner Aussagen wirksam wird.

Das »Bauchgrimmen«, mit dem Pound unterstellt, Plotins Weltanschauung sei nur subjektiv aus »Seelenblähungen« entstanden, geht auf den Lebensbericht von Plotins Schüler Porphyrios (232 – ca. 305)[129] zurück: »Er litt oft an Darmstörungen, wollte sich aber kein Klistier machen lassen, da er sagte, es sei für einen älteren Mann ungehörig, sich einer derarti-

---

128 Ezra Pound, *Thrones: 96–109 de los cantares*, New York 1959
129 Porphyrios, geb. in Tyros, edierte die *Enneaden* des Plotinos und verfasste eine 15-teilige Kritik des *Alten* und des *Neuen Testamentes*, in der er vor allem Stellung nahm gegen die Lehre von der Schöpfung und vom Weltuntergang. Im Jahr 448 wurde sie auf Weisung der Kaiser Theodosius II. und Valentian III. verbrannt.

gen Behandlung zu unterziehen. (...) Als die Seuche ausbrach, zog er sich bald eine akute Diphtherie zu. Solange ich bei ihm war, zeigten sich keine Symptome dieser Art, aber nachdem ich meine Reise angetreten hatte, nahm seine Krankheit so sehr an Heftigkeit zu, (...) dass seine Stimme ihre Klarheit und Fülle verlor, seine Augen sich trübten und seine Hände und Füße geschwürig wurden.« Plotinos sollte schließlich an dieser Krankheit sterben und die letzten vier Bände seiner *Enneaden* sind tatsächlich von seinem Leiden gezeichnet. Die unfeine und oft wiederholte Bemerkung Pounds, Plotinos habe seine Schlüsse aus einem Bauchgrimmen bezogen, basiert auf diesen letzten Texten, hat jedoch ihren tieferen Grund in den Ängsten des greisen Dichters in Bezug auf die eigene psychische Stabilität.

Nach der Vorstellung des Plotinos umgibt die Seele den Körper (»Der Körper ist inwendig«, Canto 99), »weil in dem Höhergestellten das Niedrigere ist und in dem Zusammenhaltenden das Zusammengehaltene.«[130] Die individuelle Seele wiederum ist enthalten im objektiven Geistigen, dem *Nous* oder dem allgemeinen Intellekt, und der *Nous* seinerseits ist die erste Emanation des »Ur-Einen«. Seele und Geist sind zwar im menschlichen Leib beschlossen, reichen aber als Wirklichkeitsstufen weit ins Außermenschliche. Von dem Einen kann nach Plotinos nichts ausgesagt werden, außer dass es gegenüber der Vielfalt und Buntheit der Dinge die übergreifende Einheit bildet. Bei Pound lautet das:

---

130 Plotinos, *Enneaden*, op. cit., IV, III, 9 und 20

Plotinos: EN THEORIA 'ON NOUS EXEI
hatte nur eine Vision
Canto 101 [131]

(Gr.: EN THEORIA 'ON NOUS EXEI, dt.: in Anschauung solcher Dinge verweilt der Sinn).

Plotinos beharrt darauf, dass das Ur-Eine nicht denkt, sondern reines bewusstloses Sein ist – eine Vorstellung vom Unbewussten, die Ezra Pound, der als öffentliche Unperson gebrandmarkt in der Irrenanstalt sitzt, zunehmend fragwürdig erscheint. Das Eine kann aber nach Plotinos schon per Definition nicht rational denken, weil alles bewusste Denken bereits eine Dualität voraussetzt: die des Denkenden und des Gedachten einerseits, die der dialektischen, positiv-negativen Gegensätzlichkeit andererseits. Da der Urgrund kein Bewusstsein von sich selber hat, trifft auch das Prädikat »gut« nicht auf ihn zu, denn damit wäre bereits eine Personifizierung gesetzt. Es handelt sich bei der Schöpfung laut Plotinos nicht um den bewussten Akt eines Weltschöpfers – der Weltprozess ist vielmehr ohne Anfang und ohne Ende: ein unbewusstes Entstehen und Zurücksinken in das bewusstlose reine Sein: »Bei dem Einen gibt es kein Wollen von irgendwas, es ist daher übergut und nicht für sich selbst, sondern für die anderen gut, wenn etwas an ihm teilzuhaben vermag.« [132]

In dem Verzicht auf einen personifizierten Schöpfergott am Anfang macht sich vielleicht der nichteuropäische Ursprung der neuplatonischen Weltanschauung geltend. Plotinos war schließlich in

---

131 nach Plotinos, op. cit., III, 8, 1
132 Plotinos, *Enneaden*, op. cit., I, 7, 1

Ägypten geboren und in Alexandrien aufgewachsen und war, bevor er in Rom zu lehren begann, nach Persien und Indien gezogen, um die dortige Weltanschauung kennenzulernen. Gerade die Vorstellung eines einzigen Schöpfergottes hängt aufs Engste mit der indogermanischen Satzstruktur zusammen, die den hypertrophierten westlichen Individualismus erst zustande gebracht hat. Es gibt völlig andersartige Ansätze – in China etwa war der Gedanke eines göttlichen Urhebers von Mensch und Natur gar nicht erst aufgekommen. Schon im *Tao-te-ching* heißt es vom Weltprozess, dem *Tao*: »Alle Geschöpfe verdanken ihm ihr Dasein, und es verweigert sich ihnen nicht. Das Werk wird vollbracht, und er nennt es nicht seinen Besitz. Er kleidet und nährt alle Geschöpfe und spielt nicht den Herrn.«[133] Man vergleiche dazu den monotheistischen Herrschaftsanspruch: »Ich bin der Herr, dein Gott, du sollst keine anderen Götter neben mir haben.«

Das Zurücksinken in das reine bewusstlose Sein meinte Plotinos auch in seinem Sterbewort an den Schüler: »Sieh zu, dass du den Gott in dir zum Göttlichen im All zurückführst.« Das Erlöschen des Ich im größeren unpersönlichen Zusammenhang des Ganzen ist für den spätantiken Philosophen eingebettet in der »universalen Sympathie« (*pathema*). Psychologisch gesehen ist das letztendliche Aufgehen des bewussten Ich in der bewusstlosen Einheit des Ganzen dem »ozeanischen Gefühl« Freuds wesensverwandt,[134] also der vorgeburtlichen Erfahrung des

---

133 Lao-tzu, *Tao-te-ching*, Ü.: Richard Wilhelm, Jena 1921, S. 36
134 S. Sigmund Freud, »Das Unbehagen in der Kultur« op. cit.

Eins-Seins mit dem Anderen im Mutterschoß, aus dem das Urvertrauen erwächst, das der verbitterte greise Pound nicht mehr aufbringen kann.

Er war in der öffentlichen Meinung verschrien als der »verrückte Dichter« und über ein Jahrzehnt in einer Irrenanstalt inhaftiert. Dazu meldeten sich seit dem Zusammenbruch in Pisa wiederholt psychotische Schübe, die ihn verunsicherten. Deswegen klammert er sich mit aller Kraft an das Bewusstsein des eigenen Genies, das er mit Ordnung, Schönheit und Rationalität gleichsetzt. Nur so lässt sich für ihn die Dimension des Schrecklichen ausgrenzen:

»Tod, Wahnsinn,
  Selbstmord, Entartung«
  Canto 76

Nun assoziiert er Freuds Begriff des Unbewussten mit Plotins bewusstlosem Sein. Freuds Modell der Psyche wird für ihn zum Anathema. Pounds Einstellung zu Freud war nicht immer so negativ gewesen. Erinnern wir uns: Er hatte den »primären Werkstoff« seiner Dichtung, das *image* oder die bildhafte Vorstellung, als »das Wort jenseits des Formulierten« definiert, bediente sich also vorbewusster Mittel, um vorbewusste Schichten seiner Leser anzureißen. 1917 erklärt er: »Ein *image* ist etwas, das einen intellektuellen und emotionalen Komplex innerhalb eines Augenblicks darstellt. Ich gebrauche die Bezeichnung ›Komplex‹ im technischen Sinne der neueren Psychologen wie Hart.«[135] (Bernard Hart hatte es noch vor dem Erscheinen der Werke Freuds in englischer

---

[135] Ezra Pound, »A Retrospect«, dt. in: *motz el son – Wort und Weise*, Ü.: E. Hesse, Zürich 1957, S. 50

Sprache unternommen, »die allgemeine Theorie, die der Lehre Freuds zugrunde liegt« zu erklären.)[136]

Jetzt aber »verdrängt« Pound Freud, dessen psychisches Modell mit dem Ineinanderwirken von Über-Ich, Ich und Es die Vorstellung der individuellen Autonomie, die aus der westlichen Ideologie der »Naturbeherrschung« entstanden war, an der Wurzel bedroht. Denn aus psychoanalytischer Sicht kann der menschliche »Fortschritt« nicht länger als der Werdegang des bewußten, zweckrationalen, mit sich selbst identischen Subjekts gesehen werden. Die unbewussten Schichten im Subjekt, die einer rationalen Steuerung nicht unterliegen, müssen ebenso in Rechnung gestellt werden. Es wäre jedoch nicht richtig, das Unbewusste bei Freud ausschließlich als Krankheitsherd zu sehen – im Unbewussten sind vielmehr Schichten enthalten, die »die Illusionen des Bewusstseins durch ihre größere Wahrheit kompensieren« (Claude Lévi-Strauss).[137]

Das »Es« war für Freud nicht rein subjektiv, es enthielt auch diejenigen Teile, in denen die biologischen Triebe des Organismus angesiedelt sind, und diese Teile der Persönlichkeitsstruktur, sagt Freud, bleiben für das Bewusstsein des Einzelnen völlig unauflösbar, oder, um mit ihm selber zu sprechen: »das biologische Sein bleibt auf das Wissen unreduzierbar«. Darin liegt eine primäre Einsicht: Eben weil das Unbewusste zum Teil vegetativ, unabhängig von bewussten Vorgängen und nach einer anderen Logik fungiert, stellt

---

136 Bernard Hart, »The Conception of the Subconscious«, in: *Subconscious Phenomena*, London 1911
137 Claude Lévi-Strauss, *Das wilde Denken*, Frankfurt 1968, S. 307

es für das bewusste Ich eine objektive Realität dar, die sich »nach Innen ohne scharfe Grenzen in ein unbewusstes Wesen fortsetzt, das wir als Es bezeichnen«. Es sind laut Freud genau diese Funktionen der Psyche (zu denen vor allem auch der Geschlechtstrieb gehört), die über das Individuum hinausweisen und »seine Anknüpfung an die Gattung besorgen«.[138]

Pound aber versteht das Konzept des Unbewussten bei Freud als Ausdruck des Irrationalen und Kranken, das für die schöpferische Funktion des eigenen Unbewussten nicht gelten darf. Für ihn ist das neurotisch gesteuerte individuelle Unbewusste bloßer Reflex der Übel einer un-heilen Gegenwart, während die eigene psychische Tiefendimension nach einer nie befragten, unbefragbaren Grundannahme immer rational und »heil« geblieben ist. Auf die Rationalität der Vorgänge seines eigenen Unbewussten, das ihm die dichterischen Inspirationen und die denkerischen Eingebungen zuspielt, lässt Pound nichts kommen, und je mehr sich die psychische Labilität seines Alters bemerkbar macht, desto mehr versteift er sich darauf, dass es sich bei ihm um ein Unbewusstes handelt, in dem das frühzeitliche Ganze der Welt ohne Deformation in Kraft geblieben ist. Ja, er erklärt sich sein dichterisches Genie eben aus seinem persönlichen Zugang zu dem mythischen Kontinuum, in dem alle Götter noch gegenwärtig sind. Sein eigenes Unbewusstes fungiert folglich schöpferisch, ganzheitlich und rational.

Was Pound nicht mehr wahrhaben will, ist, dass innerhalb der neuplatonischen Erkenntnisstufen die Ur-Einheit nur zu berühren ist, wenn die Seele das

---

138 Sigmund Freud, »Das Unbehagen in der Kultur« op. cit., S. 66

Bewusstsein und damit das Ich losgelassen hat. Das ist die *mors mystica*, der mystische Tod, mit dem die Individualität aufgegeben wird, um wieder mit dem Ganzen eins zu werden. »Erst wenn man von sich selbst weg- und hinübergeht, wie das Abbild zum Urbild, so hat man das Ziel der Reise erreicht«, sagt Plotinos.[139] Es bedarf der Ek-stase (im Wortsinn des »Aus-sich-Heraustretens«), um von der Pluralität der Erscheinungen zu der großen Kohärenz zu gelangen – eine »Ent-Äußerung«, die Pound in seinem festgefahrenen Alter nun als die »riesige Perversion« des Plotinos bezeichnet.

Sowohl der Moment der künstlerischen Inspiration wie die religiöse Ekstase sind diesem »mystischen Tod« verwandt – sie gehen einher mit einem zeitweiligen Loslassen vom bewussten Ich und entstehen aus der Koinzidenz des Ich mit einem größeren Selbst, das man in der modernen psychologischen Terminologie manchmal als das kollektive Unbewusste bezeichnet. Ezra Pound selber hat dieses Selbstvergessen in seinen besten dichterischen Augenblicken erlebt und beschworen. Und grundsätzlich hatte auch er auf dem Monismus bestanden, der die gesamte Schöpfung als wesenhaft eins mit dem Urgrund auffasst. In seiner englischen Version der konfuzianischen Texte wendet er sich ausdrücklich gegen jede Dualität: »Der himmlische und der irdische Ablauf lässt sich in einen Satz fassen: seine Wirkkräfte und seine Schöpfung haben keine Dualität. (Der Pfeil hat keine zwei Spitzen).«[140] Dies ist

---

139 Plotinos, op. cit., VI, 9, 11
140 Ezra Pound, *Confucius: The Unwobbling Pivot & The Great Digest*, op. cit. S. 21

aber genau die »*eine* Vision« des Plotinos, die er in Canto 91 mit dem Wörtchen »nur« abwertet.

Das »ungeteilte Licht« der Cantos ist die neuplatonische Metapher für die schöpferische Matrix des *Nous*, an der alle Dinge teilhaben. Aus dem Einen, von dem sich weder Sein noch Nicht-Sein aussagen lässt, geht als erste Hypostase der *intellectus agens* hervor, den Hegel später als den Weltgeist oder die Geschichte bezeichnen sollte. Dieser Geist, der *Nous*, enthält die Pluralität der Ideen, also die platonische Welt der Formen, eine organische lebendige Ordnung von einander durchdringenden Wesenheiten, die dialektische Vielheit-in-der-Einheit. So beschreibt sie auch Pound. Er sagt, die *formae:*

> weben zusammen zur großen Ausheilung,
> Licht, *compenetrans*, der Geister
> Canto 91

Die »große Ausheilung« vollzieht sich als das Wiedereingehen aller Dinge in den Urgrund, denn dieser rückläufige Sog beherrscht alle Abläufe der Welt. Pound hatte diese neuplatonische Vorstellung *in toto* übernommen und deutet folglich das chinesische Zeichen 明 *(ming)* als: »Sonne und Mond, der totale Lichtablauf, Ausstrahlung, Absorption und Rückstrahlung des Lichtes; darum die Intelligenz. Hell, Helligkeit, Leuchten. Siehe Scotus Erigena, Grosseteste und die Bemerkungen über das Licht in meinem *Cavalcanti*.«[141] An der allgemeinen Sehnsucht, aus der Getrenntheit und Vielheit zurück zu dem Einen zu gelangen, lädt sich die universelle Sympathie auf,

---

141 Ezra Pound, *Confucius: The Unwobbling Pivot & The Great Digest*, op. cit., S. 20

sie ist es, was die Pluralität der Dinge zusammenhält. Aber Plotinos meint nicht nur, wie Pound anmerkt:
»Gott in allen Menschen«
      Canto 99
sondern auch ganz pantheistisch: »jetzt wollen wir über die Erde sprechen und die Bäume, überhaupt die Pflanzen, und darlegen, was bei ihnen Anschauung sei. (…) und inwiefern die Natur, die man meist für vorstellungslos und vernunftlos hält, Anschauung in sich haben kann; ja, das, was sie schafft, um der Anschauung willen schafft, der Anschauung, die sie angeblich gar nicht besitzt.«[142] Noch das bewusstlose Sein der Dinge ist also selbstbezogen (oder ökologisch gesprochen »rückgekoppelt«) und hat, da es ebenfalls zu dem Einen zurückstrebt, eine Art Schau (*theoria* oder *intuitio*) der geistigen Welt. Pound genehmigt das:

  nous to ariston autou
    wie Licht ins Wasser compenetrans
  das ist pathema
    ouk aphistatai
      so Plotinos
        Canto 100

(Gr.: nous to ariston autou; dt.: der Intellekt [*nous*] ist das Beste daran; gr.: pathema / ouk aphistatai; dt.: die Zuneigung/ nicht abgetrennt[143]).

Die eigentümliche Plotin'sche Vorstellung von der Anschauung des Einen auch in der bewusstlosen organischen Welt wurde von einigen späteren Neuplatonikern weiterentwickelt, wie Pound vermerkt:

---

142 Plotinos, *Enneaden,* op. cit., III, 8, 1
143 Plotinos, op. cit., III, 5, 3 und IV, 2, 76

Anselm: daß manches leibhaftes Inn-sein ist,
also trinitas; manches spiritus bleibt
»Der Körper ist inwendig«. So Plotinos
                      Canto 98
(Zitat nach Anselm von Canterbury, 1033–1109).[144]

Die materiellen und »vernunftlosen« Dinge der Welt sind also der platonischen Formen oder Ideen des *Nous*, die der menschliche Intellekt bewusst widerspiegelt, unbewusst »inne«. Hier eine Zitat-Montage aus Anselms *Monologion* und *Proslogion*, die Pound in seine *Cantos* einbaut:

vera imago
   und via Vernunft kommt man ihm am nächsten,
»rationalem«
        sprach Anselm (…)
Ratio
   luna,
            speculum non est imago
                Spiegel, nicht Abbild
Sapor, Wohlgeschmack,
        pulchritudo
            ne divisibilis intellectu
durch Syllogistik nicht teilbar
                        Canto 105

---

144 In *Monologion XLVIII* und *LIII*. Es ist sehr bemerkenswert, wie Anselm in seinen scholastischen Theorien einige durchaus neuzeitliche Probleme aufgreift. So vermitteln seine Ausführungen über das Gedächtnis in *Monologion XLVIII* die Struktur des Feedback; Chomskys Idee einer universalen Grammatik kommt in *Monologion X* zur Sprache; in *Monologion XXXVI* finden wir sogar den Ansatz zu einer Zeichentheorie. Es ist sehr charakteristisch für diesen scharfen und genauen Denker, dass er die Theologie insgesamt als »eine grammatikalische Übung« definiert.

Pound gibt hier Anselms Abbildtheorie wieder, nach der die Seele nachvollzieht, was im göttlichen Geist vorgegeben ist, verwechselt aber die *Ratio* (die er »luna« nennt, weil der Mond das Licht der Sonne abstrahlt) mit der totalen Schau, von der Anselm sagt, sie sei für keinerlei Denken teilbar (»ne divisibilis intellectu«). In *Monologion LXVII* schreibt Anselm, dass der menschliche Geist ein wahres Abbild (»vera imago«) des höchsten Wesens sei, was er aber in Kapitel *LXV* einschränkt: »Welche Bezeichnungen auch immer auf das höchste Wesen anwendbar erscheinen mögen, so zeigen sie mir dieses nicht so sehr in seiner wahren Eigenheit auf, als sie es durch ein gewisses Gleichnis andeuten.« Sein Kapitel *LXVI* trägt zwar die Überschrift: *Quod per rationalem mentem maxime accedetur ad cognoscendum summam essentiam* (dt.: Die Vernunft als der beste Weg zur Erkenntnis des höchsten Wesens), läuft aber darauf hinaus, dass die totale Schau sich letztlich dem logischen und diskursiven Denken entzieht. In Kapitel *XVII* und *XVIII* spricht Anselm von »sapor« (Wohlgeschmack) und »pulchritudo« (Schönheit) und sagt, dass ein Unwissender »herumblickt, aber die Schönheit nicht sieht« und daß er »schmeckt, aber den Geschmack nicht erkennt«. Die Worte »speculum non est imago« (Spiegelung ist kein Abbild) sind Pounds Eigenbau.

In Canto *105* kommt der Scholastiker Anselm von Canterbury dem Amerikaner Pound in seinem Zerwürfnis mit Plotinos zur Hilfe, und Pound attestiert ihm dankbar »eine klare Leitlinie über die Trinität«. Anselm hatte nämlich das Verhältnis der drei Elemente der Dreieinigkeit: Gottvater, Gottsohn und Heiliger Geist innerpsychisch erklärt als drei Phasen des Sich-selbst-Begreifens der Weltseele, und zwar als Erinnern, Erkennen und Lieben. Diese göttliche Selbstbezogenheit beweise, sagt Anselm, weshalb »der vernünftige Geist allein unter allen Geschöpfen seiner selbst eingedenk sein, sich erkennen und lieben kann«[145] und zugleich – was für unseren Dichter noch wichtiger ist –, dass auch im einzelnen Menschen als »vera imago essentiae« (dt. wahres Abbild des Wesens) die Teilhabe am Göttlichen angelegt ist, da der Prozess von Erinnern, Erkennen und Lieben in seiner Seele nachvollzogen wird. Dieser Gedankengang löst bei dem greisen Dichter eine fatale Selbstübersteigerung aus, denn er zeigt ihm, dass all die Stimmen der anderen in seinen *Cantos*, die Personae, die zuweilen seine eigene Stimme überdecken, im Grunde nur Spielarten seines Selbst waren. Wenn die Identifikation mit der mythischen Persona des Odysseus im Rahmen der dichterischen Freiheit noch legitim war, so hat die Identifikation mit realen historische Personen schon etwas Autistisches an sich (was übrigens in Anselms Konstruktion der Trinität auch der Fall ist). Alle Personae, sagt uns der Dichter, sind mit ihm identisch: es sind Hypostasen seines Selbst:

    ubi amor ibi oculus
Doch diese hatten Throne
    und waren still in meinem Sinn und ohne Widerstreit
    Nicht im Besitz, in Hypostasis
                      Canto *114*

---

[145] Anselm, *Proslogion*, Kap. LXVII

d.h. kraft seiner schöpferischen Sensibilität ist Pounds Denkweise der Selbstbezogenheit der Trinität analog. Und seine Liebe zu den natürlichen Dingen verleiht ihm eine übersinnliche Kraft zur Erkenntnis (»ubi amor ibi oculus« nach Richard von St. Viktor):

> Gottes Auge bist du, versag dich der
> Wahrnehmung nicht
> Canto 112

Die »große kristallene Sphäre«, die Pound in dem testamentarische Canto 116 beschwört, ist zwar einerseits der kristallene Dritte Himmel der Liebe bei Dante, aber sie ist auch das Ich des Dichters, wie er es in seinen Anfängen beschrieben hatte: »Was sein – des Menschen – Bewusstsein angeht, so scheint das Bewusstsein einiger zu beruhen oder vielmehr seine Mitte zu haben in dem, was die griechischen Philosophen das Phantastikon nannten. Ihr Sinn ist ihnen rings umgewölbt wie Seifenblasen, auf denen sich einige Flicken des Makrokosmos spiegeln.«[146]

Es ist aufschlussreich, wie Pound in seiner weiteren Entwicklung, die sich so stark an den Realitäten anderen Seins orientiert hatte, das Phantastikon für seine eigene Person zurück gewiesen hatte:

> Mein eigenes Phantastikon vermengen,
> Zu sagen, die Spiegelhaut, die mich umwölbt,
> Enthielte die Sonne wirklich;
> Die Sache, die ich seh, verwechseln
> Mit den leibhaften Göttern hinter mir?[147]

---

146 *The Spirit of Romance*, op. cit., S. 92
147 Ezra Pound, in: *Poetry* X, 5, Chicago, August 1912.

Aus neuplatonischer Perspektive ist das Scheitern der *Cantos* schlüssig, denn auf der Stufe der subjektiven *ratio* bleibt dem Menschen das »Licht *compenetrans* der Geister« unerreichbar. Hier stellt sich die Tätigkeit des individuellen Bewusstseins oder der Seele als ein linearer Prozess dar, der von einem Punkt zum nächsten führt. Das entspricht dem diskursiven Vorgehen der analytischen Vernunft, die ihre Objekte nicht als Ganzes erfasst, sondern sie erst in Begriffsfolgen erarbeiten muss. Anders als der objektive Geist oder der *intellectus agens* besitzt sie das Sein immer nur in einem Teilstück, nie als Ganzes.

Da die Einzelseele aber trotz allem zur Einheit strebt, unterliegt sie dem Zwang, von einem Fragment der Wirklichkeit zum anderen »weiterzugehen«. Dies fortgesetzte Unterwegs-Sein des Bewusstseins erzeugt die Zeit, die laut Plotinos nichts anderes ist »als das Leben der Seele in der Bewegung«.[148] Die punktuelle Bewegung des Bewusstseins von Fragment zu Fragment ist die Ursache aller Unruhe in Zeit und Raum, der gegenüber die große Ruhe eines umfassenderen Seins steht. Und darin liegt das Dilemma des greisen Dichters:

Zeit, Raum.
Weder Leben noch Tod ist die Lösung
Canto *114*

---

[148] Eine offensichtliche Vorwegnahme der Philosophie von Henri Bergson, der 1889 in seinem *Essai sur les données immédiates de la conscience* schreibt: »Je tiefer man aber unter diese Oberfläche [des Bewusstseins] gräbt, je mehr das Ich wieder es selbst wird, desto mehr hören seine Bewusstseinszustände auf, sich nebeneinander zu ordnen, um sich dafür gegenseitig zu durchdringen und ineinander überzugehen, wobei der einzelne die Färbung aller übrigen annimmt.« Dt. u. d. T.: *Zeit und Freiheit*, Jena 1911, S. 129

Wiederholt beschwört er die früheren Erlebnisse des Ausbrechens aus der Einzelexistenz, die ihm nun so schwer geworden sind:

> die hüllende, hebende Helle
> das Dunkel zersprengt
> das Fragment
> Canto 113

Was Ezra Pound anstrebt, ist immer die Stufe der Urbilder im *Nous*, die zwar definitionsgemäß »omniformis« (allgestaltig) sind wie sein eigener Geist, aber noch immer eine Vielheit darstellen, wiewohl durchwaltet von der Tendenz, die Trennung vom Urgrund »auszuheilen«. Die unterschiedlichen Erkenntnisweisen des Plotinos: der *Nous*, in dem sich die Geistformen durchdringen, und das rastlose Umgetriebensein der subjektiven Vernunft im Realen, fasst Pound in der mythologischen Gegenüberstellung des Sonnengottes Helios und des Lapithen Ixion, der als Rivale des höchsten Gottes Zeus antrat und zur Strafe aufs Sonnenrad gebunden wurde:

> Aus dem Dunkel, Vater Helios, führst du,
>   doch der Sinn wie Ixion un-still, ewig kreisend
> Canto 113

Bei Plotinos reißt auf keiner Stufe der Emanation die Rückbindung (»re-ligio«) zum Urgrund ab, sodass das Negative niemals als ein Minusbetrag an Sein auftritt, sondern nur als graduelle Abnahme der schöpferischen Energie. Das »Böse« ist bei ihm nur das vorläufig Unvollkommene, das aus der relativen Entfernung vom ursprünglich Sein entsteht. Wenn die Seele niedergestiegen ist in die Vergänglichkeit der Zeit, sagt Plotinos, dann verliert sie ihre Kraft, »weil sie nicht nach dem Sein, sondern nach dem

Werden blickt«.[149] Genau das aber tut Pound. Sehnsüchtig macht er sich zum Objekt der Dinge und geht in die der Plotin'schen Erkenntnislehre entgegengesetzte Richtung – weg von der Einheit zur Vielheit, zum Pluralismus der subjektiven Erfahrung, die sich ihm in zunehmendem Maße fragmentiert. Nur gelegentlich fasst er noch Fuß in der objektiven Vernunft des *intellectus agens*. In einem seiner letzten vollständigen *Cantos* versteigt er sich dann zu der Kurzformel:

Disney gegen die Metaphysiker
Canto *116*

Er hatte Disneys Film über das Eichhörnchen »Perri« gesehen. In einem Interview sagte er darüber: »Nehmen Sie Disney mal von der ernsten Seite, der konfuzianischen Seite. Die liegt darin, dass er ein Ethos aufgreift, wie in *Perri*, dem Film über das Eichkätzchen, wo man die Werte des Mutes und der Zuneigung in einer Art und Weise behauptet sieht, die jedermann eingeht. Da haben Sie unbedingt ein Genie. Eine größere Korrelation der Natur, als man sie je seit Alexander dem Großen gesehen hat«[150] – »Perri erotos«?[151]

---

149 Plotinos, *Enneaden*, op. cit., IV, 3, 26
150 Ezra Pound, Interview in *Paris Review* 28, 1962.
151 s. S. 134

4. Eriugena

Mit der Berufung auf Johannes Scotus Eriugena[152] (ca. 810–877) in Canto 36 nimmt Pound den genialen Philosophen und Theologen des 9. Jahrhunderts in die Reihe der »Verschwörer der Intelligenz« gegen die stupide Autorität auf, denen er in seinen *Cantos* das Wort erteilt, und in dem Essay über Cavalcanti meint er: »Das ganze Gedicht [*Donna me prega*] ist aufgeladen von Eriugenas Energie.«[153] Zugleich rätselt er herum an dem Grund für die postume kirchliche Verurteilung und Verbrennung von Eriugenas Traktat *De divinis nomibus*. Tatsächlich hatte Eriugena schon in den Anfängen der Scholastik mit seiner umfassenden Gesamtschau vieles vorweggenommen, was spätere Jahrhunderte erst mühsam einholten. Doch diese erste metaphysische Synthese des Mittelalters weist auch einige Denkansätze auf, die der kirchlichen Orthodoxie missliebig sein mussten und die zum Teil aus dem Orient stammen, den Eriugena auf weiten Reisen durchwandert hatte, vor allem eine stark pantheistische Tendenz. Über Eriugena, der die Schrift des geheimnisvollen Dionysios Areopagita *De divinis nominibus* (dt.: Über die göttlichen Namen), aus dem Griechischen ins Lateinische übertragen hatte, bezog das frühe Mittelalter seine Kenntnisse der neuplatonischen Philosophie. In seinem Traktat *De divisione naturae* (dt.: Vom Aufbau der Natur) hatte Eriugena zudem die Lehren des Proklos

---

152 Johannes Scotus führte den Beinamen »Eriugena« nach »eriu«, der keltischen Bezeichnung seines Heimatlandes Irland
153 Ezra Pound, »Cavalcanti« in: *Make it New*, 1934, S. 381

(410–485), eines der bedeutendsten Schüler des Plotinos, in sein philosophisches System einbezogen und sie der lateinischen Welt zugänglich gemacht. Von den *Pisaner Cantos* an wird Eriugena zu einer Leitfigur der Lichtphilosophen in den *Cantos*:

> im Licht des Lichtes ist die *virtù*
> »sunt lumina«, sprach Erigena Scotus
> (...)
> Lichtfasern immaculata
> der Sonnenstrang unbefleckt
> »sunt lumina«, sagte der Irländer zu König Carolus,
> »OMNIA,
> alles, was Sein hat, hat es vom Licht«
> und sie gruben ihn aus der Gruft
> angeblich auf der Suche nach Manichäern,
> Les Albigeois, eine geschichtliche Frage
>
> Canto 74

(König Carolus: Karl der Kahle; Les Albigeois, dt.: die Albigenser)

Zwei Kernsätze aus dem Werk des älteren Denkers werden von Pound wiederholt aufgegriffen: »Autorität entspringt der richtigen Erkenntnis, die richtige Erkenntnis aber in keiner Weise der Autorität« – von Pound verkürzt zu: »Autorität entspringt rechter Einsicht und nimmer anders herum«[154] – und »Omnia quae sunt, lumina sunt« (frei übersetzt: »alles was Sein hat, hat es vom Licht«).[155]

---

154 Scotus Eriugena, *De divsione naturae, Periphyseon* I, 513B, in: J. P. Migne, *Patrologia Latina*
155 Was aber bei Eriugena eigentlich keine Feststellung, sondern eine Frage war: »Sed fortasse quis dixit: Quomodo omniae, quae sunt,

Ganz im Geiste des platonischen Realismus definiert Eriugena den Menschen als »eine bestimmte Idee, die sich ewiglich im göttlichen Geist bildet«. Umgekehrt trägt aber auch die menschliche Seele die gesamte sinnfällige Welt in sich: »Es lässt sich kein Teil davon entdecken, ob körperlich oder unkörperlich, der nicht im Menschen vorgeschaffen existiert, der nicht wahrnimmt, der nicht lebt, der ihm nicht einverleibt ist.« Im Menschen läuft auf diese Weise die ganze natürliche Ordnung zusammen, sodass »Gott, Mensch und die natürliche Welt eine Einheit bilden und alles, was existiert, Licht ist«.[156] Eriugena knüpft hier direkt bei Plotinos an, der geschrieben hatte, dass dem Menschen durch Kontemplation das geistige Prinzip des Wahren, Beständigen und Unveränderlichen erreichbar ist. In diesem Zustand »ist nichts trübe, nichts ist starr; jedes Wesen ist transparent jedem anderen an Umfang und Tiefe; Licht durchschießt Licht. Und jedes dieser Wesen birgt die Allheit im eigenen Ich und sieht zugleich die Allheit in allem und überall in unendlicher Herrlichkeit.«[157] Was für weittragende Folgen diese Ausführungen für Pounds Vision der großen paradiesischen Lichtsphäre seiner *Cantos* hatten, braucht kaum näher dargelegt zu werden.

Als aber Pound im Kriegsjahr 1940 erstmals den Text von Eriugenas Hauptwerk, *De divisione naturae*,

---

lumina sunt?« in *Joannis Scoti super Ierarchiam Caelestem S. Dionysii*, in: J. P. Migne, op. cit., cap. 1, 122, col. 128. Pounds Quelle für Canto 36 war jedoch: Francesco Fiorentino, *Manuale di Storia della Filosofia*, Neapel 1881.
156   Scotus Eriugena, op. cit., cap. 7, tom 122, col. 768 und 764
157   Plotinos, *Enneaden* V,3

in die Hände bekam, musste er entdecken, daß dieser Anwalt der autonomen Vernunft im 9. Jahrhundert keineswegs darauf aus war, die naturwissenschaftliche Empirie gegen die theologische Spekulation zu verteidigen. Eriugena sieht den Weltprozess als einen Kreislauf, der in Gott beginnt und in Gott zurückläuft, und nennt Gott »die schaffende und nicht-geschaffene Natur«, aus der die göttlichen Urbilder und die Allgemeinbegriffe – also die platonischen Ideen – hervorgehen, aus denen wiederum »die geschaffene und nicht-schaffende Natur« entsteht – also die aus den Allgemeinbegriffen hervorgegangenen Einzelwesen, die endlich in die »schaffende und nicht-geschaffene Natur«, also in Gott, zurückkehren. Im Vergleich mit seinen Vorläufern Proklos und Dionysios Areopagita kann Eriugena allerdings als früher Anwalt der Natur gelten. »Was natürlich ist, ist aus der Wahrheit«, schreibt er, und: »In der Natur der Dinge ist kein Böses; die Gesamtheit der von Gott geschaffenen Natur ist frei von allem Verderben«; am Weltende werde die Vollendung nicht nur des Menschen, sondern auch der ganzen sinnlichen Natur erfolgen.

»Bis jetzt«, schrieb Pound an T. S. Eliot, »finde ich nicht, dass die Texte die verschiedenen Behauptungen *über* Erigena, die ich gelesen hatte, bestätigen.«[158] Und er verlautbart, Eriugena sei zwar ein heller Kopf gewesen, habe aber zu sehr »im Unbekannten herumgemurkst« (»nice mind but mucking about in the unknown«). Und er beanstandet die »Nomenklaturen« des Eriugena. Dessen anti-autoritärer Impuls

---

158 Ezra Pound, Brief vom 12. Januar 1940, in: *The Letters of Ezra Pound 1907–1941*, Hg.: D. D. Paige, London 1951, S. 429

lag auf einer anderen Ebene: der Behauptung der negativen Dialektik gegen den positiven und tautologischen Anspruch des kirchlichen Establishments. Und er begründet die »negative Theologie«, die er über Dionysios Areopagita bezogen hatte. Der hatte eine positive bejahende von einer negativen verneinenden Theologie unterschieden. Die eine erkennt Gott auf Grund der Bibel als den Vielnamigen, die andere gelangt auf mystischem Wege zu Gott als dem Namenlosen. Die negative Theologie hatte großen Einfluss auf die mittelalterliche Mystik bis zu Meister Eckhart und Nikolaus Cusanus. Absurderweise stellt sich Pound in dieser Hinsicht auf die Seite der kirchlichen Orthodoxie, die Eriugena und fast alle Mystiker der Häresie bezichtigte.

Die negative Theologie geht von dem neuplatonischen Axiom aus, dass man dem Ur-Einen keinerlei positive Prädikate zuschreiben kann. Das Göttliche ist das Nicht-Wesen jenseits des Kreatürlichen und jenseits aller Kategorien, und in diesem Sinne ist es das »absolute Nichts«. Erst aus der Selbstbezogenheit dieses Nichts, der dialektischen Negation der ersten Negation, lassen sich positive Bestimmungen über das Göttliche finden, entsprechend der metaphysischen Dreifaltigkeit des Plotinos, der zufolge das Eine das Sein ist, und zwar: als erkennendes Subjekt, als von sich selbst erkanntes Objekt und das durch diese Selbst-Bezogenheit wissende Subjekt-Objekt (woraus Hegel den Dreischritt des Seins An-sich, des Für-sich-Seins und des An-und-für-sich-Seins entwickelt). Meister Eckhart nennt diese Rückkoppelung des Denkens das »Widerschouwen« und sagt: »In Gott ist Wesen und Widersehen«. Weil in dem Einen alle Gegensätze ineinander übergehen, ist es dem kataphatischen (bejahenden) wie dem apophatischen (verneinenden) Weg zur Gottheit übergeordnet. Das führt zu den »paradoxen« Aussagen der Mystiker. Etwa heißt es bei Dionysios Areopagita: »Die göttliche Dunkelheit ist das unzugängliche Licht, in dem die Gottheit wohnt. In dieses Dunkel kommt jeder, der gewürdigt wird, Gott zu erkennen und zu sehen, durch das Nichtsehen und Nichterkennen, in dem er in Wahrheit in einen über Sehen und Erkennen erhabenen Zustand kommt und gerade das erkennt, dass Gott nach allem Wahrnehmbaren und Intelligiblen kommt.«[159]

Aber die Dunkelheit der Seele verbindet sich für Pound nicht mehr mit dem relativierenden Begriff der »Diaphanie«, sie ist seit dem psychischen Zusammenbruch im Militärstraflager bei Pisa assoziiert mit den delirienhaften Angstzuständen und dem totalen Gedächtnisverlust, aus denen er lange nicht mehr herausfand:

nox animae magna vom Zelt unter T'aischan
(...)
trocken-bröslige Krume zerbricht von Staub zu
                              Staub
  Gras von der Narbe getreten
  ist es schwärzer? war es schwärzer? Νύξ animae?
(...)
  kurzum sollen wir ein Tieferes suchen, oder ist hier
                            der Tiefpunkt?
                                    Canto 74

---

[159] Dionysios Areopagita, Ep. V

doch dass ein Mensch in jenem weiteren Grauen
> lebe und leben bleibe,
die Einsamkeit des Todes kam über mich
[um drei Uhr nachmittags für einen Augenblick]
> Canto 82

(Νύξ animae: die »dunkle Nacht der Seele« des Juan de la Cruz)

Aus den tiefen seelischen Krisen seines Alters, in denen die Daseinsangst riesenhafte Ausmaße annahm, vermochte Pound die Verneinung nicht mehr zu ertragen:

> Doch es gibt eine Blindheit, die aus dem
> > Inneren kommt –
> sie versuchen, sich aus dem Nichts zu erklären.
> > Canto 104

Der Inbegriff des Bösen erscheint Pound nun in der Negation zu liegen, einem Fehlbetrag, einem Mangel an Realität in den Dingen. Nichts ist dem greisen Dichter jetzt realer als das Nichts. Mehrmals zitiert er deswegen in den späten *Cantos* die Formel aus dem Na-khi-Ritual des Opfers an den Himmel, ²Muàn, und an die Erde, ²Ndaw:

> Wenn wir ²Ndaw ¹bpö nicht verrichten
> > ist nichts greifbar
> ohne ²Muan ¹bpö
> > keine Wirklichkeit.
> > Canto 112

Die Kunde von der animistischen Naturreligion der Na-khi, einem nicht-chinesischen Stamm, der im Li-chiang-Gebiet des heutigen Yünnan im Südwesten Chinas ansässig ist, verdankt Pound den Aufzeichnungen des Botanikers Dr. Joseph F. Rock[160] in *The 2Mùan-¹bpö Ceremony or the Sacrifice to Heaven as practised by the ¹Na-²khi*.[161] Der Wortlaut der Zeremonie, die Pound in seinen späten *Cantos* nachvollzieht, ist: »Wenn ²Muàn-¹bpö nicht verrichtet wird, ist nichts von dem, was wir geleistet haben, wirklich. Wenn ²Ndaw-¹bpö nicht verrichtet wird, ist nichts von dem, was wir geleistet haben, wirklich.« Die Na-khi bezeugen in ihrem Zeremoniell eine eigenartige Affinität zur Pound'schen Grundstruktur der Entsprechung oder der Deckung. Was den Na-khi offenbar am meisten zu schaffen macht, ist ein allgegenwärtiger Mangel an Realitätsdichte. Das kommt auch in einem ihrer Schöpfungsmythen zum Ausdruck, der erzählt, wie von allem, was ins Dasein gerufen werden sollte, zuerst nur die Schatten existierten. Aus ihnen entstand die Mutter und mit ihr Realität und Irrealität, Fähigkeit und Unfähigkeit. Realität und Fähigkeit hatten miteinander sexuellen Verkehr oder bewirkten einen Zauber (das Na-khi-Wort für die beiden Aktivitäten ist identisch), und es erschien ein leuchtendes Ding, aus dem ²O-¹gko-²aw-¹gko austrat, der so etwas wie unsere »erste Ursache« darstellt. Gleichzeitig kopulierten auch Irrealität und Unfähigkeit miteinander und zeugten den Widersa-

---

160 Dr. Joseph F. Rock (1884–1962) war ein in Wien geborener amerikanischer Botaniker, der 1922 von einer Washingtoner Regierungsstelle nach Südwest-China entsandt worden war, wo er bis 1949 neben botanischen und kartographischen Studien für die amerikanische Armee auch seine eigenen Aufzeichnungen über den Stamm der Na-khi verfasste und deren Riten mittels einer piktographischen Silbenschrift festhielt.
161 In: *Annali Lateranensi*, XVI, Rom 1952

cher der ersten Ursache, das böse Prinzip, in Gestalt von ²Yi-¹gko-²dti-³na. Das »Unreine«, ³ch'ou, das mit den zahlreichen Läuterungsritualen der Na-khi ausgeräuchert werden soll, ist also immer ein Fehlbetrag an Sein, es ist das Nichts, das an den Dingen frisst und allen menschlichen Errungenschaften nur eine Schattenwirklichkeit belässt, es sei denn, das ²Muàn-¹bpö-Ritual wird vollzogen, das sie zur vollen Wirklichkeitsdichte bringt.[162]

Auch für Pound ist in der Verunsicherung seines Alters alles durch Negationen vergiftet und infiziert, und seine Höllen »laufen zyklisch um« (Canto 113). Er ruft sich die buddhistischen Geisterexorzismen der japanischen Nō-Spiele, die er 1917 übersetzt und herausgegeben hatte, in den Sinn und redet sich selber gut zu:

> Es gibt Kräfte
> Awoi oder Komachi,
> der eirunde Mond
> Canto 110[163]

(Anspielung auf die Nō-Spiele »Sotoba Komachi«, »Kayoi Komachi« und »Awoi no Uye«, die alle von Geisterbeschwörungen handeln. Der »eirunde Mond« spielt auf das »Ovoid« des rumänischen Bildhauers Constantin Brancusi (1876–1957) an, das laut Pound den Betrachter hypnotisiert, bis er meint, es erhebe sich in die Luft).

---

162 Joseph F. Rock, op. cit., S. 49
163 Ezra Pound, »Brancusi«, in: *The Little Review* VIII, I, Herbst 1921. Seine Versionen der Nō-Spiele erstellte Pound 1917 anhand der nachgelassenen Aufzeichnungen von Ernest Fenollosa; dt. in: *Ezra Pound, Ernest Fenollosa, Nō – Vom: Genius Japans*, Hg.: E. Hesse, Zürich 1963

In den Nō-Spielen waren die Geister gebannt, sobald sie identifiziert und mit ihrem Namen angerufen worden waren. Auch Pound sucht jetzt nach den Namen des Bösen:
Angst, Ahnherr der Grausamkeit,
schreiben wir eine Genealogie der Dämonen?
Canto 114
Wir könnten unsererseits diese Ahnenforschung betreiben und würden dann zu der späten Aufspaltung seiner lebenslangen Anliegen in das Schema eines starren Entweder-Oder gelangen, ausgelöst von seinem Rückfall in formallogische westliche Denkgewohnheiten. Den Satz des Psychiaters R. D. Laing: »ohne das Innere verliert das Äußere seinen Sinn und ohne das Äußere verliert das Innere seine Substanz«,[164] ganz aus dem Geiste Eriugenas, hätte er ohne weiteres als den Angelpunkt seiner dichterischen Sinnsuche übernehmen können. Doch Pound hat zu dieser späten Stunde nicht mehr »die Kraft, mit Ungewissheiten zu leben«,[165] wenn sich der Gegensinn regte. Spürbar gewinnt in der Zeit seiner Verfemung die Daseinsangst an Raum gegenüber seinem anfänglichen Urvertrauen in die Außenwelt. Eben weil er sich jetzt so einsinnig auf die Seite des positiv Gegebenen schlägt und auf das spezifisch menschliche »negative Zeichen des Gedankens« (Theodor W. Adorno) weitgehend verzichtet, hört sein inneres Leben auf, und es passiert das Gegenteil von dem, was er zu erreichen sucht: das *äußere* Leben wird zunehmend unwirklicher.

---

164 R. D. Laing, *The Politics of Experience*, New York 1967, S. 33
165 So Pounds seinerzeitige Kritik an Eliots Bekehrung zum Anglokatholizismus.

5. Lichtblicke: Grosseteste und Brancusi

Die bildende Kunst, vor allem die des Bildhauers, hat es hauptberuflich mit der Oberfläche der Dinge zu tun, während die Dichtung, zumindest primär, keine Raumkunst, sondern eine Zeitkunst ist. Doch diese Unterscheidungen wurden von der frühen Avantgarde in Frage gestellt. Die Vorstellung einer Kunst, die kein Inneres hat, kommt zur Sprache in Ezra Pounds Essay über den vortizistischen Maler und Schriftsteller Wyndham Lewis, dessen programmatische Feststellung, an der Kunst sei »nichts, was man nicht sehen kann«, von Pound häufig bemüht wird. Dazu sollte man wissen: Wyndham Lewis war ein Todfeind der Psychoanalyse und formulierte sein ganzes ästhetisches Programm mit dem Feindbild Sigmund Freud im Hinterkopf. Die Kunst ist psychoanalytisch nicht deutbar, denn sie hat kein Inneres. So kommt Lewis zu der Einsicht: »Totsein, in dem begrenzten Sinn, in dem wir das Wort benutzen, ist die erste Vorbedingung der Kunst. Die zweite ist die Abwesenheit von Seele im sentimentalen menschlichen Wortsinn. Die Linien und Massen eines Bildwerks sind seine Seele.«[166] Kunst habe überhaupt nichts mit den »dampfenden Eingeweiden des Lebens« (Wyndham Lewis) zu tun. Solange der Künstler sich an die Oberfläche der Dinge hält, ist er von bohrenden Selbstzweifeln geschützt. Zugleich schirmt ihn die Kruste der eigenen summierten äußeren Perzeptio-

---

[166] Ezra Pound, »Wyndham Lewis«, in: *The Literary Essays of Ezra Pound*, Hg.: T. S. Eliot, London 1954, S. 430

nen vor jedem unbefugten Eindringen in sein Innenleben ab.

In der Spätzeit beruft sich Pound in diesem Sinne auf die formalen Werte seiner Dichtung, denn sein Innenleben war in der langen Anstaltszeit mehr und mehr in die Defensive geraten. Während sein Austausch mit der Umwelt zunehmend durchsetzt und erschwert wird von skandalösen Posen, erstrebt er zum Ausgleich ein peinlich aufrichtiges und freimütiges Verhältnis zu sich selber. Alles musste vor den anderen verborgen, nichts durfte vor sich selber versteckt werden. Auf diese Spaltung seines ursprünglich so weltoffenen Grundsatzes der *sinceritas* oder Redlichkeit legt Pound jetzt gesteigertes Gewicht, und er führt seine Redlichkeit als existenzielle Rechtfertigung an. Sie ist für ihn beschlossen in dem Sinogramm 信 (*hsin*), das zusammengesetzt ist aus den Zeichen für »Mann« und für »Wort« und das er für sich deutet als »ein Mann, der zu seinem Wort steht«. Bei der Gerichtsverhandlung des Jahres 1958, in deren Verlauf er endlich – entmündigt – aus der Anstalt entlassen wurde, trug er demonstrativ einen dicken gelben Wollschal, in den das Sinogramm »hsin« eingestickt war.[167]

Den Begriff der *sinceritas* hatte er ursprünglich abgeleitet von der *directio voluntatis* (dt.: der Stoßrichtung des Willens) bei Dante[168], die er später mit dem Konfuzius-Wort: »szu wu hsieh« (Canto 91) kreuzte, laut seiner Übersetzung: »hege keine gewundenen

---

167 Den Schal hatte die Verfasserin ihm gestrickt.
168 Dante Alighieri, *De vulgari eloquentia*

Gedanken«. Das führt ihn dann zu Formulierungen wie:

> Das Licht strömen zu sehen
> das heißt hin zur sinceritas
> des Wortes, begreifend,
> KOINE ENNOIA
>
> Canto 99

Die griechischen Wörter »koinê ennoia« bedeuten »der gemeinsame Begriff« und sind dem *concret Allgemeinen* sinnverwandt,[169] mit dem Pound (in Canto 8) die platonischen Geist-Formen bezeichnet: Es sind keine abstrakten jenseitigen Werte, die dem Gegenständlichen übergeordnet sind, sondern das konsensfähige Gemeinsame in der zwischenmenschlichen Verständigung. Die Allgemeinheit als Überbau abstrakter Ideen und die Allgemeinheit an der Basis der menschlichen Kommunikation sind offensichtlich grundverschiedene Dinge. In diesem Sinne ist wohl auch das gehäufte Auftreten der lateinischen Allgemeinbegriffe (*Amor, Humanitas, Compassione, Caritas, Serenitas, Hilaritas* etc.) in den späten *Cantos* zu verstehen. Hier ist Vernunft das, was intrasubjektiv oder

---

169 Das *concret Allgemeine*: Pound zitiert Fritz Schultze, *Georgios Gemistos Plethon und seine reformatorischen Bestrebungen*, Jena 1874, S. 159. Georgios Gemistos Plethon (ca. 1355–1450), der neuplatonische Philosoph, der in dem Despotat Mistra auf dem Peloponnes eine ganz unorthodoxe Philosophenschule begründet hatte, in der das Christentum mit der Vielgötterei des antiken Griechentums versöhnt werden sollte. Plethon ist einer der großen Helden der *Cantos*. Er war ein ›platonischer Realist‹ im Sinne der scholastischen Terminologie, also einer, der sich zu der platonischen Lehre der *universalia in re* bekannte – dem Glauben, dass die abstrakten Allgemeinbegriffe in den konkreten Dingen bereits wesenhaft vorgegeben sind. Auf Plethons Anregung geht die Gründung der Platonischen Akademie in Florenz zurück.

analogisch im Gespräch zwischen mindestens zwei Partnern realisiert wird: die *Ratio* verstanden als Medium der Interaktion mit anderen. Die »koinê ennoia« enthält, wie Horkheimer/Adorno ausführen, »die Idee des freien Zusammenlebens aller Menschen, in dem sie zum allgemeinen Subjekt sich organisieren und den Widerstreit zwischen der reinen und empirischen Vernunft in der bewussten Solidarität des Ganzen aufheben. Es stellt die Idee der wahren Allgemeinheit dar, die Utopie«.[170] In diesem Sinn ist die »koinê ennoia« Voraussetzung für das »kommunikative Handeln« bei Jürgen Habermas.

So gesehen kann Vernunft niemals Eigenschaft einer »isolierten Reflexion« (Hegel) sein, vielmehr kommt in ihr die Syntax, die Worte und Dinge zusammenhält, zur Geltung. Pound greift mit dem Konzept des *concret Allgemeinen* auf den Gedanken des Plotinos zurück, nach dem das organische Band, das alle Wesen miteinander verbindet, darauf beruht, dass sie im Tiefsten *identisch* sind. Erst diese Identität an der Basis ermöglicht die »Mit-Teilung« der individuellen Erfahrung. In Plotins lebendiger Ordnung von einander durchdringenden Wesenheiten gehen die Seelenzustände ineinander über wie die Noten einer musikalischen Phrase. Die Inhalte der künstlerischen Intuition können demjenigen, der sie nicht erlebt hat, nicht begrifflich und abstrakt vermittelt werden, aber sie können durch den Rückgriff auf die Bildschicht der Seele so gefasst werden, dass er sie

---

170 Max Horkheimer, Theodor W. Adorno, *Dialektik der Aufklärung*, Frankfurt 1973, S. 76

nacherleben kann, d.h. sie werden als Formen, nicht als Inhalte mitteilbar.

Nun ist es aber geradezu symptomatisch, daß Pound in der oben zitierten Stelle aus Canto 99 beides: die »Redlichkeit« und die »gemeinsame Sprache«, fremdsprachlich verschlüsselt. Der Drang zur unbedingten Redlichkeit liegt offenbar im Clinch mit dem gleichstarken defensiven Drang zur Verstellung, was die ungeheure Komplexität der späten *Cantos* erzeugt. Unter der erdrückenden Anschuldigung, durch seine Verstrickung in Faschismus und Rassismus in seiner Menschlichkeit versagt zu haben, wiederholt Pound nun unermüdlich ein neues Menschenrecht, das er in eigener Sache geltend macht: »to have my ideas examined one at a time« (dass seine Ideen einzeln und jede für sich zu überprüfen wären). *Nolens volens* verrät er damit die assoziative Grundstruktur seiner *Cantos* und vergisst, dass sich seine Einsichten zu einem Sinnzusammenhang vernetzen sollten. In Wirklichkeit will er nur retten, was an seinem Lebensgedicht noch zu retten ist, denn trotz allem enthält seine Dichtung immer noch:

>ein kleines Licht
>>im großen Dunkel
>
>(…)
>Viele Irrtümer,
>>etwas an Richtigkeit
>>>Canto 116

Auf dieser Linie liegt auch die Anrufung der »gesegneten Augenblicke«, das sind diejenigen Augenblicke, in denen Pound die Schranken seines subjektiven Bewusstseins durchbrechen konnte, die Augenblicke, da das *omniforma*-Prinzip voll zum Tragen kam:

> Das Blaublinken einst, die Augenblicke
> benedetta
> (...)
> Und einen strahlenden Tag lang war Frieden.
> Brancusis Vogel
> in der Höhlung von Föhrenstämmen
> oder als der Schnee war wie Meergischt
> Dämmriger Himmel im Maßwerk von
> Ulmengezweig.
> Canto 117

Das »Blaublinken« bezieht sich auf Brancusis Worte über den Delphin, das emblematische Tier des vielgestaltigen Meergottes Neptun:

> Kam da Neptunus
> sein Sinn spielend
> wie eine Schule von Tümmlern
> Canto 116

Wenn ein Künstler nicht sein Ego durchstoßen kann, hatte Constantin Brancusi (1876–1957) gesagt, dann kann er auch nie dem Universum angehören. Durch das momentane Durchbrechen der Ich-Schranken, wie beim Anblick des blaublinkenden, springenden Delphins, gelange er zur objektiven Realität und fasse Fuß in der Welt der platonischen Formen und Urbilder. »Wenn man einen Fisch sieht, denkt man nicht an seine Schuppen, man denkt an seine Flinkheit, den schwimmenden, blinkenden Leib, den man durchs Wasser sieht. Mir kommt es nur auf dieses Aufblinken seines Wesens an.«

Das »Ulmengezweig« in Canto 117 beschwört darüber hinaus die überwältigende Vision des jungen Ezra Pound in der Villa Catullo in Sirmione am Gardasee, wo er seine Übersetzung Cavalcantis begann. Sirmione blieb für ihn sein Lebtag lang ein magischer und geheiligter Ort.[171] Doch mit dem »Ulmengezweig« wird auch die Erinnerung an den rumänischen Bildhauer Constantin Brancusi lebendig, der ihm »in manchen Dimensionen wie ein Heiliger« erschien. An Brancusi beobachtet Pound das krasse Gegenteil der egozentrischen Betriebsamkeit seiner amerikanischen Landsleute im Paris der zwanziger Jahre: »ein paar Abende in Brancusis altem Atelier, an denen sich Frieden einstellte«.[172] In Pounds zweitem Dasein in der Anstalt gewinnen Werk und Lebensweise des verstorbenen Freundes zunehmend an Bedeutung (s.a. die Cantos 85, 86, 97, 110, 116, 117).

Brancusi, der rumänische Bauernsohn, war entschlossen, in Paris ein Dasein außerhalb der Oberflächlichkeiten der modernen Großstadt zu führen, getreu seinen naturnahen Ursprüngen und seinem Organ für das zeitunabhängige Wesen der Dinge. Brancusi, schreibt Pound in seinem Essay des Jahres 1921, habe es sich zum Ziel gesetzt, »alle Formen in einer Form einzuschließen« – eine Absicht, die Pound damals noch der buddhistischen Meditation

---

[171] 1910, der junge Pound hatte sich dort mit Dorothy Shakespear, seiner zukünftigen Frau, getroffen. Und er wählte 1920 Sirmione für die erste persönliche Begegnung mit James Joyce nach langjährigem Briefwechsel. In Sirmione machte er auch im Mai 1959 seiner Altersliebe Marcella Spann einen Heiratsantrag.
[172] Ezra Pound, *Guide to Kulchur*, London 1938, S. 105 und 84

oder der Vision des Heiligen gleichsetzt. Als Beispiel nennt er Brancusis »Vogel«.[173] Die Ausführungen des älteren Künstlers bescherten Pound in seinem verzweifelten Alter einen Trost: Einzelne Vollkommenheiten, Bildschaltungen, Laute in der Bewegung, Rhythmus im Raum können eine verdinglichte und entmenschlichte Umwelt immer noch zu einer paradiesischen Sinnfülle führen:

> Le Paradis n'est pas artificiel
>   doch schartig,
> Für einen Blitzstrahl
>   für eine Stunde
> Dann Agonie,
>   dann eine Stunde
>   dann Agonie,
> Hilarius strauchelt, doch der göttliche Geist
>   ist reichhaltig
>   und ohne Ende
>   *improvisatore*
> Omniformis
>   un-still
>
>   Canto 92

Hier war ein Ausweg! Hatte Plotinos nicht von der notwendig fortzeugenden Kraft und Dynamik des Schönen gesprochen? Hatte Eriugena sich nicht zur »Hilaritas« (Heiterkeit) bekannt? Hatte Brancusi nicht die Vorstellung, dass Genie und Wahnsinn et-

---

173 Ezra Pound, »Brancusi«, in: *The Literary Essays of Ezra Pound*, Hg.: T. S. Eliot, London 1954, S. 442 f.; dt. in: *Zeitgenossen*, Hg.: E. Hesse, Zürich 1959

was miteinander zu schaffen hätten oder dass sich die subjektive Befindlichkeit irgendwie auf das Kunstwerk auswirkte, weit von sich gewiesen? Freilich stand Brancusis Sinn schwerlich nach Lewis' Entleerung der Kunst von allen Inhalten. Ganz entschieden ermöglicht die Besinnung auf Brancusi Ezra Pound jetzt einen verzweifelten Griff nach der eigenen Normalität. »Brancusi stellt fest, dass die Kunst keinesfalls eine psychische Labilität sei, dass das Schöne nicht aus Grimassen und Willkür bestehe und dass man, ausgehend von einem Formideal, zu einem mathematisch genauen Zusammenstimmen der Proportionen gelangt, aber *nicht* über die Mathematik. Vor allem ist Brancusi ein Mensch, der sich nach der Vollkommenheit verzehrt. Dante glaubte an eine Weise, ›die der Seelenachse zuinnerst schwingt‹; im Vorwort zu meinem *Cavalcanti* habe ich versucht, die Vorstellung von einem absoluten Rhythmus in Worte zu fassen, oder wenigstens die Möglichkeit dazu. Vielleicht glaubt jeder Künstler irgendwann in seinem Leben an eine Art Elixier oder Stein der Weisen, der durch die absolute Vollendung seiner Kunst zustande zu bringen wäre mittels einer Art alchemischer Sublimation seines Werkstoffs und der Ausscheidung aller Zufälligkeiten oder Mängel. (...) Es ist eine Suche, auf die man sich leichthin macht, aber gänzlich ohne Ende. Zeugnis davon gibt etwa Brancusis ›Vogel‹. (...) Man mag in solchen Bildwerken den Schlüssel zur Welt der Formen sehen – nicht zu ›seiner‹ Formenwelt, sondern zu dem, was Brancusi von ›der‹ Welt der Formen erarbeitet hat. (...) Es ist eine Annäherung ans Unendliche *durch die Form* (...), einer Form so frei von Willkür, wie nur alle philosophischen Anforderungen an ein Paradiso es haben wollen.«[174]

Nun verstehen wir, was es mit Brancusis »Vogel in der Höhlung von Föhrenstämmen« (Canto 117) auf sich hat und was der Dichter meint, wenn er gegen die Düsternis der Zeit »die marmorne Form im Kiefernwald« (Canto 110) anruft, ja wir denken, dass auch der Piniensamen, der »das Fels-Kliff sprengt« und die »Zypresse gegen den Murgang« (Canto 110) auf die fortzeugende Macht des einmal erschaffenen Schönen anspielt.

Geradezu frappierend kommt diese Überzeugung Pounds in seiner Version der konfuzianischen Lehre von der Großen Mitte oder der Achse, *Chung-yung*, zum Ausdruck: »Jene Achse der Mitte ist die große Wurzel des Alls, jene Phasengerechtigkeit ist der raumgreifende Ablauf des Alls. (…) Sich auf die Mitte des Steten auswichten, das bringen einige fertig, sie haben den wahren Angelpunkt getroffen, und dann? Nur wenige brachten es fertig, dort zu verharren.«[175]

Gelingt es einem jedoch, in der Achse oder dem Angelpunkt Fuß zu fassen, dann kommt zwangsläufig das ganze Weltgetriebe ins Lot. Diese Deutung des konfuzianischen Textes geht weit über das hinaus, was Plotinos über die fortwirkende Kraft des Vollkommenen gesagt hatte. Pounds Auffassung von der Mitte als einem beweglichen Ablauf rings um eine unbewegliche Achse, mit der der Mensch in Einklang mit dem Ganzen kommen kann, bringt eine

---

174 Ezra Pound, »Brancusi«, op. cit., S. 67f.
175 Ezra Pound, *Confucius: The Unwobbling Pivot & The Great Digest*, op. cit., S. 3

ausgesprochen rhythmische Interpretation der chinesischen Vorstellung zuwege, wobei ein ästhetisches Element, Pounds »absoluter Rhythmus«, für den konfuzianischen Ethos eingesetzt wird. Konfuzius wäre sicher sehr beeindruckt gewesen – wenn man einmal davon absieht, dass Chu Hsi in seiner Edition der konfuzianischen Texte die Vorstellung von der Mitte, um die sich alle Dinge der Welt drehen, dem Taoismus entlehnt hatte.

Eine ähnliche Funktion wie Brancusi erfüllt Roberto Grossetestes (gest. 1253) Traktat über das Licht für die späten *Cantos*. »Grosseteste« war jener Bischof von Lincoln, der einen ziemlichen Wasserkopf besessen haben muss – ein Zeitgenosse spricht von ihm recht respektlos als: »Robertus grossis capitis sed subtilis intellectus.« Gerade Grosseteste wird Pound in seinem Spätwerk zu einer Art lichtphilosophischem Rettungsanker. Wir erkennen das dort, wo er sich auf die Sphärenlehre des mittelalterlichen Philosophen beruft, der zufolge schon ein einziger Lichtpunkt genügen würde, um in die große Lichtwelt zurückzugelangen, ja dieser Lichtpunkt würde sie geradezu erzeugen!

Grosseteste hatte in seinem Werk *De luce seu inchoatione formarum*[176] eine plotinische Stufenfolge des Seins entwickelt, in der das Licht als die »forma prima corporeitatis« (dt.: erste Form der Verkörperung) und das eigentliche Substrat der materiellen Welt gilt. Für ihn bietet das Licht konsequenterweise das universelle Prinzip aller Naturerklärung.

---

176 Pounds Quelle ist: Ludwig Baur, »Die Philosophie des Robert Grosseteste, Bischof von Lincoln, in: *Beiträge zur Geschichte der Philosophie des Mittelalters*, vol. 18, 4–6, Münster 1919

Pound übernimmt diese Vorstellung *in toto* und deutet das chinesische Schriftzeichen 明 *(ming)*, den »totalen Lichtablauf«, in diesem neuplatonischen Sinn. Grosseteste verstand die Bewegungsgesetze des Lichtes perspektivisch anhand der Abhandlung des arabischen Optikers Alhazen und stellte als erster westlicher Denker die gesamte Naturwissenschaft auf ein mathematisches Fundament. In seinem »materialistischen« und monistischen Weltentwurf fasst er das Licht nicht wie Aristoteles als Eigenschaft, sondern als Substanz auf.[177] Die Körperlichkeit des Lichtes setzt den Raumbegriff voraus, nämlich die »extensio materiae secundus tres dimensiones« (dt.: die Ausdehnung der Materie nach drei Dimensionen. Wir erinnern uns: In dem Gedicht *Phanopoeia* hatte Pound geschrieben, das Licht »*zerdehnt* sowohl Seekliff wie Ozean«). Das Licht ist bei Grosseteste das weltschöpferische Prinzip schlechthin: »Lux enim per se in omnem partem se ipsam diffundit, ita, ut a puncto lucis sphaera lucis quamvis magna subito generatur, nisi obsistat umbrosum« (dt.: Das Licht nämlich pflanzt sich seiner Natur nach in allen Richtungen fort, sodass sich ein Lichtpunkt sofort zu einer großen Lichtkugel vergrößert, sofern er nicht durch einen opaken Gegenstand behindert wird). Das Licht dehnt sich vom Lichtpunkt nach allen Seiten hin sphärisch aus, aber, am Firmament angekommen, flutet es wieder zu seinem Zentrum zurück. So ent-

---

[177] Thomas von Aquin etwa wendet sich gegen diejenigen Philosophen, die für ihre Konstruktionen eine »Diaphanie« oder einen »spiritus corporeis« als Medium zwischen Körper und Seele zuhilfe nähmen, s. *Summa theologica*, I. q. 76 a 7

steht eine zweite Sphäre und weiter so, bis alle Sphären entstanden sind. Grosseteste geht in seinem Text *De Sphaera* von neun planetarischen Sphären aus, deren äußerste die Mondsphäre ist, von der wiederum die vier irdischen Sphären: Erde, Wasser, Luft, Feuer ausgestrahlt werden. »So verstehen wir nun die universale Bedeutung des Lichts für das Werden, Sein und Wirken der körperlichen Dinge. (...) Das Licht ist ihr Wesensgrund, ihre *forma*, ihre *perfectio*. Das Licht ist die Schönheit der sichtbaren Kreatur«, schreibt Ludwig Baur, der Herausgeber des Grosseteste.

Im Drahtkäfig von Pisa erinnert sich Pound an die Worte des Grosseteste: Das Licht ist die erste Substanz, sein Leuchten oder seine Hitze sind nur verbale Eigenschaften, Lichtkörper und Lichtglanz sind also unterschiedliche Dinge:

    lux enim
        ignis est accidens
            Canto *88*

(dt.: das Licht nämlich / Leuchten ist Akzidens, ein »Akzidens« wie Cavalcantis »Liebe«).

Und noch in Canto *110* ruft er Grossetestes Lichtprogression gegen die eindrängende Dunkelheit an:
    lux enim
        versus den Wirbelsturm.
    die marmorne Form im Kiefernwald

Diese Gedanken des Bischofs von Lincoln erhalten in den späten *Cantos* Ezra Pounds eine geradezu leitmotivische Funktion, knüpfen sie doch direkt an Cavalcantis philosophische Kanzone an. Und sie erhalten noch eine zusätzlich erotische Dimension, die Pounds Vorstellung von dem innigen Zusammenhang zwischen seinem dichterischen und sexuellen

Organ zum Ausdruck bringt, ersetzt er doch das Bild von der Großen Kristallsphäre ab und zu durch ein anderes, nämlich durch die »große Eichel des Lichts« (Canto 86 und 116). So setzt der letzte zusammenhängende Canto mit einer direkten Wiederaufnahme von Grossetestes Sphärenlehre an:

Kosmos auszulösen ...
Canto 116

Pound setzt die von Grosseteste festgestellte Eigenschaft des Lichtes, sich von einem Lichtpunkt radial im Raum fortzupflanzen und so »*multiplicando*« die verschiedenen Sphären des Seins zu hervorzubringen,[178] gleich mit der fortwirkenden Kraft des einmal erschaffenen Schönen. In der sphärischen Progression vom Lichtpunkt zur Lichtsphäre steckt für den Leser der Cantos trotz allem immerhin noch die Möglichkeit, aus den fragmentarischen Einsichten und Vollkommenheiten des Gedichtes die große Vision auszuwölben: die eines irdischen Paradieses oder die des »terzo cielo«, Dantes Dritten Himmel der Liebe:[179]

Gewirr von liegengebliebener Arbeit.
Die große kristallene Sphäre hab ich geholt,
　　　　wer kann sie heben?
Und wer dies Palimpsest ausschreiben wird?
Canto 116

---

[178] Die Kraft der menschlichen Seele, das Göttliche zu erfahren, wird in der deutschen Mystik verschiedentlich als Funken, Gansterlein, Dolde der Istigkeit, Wirbel der Seele, Inburgheit bezeichnet, während Gott selbst anhand des Bildes von einem Zirkel oder einer Kugel veranschaulicht wird.
[179] Der dritte Himmel oder der Venushimmel in Dantes *Paradiso* VIII, 37

Eben diese Möglichkeit einer sphärischen Progression des Lichtes beschwören die beiden Zeilen von Canto 116, die als Pounds abschließende Worte zum Scheitern seines Lebensgedichts gelten dürfen:
Ein kleines Licht wie ein Binsendocht
 das zurückführt in Lichtglanz.

6. *Giordano Bruno*

In den Entwürfen und Fragmenten zu seinen letzten *Cantos* baut Ezra Pound den italienischen Philosophen Giordano Bruno (1548–1600) zur Gegenfigur Plotins auf:

In Korridoren, bei Ambassadeuren
 Leuchtkäfer und Laternen, und diese Bewegung
  tritt dem Inwendigen aus
  e di diversa natura (Giordano Bruno)
und in diesen Dreiecksfeldern?
Und steht da unter ernstzunehmenden Denkern
 und zieht seine Schlüsse nicht aus einem
                    Bauchgrimmen.
Oder dass Aristoteles wohl Kunde von Fischen
                    bekam
  durch Alexander.
                    Canto 114

Mit der ersten Zeile spielt Pound auf die Welterfahrung des vielgereisten Bruno an, der auf der Flucht vor der kirchlichen Intoleranz nach Genf, Lyon, Toulouse, Paris, London, Wittenberg, Prag, Helmstedt, Frankfurt, Padua und Venedig gelangte. In Venedig wurde Giordano Bruno dann 1592 der Inquisition ausgeliefert und in Rom 1600 zum Tode verurteilt und als Ketzer öffentlich verbrannt. Doch auch der Gesichtskreis von Plotinos, der zu Fuß von Ägypten nach Indien und von dort nach Rom gewandert war, lässt sich kaum als besonders eng bezeichnen. Die Funktion eines naturwissenschaftlichen Gegenparts zu Plotinos hat offenbar auch die Erwähnung von Alexander dem Großen, der seinem Lehrer Aristoteles von seinen Feldzügen im Vorderen Orient und Indien Exemplare von exotischen Pflanzen und Tieren zu schicken pflegte. Pound war sich allerdings über sein Sinnziel zu lange im Unklaren geblieben, und so überhört er die eigentliche philosophische Botschaft Giordano Brunos, mit der er seine Überlegungen zu Grosseteste zu einer letzten Konsequenz hätte führen können.

Der Angelpunkt von Brunos lebenslangem und mörderischem Konflikt mit den kirchlichen Autoritäten lag eben in seinem Streit mit den Anhängern der aristotelischen Orthodoxie, denn der ursprüngliche empirische Denkanstoß der aristotelischen Schriften, die über die Arabisten des 13. Jahrhunderts nach Europa gelangt sind, war zu Lebzeiten Brunos längst versandet in der rationalistischen Dogmatik, die auf Thomas von Aquin zurückging.[180]

---

180 Giordano Brunos Angriffe auf Aristoteles richteten sich gegen dessen System der formalen Logik, nicht gegen die naturwissenschaftlichen Texte, die im 13. Jahrhundert über die jüdisch-arabischen Kommentatoren nach Europa gelangten und Cavalcanti und die Lichtphilosophen inspirierten. Pound scheint sich nicht immer völlig im Klaren zu sein über die Unterschiedlichkeit der beiden aristotelischen Haupteinflüsse: der rationalistischen und der empirischen Linie.

Jetzt stieß die Entwicklung der neueren Naturwissenschaft überall auf die Opposition der Kirche. Nur dank seiner pantheistisch eingefärbten Wiederaufnahme der Lehren des Plotinos konnte Bruno sowohl den organischen Naturalismus der modernen Naturphilosophie als auch den dialektischen Materialismus vorwegnehmen, wie J. P. Needham feststellt:

»Brunos Weltauffassung kam der organischen Kausalität, die, wie wir gesehen haben, das klassische chinesische Denken kennzeichnete, näher als die Auffassung irgendeines anderen europäischen Denkers. (...) Es würde zu weit führen, wenn wir dieses Thema bis zu seinen Ursprüngen in der europäischen Geschichte zurückverfolgen wollten; Plotinos und Dionysios Areopagita müssten Erwähnung finden. (...) Vor der Zeit des Francis Bacon hatte es nicht wenige Vorläufer gegeben, die gegen die Orthodoxie des rationalen Intellektes rebellierten, Nikolaus von Cusa (1401–1464) zum Beispiel mit seiner ›Koinzidenz der Gegensätze‹ in *De Docta Ignorantia* und besonders Giordano Bruno.«[181]

Die Lehre von der *coincidentia oppositorum* setzt im westlichen Denken tatsächlich bei Dionysios Areopagita an, der geschrieben hatte, dass Gott alle Widersprüche in sich vereinigt und sie zugleich transzendiert. Sie wurde weitergeführt von Eriugena, Grosseteste, Albertus Magnus, Thomas von Aquin (der sie kritisierte), Meister Eckhart, Marsilio Ficino, Nikolaus Cusanus und schließlich Giordano Bruno.

---

181 Joseph Needham, *Science and Civilization in China II*, Cambridge 1962, S. 540 und 95

Alle Genannten – außer Eckhart und Cusanus – sind Leitfiguren der *Cantos*. Es ist mithin sehr bemerkenswert, dass Pound diese anti-aristotelische Denkweise total verfehlt, zumal sie auch seinem geliebten China in dem Emblem von *Yin* und *Yang* seit Jahrtausenden geläufig war.

Doch zurück zu Giordano Bruno, der die Idee des Ineinandergreifens antithetischer Gegensätze weiterentwickelte. Zwischen der kleinstmöglichen Sehne und dem kleinstmöglichen Bogen besteht, wie er ausführt, so wenig ein Unterschied wie zwischen einem unendlich großen Kreis und einer geraden Linie. Die Maxima und Minima der Gegensätze überschneiden sich, und die Übergänge zwischen ihnen verlaufen zyklisch. Minimale Wärme ist gleich Kälte, und das minimale Prinzip des einen Gegensatzes wird stets durch das maximale Prinzip seines Gegenpols aktiviert: »Von der Grenze, wo das Maximum der Wärme liegt, entspringt die Bewegung zur Kälte hin; daher ist es offenbar, dass zuweilen nicht nur die beiden Maxima in dem Widerstreit und die beiden Minima in der Übereinstimmung, sondern auch das Maximum und das Minimum im Wechselspiel der Veränderung zusammentreffen.« In den dialektischen Übergängen schlägt das eine ins andere um: Das Maximum an Verfall ist zugleich schon das Minimum des Neuen und Schöpferischen, der Wahnsinn führt zum Sinn.[182] Sagt Bruno: »Die Veränderungen bilden einen Kreislauf dadurch, dass es nur ein Substrat, ein Prinzip, ein Ziel, eine Fortentwicklung und

---

182 Übrigens die These der Anti-Psychiatrie von R. D. Laing und D. Cooper

eine Wiedervereinigung beider gibt.«[183] An dieser Stelle wird klar, wie Brunos *coincidentia oppositorum* Ezra Pounds Lebensprojekt hätte retten können, denn Bruno bekennt sich zur objektiven Dialektik, also der Dialektik in den Dingen selbst, und bezieht ganz deutlich Stellung gegen das formal-logische Entweder-Oder, dem der Dichter im Widerspruch zu seinem ursprünglichen Programm der Offenheit für alle Dinge (dem *omniforma*-Prinzip) erlegen ist. Zur formalen Logik meint Bruno:

»Es ist eine tiefe Magie, das Entgegengesetzte hervorbringen zu können, nachdem man den Punkt der Vereinigung gefunden hat. (...) Er [Aristoteles] hat das Ziel nicht erreichen können, weil er bei der Gattung, dem Unterschied überhaupt, stehenblieb und wie angefesselt nicht weiter kam als bis zu dem conträren Gegensatz. Deswegen hat er das Ziel nicht erreicht, nicht einmal sein Augenmerk darauf gerichtet; deshalb hat er den ganzen Weg mit der einen Behauptung verfehlt, Gegensätze könnten nicht in der Wirklichkeit an einem und demselben Substrat zusammentreffen.«[184]

Grundsätzlich ist also auch Auflösung Gestaltung, Negatives und Positives gehen ineinander über, weil alle Gegensätze ihre Einheit in der universellen »Monade« finden, wo Materie und Form nicht voneinander zu trennen sind. Brunos Monade meint den unzerreißbaren Zusammenhang zwischen dem Größten und dem Kleinsten innerhalb des raumzeit-

---

183 Giordano Bruno, *De la causa, principio ed uno*, V. Dialog; Ü.: A. Lasson, Leipzig 1923
184 Giordano Bruno, ibid.

lichen, im Unendlichen sich ausdehnenden Universums. Noch in den kleinsten Monaden der Pflanzen-, Tier- und Menschenindividuen ist das gesamte All zugegen, ebenso wie das Kleinste noch in den astronomischen Himmelskörpern vorhanden ist. Das ist die andere Logik, nach der der Flügelschlag des Schmetterlings (in der modischen Chaos-Theorie) ein Erdbeben auslöst oder die ökologische Vernetzung der Regelkreise im *feed-back* funktioniert. Es gibt nach Bruno weder eine stofflose Seele noch einen seelenlosen Stoff, und es bedarf keines extramundanen Bewegers oder Gottes, denn alles ist *natura naturans* und regelt sich aus sich selbst, oder anders gesagt:

diese Bewegung tritt dem Inwendigen aus

Canto 114

Giordano Bruno verteidigte das kopernikanische Weltmodell gegen die kirchliche Obrigkeit und behauptete darüber hinaus die Selbstverwirklichung vieler Weltformen in der Materie sowie die Existenz einer Vielheit von bewohnten Himmelskörpern. »E di diversa natura«, zitiert Pound in seinem Canto 114 – in Brunos *De L'infinito*, Dialog V, heißt es: »e otto, nove, o dieci altri cieli, fatti d'un altra materia, e di diversa natura« (dt.: und acht, neun oder zehn andere Himmel, aus einem anderen Stoff und von unterschiedlicher Natur).[185]

Noch in ganz anderer verschlüsselter Weise macht sich der Einfluss Giordano Brunos in den letzten *Cantos* bemerkbar, nämlich in der Allgegenwart und refrainartigen Anrufung der Göttin Artemis:

---

185 Giordano Bruno, in: *I dialoghi del Bruno*, Hg.: Augusto Guzzo, Turin 1932, S. 64

Und das Schöne in deinem Sinn, o Artemis
Cantos 106, 110, 114

Artemis (oder lateinisch Diana) ist die Göttin der ungezähmten Natur. Sie steht in den späten *Cantos* für Pounds bittere Absage an die Werte der Kultur und seine Rückwendung zur Natur. Die Sage von Artemis und Aktäon[186] hatte Pound in seinem Gedicht schon verschiedentlich thematisiert. Sie wird nun durch Giordano Bruno, der sie in *De gli eroici furori* in den Kontext der schöpferischen Inspiration bringt, auf neue Sichtschärfe gestellt. Der Jäger Aktäon ist bei Bruno der »heroische« Künstler, umgetrieben von der Suche nach dem Schönen-an-sich; Diana/Artemis ist die personifizierte Natur oder die »Mondin«, Empfängerin der göttlichen Sinnstrahlen der Sonne. Immer ist der von der geistigen Leidenschaft erfasste Mensch auf der Jagd nach den göttlichen Gegenständen, für den Staatsmann ist das die Ordnung, für den Philosophen die Wahrheit, für den Künstler die Schönheit. Nur selten, schreibt Bruno, »gibt es einen Aktäon, dem vom Schicksal gewährt wird, Diana nackt zu schauen und dahin zu kommen, dass ihn die schöne Liebesgestalt der Natur ganz verzaubert.« Wenn aber der heroische Sucher dies Schöne einmal erblickt hat, dann wird er »sich selber entrückt und zur Beute gemacht und sieht sich in das verwandelt, was er gesucht hatte; und er wird sich bewusst, daß er selbst zur begehrten Beute seiner Hunde, nämlich seiner Gedanken wurde, denn da er die Gottheit wie

---

[186] Wir erinnern uns der griechischen Sage: Der Jäger Aktäon belauerte die Göttin Artemis/Diana beim Baden. Sie rächte sich an dem Voyeur, indem sie ihn von seinen eigenen Hunden zerfleischen ließ.

in einem Inbegriff in sich selber besaß, braucht er sie nicht außerhalb seiner zu suchen.«[187] Dieser Text von Bruno scheint Ezra Pound auf den Leib geschrieben, der in seinem Lebensgedicht ebenfalls wie Aktäon auf der Suche nach den göttlichen Gegenständen Ordnung, Wahrheit und Schönheit ist, die den Menschen das Paradies auf Erden erschließen sollen.

Dazu kommt die Beschwichtigung aller Selbstzweifel des greisen Dichters wegen der Schwierigkeiten seines Gedichts für den Leser. Bruno erklärt sie mit der Objektivität der Äußerungen des heroischen Staatsmanns, Philosophen oder Dichters. Die Unüberwindlichkeit der Kommunikationsschwelle liegt nicht an der Subjektivität des Sprechenden, sondern daran, dass das Maß seiner Objektivität die Begriffe des Angesprochenen so weit übersteigt: »Das aber geschieht, sobald der Getroffene [der vom Lichtstrahl der Geistform Getroffene] nicht mehr mit diamantartiger Oberfläche das eindringende Licht zurückwirft, vielmehr, von der Glut und Helligkeit aufgeweicht und bezwungen, in seinem Wesen lichtartig wird, er selbst gleichsam Licht, indem dieser sein Fühlen und Denken durchdringt.«[188] Das wäre der »Lichtglanz«, zu dem Pound in Canto 116 zurückwill. Durch seine Erfahrung des Göttlichen ist der »heroische« Mensch zu einem wilden Wesen geworden, »wie ein Hirsch oder ein Bewohner der Wildnis«. Er ist »tot für das rohe Volk und die Menge« und wirft die trennenden Wände der Begrifflichkeit

---

187 Giordano Bruno, *De gli eroici furori*, vol. II, Teil I, Dialog IV, dt. u. d. T.: *Heroische Leidenschaften und individuelles Leben*, Reinbek 1957
188 Giordano Bruno, op. cit., vol. II, Teil II, Dialog I

nieder, bis er »angesichts der ganzen Weite des Horizontes ganz Auge wird«.[189]

Mit dem *intellectus agens,* einer lichtvollen Ordnung und Rationalität, die in den Dingen selbst angelegt ist, hatte Ezra Pound die Bestätigung seiner eigenen tiefsten und besten Intuitionen erfahren. Sinnvollerweise hätten sie ihn zu einem organischen Materialismus, nicht zu einem platonischen Idealismus führen müssen. Viele Aspekte des hier gestellten metaphysischen Problems hat er auf geniale Weise erfasst, aber zu der letzten Konsequenz der beiden darin vorgezeichneten dialektischen Linien: der *mors mystica* der neuplatonischen Denker oder dem antiautoritären Ansatz der linken Aristoteliker konnte er sich nicht verstehen. Eins wie das andere hätte ihm eine unmögliche Preisgabe des Ich abverlangt. Die Behauptung seiner ungebrochen schöpferischen Autonomie war ihm in dem Eigen-Gefängnis, das er in der dreizehnjährigen Zeit in der Irrenanstalt um sich errichtet hatte, unverzichtbar geworden.

Es war letzten Endes die papierene Trennwand seines ästhetischen Individualismus, die ihn daran hinderte, seinen zivilisationskritischen Frontalangriff auf die sich stetig verengende Vernunft des Westens konsequent zu durchdenken. Seine Prädisposition für die objektive Dialektik in den Dingen selbst kommt immerhin in der überaus scharfsichtigen Rezeption derjenigen Denker zum Ausdruck, die so frühzeitig gegen die europäischen Tendenzen zur »Naturbeherrschung« antraten, jenen Logos, von dem Herbert Marcuse schreibt:

---
[189] Giordano Bruno, op. cit., vol. II., Teil II, Dialog IV

»Was auch immer in der ursprünglichen griechischen Idee des Logos als Wesen des Seins enthalten war, so hat sich der Ausdruck seit der Kanonisierung der aristotelischen Logik mit der Vorstellung einer ordnenden, klassifizierenden, herrschenden Vernunft eng verbunden. Und diese Vorstellung der Vernunft widerspricht zunehmend jenen Kräften und Haltungen, die viel mehr rezeptiv als produktiv sind, (…) die dem Lustprinzip in hohem Maße verhaftet bleiben. Sie erscheinen als das Unvernünftige und Irrationale, das besiegt und in Bann getan werden muss, um dem Fortschritt der Vernunft zu dienen. (…) Der Logos kündigt sich als Logik der Herrschaft an.«[190]

Dabei eignet Pounds Umkehrung der Wertskala des Plotinos im (vermeintlich) naturphilosophischen Sinn Cavalcantis eine unbedingte Modernität, denn wir orten das »Sein« nicht mehr in der jenseitigen Sphäre des *Nous*. Je weiter sich unser Denken vom Wahrnehmbaren und Konkreten entfernt, desto dünner und wesenloser wird für unser Gefühl das Sein oder das Dasein – die Unterscheidung zwischen beiden haben wir längst verschlampt. Diese existenzielle Gewichtsverlagerung lässt den neuplatonischen und lichtphilosophischen Weltprozess als Grundplan eines modernen Gedichts von der Ambition der *Cantos* als gänzlich ungeeignet erscheinen. Ein Gefühl der Überlegenheit angesichts der philosophischen Fehlleistungen Ezra Pounds ist dennoch kaum angebracht. Wir stehen heute beidbeinig auf dem Boden

---

[190] Herbert Marcuse, *Triebstruktur und Gesellschaft*, Frankfurt a.M. 1971, S. 112

der »Tatsachen«, das heißt, unser metaphysisches Bedürfnis begnügt sich mit der Mystik der Geldvermehrung und der wunderbaren Selbststeuerung des Marktes; unser Sinn für das Höhere beschränkt sich auf unsere richtige »Positionierung« innerhalb der »Markenwelt«; unsere Gegenwelten bescheiden sich mit den Simulacra des Bildschirms und der elektronischen Anfertigung von virtuellen Welten; unser Sinn für das vielfältige Reale unterliegt der Reduktion auf die unendlichen Additionen von zwei sinn-entleerten Zeichen: 0 und 1.

III. Die fernöstliche Philosophie in den *Cantos*

1. *Konfuzius* (551–479 v. u. Z.)

Als Außenseiter war unser Dichter in die alte Welt Europas gekommen, um sich hier literarische Ahnenlinien zu rekonstruieren, wobei ihm unversehens bahnbrechende poetologische Neuerungen unterliefen, die er dann sogleich in die Kontinuität einer passgerechten Überlieferung einzuordnen suchte. Durch Ezra Pound kam es in der angloamerikanischen Avantgarde also einerseits zu neuen lyrischen Gangarten und andererseits zu einer Modernisierung der Tradition. Doch anders als sein Landsmann T. S. Eliot, der einen ähnlichen Weg einschlug, scherte Pound immer wieder aus dem vorgesteckten Traditionsrahmen aus. Mehr als das System interessieren ihn die Risse im System, und so geraten ihm seine Erkundungen der tradierten Sinngefüge wiederholt zum Bruch mit der verbürgten Kontinuität der europäischen Geistesgeschichte. Denn sein Interesse gilt unfehlbar den großen Einbrüchen von außereuropäischen Wahrnehmungen, die das vorherrschende westliche Denken nachhaltig erschüttert und befruchtet haben, auch wenn die darin angebotenen Neuansätze letztendlich immer in ihr Gegenteil umgepolt wurden.

So gesehen ist Pounds Einbeziehung des chinesischen Denkens in sein Lebensgedicht ein kulturkritischer Ansatz von großer Tragweite: ein Ausbruch aus der kolonisatorischen Geistigkeit Europas und dem Ethnozentrismus des westlichen Kulturgeschehens.

Die weltzugewandte und praktische Philosophie des Konfuzius stimmt in mehr als einer Hinsicht gut zu Pounds Absicht, in seinen *Cantos* die Möglichkeiten eines sinnlichen und sinnerfüllten Lebens (eines »irdischen Paradieses«) ins Blickfeld der Menschen zu holen. Konfuzius' Lehren hatten bei ihrer Ankunft in Europa zur Zeit der Aufklärung den alten Kontinent bereits heftig bewegt und waren dann in Vergessenheit geraten. Denn Europa hat kein Talent und keine Tradition des Glücks entwickelt, ja es hatte die neue Konzeption des »guten Lebens«, das in der frühen Aufklärung auftauchte, bald entschieden zurückgewiesen.

»Man muß in unserer Kultur von den ständig sich bewegenden und obstinaten Formen der Repression sprechen und nicht nur, um die Chronik der Moral und der Toleranz zu verfassen, sondern um als Grenze der abendländischen Welt und Ursprung ihrer Moral die tragische Abtrennung der glücklichen Welt der Lust an den Tag zu bringen. (...) Man könnte die Geschichte der *Grenzen* schreiben (...), mit denen eine Kultur etwas zurückweist, das für sie *außerhalb* liegt; und während ihrer ganzen Geschichte sagt diese geschaffene Leere, dieser freie Raum, durch den sie sich isoliert, ganz genauso viel über ihre Werte aus; denn ihre Werte erhält und wahrt sie in der Kontinuität der Geschichte; aber in dem Gebiet, von dem wir reden wollen, trifft sie ihre entscheidende Wahl. Sie vollzieht darin die Abgrenzung, die ihr den Ausdruck ihrer Positivität verleiht. Da liegt die eigentliche Dichte, aus der sie sich formt. Eine Kultur über ihre Grenzerfahrungen zu befragen heißt, sie an den Grenzen der Geschichte über eine Absplitterung, die wie die Geburt ihrer Geschichte ist, zu befragen. (…) In der Universalität der abendländischen Ratio gibt es den Trennungsstrich, den der Orient darstellt: der Orient, den man sich als Ursprung denkt, als schwindeligen Punkt, an dem das Heimweh und die Versprechen auf Rückkehr entstehen, der Orient, der der kolonisatorischen Vernunft des Abendlandes angeboten wird, der jedoch unendlich unzugänglich bleibt, denn er bleibt stets die Grenze. (…) Der Orient ist für das Abendland all das, was es selbst nicht ist, obwohl es im Orient das suchen muss, was seine ursprüngliche Wahrheit darstellt.«[191]

Und diese Suche ist der eigentliche Lebensnerv der *Cantos*. Die Grenzerfahrung des abendländischen Denkens erlebt Ezra Pound zweimal: Mit den Namen Cavalcanti und Konfuzius verbinden sich für ihn die beiden wichtigsten Mutationen innerhalb der erstarrten abendländischen Ideengeschichte. Cavalcanti steht für die von den Arabisten im 13. Jahrhundert ausgelöste Hinwendung zum natürlichen Diesseits, Konfuzius für die Vorstellung einer natürlichen menschlichen Ordnung, die durch die Entdeckung Chinas im 18. Jahrhundert in den Gesichtskreis der absolutistischen Staaten Europas geholt worden

---

[191] Michel Foucault, *Wahnsinn und Gesellschaft*, Ü.: Ulrich Köppen, Frankfurt a. M. 1970 S. 9f.

war.[192] Beiden historischen Zäsuren gemeinsam ist der Versuch einer Wiederaneignung der physischen Realität über eine alternative Auffassung des Natürlichen und des irdischen Glücks.

Betrachten wir kurz die Abstraktionen, die im westlichen Denken einem sinnerfüllten Leben entgegenstehen: Das Leben in der menschlichen Gesellschaft mit seinen Leiden und Zwängen stand für das frühe Mittelalter ganz unter dem Zeichen des Entzugs der göttlichen Gnade. Keine Rede davon, dass der Mensch geboren sei, um auf dieser Welt glücklich zu sein. Wo immer der normative Richtpunkt derart transzendent gesetzt wird, hat der Mensch in der Gesellschaft eher Pflichten als Rechte. Was dem mittelalterlichen Menschen in seinem natürlichen Erdendasein »frommte«, waren Resignation und Opfer, denn er lebte ja nicht um seiner selbst willen, sondern zum höheren Ruhm der kirchlichen und weltlichen »Stellvertreter« des Allmächtigen. Diese Einstellung ist so sehr eine Konstante der europäischen Kultur, dass sie nicht einmal der ursprünglichen religiösen Begründung bedarf, da sie nunmehr ganz nach innen genommen wurde. Dieser Ansicht ist jedenfalls Sigmund Freud:

»Die Gesellschaft muß es nämlich unter ihre wichtigsten Erziehungsaufgaben aufnehmen, den Sexualtrieb, wenn er als Fortpflanzungstrieb hervorbricht, zu bändigen, einzuschränken, einem individuellen

---

192 Cavalcanti und Konfuzius erschienen Ezra Pound aus zivilisationskritischen Gründen so wichtig, dass er ihnen nicht nur tragende Rollen in seinen *Cantos* gab, sondern auch die von ihnen überlieferten Texte vollständig – und oft sehr eigenwillig – übersetzte.

Willen zu unterwerfen, der mit dem sozialen Geheiß identisch ist. (...) Der Trieb würde sonst über alle Dämme brechen und das mühsam errichtete Werk der Kultur hinwegschwemmen. Die Aufgabe, ihn zu bändigen, ist auch nie eine leichte, sie gelingt bald zu wenig, bald allzu gut.«[193]

Kurzum, unsere westliche Kultur kommt nur durch einen Verrat an der menschlichen Natur zustande. Das allgemeine »Unbehagen in der Kultur« entsteht eben aus dieser »unüberbrückbaren« Gegensätzlichkeit von Natur und Kultur. Die Aufklärung wollte diese Antinomie durch das neue Menschenrecht auf Glück aufheben, ein Recht, das in der europäischen Geistesgeschichte bis dahin einzig in den Ausführungen des Aristoteles über das »gute Leben« und später in der Lehre des Epikur und der Stoa thematisiert worden war. Die alte bürgerliche Revolutionslosung der linken Puritaner gegen Krone und Adel hatte »Life, Liberty and Property« (Leben, Freiheit und Eigentum) gelautet. Aber als Thomas Jefferson 1776 die amerikanische *Declaration of Independence* verfasste, die wie ein großer, langanhaltender Gongschlag durch die Welt hallte, stutzte er bei dem Wort »Eigentum« und erklärte, alle Menschen hätten ein unveräußerliches Recht auf »Life, Liberty and *the Pursuit of Happiness*«: auf Leben, Freiheit und das Trachten nach Glück. Und als ihm 1789 zu Beginn der Französischen Revolution Lafayette sein Konzept der berühmten *Droits de l'homme* vorlegte, strich Jefferson persönlich das Wort »propriété« aus der Liste der natürlichen Menschenrechte.

---

193 Sigmund Freud, *Vorlesungen*, Leipzig/Wien 1922, S. 323 f.

Heute können wir kaum noch ermessen, wie groß die Bewusstseinsveränderung sein mußte, bevor das Glück der Menschen amtlich zum eigentlichen Ziel von Gesellschaft und Staat erklärt werden konnte, wie in diesem historischen Dokument. Trotzdem war Jefferson – einer der großen Helden in Pounds *Cantos* – in diesem Punkt der Vorläufer einer Zukunft, die nicht anbrechen sollte, denn für den westlichen Menschen geistert der Begriff des Eigentums nach wie vor hinter dem des Glücks und überwucherte ihn mit der Zeit bis zur Unsichtbarkeit. Unser heutiges Trachten nach dem Konsumglück dient ja auch nicht dem Leben, sondern dem Wirtschaftswachstum.

Der Eindruck, dass es sich bei dem Auftauchen des Glücksgedankens in der Aufklärung um einen fremdländischen Import handelt, drängt sich auf, und wirklich verweisen viele Spuren der Zeit nach China. Das europäische 17. und 18. Jahrhundert hatte nämlich beträchtliche Kenntnisse von China[194], und keineswegs nur in Frankreich. Gottfried Wilhelm Leibniz (1646–1716) plante eine Akademie der Wissenschaften »nach dem Muster von Frankreich, England und China«, um »China zu erschließen und die Kulturen Chinas und Europas auszutauschen«. Davon erhoffte er sich »ein Commerzium nicht nur von Waren und Manufakturen, sondern auch von Licht und Weisheit mit dieser gleichsam andern zivilisierten Welt und Anti-Europa«.[195] Für Leibniz war, genau wie für »den König der Philosophen« (wie er Konfu-

---

194 S. Adolf Reichwein, *China und Europa im achtzehnten Jahrhundert*, Berlin 1923
195 Zitat nach: *Geschichte der Preußischen Akademie*, Hg.: Adolf Harnack

zius nannte), der Test aller religiösen Wahrheit das praktische Leben und das gemeinnützige Handeln. In dieser Hinsicht, meinte er, könne Europa von der Philosophie Chinas so manches lernen, denn der Westen überträfe den Osten nur in den theoretischen und abstrakten Bereichen der Mathematik, Astronomie, Logik und Metaphysik. Leibniz aber hielt es für notwendig, »daß chinesische Missionare zu uns geschickt werden, welche den Zweck und die Übung der natürlichen Theologie lehren«.[196]

1721 unterlief Christian Wolff (1679–1754) jene »verdrüssliche Sache in Halle«, die uns einen Begriff davon gibt, wie aufrührerisch diese gedanklichen Ausflüge ins Grüne der menschlichen Natur auf die damalige Zeit wirkten. Wolff hatte eine Rede *De Sinarum Philosophia Practica* (»Rede über die praktische Philosophie der Chinesen«) gehalten, in der er sagte, dass die Chinesen »in der Kunst der Regierung alle anderen Nationen ohne Ausnahme« überträfen. Er meinte, es gäbe einen »lydischen Stein«, an dem sich alles menschliche Handeln und Tun bewahrheiten müsse, und zwar je nachdem, ob eine Einstellung der menschlichen Natur zuwider liefe oder nicht. In diesem Sinne hätte sich das soziale Verhalten der Chinesen als harmonisch mit dem Naturgesetz erwiesen. Dieser Einklang mit der Natur mache aber das eigentliche Wesen des moralischen Verhaltens oder der »Tugend«, wie man damals sagte, aus – gleichgültig, ob der Mensch als Christ durch die geoffenbarte Lehre der Religion oder als Konfuzianer durch die natürliche, in den Dingen angelegte Ordnung

---

196 G. W. Leibniz, in: *Novissima sinica*, 1697

dorthin gelangt sei. Wolff wies auch darauf hin, dass die chinesische Erziehung, anders als die europäische, den Gesetzen der kindlichen Entwicklung keinen Zwang antue und alles darauf angelegt sei, den Menschen zur *felicitas* (zum glücklichen Leben) zu führen.[197]

Diese *oratio* sollte Christian Wolff seinen Lehrstuhl kosten. Unter Androhung des Todes durch den Strang musste er innerhalb von 24 Stunden fluchtartig Halle verlassen. Indessen wurde seine Rede in England und Frankreich mit Begeisterung aufgenommen, und insbesondere die französischen Physiokraten feierten ihn fortan als einen der Ihren. Die deutschen Zeitgenossen Wolffs sprachen von dem überall spürbaren Einfluss seiner Ideen als von einer grassierenden »Lynkanthropie« oder »Wolffs-Menschheit«.

In der Vermittlung der chinesischen Weisheit nach Europa spielten die Berichte und Übersetzungen der Jesuiten eine Hauptrolle, und sie bilden die Quellen zu den *Cantos* gemäß Pounds Arbeitsweise, immer zu dem ersten Vorkommen seiner Themen zurückzugehen. Pater da Costa hatte 1662 unter dem Titel *Sapientia Sinica* das *Ta-Hsüeh* des Konfuzius übersetzt, Pater Intorcetta 1673 das Buch *Chung-yung* unter dem Titel *Sinarum Scientia Politico-moralis*, mit einer französischen Lebensbeschreibung von Konfuzius, und Pater Philippe Couplet hatte 1687 sein berühmtes Werk *Confucius Sinarum Philosophus* herausgebracht.

---

197 Christian Wolff, *De Sinarum Philosophia Practica*, Halle 1721, dt. *Rede über die praktische Philosophie der Chinesen*, Hg.: Michael Albrecht, Hamburg 1985

In Frankreich war dann 1773–1783 die schnell vergriffene gigantische Subskriptionsausgabe der *Histoire Générale de la Chine* des Paters Joseph Anne Marie de Moyriac de Mailla herausgekommen. Voltaire sprach in der Folge von China als von einem »neuen moralischen und physischen Universum«.[198]

Die China-Begeisterung fand überall großen Anklang bei den unruhigen nonkonformistischen Geistern, die aus dem ewigen Entweder-Oder von Ratio und Religion, Kultur und Natur, Idealismus und Materialismus des europäischen Denkens ausscheren wollten. Voltaire bemerkte, »dieselben Leute, die gegenüber Bayle den Standpunkt einnehmen, dass eine Gesellschaft von Atheisten nicht möglich sei, behaupten gleichzeitig, dass der älteste Staat der Welt [China] eine Gesellschaft von Atheisten ist«. Diderot meinte in seiner *Encyclopédie,* dass der Gedanke des »consentiment unanime« (des Konsensus im Volk), auf dem alle Souveränität beruhe, aus China stamme. Sogar Montesquieu schreibt: »Ein schlecht regierender Fürst in China weiß genau, dass er, wenn er schlecht regiert, Reich und Leben verlieren wird.«[199]

---

[198] Voltaires Texte über China finden sich vornehmlich in dem *Essai sur les moeurs*, dem *Dictionnaire Philosophique*, den *Papiers de Jean Meslier*, in dem Traktat *Du Banissement des Jésuites* und dem Drama *L'orphelin de la Chine*, das er als »die konfuzianische Moral in 5 Akten« bezeichnete. Das Drama zeigt, wie die inhärente Zivilisiertheit des chinesischen Volkes die Rohheit des Eroberers Chingis Khan besiegt. Voltaire stellte dem Drama seinen berühmten Brief an den China-Feind Rousseau voran, der mit den Worten beginnt: »Mein Herr, ich habe Ihr neues Buch gegen das Menschengeschlecht erhalten ...«
[199] Charles de Secondat de Montesquieu, *De L'esprit des lois*, VIII, 21, Genf 1748

Auch Dr. François Quesnay (1694–1774), der Begründer der Schule der Physiokraten, die mit ihrer grundstürzenden Kritik am merkantilistischen System der schrankenlosen Plusmacherei Geschichte machen sollten, war bestens über China unterrichtet. Ausgehend von seiner Definition des Reichtums als etwas, das aus Gebrauchswerten, nicht aus Tauschwerten besteht, wendete Quesnay sein Augenmerk der Zirkulation des Reichtums innerhalb eines Landes zu und zeichnete ein Diagramm des Umlaufs einer bestimmten Geldsumme (des Bruttosozialprodukts) innerhalb eines Jahres von der einen Ernte zur nächsten. Karl Marx bezeichnete Quesnays *Tableau économique* (1758) später als einen »höchst genialen Einfall, unstreitig den genialsten, dessen sich die politische Ökonomie bisher schuldig gemacht hat.«[200] An dem verzwickten Diagramm seines *Tableau* wurde viel herumgerätselt, die Damen und Herren des Hofes sprachen davon respektlos als »les ziczacs«. Quesnays Schüler und Anhänger nannten ihn den »Konfuzius Europas«. Sein letztes Werk und politisches Testament betitelte er: *Le Despotisme de la Chine* (1767), nicht etwa um dem Despotismus das Wort zu reden, sondern um auf Ludwig XV. im Sinne eines aufgeklärten Despotismus einzuwirken und ihn zu gewissen »chinesischen« Reformen zu bewegen.

Dieser Versuch blieb nicht ganz ohne sichtbare Auswirkungen: So hatte 1756 gemäß dem uralten Ri-

---

200 Quesnay greift in seinem *Tableau* die ökonomischen Lehren des Kuan-tzu (um 320 v. u. Z.) zurück. s. *Kuan-tzu Chi-chiao*, Hg.: Kuo Mo-ju, Wen I-tuo, Peking 1956.

tus zur Einleitung der Frühjahrsbestellung der chinesischen Kaiser der französische König eigenhändig den Sturzacker gepflügt. Die Zeremonie wurde 1768 in Versailles wiederholt – als Chinoiserie, mit einem Spielzeugpflug mit rosa Schleifchen, der königliche Ackersmann in Puderperücke, Stöckelschuhen und Schönheitspflästerchen – und 1769, ebenfalls unter dem Einfluss der Physiokraten, von Joseph II. von Österreich in Mähren. In seinem letzten Buch belegt Quesnay seine Lehre Satz für Satz mit Beispielen aus der Wirtschafts- und Staatstheorie Chinas, meint aber, »dass die Chinesen aus den Prinzipien des natürlichen Gesetzes Folgerungen ziehen, die man in Europa nur mit Mühe durchsetzen könnte«. Sein Schüler Turgot erfuhr dies als Finanzminister Frankreichs am eigenen Leib, als er versuchte, eine Steuer einzuführen, die alle Stände – auch Adel und Geistlichkeit – gleichermaßen entrichten sollten. Er musste sein Amt niederlegen.

Die Chinabegeisterung erfasste auch die englischen Kolonien in Amerika. 1767 war Benjamin Franklin, eine der Schlüsselfiguren der amerikanischen Revolution gegen das englische Mutterland, als Unterhändler und inoffizieller Botschafter der amerikanischen Kolonien in Paris eingetroffen. Es war das Jahr, in dem *Le Despotisme de la Chine* erschien. Franklin war häufig zu Gast bei Dr. Quesnay, wo er auch die beiden führenden Physiokraten, den älteren Mirabeau und Turgot, kennenlernte. Franklin schrieb Artikel für die physiokratische Zeitschrift *Ephémérides*, denn »die neuen Ideen bewirkten eine regelrechte Revolution in seinem Denken«, wie der amerikanische Historiker Bernard Fay feststellt. »Die konstitutionelle Auseinandersetzung zwischen England und Amerika hatte ihn schon seit Längerem gelangweilt, und er meinte, dass sie am eigentlichen Problem vorbeiginge. (...) Die Physiokraten lieferten ihm nun ein Programm, auf das er sich in diesen stürmischen Jahren in seinen Schriften beziehen konnte.«[201]

Auch der spätere zweite Präsident der Vereinigten Staaten, Thomas Jefferson, beschäftigte sich in seinen Pariser Jahren eingehend mit den Ideen der Physiokraten.[202] Franklins Schriften und Jeffersons entschiedene politische und wirtschaftliche Stellungnahme gegen das Großkapital, die internationale Hochfinanz und die frühen Ansätze zu einem amerikanischen Imperialismus bilden den Anfang jener Kritik an der Entwicklung der USA zur finanziellen Oligarchie und Weltmacht, die in der Geschichte der Vereinigten Staaten immer noch von höchster Brisanz ist.

Ezra Pound beruft sich in seinem Protest gegen die kapitalistischen Auswüchse und die Kriegspolitik Amerikas in seinen *Cantos* zu Recht auf diese demokratischen Vorläufer und räumt ihrer historischen Dokumentation große Strecken in seinem Lebensgedicht ein: die Cantos *31–41* unter dem Titel *Jefferson / Nuevo Mundo*, die Cantos *52–71* unter dem Titel *China Cantos*. Die Cantos *85–88* basieren auf dem von Seraphin Couvreur herausgegebenen *Chou King*,

---

201 Bernard Fay, *Franklin, the Apostle of Modern Times*, Boston 1929, S. 343f.
202 Der Historiker H. G. Creel verweist in seinem Buch *Confucius, the Man and the Myth*, London 1951, auf frappierende Ähnlichkeiten zwischen Jeffersons Gesetzesvorlage für das Erziehungswesen von Virginia und dem konfuzianischen System.

während die Cantos *98–99* auf *The Sacred Edict,* eine Ausgabe des *Sheng U* (eines Edikts des Kaisers K'ang Hsi, 1670) des Missionars F. W. Baller (Shanghai 1907) zurückgehen. Von großer Bedeutung für Pounds *Cantos* war auch die neokonfuzianische Version der Schriften des Konfuzius von Chu Hsi, die eine eigene Behandlung erfordert, weil sie auch taoistische und buddhistische Ansätze enthält.

Allerdings war die Aufklärung in ihrem zivilisationskritischen Impuls in bezug auf China einem fatalen Irrtum erlegen, den Pound in seinen *Cantos* übernimmt: die späteren Deformationen des Konfuzianismus für das ursprüngliche Original zu halten. Die Entwicklung der konfuzianischen Lehre muss differenziert betrachtet werden: Es gibt den eigentlichen Konfuzianismus der frühen Meister K'ung (551–479 v. u. Z.) und Menzius (480–390 v. u. Z.) und den von legistischen Überlegungen durchsetzten Konfuzianismus, der von der frühen Han-Dynastie an (ca. 200 v. u. Z. – 20 v. u. Z.) in China vorherrschte. Ohne diese Dissoziation ist es schlechterdings unmöglich, sich über die seit 2500 Jahren existierende Lehre des Konfuzius zu verständigen – der Unterschied, aufs Christentum übertragen, wäre etwa der zwischen der Essener Sekte und den Renaissancepäpsten.

Als die christlichen Missionare im 17. Jahrhundert am Hof von Peking endlich einen Fuß in die Tür bekamen, wurden sie gerade noch Zeugen des Wechsels von der Ming-Dynastie zur Fremdherrschaft der Mandschu, die das Reich der Mitte erobert hatten und alsbald eine überaus harte legistische Zwangsherrschaft errichteten, um sich das einheimische Volk gefügig zu machen. Abermals bedienten sich die neuen Herren der gebildeten konfuzianischen Beamtenschaft, wiewohl sich auch einige Konfuzianer weigerten, Staatsämter zu übernehmen, und anfingen, das ganze überkommene System der staatlich sanktionierten Lehre samt seiner Absorption in ein Bücherwissen, das Konfuzius selber verworfen hatte, in Frage zu stellen. Allerdings war es den Europäern der damaligen Zeit kaum möglich, das *mixtum compositum*, das unter der Bezeichnung »Die Weisheit Chinas« lief, kritisch zu durchschauen. Umso erstaunlicher ist es, dass der ursprünglich revolutionäre Kern dieser Lehre sich durch alle Verdunkelungen hindurch behauptet hat.

Konfuzius hatte für seine Person zeitlebens aus einer Position des Widerstandes gegen die Mächte der Obrigkeit gelehrt und gehandelt und starb – darüber gibt es keinen Zweifel – in dem Bewusstsein, an ihnen gescheitert zu sein. Er lebte zu einer Zeit, da sich ähnlich wie im Europa der Aufklärung die Feudalstrukturen aufzulösen begannen. Überall herrschten Zwang und Ämtermissbrauch: Exorbitante Steuern führten in katastrophalen Ausmaßen zur Landflucht; Gewalt und Kriminalität grassierten, Minister waren bestechlich, Generale erlagen der beruflichen Deformation ihres Standes, der Paranoia. Armeen wurden ohne Rücksicht auf die Landbestellung ausgehoben, Hungersnöte und Elend waren die Folgen. Das menschliche Leben galt so gut wie gar nichts zu einer Zeit, da Krieg und Bürgerkrieg zum Dauerzustand geworden waren.

Konfuzius, ein Beamter des mittleren Dienstrangs in seinem Heimatstaat Lu, sah sich außerstande, die

Reformen, die er im Sinn hatte, zu verwirklichen, und so trat er, ungefähr 55-jährig, von seinem Amt zurück. »Da ist immer ein Ausweg: zur Tür hinaus«, heißt es in den *Lun-yü*[203] (Gesprächen). Fortan zog er durch die chinesischen Lande und suchte die verschiedenen Staatshäupter auf, um ihnen die dringende Notwendigkeit einer Sinnesänderung von der Arroganz der Macht zur Menschlichkeit vorzutragen. Seine »Gespräche« geben uns, wiewohl sie erst lange nach seiner Lebzeit aufgezeichnet wurden, eine ungefähre Vorstellung von dem, was er den größeren und kleineren Despoten sagte: »Erst den Lebensstandard heben, dann an die Erziehung herangehen«; »die Dinge beim rechten Namen nennen«; »die Todesstrafe abschaffen«. Den eigenen Anhängern sagte er: »Dem Schlechten keinen Widerstand entgegensetzen bringt das Land in Ruin«; »wenn alles fehlschlägt, soll man sich von der eigenen Generation abwenden oder auswandern«.

Nachdem er zwölf Jahre lang herumgezogen war, befolgte er diesen Ratschlag: Er gab den fruchtlosen Versuch, die Herrschenden zu einer Reform zu bekehren, auf und gründete eine Ein-Mann-Universität, um die junge Generation im Sinn seiner Reformen zu unterrichten. Jeder junge Mann von entsprechenden Geistes- und Charaktergaben war ihm willkommen. Indem er die Erziehung nicht nur wie bisher den Kindern der gehobenen Stände, sondern ohne Ansehen des Standes allen zugänglich machte, säte er u. a. die Saat der Revolution. Im Prin-

---

[203] Konfuzius, *Lun-yü*, dt. u. d. T.: *Kung-Futse, Gespräche*, Ü.: Richard Wilhelm, Jena 1921

zip konnte in China über zweitausend Jahre hinweg der Sohn des ärmsten Bauern zu den höchsten Staatsämtern aufsteigen. Auf diese Weise bewirkte das konfuzianische Erziehungswesen eine Auslese der Talente und eine Art Beteiligung des einfachen Volkes an der Regierung, die es für ein Land dieser Größe und über einen so langen Zeitraum sonst nirgendwo auf der Welt gegeben hat. Die Lehrfächer des Konfuzius waren politische Wissenschaft, Ethik, Geschichte, Musik und Dichtung. Das moralische Verhalten besteht für ihn nicht aus den Zwängen, mit denen die menschlichen Grundtriebe unterdrückt werden, sondern in ihrer sinnvollen Befriedigung.

Von dem Gemeinsinn innerhalb der Familie ausgehend, suchte er eine Relation herzustellen zwischen dem Vorteil des Einzelnen und seiner moralischen Verantwortung für das Ganze. Wenn beides in Konflikt miteinander gerät, hat die soziale Verantwortung den Vorrang. Das gilt auch für den Staat selber: »Für den Staat ist der finanzielle Gewinn kein Gewinn, Gerechtigkeit ist für ihn Gewinn.« Konfuzius brachte seinen Schülern bei, dass ihre Loyalität nicht der Person des Herrschers, sondern dem Prinzip der Gerechtigkeit gelten müsse.

Gesellschaftskritisch geht Konfuzius indirekte Wege. Er verfertigte (ähnlich wie Pound) eine »kreative Tradition«, indem er die fünf mythischen Urherrscher Chinas zur Norm des exemplarischen politischen Verhaltens machte: Yao, der freiwillig zugunsten von Shun abdankte, der seinerseits zugunsten von Yü auf die Herrschaft verzichtete; T'ang, der die korrupte Dynastie der Hsia durch eine Revolution zu Fall brachte, und Wu, der gleichfalls durch eine Revolution zur Macht kam und die Dynastie der Chou gründete. Der Ton seiner Geschichtsunterweisung liegt auf ehrenhafter Abdankung oder unehrenhafter Entthronung. Auf diese geschickte Weise bereitete Konfuzius die ethische Basis für die Erörterung der Revolution als rechtmäßiges Mittel zur Absetzung von repressiven Herrschern vor. Hierin allein dürfte der Grund dafür liegen, dass die Despoten unter den chinesischen Herrschern es immer wieder notwendig fanden, die scheinbar so harmlosen konfuzianischen Texte zu vernichten oder sie, als zu gefährlich für das einfache Volk, zu verbieten.

Der Meister hielt seine Studenten zu selbstständigem Denken an und zur Zurückweisung der Gehirnwäsche durch die Mächte des Establishments. Nichts wäre ihm mehr gegen den Strich gegangen als die späteren Lehrinhalte des »konfuzianischen« Erziehungswesens, nach denen die Texte seiner Gespräche in haarspalterischen Kommentaren im autoritätshörigen Sinne ausgelegt wurden (s. *Lun-yü* XIII, 5). Wiederholt hat es denn auch in China Leute gegeben, die das Aufgehen des Konfuzianismus in reinem Buchwissen verurteilten und darauf bestanden, dass der Intellektuelle sich mit praktischen Fragen befassen solle, wie es Konfuzius selber getan hatte.

Etwa 250 Jahre nach Konfuzius' Tod während der Dynastie der Ch'in (225–206 v. u. Z.) wurde in China die Schule der Legisten, *Fa-chia*, zur Staatsdoktrin, eine Lehre, die der konfuzianischen Idee einer Ordnung ohne Zwangsmaßnahmen diametral entgegengesetzt war. »Wenn man durch Erlasse leitet und durch Strafen ordnet, so weicht das Volk aus und hat kein Gewissen. Wenn man durch die Kraft des Wesens leitet und durch die Sitte (*li*) ordnet, so hat das Volk ein Gewissen«, heißt es bei Konfuzius (*Lun-yü* II, 3). Die Legisten setzten *fa*, das starre schriftlich fixierte positive Gesetz, an die Stelle von *li*, dem elastischen persönlichen Bezugssystem des Naturgesetzes. Der Legist Han Fei-tzu verwarf die Moral zusamt der althergebrachten Pietät gegenüber den Toten. Er verstand sich als absoluter Neuerer. Alle konfuzianischen Versuche, das einfache Volk zum Denken zu erziehen, sind seiner Überzeugung nach gänzlich aussichtslos. Mildtätigkeit gegenüber den Armen ist geradezu eine Ruchlosigkeit, weil sie von den Tüchtigen nimmt, um Tagediebe am Leben zu erhalten. Der Herrscher muss in sich alle Regungen der Menschlichkeit unterdrücken und nur sein Eigeninteresse im Auge haben. Sein ganzes Trachten hat nur das einzige, furchtbare Ziel: »die Handhaben, die Leben und Tod kontrollieren, zu monopolisieren«.[204]

Der König von Ch'in, der 221 v. u. Z. ganz China unter sich vereinigt hatte, ging daran, den Traum Han Fei-tzus von einer gigantischen, lückenlosen, zentralisierten Bürokratie zu verwirklichen. Er schaffte die letzten Reste des Feudalwesens ab, standardisierte die Gewichte, Maße und die Schrift, stellte einen rigorosen Kodex von Strafen auf, dem alle Untertanen ohne Ansehen des Ranges unterworfen wurden. Und er begrub 460 Literaten, größtenteils Konfuzianer, bei lebendigem Leib, weil sie »nur Zweifel und Unruhe im Volk verbreiten«. Alle Bücher, die sich in den Händen des Volkes befanden, wurden konfisziert und verbrannt. Derjenige, bei dem sich trotz al-

---

204 *Han Fei-tzu*, 48, Ü.: Burton Watson, New York/ London 1964

ledem noch Bücher fanden, wurde gebrandmarkt und zur Zwangsarbeit geschickt.

Nur unter der kurzlebigen Schreckensherrschaft der Ch'in wurde der unverwässerte Legismus in China realisiert, aber seine Nachwirkungen waren dauerhaft. Die neue Dynastie der Han und mit ihr auch die Konfuzianer wurden von der Volksgunst emporgetragen, doch nun im Jahr 136 v. u. Z. erhielt die Lehre, die bislang mehr oder minder im Untergrund existiert hatte, die offizielle staatliche Sanktion. Die Konsequenzen waren in ihrer katastrophalen Allianz mit den Mächten der säkularen Obrigkeit in etwa vergleichbar dem Wandel vom Geist des Frühchristentums zum Absolutismus der Päpste. Dazu kam, dass auch die Han-Kaiser notgedrungen auf die Bürokratie zurückgriffen, die vom Regime der Ch'in errichtet worden war. Das nunmehr zentralisierte Riesenreich ließ sich – schon wegen der Wasserregulierung – anders nicht mehr regieren. So entstand eine legistisch infiltrierte konfuzianische Beamtenschaft, die sich in allem geschichtlichen Wandel in China als eine Art Konstante im politischen Leben behauptet hat. Die konfuzianische Literatur und ihre zahlreichen Kommentare wurden zum Hauptthema der staatlichen Prüfungen. Fortan gab es, neben einer kleinen beharrlichen Zahl von echten Konfuzianern, eine Mehrheit, die dieser Weltanschauung nur dem Namen nach anhing. Nun erst hatte das konfuzianische System alle Züge der Staatsorthodoxie angenommen.

2. Buddha, die indische Zirze

Beim Herumbotanisieren in der fernöstlichen Gegenwelt begegnete Ezra Pound zwangsläufig auch dem Buddha (ca. 450 – ca. 370 v. u. Z.). Es war Antipathie auf den ersten Blick. In einem späten Interview des Jahres 1962 äußerte sich Pound darüber: »Es ist fraglich, ob es der individuellen Seele erlaubt sein wird, überhaupt weiter zu bestehen. Heute hat man eine buddhistische Bewegung, die alles in sich aufnimmt *mit Ausnahme* von Konfuzius. Eine indische Zirze der Verneinung und Zersetzung.«[205]

Pounds lebenslanges Misstrauen gegen Abstraktionen schlägt hier voll durch. »Jede allgemeine Aussage ist wie ein Scheck, den man auf eine Bank ausstellt. Sein Wert hängt davon ab, inwieweit er gedeckt ist.«[206] Alles was »ex nihil« (aus dem Nichts) zustande kommt, riecht ihm nach Betrug – ob es sich um die kapitalistische Geldschöpfung handelt oder um die abgehobenen Spekulationen der Philosophie. Von Anfang an schon gehören seine Sympathien deswegen den Empirikern: einerseits den Denkern, die der sichtbaren Welt zugewandt waren und so den Naturwissenschaften den Weg bahnten, und andererseits den Denkern, die sich mit den praktischen Fragen einer gerechten Gesellschaftsordnung befasst hatten:

---

205 Ezra Pound, Interview in: *Paris Review*, Summer-Fall 1962, S. 42. Die »indische Zirze« ist ein Zitat von Nietzsche, der das Nirwana als »indische Zirze« bezeichnet hatte.
206 Ezra Pound in: *ABC of Reading*, New York 1934

dies Licht
  wie ein Fluß
bei K'ung: bei Ocellus, Coke, Agassiz
  ῥεῖ, dies Fließen
  dies ständig Gewahrsein
    Canto 107[207]

Zu ihnen rechnet er auch die mittelalterlichen Lichtphilosophen, die – so wie er es sieht – ebenfalls zu den empirischen Wissenschaften hinführen. Das sind Leitlinien, an denen er sich lebenslang orientiert. Da diese Linien aber nicht unbedingt, wie er voraussetzt, gleichsinnig verliefen, gerät er in einige weltanschaulichen Schwulitäten, die er zwar redlich vermerkt, aber unbereinigt nebeneinander stehen lässt: »Der Mensch, der trunken ist von Gott, der Mensch, der berauscht ist von der Unendlichkeit auf der einen Seite und der Mensch mit einem Millimetermaßstab und einem Mikroskop auf der anderen.«[208]

Aus seinem Widerwillen gegen die metaphysische Jenseitigkeit stammt seine späte Verurteilung von Taoismus und Buddhismus und den Denkrichtungen, die »in der Epistemologie herumpfuschen«. In allen erkenntnistheoretischen Fragen steht er auf dem pragmatischen amerikanischen Standpunkt, den sein Landsmann Woody Allen unschlagbar auf den Punkt gebracht hat: »Auch ich hasse die Realität,

---

207 K'ung: Konfuzius; Ocellus von Lukanien, Neupythagoräer, 5. Jahrhundert v. u. Z., Coke: Sir Edward Coke, 1552–1634, englischer Rechtsgelehrter und Oberrichter, Verfasser der *Institutes of the Laws of England* (1628–1644), in denen die demokratischen Grundsätze formuliert werden, an denen sich die Revolution der amerikanischen Kolonien gegen das Mutterland England orientierte. Agassiz: Louis Agassiz 1807–1873
208 Ezra Pound, *Guide to Kulchur*, London 1938, S. 213

BUDDHA, DIE INDISCHE ZIRZE

obwohl ich mir darüber klar bin, dass sie der einzige Ort ist, wo man ein anständiges Steak bekommt.« Das »metaphysische Bedürfnis« (so Schopenhauer) Pounds geht nie so weit wie das von Dante, der in dem berühmten Bild des obersten Himmelskreises die Engel wie Bienen um die weiße Himmelsrose schwärmen lässt, indes der Pilger Gottes Antlitz schaut. Bienen sind Pound schon immer lieber gewesen als Gottes Antlitz.

> Ihre Manie: nach Entlegenem zu geilen
> Blind vor dem Ölbaumblatt,
> Sichtlos vor den Adern im Eichenlaub.
> Canto 107

Für die nihilistische »Entwertung aller Werte«, wie Nietzsche das Nirwana nennt, hat er die lapidare Formel:

> Buddha: Menschsein durch Verneinung
> Canto 99 [209]

Buddhas Lehre vom Nirwana bedeutet das Erlöschen des individuellen Bewusstseins und das Aufgehen des Ich in einem größeren Selbst, der Weltseele, dem Atman, und dem Schweigen. Diese ursprünglich vedische Vorstellung hat übrigens eine eigentümliche Verwandtschaft mit Pounds Bekenntnis zum »absoluten Rhythmus« als individuellem Atemwerk und schöpferischer »Gedankenform«, denn nach dem altindischen Denkschema vollzieht sich die menschliche Sinnsuche in einem unentwegten Kreisen um ein zentrales Schweigen, und alle Er-

---

[209] Pound lässt sich durch das chinesische Schriftzeichen für »Buddha« 佛 irreführen, in dem er die phonetische Komponente 弗 (fu) als Verneinung von 人 (jen = Mensch) liest.

kenntnis entsteht aus Brahmas Atem, der die Dichter dank ihrer besonderen Sensibilität seismograpisch bewegt. (In mehr als einer Hinsicht entspricht, nebenbei gesagt, die indische Vorstellung vom Atman als der Weltseele dem Urgrund des »Einen« in der neuplatonischen Philosophie, vgl. S. 131 ff.) Allerdings ist Buddhas Lehre dem hypertrophierten Individualismus des Westens diametral entgengesetzt, und sie bedroht deswegen die künstlerische Selbstbehauptung, die Pound nach dem Filmriss in Pisa und in der endlos langen Anstaltszeit in Washington D. C. einen Halt gegen psychotische Schübe gab.

Das Ich, das so vielen psychischen Belastungen und Krankheiten ausgesetzt ist, sagt Buddha, könne schwerlich das Wesen der Identität ausmachen: »Diese qualvolle, ganz in Berührungen aufgehende Welt nennt das, was der Krankheit ausgesetzt ist, das Ich. Wo immer sie meint, es gäbe etwas Bleibendes, da gibt es nur Veränderung.«[210] Dies Buddha-Wort erinnert an den furchtbaren Schock, den Sigmund Freud auslöste, als er die Anfälligkeit des individuellen Bewusstseins für die neurotischen Impulse aus dem Unbewussten zur Sprache brachte – wobei er für sein Konzept der psychischen Infrastruktur über Schopenhauer auf indische Vorstellungen zurückgegriffen hatte: »Die Ichgrenzen sind nicht beständig.«[211]

Das Nirwana, das über Meditationsstufen erlangt werden soll, meint das allmähliche Aufgehen des Ich in einem größeren Selbst oder, gemäß der modernen

---

210 Gautama Buddha, *Udana* III, 10 in: *Buddhistische Geisteswelt*, Ü.: Gustav Mensching, Darmstadt 1955
211 S. Freud, »Das Unbehagen in der Kultur«, op. cit., S. 67

Terminologie, dem kollektiven Unbewussten oder dem, was Freud das »ozeanische Gefühl« genannt hat.

Einige Stufen solcher Entgrenzungen hat Pound in Augenblicken der dichterischen Inspiration selbst erlebt: in der Identifizierung mit dem Anderen, gemäß dem *omniforma*-Prinzip, als Ausbrechen aus der Einzelexistenz in die überwölbende Einheit, oder im Gedanklichen als »das concret Allgemeine«. Nichts anderes aber bezwecken die westlichen Meditationstechniken, auf die Pound in der Spätzeit des Öfteren zurückkommt, etwa die drei Denkschritte des Richard von St. Viktor (gest. 1173): der *cogitatio*, dem »achtlosen Umherschweifen, das ziellos einherschwebt«; der *meditatio*, »dem beharrlichen Bemühen des Geistes beim Suchen und Finden oder einer stetigen und achtsamen Spekulation des Geistes, der leidenschaftlich auf die Suche nach der Wahrheit fixiert ist«; der *contemplatio,* »der unbegrenzten Klarheit des Geistes, der in der Schwebe gehalten wird durch seine Bewunderung vor dem Anblick der Weisheit. So ist sie ein schrankenloses, allumfassendes Eindringen des Geistes in all diejenigen Dinge, die erfasst werden sollen.«[212] Über diese Denkstufen – von denen, wohlgemerkt, *keine* der diskursiven und linearen Logik entspricht – schreibt Richard: »*cogitatio* kriecht, *meditatio* geht und rennt, aber *contemplatio* schwingt sich auf in die Lüfte über alles«. Ein Echo dieser Ausführungen des westlichen Mystikers finden wir in eben dem Canto, in dem Buddha verdammt wird:

---

212 Richard von St. Viktor, *Benjamin Minor*, Hg.: J. P. Migne, Paris 1853

»Um im Bilde zu sein«, schrieb Richardus,
»Vogelflug für den Geist, Vierfüßertrott für die
                                              Sinne«
                                              Canto 90

Vor allem Richard von St. Viktors letzter Meditationsschritt, den dieser als »liber volutas« (freien Flug) und als »mira agilitate circumferri« (staunendes Einkreisen) beschreibt, entspricht Pounds Drang zur allseitigen und simultanen Erfassung seiner Gegenstände gemäß dem ideographischen Verfahren, das den Gegenstand ebenfalls in der Pluralität seiner Funktionen und nicht von einer einzigen individuellen Perspektive her zu fassen sucht.

Das Nirwana ersteht in der »Ek-stase«, dem »Heraustreten«, aus dem Ich, es ist der Nullpunkt des subjektiven Bewusstseins, keineswegs aber, wie Pound annimmt, ein Minus an Sein oder eine durch nichts Reales gedeckte Unredlichkeit.

Und die Buddha-Fäule: dass Gammler essen sollen
          ohne die Heimstatt zu erhalten
                                              Canto 90

An diesen Versen lässt sich erkennen, dass sich der Dichter mit der ursprünglichen Lehre Buddhas im *Hinâjana* (im Gegensatz zum späteren Buddhismus des *Mahâjana* und des *Kâlatschakra*) überhaupt nicht beschäftigt hat. Er könnte Buddha sonst nicht den hochgeistigen Leuten zuschlagen, die alle praktischen Tagesfragen abstrakt überspielen. Denn gerade Buddha war zu seinen Lebzeiten ein Sozialreformer gewesen, der als Erster das Kastenwesen und die priesterliche Monopolstellung der Brahmanen durchbrach. Dazu kommt, dass Buddha für sein Teil alle metaphysischen Spekulationen über das Jenseits zugunsten der Praxis zurückgewiesen hat:

»›Ewig ist die Welt‹, das habe ich nicht enthüllt. ›Nicht ewig ist die Welt‹, das habe ich nicht enthüllt. ›Ein anderes ist das Leben, ein anderes der Leib‹, das habe ich nicht enthüllt. ›Der Vollendete ist jenseits des Todes‹, das habe ich nicht enthüllt. Und warum, Mâlunkyâputta, habe ich das nicht enthüllt? Weil dies, Mâlunkyâputta, nicht zweckdienlich ist (…) Und was, Mâlunkyâputta, habe ich enthüllt? ›Dies ist das Leiden‹, habe ich enthüllt. ›Dies die Entstehung des Leidens‹, das habe ich enthüllt. ›Dies ist der zur Aufhebung des Leidens führende Pfad‹, das habe ich enthüllt.«[213]

3. Taoismus

In der uralten Feindschaft zwischen Konfuzianern und Taoisten ist Ezra Pound immer Partei. Taoisten sind für ihn schlechthin Leute, die dem Aberglauben im Volk und der Korruption in der Regierung Vorschub leisten. All das sieht ihm verdächtig nach der Absage an die Aufgaben aus, vor die die Wirklichkeit den Menschen stellt:

Und über die Taos sagt Chu Hsi:
    kümmern sich weder um Himmel, Erde
    noch sonst irgendetwas Gediegenes
vielmehr durch und durch subjektiv, für den
                        knarzenden Drachen,
den mauzenden Tiger, Quecksilber, Pillen, Arzneien
                                    Canto 99

---

213 Gautama Buddha, *Majjhima-Nikâya*, op. cit.

Erneut bringt Pound die Geschichtsebenen durcheinander, indem er die »unverfälschte« Philosophie des Konfuzius und Menzius den Auflösungserscheinungen der taoistischen Religion (*Tao-chiao*) gegenüberstellt, die sich tatsächlich dem Aberglauben und der Magie verschrieben hatte. Hätte er sich die Mühe gemacht, die frühe taoistische Naturphilosophie (*Tao-chia*) mit den konfuzianischen Lehren zu vergleichen, dann hätte sein Urteil völlig anders ausfallen müssen.

Die eigentliche Frage lautet aber: Unter welchen historischen Bedingungen können Mystizismus oder Rationalismus als progressive gesellschaftliche Kräfte gelten? Pound übernimmt unreflektiert die gängige Meinung, dass der Rationalismus immer eine gesellschaftlich progressive Kraft darstelle. Es gab aber auch, wie vor allem Joseph Needham in seinem epochalen Werk *Science and Civilization in China II*[214] zeigt, völlig andersartige historische Konstellationen, »in denen eine gewisse Garnitur rationalistischer Ideen sich unauflösbar mit einem starren und überholten Gesellschaftssystem verbunden und mit den sozialen Kontrollen und Sanktionen, die dies System erhalten, assoziiert hat. (...) Die andere Assoziierung des Mystizismus mit revolutionären gesellschaftlichen Bewegungen lässt sich in der europäischen Geschichte wiederholt beobachten, etwa in den apokalyptischen, millenarischen und chiliastischen Tendenzen des frühen Christentums, den Donatisten und anderen Schismatikern, den Hussiten und Tabo-

---

[214] Joseph Needham, *Science and Civilization in China II*, Cambridge 1962

riten in Böhmen, den Wiedertäufern der deutschen Bauernkriege, den Levellers und Diggers des 17. Jahrhunderts in England usw. (...) Und wie bereits gesagt, es war der anti-autoritäre Mystizismus, der in der Weltgeschichte bisweilen das Wachstum der empirischen Wissenschaften gefördert hat.«[215]

Ähnlich wie sich der Taoismus in China einem konfuzianisch-legalistischen Scholastizismus gegenübersah, trat zu bestimmten Zeiten in Europa die heraufkommende Naturwissenschaft gegen einen verknöcherten, scholastisch-dogmatischen Rationalismus an. Wenn etwa der taoistische Denker Chuang-tzu (365–290 v. u. Z.) die konfuzianische Büchergelehrsamkeit abwertet (»Was ist unter dem Gesichtspunkt des *tao* erhaben, was gemein?«), dann ist gerade das nicht, wie Pound meinen würde, ein anti-rationalistischer und mystifizierender Angriff auf das empirische Wissen, sondern der Ausdruck einer proto-wissenschaftlichen und empirischen Wendung gegen das orthodoxe Gelehrtenwissen. Needham, selber Naturwissenschaftler, hebt hervor, dass die Taoisten viele Voraussetzungen der wissenschaftlichen Haltung entwickelt haben: »Darüber hinaus setzten sie ihre Grundzüge in die Tat um, und darum verdanken wir ihnen die Anfänge der Chemie, Mineralogie, Botanik, Zoologie und Pharmazeutik in Ostasien.«[216]

Im Osten wie im Westen entstanden die Fundamente der exakten wissenschaftlichen Beobachtung aus einem Konglomerat von Alchemie, Mantik, Ma-

---
215 Joseph Needham, op. cit., S. 97f.
216 Joseph Needham, op. cit., S. 161.

gie und Mystik. Pound selbst zollt den vorwissenschaftlichen Philosophen des Westens, etwa dem John Heydon (geb. 1629), in seinen *Cantos* höchstes Lob. Heydon stieß überall in der Natur auf »Signaturen« des Göttlichen: »Das Sichtbare ist eine Signatur des Unsichtbaren, notariell beglaubigt von einem Neuplatoniker des 17. Jahrhunderts, dem ›Sekretär der Natur‹, John Heydon.«[217] Diese Signaturen verwiesen Heydon auf bestimmte Eigenschaften der Pflanzen und insbesondere auf ihre medizinischen Heilkräfte. Zugrunde liegt derlei Vorstellungen immer ein System von Entsprechungen: »Tiere haben gleichwie Pflanzen Kunde von den Kräften der Pflanzen«, schreibt John Heydon, »denn die Kröte, die zu viel vom Gift der Spinne erhalten hat, bedient sich (wie bekannt) des Platanenblatts. Das Wiesel, wenn es gegen die Schlange antritt, rüstet sich dafür, indem es Gartenraute frisst. (…) Die Schwalben benützen allgemein Schöllkraut.«[218] Pound zitiert das billigend:

so wird das Wiesel die Raute fressen
und die Schwalbe vom Schöllkraut picken.

Canto 92

Ebensolchen Studien von Heilkräften, die auf geheimnisvollen Zeichen und Korrespondenzen beruhen und auf ihren medizinischen oder alchemistischen Nutzen verweisen, hingen die Taoisten nach. Mit der Erforschung der symbolischen Entsprechungen zwischen Makro- und Mikrokosmos auf Grund

---

217 Hugh Kenner, *Gnomon*, New York 1958, S. 285
218 John Heydon, *The Holy Guide*, Buch III, Kap. VIII, London 1662, S. 98f.

der korrelativen chinesischen Logik[219] demonstrierten zudem gerade die Taoisten eine Denkweise, die der von Pound verabscheuten Tendenz zur einseitigen Abstraktion diametral entgegengesetzt ist. Er aber schreibt die minutiöse Naturbeobachtung, die eine Voraussetzung der wissenschaftlichen Erkenntnis ist, lieber den Konfuzianern zu:
»Wir haben«, sprach Menzius, »nur
    Erscheinungen.«
Monumenta. In der Natur sind Signaturen
   und bedürfen keiner mündlichen Überlieferung
                            Canto 87[220]

Auch im Westen geht die vorwissenschaftliche Überlieferung von der Vorstellung einer Entsprechung zwischen Mikro- und Makrokosmos aus, einer »Sympathie« zwischen Göttern, Gestirnen, Dämonen, Menschen, Tieren, Pflanzen, Steinen und Elementen. Noch Giordano Bruno (1548–1600) versteht das Universum als einen großen Organismus, der sich aus vielen Einzelorganismen aufbaut, und spricht von dem sexuellen Verkehr der Sonne mit der Erde, aus dem alles Leben entstanden sei. In seiner Schrift *De Imaginum Signorum et Idearum Compositione* (1591) sind regelrechte Tabellen solcher Entsprechungen angeführt. Aus dieser Denkweise entstand ein organischer Naturalismus, der der chinesischen Auffassung wesensverwandt ist und, laut Needham,

---

219 S. dazu: Marcel Granet, *La Pensée Chinoise*, Paris 1934, dt. u. d. T.: *Das chinesische Denken*, München 1963
220 Pound folgt in seiner Übersetzung der Worte von Menzius J. Legge, der *hsing* (*Mencius* IV, ii. 26) als »the nature of things« wiedergibt. Die Stelle ist strittig, denn *hsing* wird ansonsten auch von Legge als »the nature of man« übersetzt.

nur von der klassischen Newton'schen und Descartes'schen Naturwissenschaft mit ihrer eigenen Analogie von Maschine und Universum vorübergehend von der Bildfläche verdrängt wurde – »bis zu unseren Tagen der modernen Untersuchungen der Methodologie und des Weltbildes der Naturwissenschaften, der Feldphysik, der biologischen Formulierungen, die dem sterilen Streit zwischen Mechanismus und Vitalismus ein Ende bereitet haben«, meint Needham.

Pounds Auffassung von den Naturwissenschaften ist ziemlich unreflektiert klassisch und noch weitgehend der sogenannten »natürlichen Einstellung« des vorvorigen Jahrhunderts verhaftet, also der Annahme, dass die menschliche Erkenntnis eine Widerspiegelung der Realität-an-sich in einem passiven und von dieser Realität isolierten Subjekt darstellt und dass das System dieser objektiven Widerspiegelungen das System der Naturwissenschaft selber sei. »Es ist hier nicht möglich, mehr zu tun, als die große Bewegung unserer Zeit zu einer Korrektur des mechanischen Universums durch ein besseres Verständnis der Bedeutung natürlicher Organisationen zu erwähnen«, schreibt Needham quasi als Antwort darauf.[221] (Wozu seit dem Meadows-Bericht des Club of Rome im Jahr 1972 unbedingt das bessere Verständnis der ökologischen Rückkoppelungen und Regelkreise gehört.)

Das *tao* ist nicht, wie Ezra Pound meint, eine abgehobene metaphysische Spekulation, sondern das immanente Ordnungsprinzip der Natur. Der taoistische

---

221 Joseph Needham, op. cit., S. 291

Philosoph Chuan-tzu hat es übrigens wiederholt abgelehnt, über Anfang und Ende der Dinge zu spekulieren. Der Mensch solle sich auf die Beschreibung und Deutung der natürlichen Dinge beschränken. Hier ist die klare taoistische Weltzuwendung und zugleich die Absage an die metaphysische Jenseitigkeit:

»Nimmt man einen Schöpfer an, auf den die Welt als letzte Ursache zurückgeht, so hat man damit schon eine Wirklichkeit gesetzt. Leugnet man eine derartige Ursache, so bleibt man im Unwirklichen. Was Namen hat und Wirklichkeit, das gehört auch schon zur Welt der Dinge. Was keinen Namen hat und keine Wirklichkeit, das führt nicht hinaus über die leere Möglichkeit von Dingen. Man kann darüber reden, man kann Ideen bilden, aber je mehr man darüber redet, desto weiter kommt man ab.«[222]

Den Konfuzianern waren zu allen historischen Zeiten die anarchistischen und kollektivistischen Tendenzen des Taoismus äußerst suspekt. Für sie lag der Skandal des Taoismus darin, dass die Einheit des *tao* alle Dinge umfassen sollte, darunter auch die Dinge im außermenschlichen Bereich, ohne irgendwelche hierarchischen Unterschiede zu machen:

»Meister Ostweiler [Tungkuo Shun-tzu] befragte den Dschuang Dsi [Chuang-tzu] und sprach: ›Was man den Sinn [*tao*] nennt, wo ist er zu finden?‹ Dschuang Dsi sprach: ›Er ist allgegenwärtig.‹ Meister Ostweiler sprach: ›Du musst es näher bestimmen.‹ Dschuang Dsi sprach: ›Er ist in dieser Ameise.‹ Jener

---

[222] Chuang-tzu, dt. u. d. T.: *Dschuang Dsi,* Ü.: Richard Wilhelm, Leipzig 1940, S. 198

sprach: ›Und wo noch tiefer?‹ Dschuang Dsi sprach: ›Er ist in diesem Unkraut.‹ Jener sprach: ›Gib mir ein noch geringeres Beispiel!‹ Er sprach: ›Er ist in diesem tönernen Ziegel.‹ Jener sprach: ›Und wo noch niedriger?‹ Er sprach: ›Er ist in diesem Kothaufen.‹ Meister Ostweiler schwieg stille.«[223]

Dies ist, wie Needham anmerkt, die streng wissenschaftliche Haltung des Naturforschers, vor der nichts so gering ist, dass es nicht die Untersuchung lohnt. Es ist eben diese Haltung, von der die Konfuzianer bis zum Neokonfuzianer Chu Hsi zutiefst schockiert waren, denn sie gaben sich mit so niedrigen Dingen wie »Mineralien, Wildpflanzen, tierischen und menschlichen Körperteilen oder Produkten«[224] gar nicht erst ab. Ihr Augenmerk galt allein dem Humanbereich, der Ethik und der sozialen Hierarchie. Die Natur war für die chinesische Beamtenschicht kein würdiges Studienobjekt.

Vor allem der taoistische Mangel an Ethik bleibt den Konfuzianern ein Ärgernis, denn Lao-tzu und Chuang-tzu bestanden darauf, dass moralische Wertungen bei der Betrachtung der natürlichen Dinge keine Rolle spielen dürfen: »Nicht Liebe nach Menschenart hat die Natur; ihr sind die Geschöpfe wie stroherne Hunde« (Lao-tzu).[225] Der Mensch ist also nicht das Maß oder der Herr aller Dinge, wie die Konfuzianer lehrten, und die natürlichen Erscheinungen können nicht nach dem Grad ihrer moralischen Erbaulichkeit für den Menschen eingestuft werden.

---

223 Chuang-tzu, op. cit., S. 164
224 Joseph Needham, op. cit., S. 47
225 Lao-tzu, *Laotse*, Ü.: Richard Wilhelm, Jena 1921, S. 7

Tatsächlich entspricht der intellektuelle Hochmut der Konfuzianer in mehr als einer Hinsicht der Haltung der scholastischen Rationalisten im Westen, die ebenfalls glaubten, die Erkenntnis rein aus dem eigenen Kopf konstruieren zu können. Ein wichtiger, oft übersehener Aspekt dieses geistigen Hochmuts wird von Needham herausgestellt: »Die konfuzianischen Sozial-Scholastiker hatten ebenso wie die rationalistischen Aristoteliker und Thomisten beinah 2000 Jahre später, keinerlei Neigung oder Interesse, sich die Hände schmutzig zu machen, wie es das wissenschaftliche Experiment erfordert.«[226] Jede körperliche Arbeit stuft den Mann des Geistes herab. Das Aufkommen der empirischen Wissenschaften hatte in dieser Hinsicht eine soziale und politische Komponente: den Bruch mit dem geistigen Privileg der Studierstube und das »Sich-gemein-Machen« mit dem arbeitenden Volk.

Ein Mann wie Paracelsus, der die Berufskrankheiten der Grubenarbeiter beschrieb und das alchemistische Experiment für die Heilkunde nutzbar machte und der, im Gegensatz zum galenistischen Establishment der Medizin, mineralische Drogen einsetzte, ist in der Verbindung von mystischen, wissenschaftlichen und sozialrevolutionären Tendenzen prototypisch für eine bestimmte Phase innerhalb der Entwicklung der menschlichen Naturkenntnis – und das ist eben die Phase, die in der chinesischen Geistesgeschichte von den Taoisten vertreten wird. Der Weigerung der auf Bildung, Logik und Intellekt ein-

---

226 Joseph Needham, op. cit., S. 92

geschworenen Konfuzianer, sich überhaupt mit der Natur zu beschäftigen, stand also seitens der Taoisten ein mystischer Naturalismus entgegen. Und es war die taoistische Naturphilosophie, die ihrerseits dem Intellektualismus und der Logik auf eine Weise misstraute, die Pounds intuitiver Abneigung gegen derlei Verblasenheiten durchaus kongenial gewesen wäre, wenn er sich das je klargemacht hätte.

4. Chu Hsi (1130–1200) und die neo-konfuzianische Synthese

Die Jesuiten in China hatten in ihren Berichten nach Europa die demokratischen und weltzugewandten Elemente des Konfuzianismus betont, die in der Folge in den Grundstock des europäischen Denkens eingingen. Die eigentlichen Texte des Taoismus jedoch wurden im Westen erst gegen Ende des 19. Jahrhunderts bekannt. Soweit taoistische Denkansätze in dem damals in China vorherrschenden eklektischen Neo-Konfuzianismus oder – wie die Jesuiten sagten »Chu-hsi-ismus« – vorhanden waren, wurden sie mit Schweigen übergangen. Die jesuitischen Missionare waren ja mit eigener Metaphysik reichlich versorgt. Also bemühten sie sich, die synkretistischen taoistischen Anwüchse in den neo-konfuzianischen Texten zu zensieren. Zugleich übernahmen sie die folgenreiche Verunglimpfung der taoistischen Philosophie, an der sich der große Chu Hsi selber beteiligt hatte. Auch Ezra Pounds Voreingenommenheit gegen den Taoismus geht überwiegend auf Chu Hsis Redaktion der konfuzianischen Texte zurück.

Das hatte unvorhergesehene positive Konsequenzen: Schon der große Matteo Ricci, der 1601 bis 1610 in Peking weilte und sich als einer der Ersten in die von Chu Hsi edierten konfuzianischen Texte einarbeitete, meinte: »Dies ist nicht Konfuzius!« Von der jesuitischen Behauptung, dass »Chu-Hsi-ismus« nicht mit echtem Konfuzianismus gleichzusetzen sei, ließ sich auch eine Anzahl chinesischer Gelehrter überzeugen. So entstand die Schule der Han-Gelehrsamkeit (*Han hsüeh p'ai* dt.: zurück zu den Han), die dann in 300 Jahren Textkritik die legistischen und metaphysischen Anwüchse in den Texten auch den Chinesen kenntlich machte und einen älteren Konfuzianismus freilegte. Es war eine Ideologiekritik, die für China unabsehbare politische Folgen haben sollte. Sie erst ermöglichte es Pound, in seiner genialen und eigenwilligen Übersetzung des gesamten konfuzianischen Kanons auf die archaischen Texte zurückzugreifen, während er in seinen *Cantos* weitgehend von den neo-konfuzianischen Versionen ausgeht.[227]

Trotz alledem war Chu Hsi ein epochaler Denker. Needham bezeichnet ihn zu Recht als den »chinesischen Thomas von Aquin«, weil er die verschiedenen philosophischen Richtungen Chinas zu einer Synthese brachte, die das chinesische Denken bis in die Neuzeit beherrschen sollte. Wie Aquinas ein katho-

---

[227] Übersetzt von Ezra Pound: 1947 *Confucius. The Unwobbling Pivot & The Great Digest*, wobei *The Unwobbling Pivot* eine Übersetzung von *Chung Yung* ist, *The Great Digest* aber Pounds dritte Übertragung des *Ta Hio*. 1950 erscheint *Analects*, die Übersetzung der konfuzianischen Gespräche oder *Lun Yü*. 1954 erscheint *The Classic Anthology Defined by Confucius*, die konfuzianische Gedichtsammlung der 300 Lieder, das *Shi King*.

lischer Orthodoxer war, der den heterodoxen Aristoteles christianisierte, so war Chu Hsi ein orthodoxer Konfuzianer, der sich zur Ergänzung des Systems bei Buddhismus und Taoismus bediente. Als eingefleischter Konfuzianer erkannte er, was dem Taoismus fehlte, der »die ethischen Belange als unerheblich für die wissenschaftliche Beobachtung und das wissenschaftliche Denken ansah und keine Erklärung dafür anbot, wie die höchsten ethischen Werte, die in der Gesellschaft manifest sind, auf die außermenschliche Welt bezogen werden konnten. Hsün Ch'ing hatte gesagt: ›Sie sehen die Natur und versäumen es, den Menschen zu sehen.‹ Auf der anderen Seite gab es den buddhistischen metaphysischen Idealismus. Der war noch um ein paar Grade schlimmer, da er sich weder für die menschliche Gesellschaft noch für die Natur interessierte. (...) Aber es half nichts, auf den herkömmlichen Konfuzianismus zurückzugreifen, dessen vollkommener Mangel an Kosmologie und Philosophie den Bedürfnissen einer reiferen Zeit nicht mehr genügte«, schreibt Needham.[228] Chu Hsi gelang es, die ethischen Werte der Gesellschaft in den Rahmen einer Naturphilosophie zu stellen, und zwar über eine geniale Neubestimmung der Begriffe *tao* und *li*, mit der die Problemstellung der *philosophia perennia* über die Relationen des Allgemeinen und des Besonderen gewissermaßen zu einer chinesischen Lösung gebracht wird.

Der Begriff *li* wird von der üblichen Übersetzung als »Sitte« oder »Sittlichkeit« nicht ganz abgedeckt, denn *li* hat über das Soziale hinaus noch eine Wurzel

---

228 Joseph Needham, op. cit., S. 453

im Natürlichen. Chu Hsi griff auf die Etymologie zurück und erinnnerte daran, dass der ursprüngliche Sinn von *tao* »Weg« ist, während *li* die »Maserung« oder die Struktur in den natürlichen Dingen meint, also die Eigentümlichkeit jedes einzelnen Dinges, seine innere Artung. Das *tao* ist die große Ordnung und der Prozess des Himmels, während *li* die natürliche Ordnung im Kleinen bezeichnet. Leibniz hatte das klar erkannt. Auf den theologischen Vorwurf, dass die Chinesen keinen ersten göttlichen Beweger anerkennen würden und deswegen glaubten, das Universum sei aus Zufall entstanden, entgegnete er, dies käme daher, dass man in Europa voraussetze, es gäbe nur einen Materialismus, nämlich den epikuräischen und kartesischen, wonach die Welt durch zufällige mechanische Bewegungsanstöße von Atomen entstanden sei – »die Chinesen aber glauben, die Dinge entstehen durch natürliche Prädispositionen und kraft einer prästabilisierten Ordnung. Der Zufall hat damit nichts zu tun.«[229]

Des Weiteren stellt Chu Hsi fest, jedes Objekt in der Natur, ob organisch oder anorganisch, habe ein *li* (ein Eigengesetz) in sich, das es zu dem macht, was es ist. Dies *li* ist aber keineswegs etwas Feststehendes, denn es wird immerfort bestimmt und koordiniert mit den unzähligen *li* der anderen Einzeldinge, mit denen es vernetzt ist. Diese Eigengesetzlichkeit der Dinge bildet die Grundlage eines nicht-mechanischen Materialismus, wie wir ihn heute etwa in der Gestalt der ökologischen Regelkreise kennen. Joseph Needham

---

[229] In: *Lettre XVII de Monsieur G. W. Leibniz sur la Philosophie Chinoise à Monsieur de Rémond*, 1716

verweist auf die Verwandtschaft der Philosophie von Leibniz mit dem chinesischen Denken und stellt fest, sie habe in der europäischen Geistesgeschichte eine ganz neue Denkweise ausgelöst: »Seine prästabilierte Harmonie (...) erscheint denjenigen, die sich an das chinesische Weltbild gewöhnt haben, seltsam vertraut. Dass die Dinge nicht aufeinanderprallen, sondern durch eine Harmonie der Willen zusammenwirken, war für die Chinesen nichts Neues; es bildete die Grundlage ihres korrelativen Denkens.«[230] In der Folge sieht Needham einen Nexus zwischen den chinesischen Denkanstößen und der Entwicklung des dialektischen Materialismus und des Felddenkens in der modernen Physik, einen Nexus, der erstmals manifest wird in Leibnizens Entwurf von einem Universum, in dem alle Teile spontan, ohne Lenkung von oben oder mechanische Antriebe von außen, zusammenwirken.

»Der Begriff ›tao‹«, sagt Chu Hsi, »meint das Überwölbende und Große, der Begriff *li* schließt die unzähligen Aderungen ein, die im *tao* mitenthalten sind.« *Tao* sollte also nur für die Struktur der kosmischen Organisation verwendet werden, während *li* auch die minimalen Strukturen kleiner individueller Organismen bezeichnet.[231] Im letzten Absatz seines Briefes an Monsieur de Rémond über die chinesische Philosophie bezieht sich Leibniz noch einmal auf »die modernen chinesischen Interpreten« (also die Neo-Konfuzianer) und meint, man schulde ihnen

---

230 Joseph Needham, op. cit., S. 292. Die »prästabilierte Harmonie« von Leibniz forderte den Spott Voltaires heraus, der sie in seinem *Candide* ad absurdum führte.

231 Joseph Needham, op. cit., S. 484

Dank dafür, dass sie »die Ordnung des Himmels auf natürliche Ursachen reduziert haben und von der Meinung des unwissenden Volkes abweichen, das immer auf übernatürliche Mirakel aus ist und auf Geister wie *Deus ex machina*«.

Doch auch der gesellschaftliche Begriff von *li* (Sitte) bekommt in der neo-konfuzianischen Philosophie eine taoistische oder anarchistische Schlagseite: Die soziale Ordnung soll nicht durch Zwang von oben zustande kommen, nicht durch polizeistaatliche »Ruhe und Ordnung«, sondern soll aus einem inneren Zusammenhalt bestehen, der als ausstrahlende Kraft gewaltlos und harmonisch in der Welt um sich greift. Dies ist genau der (taoistische) Zug, der Ezra Pound in seiner ursprünglichen Begeisterung für Konfuzius angesprochen hatte. Auf dieser Auffassung von der Ordnung beruht Ezra Pounds erstes öffentliches Bekenntnis zu Mussolini: »Der große Mann ist von einer ganz anderen Leidenschaft erfüllt, dem Willen zur *Ordnung*. (...) Dagegen behaupte ich erneut meinen festen Glauben, dass der Duce sich nicht zu den Despoten und Machthungrigen gesellen wird, sondern zu den Liebhabern der

ORDNUNG

τὸ καλόν.«[232]

In bezug auf die »zwanglose Ordnung« des Faschismus machte sich Ezra Pound einige ziemlich weltfremde Illusionen. So schrieb er am 11. Mai 1941 in einem Artikel für den *Meridiano di Roma*: »Mussolini und Hitler folgen kraft ihrer herrlichen Intuition

---

232 Ezra Pound, *Jefferson and/or Mussolini*, verfasst 1933, New York 1935, S. 99 und 128.

den Lehren des Konfuzius.« Nach seiner Verhaftung im Jahr 1945 korrigierte er das, denn in einem Interview vom 9. Mai 1945 für den *Philadelphia Record* und die *Chicago Sun* sagte er dem Reporter Ed Johnson: »Hitler und Mussolini waren erfolgreich, insoweit sie Konfuzius folgten; sie scheiterten, weil sie ihm nicht noch genauer folgten.« Eine offensichtliche Bezugnahme auf die chinesische Lehre von der Mitte, in der sich die totale Harmonie zwischen der Mensch- und der Naturordnung trifft.

Die staatliche Praxis sah freilich anders aus – in Mussolinis Italien ebenso wie im konfuzianischen China, besonders unter der repressiven Fremdherrschaft der Mandschu zur Zeit der französischen Aufklärung. Immerhin konnte dank Chu Hsis eklektischem Konfuzianismus ein Chinese in Amt und Würden fortan Konfuzianer und, in Ungnade gefallen, Taoist sein – übrigens ein Verhaltensmuster, das sich am Lebenslauf Ezra Pounds nachzeichnen ließe.

Der Neo-Konfuzianismus sah die moralischen Werte als letztlich in der Natur verwurzelt und aus der Natur hervorgegangen: »durch eine im Werden begriffene Evolution, sobald, wie wir sagen würden, die Bedingungen gegeben waren, unter denen eine solche Moral manifest werden konnte. Ich möchte daher anheimstellen, dass die Neo-Konfuzianer, wiewohl ihnen die Hegel'sche Dialektik fremd war, sehr nah an die Weltanschauung des dialektischen oder evolutionären Materialismus herankamen und an die Philosophie von Whitehead, die ihm so artverwandt ist.«[233] Sowohl Leibniz wie Christian Wolff,

---

[233] Joseph Needham. op. cit., S. 454

die beiden großen deutschen »Konfuzianer« der Aufklärung, erkannten in den Ausführungen Chu Hsis über *tao* und *li* einerseits eine Sinnverwandtschaft mit den westlichen Ideen vom natürlichen Recht und vom Gesetz der Natur, und andererseits die Überwindung der westlichen Antinomie von Kultur und Natur, der zufolge die eine immer nur auf Kosten der anderen existieren kann. Das uralte »Naturrecht« wurde (rein zufällig?) gerade in der Aufklärung wiederbelebt und diente fortan zur Rechtfertigung aller bürgerlichen Revolutionen gegen den absolutistischen Staat. Von diesem Konzept des ungeschriebenen Naturrechts, an das der Staat nicht rühren darf, leiten wir unsere »Menschenrechte« her, die heute international anerkannt und zum Teil sogar durchgesetzt werden.

Wie man sieht, entstand der Neo-Konfuzianismus erst durch erhebliche Anleihen beim Taoismus. Doch Pound kannte den Taoismus einzig aus den polemischen Kommentaren des Chu Hsi. In seinen Versionen der neo-konfuzianischen Texte gibt Pound Chu Hsis Ausführungen noch zusätzlich eine lichtphilosophische Wendung. Über die neuplatonischen Metaphysiker des Lichts gelangt er zu seiner eigenen Deutung der chinesischen Weltanschauung, die unbedingt zu seinen interessantesten synkretistischen Leistungen gehört. Wenn man ihm mithin seine Hochschätzung für das chinesische Weltbild, nach dem das Universum in all seinen Teilen spontan und ohne »höhere Lenkung« oder mechanischen Antrieb zusammenwirkt, gerne zubilligt, sollte man sich dennoch bewusst sein, dass er völlig schief lag, wenn er die Weltimmanenz des chinesischen Denkens einzig und allein dem Konfuzianismus zuspricht und diesen zur Herabsetzung des Taoismus benutzt, wie vor allem in seinen späteren *Cantos*. Zuweilen drängt sich – schrecklicher Gedanke – der Eindruck auf, dass Pound nicht genug gelesen hat.

IV. Ezra Pound und die Sinnkrise der Neuzeit

1. Die positivistische Vernunft

Der Positivismus ist laut Duden jene Wissenschaft und Philosophie, »die ihre Forschung auf das Positive, Tatsächliche, Wirkliche und Zweifellose beschränkt, sich allein auf Erfahrung beruft und jegliche Metaphysik als theoretisch unmöglich und praktisch nutzlos ablehnt.« Das sind Kriterien, die in Pounds Auseinandersetzung mit den metaphysischen Konstruktionen wiederholt anklingen. Aber auch der Gegensinn regt sich: »In der wachsenden Unterwerfung unter die Maschine, ihrer Anbetung und der Verstrickung mit ihr, der totalen Zweckgebundenheit, schließt der Mensch den Zirkel beinah bis zum Insektendasein unter Ausschluss des Körpers. Womöglich benötigt er die gehörnten Götter oder zumindest eine Denkweise, die sie zulässt.«[234]

Der französische Physiker Pierre Duhem hat 1914 den Schock des Auseinanderklaffens von Wissenschaft und Vernunft auf unfreiwillig komische Weise artikuliert: »Die ganze Theorie der Elektrostatik kon-

---

[234] Ezra Pound, Übersetzung von Rémy de Gourmont, *Physique de l'amour* (Paris 1903) u. d. T.: *The Natural Philosophy of Love*, London 1922, S. 209

stituiert sich in einer Reihe von abstrakten Begriffen und allgemeinen Lehrsätzen, die in der klaren und präzisen Sprache der Geometrie und Algebra formuliert und untereinander durch die strengen Regeln der Logik verknüpft sind. Dieses Ganze befriedigt die Vernunft des französischen Physikers und seinen Hang zur Klarheit, Einfachheit und Ordnung. (...) Doch hier ist ein Buch [von Oliver Lodge], das die modernen Theorien der Elektrizität zusammenfassen und eine neue Theorie vorstellen soll. Und darin gibt es nichts als Riemen, die sich rings um Flaschenzüge bewegen, die sich um Rollkolben schlingen, durch Wulstringe fädeln. (...) Zahnräder, die ineinandergreifen und in Haken einrasten. Man dachte, in das stille und geordnete Reich der Vernunft einzutreten, und findet sich in einer Fabrik wieder!«[235]

Die beiden Elemente der Aufklärung: die Bewältigung der Natur und die menschliche Selbstverwirklichung sind in diametralen Gegensatz zueinander geraten. Der heute so spürbare Sinnverlust spiegelt genau die schizophrene Entwicklung von Philosophie und Naturwissenschaft wider, die bereits Auguste Comte (1798–1857), der Ahnherr des modernen Positivismus, mit seinem »Dreistadiengesetz« der Erkenntnis legitimieren wollte. Comte fasste nämlich die gesamte Entwicklung des westlichen Denkens in den drei Phasen seines »Gesetzes« zusammen: »Dieses Gesetz lautet dahin, dass jeder Zweig unserer Kenntnis der Reihe nach drei verschiedene theoretische Zustände durchläuft, nämlich den theologi-

---

235 Pierre Duhem, *La théorie physique*, Paris 1906, Kap. 4, 5

schen oder fingierten Zustand, den metaphysischen oder abstrakten Zustand und den wissenschaftlichen oder positiven Zustand.«[236]

Alle drei Stadien sind in Pounds *Cantos* vorhanden, denn die *Cantos* sind ja schon definitionsgemäß ein Gedicht, »das die Geschichte einbegreift« (Pound). Etwa ist Comtes »état théologique«, der Zustand der Einordnung unter mythische und transzendente Mächte, in Pounds Gedicht vertreten durch die frühgeschichtlichen Mythen, die Naturreligionen und das frühe Mittelalter; der »état métaphysique«, der Zustand der jenseitsbezogenen Sinnsuche, durch die Philosophen des Lichts, die Neuplatoniker und die Mystiker; der »état positif«, der Zustand der experimentellen Naturwissenschaft, durch die empirischen Denker und Naturwissenschaftler mit ihrer Orientierung am Konkreten und Faktischen.

Für Comte war jedoch die Entwicklung des Denkens von der theologischen zur »positiven« Betrachtungsweise unumkehrbar, bei ihm sind es Stufen einer sich unaufhörlich höher entwickelnden Rationalität, in der jede Phase gegenüber der früheren einen positiven Fortschritt und Abschluss bedeutet, während für Pound alle Stufen gleichzeitig bestehen. In den *Cantos* wird die geläufige Zeiteinteilung in Vergangenheit, Gegenwart, Zukunft durchsetzt von den drei Zeitwerten Pounds: dem Vergänglichen, dem Wiederkehrenden und dem Bleibenden. Lebensgeschichtlich sind in jedem Individuum »alle Zeitalter gegenwärtig« wie die Jahresringe im Baum.

---

236 Auguste Comte, *Cours de philosophie positive*, 1830–1842

So werden in Pounds Denken die zeitlichen Stellenwerte Comtes kaum systematisch der Reihe nach durchlaufen, sie bestehen vielmehr weitgehend konfliktlos nebeneinander.

Das vereinfachende lineare Schema Comtes unterschlägt die revolutionären Anfänge der großen Bewusstseinsveränderungen, indem es die verschiedenen Stadien als unversöhnliche Antithesen darstellt. Doch in der Evolution vom unterwürfigen Glauben zum philosophischen Erkennen und dann zur experimentellen Naturwissenschaft sind alle Schritte positiv-negativ und negativ-positiv aufeinander bezogen, d.h. sie leiten einander ein und können erst aus dem Rückblick, wenn ihr Weg einmal gebahnt ist, als antagonistisch gesehen werden. So war die Scholastik des frühen Mittelalters zunächst der aus späthellenistischem Geist geborene revolutionäre Versuch, den furchterregenden Gott des Alten Testamentes in den Gott der Philosophen umzudeuten. Doch diese aufklärerische Tendenz gegenüber dem dumpfen Glauben sollte ihrerseits zu einer starren haarspalterischen Dogmatik entarten und einer weiteren Aufklärung zum Opfer fallen, die dann das Denken selbst der Empirie und schließlich einem Positivismus unterwarf, der in seiner Grundtendenz anti-rationalistisch ist, denn die Naturwissenschaft verzichtete immer mehr auf die teleologische Frage nach der Bestimmung des Menschen.

Darin manifestiert sich das Umkippen der instrumentalen Vernunft in unserem Jahrhundert ins Negative: Während die Zweckrationalität aller subjektiven Teilziele als rational gesichert gilt, kann das eigentlich rationale Bedürfnis, das die atomisierten Fakten und Zwecke in einen übergreifenden Sinnzusammenhang binden will, jetzt nicht mehr eingelöst werden. So drängt sich heute der Eindruck auf, dass der große wissenschaftliche und technologische Siegeszug der Vernunft sinnlos geblieben ist, weil er sich nicht um einen rationalen Kern kristallisiert hat: der Vorstellung einer gerechten Gesellschaft. Hier stößt auch die Illusion der menschlichen »Naturbeherrschung« auf Grenzen, die nicht nur von der äußeren Natur, sondern im Inneren der menschlichen Natur selbst gezogen sind. Die Möglichkeiten der menschlichen Freiheit scheinen derzeit viel eher von diesen Grenzen abzuhängen als von einer globalen Technologie, die sich zunehmend als ein geradezu fantastisches Instrument der Unterjochung erweist. Die industrielle »Selbstverwirklichung« des Menschen ist von der Selbstverdinglichung kaum noch zu unterscheiden. »Wissenschaft selbst hat kein Bewusstsein von sich selber, sie ist ein Werkzeug. (…) Mit der von Kant als Resultat vollzogenen Bestätigung des wissenschaftlichen Systems als Gestalt der Wahrheit besiegelt der Gedanke seine eigene Nichtigkeit, denn Wissenschaft ist technische Übung, von Reflexion auf ihr eigenes Ziel so weit entfernt wie andere Arbeitsarten unter dem Druck des Systems.«[237]

Die ideologische Tendenz des positivistischen Ansatzes wird bis zum heutigen Tag verkannt. Denn Comtes Dreistadiengesetz der historischen Evolution will vor allem das revolutionäre Prinzip des

---

[237] Max Horkheimer, Theodor W. Adorno, op. cit., S. 77

Wandels zu einer sozialen Statik einfrieren. Die Berufung auf »die Übereinstimmung mit den Tatsachen«, meint im Grunde den *politischen* Status quo und bucht das Prestige von Wissenschaft und Technik um auf das Konto des herrschenden gesellschaftlichen Systems.

Die Errungenschaften der Wissenschaft und Technik bleiben jedoch auf jeder historischen Stufe bloß eine Frage an die Natur oder, wie der Positivist sagen würde, an die »Tatsachen«. Alles Wissen des Menschen über die diesseitige Welt ist, eben weil er sie nicht selbst geschaffen hat, ein nachträgliches und unvollkommenes Wissen. Die »Tatsache«, das Kriterium *par excellence* des Positivismus – lateinisch das »verum factum« –, enthält zwei Elemente, die, wie Giambattista Vico erläutert, nicht unbedingt identisch sind: das »Wahre« (verum) und das »Getane« (factum). So erklärt sich die unbedingte Gewissheit mathematischer Fakten daraus, dass wir Menschen sie – anders als die Fakten der Natur – selber erfunden haben. Der Unterschied in der Erkenntnisqualität liegt darin, dass unserem Wissen die Mathematik, die ohne Wirklichkeitsgehalt ist, vollkommen erschlossen vorliegt, während wir die Wirklichkeit der Natur immer nur bruchstückweise erkennen. Albert Einstein bringt es auf den Punkt: »Soweit die Lehrsätze der Mathematik sich auf die Realität beziehen, sind sie nicht gesichert; und soweit sie gesichert sind, beziehen sie sich nicht auf die Realität.«

Karl Popper, der moderne Wortführer unserer pragmatischen Positivisten, die sich allein an beobachteten »Fakten« und den Schlussfolgerungen daraus orientieren, sagt uns selber, dass wir die Rationalität unserer Handlungen nur in Bezug auf ein Ziel beurteilen können. Dies Ziel kann durch kurzfristige Zwecke nicht ersetzt werden, denn eine Bestimmung unseres eigentlichen Sinnziels, »und nicht nur der Zwischen- oder Teilziele, die nur Schritte auf dem Weg zu unserem Endziel sind«,[238] ist erforderlich, um den Anspruch auf rationales Handeln einzulösen. Der Haken dabei ist, dass sich kein solches Endziel wissenschaftlich oder objektiv bestimmen lässt. Kein Ziel kann gegenüber einem anderen bei der Vernunft einen Vorrang beanspruchen, in sich selbst ist die Ausbeutung genauso vernünftig oder unvernünftig wie die soziale Gerechtigkeit.

Wir machen uns zu wenig klar, dass unsere angebliche Rationalität über eine ständige Verengung der größeren Sinnversprechen entstanden ist, eine analytische Reduktion, durch die die riesige Komplexität der realen Erfahrung in immer kleinere und abstraktere Einheiten aufgespalten wird. Ein atomistisches Vokabular, um einen Gesamtkomplex in seine zahlenmäßigen Partikel aufzuspalten und zu beschreiben, ließ sich dabei immer erstellen. Diese fortschreitende Atomisierung der Wirklichkeit findet heutzutage ihren prägnantesten Ausdruck in den Reduktionen der Mikroelektronik, die alle Realität in das Entweder-Oder von Sein und Nicht-Sein polarisiert, d.h. in binäre Zahlenfolgen von 0 und 1.

Diese Reduktion setzt bereits bei Newton und Descartes an. Seither hat sich die westliche Vernunft über

---

[238] Karl Popper, *Kritischer Rationalismus und Sozialdemokratie*, Berlin/Bonn/Bad Godesberg 1973, S. 307

die progressive Einschränkung jedes Sinnumfangs auf den materialistischen Punkt entwickelt. In der extremen Ausbildung des positiven Denkens gilt nachgerade jeder mögliche Sinn, jede inhaltliche Idee jenseits der Teilzwecke, als ein nur durch irrationale Sprachgewohnheiten erzeugter Trug, als Abstraktion, Aberglauben, Mythologie oder Metaphysik. Die kritische Anwendung der Vernunft auf übergreifende Fragen, etwa auf die Gesellschaftsordnung, den Verzinsungszwang des Kapitals oder gar die ökologischen Zusammenhänge, verbietet sich als unzulässig oder »irrational«. So wird im »positiven« Denken der objektive Inhalt jedes Begriffs aufgelöst, und alle Grundbegriffe sind ihrer Substanz beraubt und »zu formalen Hüllen geworden, deren Inhalt von Willkür abhängt und die selber keiner vernünftigen Rechtfertigung mehr fähig sind«.[239]

Der große Schriftsteller, hat Pound einmal gesagt, muss die Extreme seiner Zeit erkunden. In dem »physiologischen Stil« (so Pound) seiner Dichtung und der Struktur seines experimentellen Lebensgedichts ist demnach auch der Versuch zu sehen, Comtes Gesetz der zivilisatorischen Entropie zu konterkarieren – ein kritischer Ansatz von großer Relevanz. So tritt Pound mit seinen *Cantos* stellvertretend das Experiment einer wirklich emanzipatorischen Geschichtsdeutung an, und zwar auf dem Weg der schöpferischen Nachahmung, indem er die Strecke des Gedachten noch einmal für sich selber zurücklegt, nicht um es zu kopieren, sondern um es kritisch

---

239 Max Horkheimer, in: *Sociologica II*, Frankfurt 1973, S. 196

auf seine existenzielle Tauglichkeit zu testen: »to make it new«, wie Pound sagt. Dadurch kommt etwas Neues zu den vorgegebenen Tatsachen, etwas, das Roland Barthes »das allgemein Intelligible« nennt: »Dieser Zusatz hat insofern einen anthropologischen Wert, als es der Mensch selber ist, seine Geschichte, seine Situation, seine Freiheit und der Widerstand, den die Natur seinem Geist entgegensetzt.«[240]

Der geniale Selbstversuch der *Cantos* beruht auf der kompromisslosen Forderung nach einer realen Entsprechung zwischen denkerischer Abstraktion und subjektiver Sinnlichkeit, zwischen allgemeiner Erkenntnis und privatem Sein. Darin angelegt ist der Ansatz zu einer Lockerung der erstarrten Widersprüche der westlichen Logik, eine Tendenz zur dialektischen Praxis, worin der Mensch die Dialektik erschafft, indem er sich selber erschafft und worin Leben und Dichten sich in realen Gegensätzen entwickeln können. Durchaus im Sinne des offenen Pound'schen Experiments schreibt Ronald D. Laing: »Die dialektische Vernunft nimmt keine Position außerhalb des Systems ein (…) sie kommt nicht durch eine am Anfang stehende Arbeitshypothese in Gang, die außerhalb des zu suchenden Systems formuliert und dann darauf angewendet wird. (…) nichts kann dialektisch werden, wenn es vom Standpunkt der analytischen Vernunft gesehen wird, d.h. von außerhalb des zu betrachtenden Objekts. (…) Die Dialektik enthüllt sich nur einem Beobachter, der innerhalb des

---

240 Roland Barthes, *Lettres nouvelles*, Paris 1963

Systems situiert ist. Sie ist die lebendige Logik des Handelns.«[241] Diese Selbstverwirklichung einer Vernunft, die zugleich der äußeren Realität und dem erkennenden Subjekt immanent ist, hätte Pounds tiefem Bedürfnis nach der Kongruenz von Denken und Sein Genüge getan – wenn er sie konsequent durchdacht und durchgehalten hätte.

2. Sprache und Entsprechung: die Analogie

Die Kinderfrage: »Was ist, wenn wir lügen? Ist dann die Sprache falsch?« ist eine gute Frage. Sie stößt uns mit der Nase auf die »naive« Vorstellung der *connexio realis* (dt.: reale Verknüpfung), also auf die Auffassung, dass Wörter für reale Dinge stehen, die in sich kohärent sind, sodass in einem glaubwürdigen Satz die Folge der einzelnen »Be-Griffe« für sich selber spricht. Die andere Auffassung, die der *connexio verbalis* (dt.: sprachliche Verknüpfung), dagegen meint, dass der Zusammenhang der Wörter erst durch die äußerliche grammatikalische Verknüpfung der Satzglieder hergestellt wird, weil Wörter nur beliebige Zeichen für die Dinge sind, Spielmarken, mit denen das Sprechen frei operieren kann. Die nach der *connexio realis* gefügte Sprache mag mitunter »falsch« sein, doch nur die Sprachfügung der *connexio verbalis* kann »lügen«. Es ist die Denkart der *connexio verbalis*, die Pound als letzlich unmoralisch empfindet, als Verrat

---

[241] R. D. Laing und D. Cooper, *Reason and Violence*, London 1964; dt. u.d. T.: *Vernunft und Gewalt*, Frankfurt a.M. 1973, S. 92 u. 98

SPRACHE UND ENTSPRECHUNG: DIE ANALOGIE 241

an der Wirklichkeit, menschliche Hybris und geistigen Wucherzins, der im Endeffekt zum Untergang der Zivilisation führen muss: »Wenn aber Worte aufhören, eng an den Dingen zu haften, stürzen Königreiche ein, Weltreiche verfallen und schwinden.«[242]

In dem assoziativen Gefüge seiner *Cantos* verfährt Pound ausschließlich gemäß der *connexio realis*, das enthebt ihn dem, was Samuel Beckett die »Vulgarität einer plausiblen Verknüpfung« genannt hätte. Pound setzt die »präsentative« Methode an die Stelle der »re-präsentativen« und lässt die erklärenden Mittelglieder entfallen, um allein über »die rasche Kontraposition von Objekten« zu einer authentischen »Sprache der Dinge« zurückzugelangen. Der Zusammenhang des Gesagten konstituiert sich bei ihm aus den mehrdeutigen Interaktionen der Wörter untereinander: als Ineinandergreifen von Gleichartigem und Verschiedenem. Wenn alle Vorgänge der Natur miteinander vernetzt sind, wie Pounds Mentor Ernest Fenollosa geschrieben hat, dann entfaltet sich analog dazu die Sprache der Dichtung als eine Art »fortlaufende Metapher« (Pound), denn sie »hat Anteil am Gerüst der Natur wie der Sprache« (Fenollosa).[243] Das entspricht zudem einem ästhetischen Hauptanliegen der Avantgarde, die sich vorgesetzt hatte, die Trennung zwischen Kunst und Leben, Wort und Welt aufzuheben: »Es geht darum, die Welt

---

[242] Ezra Pound, »How to Read« (1927), dt. in: *motz el son – Wort und Weise*, Hg. und Ü.: E. Hesse, Zürich 1957, S. 20
[243] Ernest Fenollosa, »The Chinese Character as a Medium for Poetry«, Hg.: Ezra Pound; dt. in: *Ezra Pound, Ernest Fenollosa – Nô – Vom Genius Japans*, Zürich 1963

selbst zum Reden zu bringen«, hatte Franz Marc sich vorgenommen.

In seiner dichterischen Praxis polt Pound Kants Definition der Vernunft als »ein Vermögen (...) das Besondere aus dem Allgemeinen abzuleiten« in das Gegenteil um.[244] Dabei vertraut er auf sein dichterisches Organ, das es ihm ermöglicht, die Be-Griffe als quasi objektiven geistigen Metatext aus der Realität selbst herauszulesen. Er geht also in die dem analytischen Denken entgegengesetzte Richtung und ersetzt den üblichen symbolischen und logischen Progress tendenziell durch die Aufreihung von Sinneseindrücken. Es ist ein Weg zurück zu den sprachlichen Ursprüngen. »Sprache ist fossile Dichtung« hatte Emerson gesagt, denn für den Etymologen ist noch das toteste aller Wörter einmal ein leuchtendes Bild gewesen. Bestärkt wird Pound in dieser Sprachauffassung durch die Entdeckung der chinesischen Begriffsbildung anhand des Ideogramms, das ihm u.a. klar machte, daß die abendländische Satzeinteilung in Subjekt und Prädikat einem naiven, mechanistischen und überholten Verständnis von der Materie entspricht, das in der Moderne abgelöst wurde durch den physikalischen Feldbegriff. »Dichtung verträgt sich eher mit der Naturwissenschaft als mit der Logik«, schreibt Ernest Fenollosa in dem Essay, der Pound zuerst die Augen für die ganz anderen Denknormen Chinas öffnete.[245]

---

244 I. Kant, Kritik der reinen Vernunft, in: *Kants Werke, Akademieausgabe*, vol. III, S. 429
245 Ernest Fenollosa, »The Chinese Character as a Medium for Poetry«, op. cit.

Jahrzehntelang hat sich in der anglo-amerikanischen Literaturkritik der Vorwurf erhalten, dass Pound in seinen *Cantos* die Inkohärenz zum Strukturprinzip erhebe.[246] Doch dieser Einwand übersieht, dass es Pound weniger darauf ankommt, endgültige logische Aussagen zu formulieren, als den Prozess der Gewinnung von Daseinswerten selbst einzufangen, und dass er dabei gewissermaßen nach den Spielregeln der neueren Naturwissenschaften dichtet, nicht nach der formalen Logik und ihrer syllogistischen Schlussfolgerung. Damit tritt er gegen die Abstraktionsleistung des westlichen Denkens an, wo der Aufgang des Symbolischen immer bedingt ist vom Untergang des Realen, ein Vorgang, den Dieter Kamper auf die prägnante Kurzformel »Tod des Körpers – Leben der Sprache« gebracht hat. Erst die Überwindung des Körpers ermöglicht die Errichtung einer »symbolischen Ordnung«, im Leben der Gattung ebenso wie im Leben des Einzelnen. Gegen diese Tendenz entwickelt Pound seinen »physiologischen Stil« als einen Versuch der Wiederaneignung der körperlichen Realität, die sich dank der wissenschaftlichen Erkenntnisse um die Jahrhundertwende in völlig neuer Gestalt anbot.

Pounds *Cantos* sind ein Generalangriff auf den Lebensverrat der abstrahierten Zeichen. Dabei verlässt er den Boden der klassischen mechanistischen Naturwissenschaften und geht zur modernen Vorstellung des »Feldes« über – des Wortfeldes der Literatur –, indem er die metaphorischen Oberschwingungen nebeneinandergestellter Worte und die

---

[246] Vor allem Yvor Winters, *In Defense of Reason*, Denver 1957

mannigfaltigen Zuordnungsmöglichkeiten der Bildvorstellungen bewusst in seine Dichtung einbezieht. »Wir denken nicht mehr, oder brauchen nicht mehr mittels einer monolinearen Logik zu denken, mittels der Satzstruktur von Subjekt, Prädikat, Objekt usw. Wir sind imstande oder fast imstande, wie der Biologe Gedanken zu denken, die sich wie Radspeichen in der Nabe vereinigen und in hypergeometrischen Amalgamen verschmelzen.«[247] Die lineare Abfolge der Wörter weicht dem geladenen Wortfeld. Durch den polyphonen Text versucht Pound, der dichterischen Sprache den vollen Echoraum von Wort zu Wort wiederzugewinnen. Literarisch ist er zur Pluralität der Funktionen – dem Funktionsfeld – als einem Abbild der Natur gelangt. Die »Wahrheit« seiner Dichtung liegt nicht in der fertig ausformulierten »Aussage«, sondern in dem »Ereignis« des Erkennens von Zusammenhängen, das zwischen Text und Leser entsteht.

Die Einheitlichkeit einer solchen Dichtung kann selbstverständlich nicht in der logischen und syntaktischen Verknüpfung liegen, sondern nur in dem Ton und Geist, der ein Motiv ins andere überblendet. Die Heisenberg'sche Unschärfe-Relation kommt einem dabei in den Sinn, die Unmöglichkeit, gleichzeitig Ort und Geschwindigkeit eines Elementarteilchens mit Präzision zu bestimmen. Pound selber ist sich durchaus im Klaren darüber, dass er gegen das einsinnige Vorgehen der Logik verstößt: »Ein Dutzend Analogien können auf Anhieb vor dem beweglichen Ver-

---

[247] Ezra Pound, »Epstein, Belgion and Meaning«, in *Criterion* IX, 36. London, April 1930

stand aufleuchten; es sind ebenso viele Stegreif-Kontrollen, die offenkundig Ungeeignetes an Stoff und Aufbau ausscheiden. Etwas Ähnliches schwebte Aristoteles vor, als er von dem ›gewandten Umgang mit Metaphern sprach, das ein behendes Erfassen der Zusammenhänge kundtut‹.«[248] Die »Weltanschauung« der *Cantos* ist somit strukturiert von analogischen Zuordnungen und metaphorischen Bild-Übertragungen. Auch das ließe sich wissenschaftlich begründen. Max Born hat einmal gesagt, dass alle objektive Verständigung zwischen Subjekten auf den Vergleichsrelationen von Sinneswahrnehmungen beruhe, und diese Entsprechung sei schlechterdings »der Urbegriff alles Lernens, Verstehens, Wissens«.

Diese Struktur der Entsprechung steht offensichtlich einer dichterischen Mentalität sehr nahe, der sich immerfort eine in der Wirklichkeit verborgene Schrift aufdrängt. Goethe zum Beispiel war überzeugt davon, »dass etwas unbekannt Gesetzliches im Subjekt einem unbekannt Gesetzlichen im Objekt entspricht«, und glaubte (wie übrigens noch der anthropologische Strukturalist Claude Lévi-Strauss in unseren Tagen), dass der Homologie der Erscheinungen ein Idealtypus zugrunde liegen muss, gewissermaßen ein archetypischer Plan des Universums – die »Urpflanze« seiner Metamorphosenlehre oder das optische »Urphänomen« seiner Farbenlehre. Die romantischen Dichter glaubten dann ihrerseits an das Walten von geheimnisvollen »Sympathien« zwischen den diesseitigen Erscheinungen, die sich be-

---

248 Ezra Pound, ABC *des Lesens*, Ü.: E. Hesse, Frankfurt a.M. 1957, S. 108

sonders dem inspirierten Künstler offenbaren. Baudelaire berief sich auf die »analogie universelle«, und der italienische Futurist und Dichter F. T. Marinetti definierte zu Anfang des Jahrhunderts in seinem epochalen ästhetischen Programm der Avantgarde die Analogie als »die tiefe Liebe, die scheinbar verschiedene und feindliche Dinge verbindet«.[249] Es ist also nicht gar so befremdlich, daß unser amerikanischer Dichter in seinen *Cantos* konstant mit der uralten Makro-Mikrokosmos-Analogie operiert, wie wir bereits anhand der Lehre von den göttlichen Signaturen in der Natur oder anhand der Lichtentsprechungen der neuplatonischen Mystik feststellen konnten.

Naiv? Logisch unhaltbar? Der Analogieschluss ist in der modernen Logik als Sonderfall des induktiven Beweises verpönt. Weil sich, formal-logisch gesprochen, durch Analogien nichts beweisen läßt, hält man die analogischen Denkmodelle für einen bloßen Behelf, der entbehrlich wird, sobald eine wissenschaftliche Theorie verifiziert wurde und ihr Voraussagewert feststeht. Weithin verkannt wird dabei der Umstand, daß es sich bei der Analogie (dem Bildvergleich) ebenso wie bei der Metapher (der Bildübertragung) um die eigentliche Logik der Entdeckung handelt. Wissenschaftlich überholt? Die berühmte Makro-Mikrokosmos-Analogie, in der das Universum mit dem menschlichen Organismus parallel gesetzt wird, hat die Wissenschaft jedenfalls zu vielen

---

249 F. T. Marinetti, *Manifesto tecnico della letteratura futurista*, 1912. Es ist kein Zufall, daß der utopische Sozialist Charles Fourier (1772–1837), der von dem Gesetz einer »analogie universelle« ausging, frühzeitig auf ökologische Zusammenhänge stieß: »Die Industrie mordet die Wälder!«

bedeutenden Entdeckungen geführt, auch wenn wir das heute nicht mehr wahrhaben wollen. So brachte das kopernikanische Denkmodell, dem zufolge sich die Erde und die Planeten rings um die zentrale Sonne bewegen, William Harvey auf die Entdeckung des im Herzen zentrierten Blutkreislaufs. Harveys Entdeckung lenkte ihrerseits das Augenmerk seines Zeitgenossen Dr. François Quesnay auf die jährliche Zirkulation des Reichtums innerhalb eines Landes von der einen Ernte zur nächsten.[250]

Dasselbe makro-mikrokosmische Denkbild führte noch in der Neuzeit zu der Analogiesetzung zwischen dem Sonnensystem und dem Atom-Modell, dem zufolge die Elektronen den Atomkern umkreisen wie die Planeten ihre Sonne. Sogar Newton erklärte die Geltung des von ihm entdeckten Gravitationsgesetzes im ganzen Weltraum »in virtue of the analogy of nature which is apt to be simple and always consonant to itself« (dt.: kraft der Analogie der Natur, die dazu tendiert, einfach zu sein und allerwege stimmig mit sich selber). Ein rein ästhetisches Argument, das offenbar von der unausrottbaren Vorstellung der platonischen Strukturen und Formen in den realen Dingen ausgeht. Woran man u.a. sehen kann, dass die Überzeugungskraft der wissenschaftlichen Argumentation nicht unbedingt identisch mit ihrer Beweiskraft ist. Der »context of discovery«, sagt Karl Popper, ist ein anderer als der »context of justification«.

---

250 Vergessen wir nicht:: Quesnay war Mediziner und hatte ein dreibändiges Werk über die Chirurgie verfaßt, das er *Essai phisique sur l'oeconomie animale* (1745) nannte.

Aristoteles hatte in seiner formalen Logik die Metapher mit der Begründung abgelehnt, dass sie Nomina in den Raum stelle, die faktisch unmöglich miteinander zu verknüpfen sind, was zwangsläufig zu Mehrdeutigkeiten führt. Die Funktion der Metapher oder der Analogie beruht tatsächlich darauf, durch die Heranziehung eines völlig andersartigen Gegenstandes ein erweitertes Verständnis des Hauptgegenstandes zu vermitteln – ein Vorgang, der uns aus allen Lernprozessen, die wir je durchliefen, vertraut ist.[251] Er erfordert auf jeden Fall eine simultane Wahrnehmung beider Gegenstände und ist deswegen nicht reduzierbar auf den identitätslogischen Vergleich zwischen Ähnlichkeiten und Unähnlichkeiten, den Aristoteles als Test der Metapher vorschlägt. Die Metapher ist nämlich wesensmäßig »eine Anleihe und ein Verkehr der Gedanken untereinander, eine Transaktion zwischen Kontexten«, und sie bedarf zweier Gedanken, »die miteinander in einer inklusiven Bedeutung kooperieren«, wie I. A. Richards es

---

251 Alle Lernprozesse sind vom Kindesalter an analogisch programmiert. Man denke an die unsinnigen Wörter des Kinderreims, die vom Kind automatisch in die ihm bekannte sprachliche Totalität eingeordnet werden, wo ihm das Netzwerk der Sprache Analogien bietet, die es erlauben, das Bekannte mit dem Unbekannten zu koordinieren, wobei die unsinnigen Wörter dann versuchsweise durch echte ersetzt werden. Dadurch verliert das Unbekannte viel von seinem Schrecken. Natürlich sind solche Substitutionen dem Kind nicht völlig bewusst, weswegen sie kaum trennscharf ausformuliert werden können. Dennoch haben Kinder mit den Nonsensreimen nicht die logischen Schwierigkeiten, die der Erwachsene erfährt, der andererseits in der Schule gelernt hat, Gleichungen mit zwei Unbekannten zu jonglieren. Es würde sich vielleicht lohnen, der Tatsache auf den Grund zu gehen, dass gerade Mathematiker wie Edward Lear eine so große Affinität zum Nonsensvers zu haben scheinen.

formuliert.[252] Richards nennt das *tertium comparationis* die »Interaktion«, »Inter-Illumination« oder »Kooperation« der semantischen Inhalte.

Trotz der Forderung der aristotelischen Logik lässt sich eine metaphorische Aussage nicht ohne Verluste in lineare Eindeutigkeiten übersetzen. Wenn Schopenhauer etwa den geometrischen Beweis eine »Mausefalle« nennt, so gewinnen wir nichts, wenn wir versuchen, uns diesen Vergleich voll auszubuchstabieren, etwa so: Beide, der geometrische Beweis und die Mausefalle versprechen eine Belohnung, die sie im Endeffekt schuldig bleiben; beide zwingen ihr Opfer unwiderstehlich in ihren Bann; beide führen zu einer unliebsamen Überraschung, die in keinem Verhältnis zu den geweckten Erwartungen steht, usw. Oder nehmen wir das berühmte wissenschaftliche Modell der Billardkugeln als Analogie zu den sich gegenseitig abstoßenden Gasmolekülen. Sie erfüllt zunächst eine Bedingung, die alle wissenschaftlichen Analogien kennzeichnet: eine gewisse Absurdität des Vergleichs. Die harten runden Billardkugeln sind völlig verschieden von allen Gasen, die uns je im Leben begegnet sind. Gerade darin liegt aber die kognitive Herausforderung dieser Bildübertragung.

Das Denkmodell setzt sich aus drei Elementen zusammen: erstens die *positive Analogie*, das sind die Eigenschaften, die beiden Systemen gleichermaßen zu eigen sind, also die Bewegung und das Aufeinanderprallen der Kugeln (das wäre die »inklusive Bedeutung« von Richards); dann zweitens die *negative*

---

252 I. A. Richards, *The Philosophy of Rhetoric*, Oxford 1936, S. 93

Analogie, das sind diejenigen Eigenschaften, die den Billardkugeln zugehören, aber nicht den Gasmolekülen: Farbe, Härte, Größe; und schließlich drittens die *neutrale Analogie*, d.h. diejenigen Eigenschaften, von denen wir noch nicht wissen, ob sie zur positiven oder zur negativen Analogie gehören. Dort liegen die wissenschaftlichen »Wachstumspunkte« der Analogie, denn sie allein sind für die letztendliche Bewertung des Denkmodells auschlaggebend, weil sie neue Voraussagen möglich machen. Derlei analogische Modelle dürfen auf keinen Fall mit statischen und fertig ausformulierten Erkenntnissen verwechselt werden – es sind Theorien, die noch in der Entwicklung begriffen sind. Und darauf kommt es an: »Wir denken, *weil* wir nicht wissen«, hat Pound gesagt. Und nur, solange wir nicht wissen, möchte ich hinzufügen.

Die Metapher ist also kein bloßer Ersatz für den formal-logischen Vergleich auf Ähnlichkeit und Unähnlichkeit, sondern Ausdruck eines völlig andersartigen denkerischen Vorgangs. Sehr oft ist es sogar, wie Max Black anmerkt, weit einleuchtender zu sagen, dass die Metapher eine Ähnlichkeit erschafft, als zu sagen, dass sie eine Ähnlichkeit ausdrückt, die von vornherein bestanden hat.[253] Solche Ähnlichkeiten zeigen einen fatalen Hang, längst falsifizierte Denkmodelle zu überdauern. Ein Anschauungsbeispiel dafür wäre das folgenreiche Wort: »Der Mensch ist dem Menschen ein Wolf«, von dem sich die moderne Staatstheorie seit Thomas Hobbes nicht mehr erholt hat. Das Gleiche gilt für die Analogiesetzung zwi-

---

253 Max Black, *Models and Metaphors*, Ithaca 1962, S. 37

schen der mechanistischen Atomtheorie Demokrits und der individualistischen Gesellschaftstheorie in der Aufklärung, die auf keinerlei faktischer Ähnlichkeit zwischen Natur und Kultur beruht: die »Unteilbarkeit« des »A-toms« wird ja heutzutage kaum mehr ins Feld geführt, während sich auch das »In-dividuum« als überaus spaltbar erwiesen hat. Ebenso verhält es sich mit der berühmten Analogie von Descartes, nach der das Tier »eine belebte Maschine« ist. Dies kartesische Denkmodell kann allerdings als Initialzündung der Kybernetik unserer Zeit gesehen werden: der Entdeckung von Gesetzmäßigkeiten der Steuerung und Informationsverarbeitung, die sowohl für den tierischen Organismus wie für die Maschine gelten, sodass kybernetische Automaten ihre komplizierten Prozesse in der Analogie zu bestimmten Bewusstseins- und Arbeitsfunktionen des menschlichen Gehirns, des Nervensystems und der Sinnesorgane verrichten.

Tatsächlich sind Analogien nie einsinnig, denn sie transportieren die Vorstellungen des sekundären Systems in das primäre System, wobei die mit dem primären System verbundenen Vorstellungen ihrerseits abgewandelt werden: die Wolfsmetapher lässt die Menschen wölfischer, die Wölfe menschlicher erscheinen, die Maschinenmetapher lässt die natürlichen Geschöpfe maschinenähnlich und beherrschbar erscheinen, während die Maschine Eigenschaften von Macht, Unbezähmbarkeit und dämonischer Willenskraft annimmt. Pounds »Verschwörung gegen den Leser« (Yvor Winters), die darin besteht, durch seine imagistischen und »ideogrammatischen« Texte die Sensibilität seiner Leser zu vervielfältigen, ist offenbar nicht so unsinnig, wie es zunächst scheinen mag.

Wenn die Metapher den Sinngehalt der normalen Kontexte verschiebt, dann folgt daraus, dass die Aussage für *beide* Seiten metaphorisch ist, nicht buchstäblich für die eine und metaphorisch für die andere. Nun ist aber, genau besehen, jede sprachliche Kommunikation metaphorisch, weil die Einstimmung auf fremde Erfahrung und ihre Mitteilung nur über subjektive Analogiesetzungen funktioniert und weil die Sinngehalte aller Worte seit jeher von solchen Interaktionen abgewandelt worden sind. Das entspricht dem richtungsweisenden Gedanken des Sprachwissenschaftlers Ferdinand de Saussure (1857–1913) in seinem Werk *Cours de linguistique générale* (1916), dem zufolge das einzelne Element der Sprache seinen Sinn erst aus dem Totalzusammenhang erhält.

Die Sprache ist also nicht, wie bis dahin allgemein angenommen wurde, eine Ansammlung von präzise definierbaren und diskreten Elementen, sondern ein System von vernetzten Werten, die durch ihre gegenseitige Abgrenzung, und das heißt, durch ihre negativen, nicht ihre positiven Zuordnungen bestimmt werden: analogisch gesehen, geradezu das Modell der Vergesellschaftung des Individuums. Das bereitet dem klassifikatorischen System des Aristoteles ein Ende, in dem die Metapher verworfen wird, weil sie »mehrdeutig«, »fremdartig und neu« ist und zu einem enigmatischen oder barbarischen Stil führe und nur durch den Rückgriff auf die nicht-metaphorischen, einsinnigen mit-sich-selbst-identischen normalen Aussagen der anderen Wörter Bestand habe. Da der Sinn eines Wortes definitorisch nur auf andere

Wörter zurückgeführt werden kann, deren Sinn dann als feststehend angesehen werden muss, wird durch Definitionen das Problem der eindeutigen Aussage lediglich auf andere Wörter und Sätze verschoben.

Den Neupositivisten in unserer Zeit geht es deswegen darum, eine letzte Legitimation für den Wortsinn jenseits des sprachlichen Netzes zu finden. Wittgenstein etwa fasst die »Universalie« nicht als etwas auf inhaltlicher Identität Beruhendes, sondern als Familienähnlichkeit zwischen realen Vorkommnissen auf.[254] Und Rudolf Carnap führt in seinem Werk *Der logische Aufbau der Welt* (1928) aus, dass alle Bezeichnungen auf Ähnlichkeiten zwischen Elementarerlebnissen zurückzuführen sind und dass unsere Allgemeinbegriffe sich aus derlei »Ähnlichkeitserinnerungen« konstituieren. Die abstrakte Identität bleibt hier dem Anschein nach gewahrt. Das geht so: Im konkreten Fall lassen sich innerhalb der Ähnlichkeit Abstufungen von großer Ähnlichkeit bis zu totaler Unähnlichkeit feststellen, und daraus folgt, dass man einen ausreichenden Grad von Ähnlichkeit in der Praxis für die formal-logisch erforderliche Identität nehmen darf. Im Übrigen sahen sich die Neupositivisten jedoch genötigt, von der Sprache weitgehend abzusehen und zu Formalisierungen zu greifen, die eine Eindeutigkeit der verwendeten Zeichen erzwingen.

Die Unfähigkeit, mit der Mehrdeutigkeit allen Denkens und Sprechens, und das heißt, mit den inhärenten Ungewissheiten des Lernprozesses zu leben,

---

254 Ludwig Wittgenstein, *Philosophical Investigations*, § 67, Oxford 1953

beschert uns die inhaltliche Verarmung von einheitlichen Wissenschaftssprachen, die nur noch Systeme von Regeln zur Umformung von Zeichen und Zeichenreihen erfassen. Ausgerechnet diejenige Denkweise, die sich als Ausdruck der Wissenschaftlichkeit schlechthin versteht, kann sich mit der Logik der Entdeckung nicht anfreunden, da sie der Forderung nach der Beschränkung auf gesicherte Ergebnisse und eindeutige Begriffe nicht genügt. Infolgedessen wendet sich die formal-logische Denkweise im Grunde gegen alles Wissen, das noch ungesichert und im Werden ist und das, nach der Natur der Sache, zunächst als Spekulation oder Hypothese auftritt.

Wir lernen unsererseits daraus: In letzter Instanz kann sich das Denken nicht auf Identitäten, sondern nur auf Analogien berufen und: Keine zwei realen Vorkommnisse eines Allgemeinbegriffs sind identisch. Wenn es in der Eskimosprache für den Schnee je nach seiner Beschaffenheit siebenundzwanzig Bezeichnungen gibt, dann könnte umgekehrt ein Eskimo unseren Allgemeinbegriff »Schnee« nur als analogischen oder metaphorischen Sprachgebrauch verstehen. Jede Verallgemeinerung beruht auf analogen Vorkommnissen und ist auf diese nur in unterschiedlicher (und das heißt in analoger) Weise anwendbar. Kurzum, wir können eine Katze nur dank metaphorischem oder analogischem Wortgebrauch »Katze« nennen.[255] Das bedeutet dann aber: »nicht die Analogie ist seltsam, sondern die Eindeutigkeit

---

[255] William Empson, *The Structure of Complex Words*, London 1951, S. 331

des Wortes ist ein irreführender Mythos« (Mary Hesse).[256]

Viele analoge Denkstrukturen reisen heute unbemerkt unter dem falschen Pass der formalen Logik und maßen sich zudem das Prestige der klassischen Naturwissenschaften an. Wenn die derzeit so überholt scheinende Antwort des Mittelalters auf die Frage: »Wie kann unser Intellekt die Welt erfassen?« mit dem Rückverweis auf die objektive Vernunft gelautet hatte: »Weil die Welt unserem Intellekt analog ist«, so ist die zeitgemäße Antwort auf die Frage: »Wie kann die Mathematik die Wirklichkeit erfassen?« genauso analogisch: »Weil die Wirklichkeit der Mathematik wesensverwandt ist.« Diese große Entdeckung der mathematischen Logik beruft sich auf die »Isomorphie« – »isomorph« heißt »gleichgestaltig« oder »von gleicher Kristallstruktur« und bezeichnet die Ähnlichkeit von zwei Relationsnetzen nach ihrer formalen Struktur.

In gewisser Weise hat Pound das vorweggenommen, wenn er in seinem Lebensgedicht die Zeitverhältnisse in Raumverhältnisse übersetzt, sodass die scheinbare zeitliche Abfolge von Cantoseite zu Cantoseite nur ein Behelf ist, der ihm von der Konvention des gedruckten Buches auferlegt wird, während es sich im Grunde um ein Zeit-Raum-Kontinuum handelt, in dem man von jedem Punkt zu jedem anderen Punkt gelangen kann und in dem die Motivblöcke quer durch das Gedicht hindurch *simultan* Bestand haben. Das allmähliche Zusammenschießen des Sinns

---

256 Mary Hesse, *Models and Analogies in Science*, Notre Dame 1966, S. 153

lässt sich hier nicht anhand von einzelnen Cantos, sondern nur über eine Folge von vielen Cantos nachvollziehen. Das Werk kristallisiert sich sozusagen vor unseren Augen aus dem Element des Flüssigen und Flüchtigen:

> Und dann der Gedanke, zeitfest,
> Form, Formen, Erneuerung, Götter, geführt in
> der Luft,
> Erblickte Formen, dann Klarheit,
> (…)
> und sah die Wellen, kristallen, getürmt,
> die Töne zu Kristall gefroren,
> und der Geist dort, vor ihnen, webend,
> sodass die Töne verharrten.
> Canto 25

Dazu Ezra Pound: »Die andere Denkweise besteht in einer Art Kristallkernbildung. Dieses Denken ist im Menschen wie der Gedanke des Baumes im Samen, oder der Gedanke des Grashalms, der Ähre oder der Blüte. Und diese Geistesart ist die poetischere: Sie wirkt auf die Vorgänge der Umgebung ein und setzt sie um, ähnlich wie der Same das Erdreich umsetzt, in dem er steckt.«[257]

Man vergleiche dazu die Meinung Ludwig Wittgensteins, die Sprache habe mit der Welt die logische Struktur gemeinsam, doch diese Struktur könne zwar in der Sprache in Erscheinung treten, nicht aber inhaltlicher Gegenstand sprachlicher Formulierung

---

[257] Ezra Pound, *The Spirit of Romance* (1910) op. cit., S. 94

werden: »was sich in der Sprache ausdrückt, können wir nicht durch sie ausdrücken«.[258] Die Sätze seines Traktats, in denen diese Isomorphie zum Ausdruck kommt, erklärt er folgerichtig für sinnlos: »Meine Sätze erläutern dadurch, dass sie der, welcher mich versteht, am Ende als unsinnig erkennt.«[259] Darin schlägt sich der extreme Nominalismus der westlichen Sprachphilosophie nieder, nach dem den Begriffen, mit denen man sich verständigt, also der Identität der Wortbedeutungen für alle, keinerlei Wirklichkeit entspricht. Worte sind hier letztlich ein System beliebiger und abstrakter Zeichen.

So gelangen wir zurück zur *connexio realis*. Die moderne Polarisierung des Wortes in Bild und Zeichen schlägt das Bild der Kunst zu: Es soll der reinen Reproduktion der Wirklichkeit dienen, während das Zeichen als Sinn zum Alleinbesitz der mathematischen Naturwissenschaft und der Logik erklärt wird. Die derart von der Vernunft ausgegrenzte Bildhaftigkeit ist nun keinerlei Deutung mehr zugänglich, sie findet ihren Sinn nur noch darin, sich willkürlich und manipulativ auf alle möglichen Inhalte beziehen zu lassen, wie es z.B. in der Werbung geschieht. Der letzte Schritt des logischen Formalismus bei Wittgenstein, in dem das Wort vollends zur vernunftlosen Anschauung erklärt wird, kommt in der linguistischen und strukturalistischen Theorie selten in dieser Konsequenz zur Sprache, wiewohl sich beide auf dem Weg dorthin befinden. Ihre Antwort auf die

---

[258] Ludwig Wittgenstein, *Tractatus logico-philosophicus*, London 1922, 4.121
[259] Ludwig Wittgenstein, op. cit., 6.54

Frage: »Wie kann unsere rein nominalistische Sprache die Welt beschreiben?« lautet dennoch unbeirrt: »Weil die Welt linguistisch ist bzw. eine universale Grammatik manifestiert.« Ein Analogieschluss *par excellence*, den Karl Popper trefflich parodiert hat: »Wie kann die englische Sprache die Welt beschreiben?« Antwort: »Weil die Welt wesentlich britisch ist.«[260]

In all diesen Antworten ist freilich die dialektische Dimension der Analogiebildung, das Ineinandergreifen von Gleichartigem und Verschiedenem, identitätslogisch, und das heißt einsinnig, verzerrt. Das wird besonders sinnfällig an der ambivalenten Behandlung des archaischen, mythischen und bildhaften Denkens bei den französischen anthropologischen Strukturalisten. Das primitive Denken, lesen wir dort, stellt willkürliche Entsprechungen zwischen materiellen und ideellen Gegenständen her, es erkundet auf diese Weise alle Möglichkeiten des analogischen Vergleichs zwischen natürlicher Umgebung und archaischer Kultur und baut ein riesiges »Spiegelspiel« auf, »in dem sich das gegenseitige Bild vom Menschen und der Welt unendlich widerspiegelt und sich im Prisma der Beziehungen von Natur und Kultur fortwährend spaltet und wieder zusammensetzt«.[261] Das »wilde Denken« ist darum »unmittelbar gleichzeitig analytisch und synthetisch« (Lévi-Strauss). Doch allmählich, so heißt es, wurden die Analogien aus dem Bereich des Sinnlichen zuguns-

---

260 Karl Popper, *Kritischer Rationalismus und Sozialdemokratie*, Berlin/Bonn/Bad Godesberg 1975, S. 192
261 Claude Lévi-Strauss, *Das wilde Denken*, Frankfurt a.M. 1968, S. 254

ten von abstrakteren Äquivalenzbeziehungen aufgegeben – bis zur Heraufkunft der Mathematik und Philosophie der Griechen, deren rationalere Denkformen »um den Preis des Verschwindens der Analogie« entstanden sind (M. Godelier).[262]

Für den anthropologischen Strukturalismus liegt in der Fähigkeit des »wilden Denkens«, Äquivalenzbeziehungen herzustellen, der Ursprung des Denkens schlechthin, ein Ursprung, der seinerseits jenseits des Denkens angenommen wird, nämlich: »in den Eigenschaften der komplexen Organisationsform der lebenden Materie, in dem Nervensystem und dem Gehirn«[263] (übrigens wieder ein makromikrokosmischer Analogieschluß *par excellence*). »Da auch der Geist ein Ding ist, unterrichtet uns das Funktionieren dieses Dings über die Natur der Dinge: Selbst die reine Reflexion läuft auf eine Interiorisierung des Kosmos zurück.«[264] Die analogischen Operationen des »Denkens in Opposition und Integration« haben, laut Lévi-Strauss, die menschliche Kultur überhaupt erst erschaffen: »Zehntausend Jahre vor den anderen [den wissenschaftlichen] Ergebnissen erworben und gesichert, sind sie immer noch die Grundlage unserer Zivilisation«[265] – doch nunmehr in einer der Wissenschaft untergeordneten Position, denn die auf Analogien aufgebauten bildhaften Denkweisen haben ihre heutigen Funktions-

---

262 Maurice Godelier, in *Seminar: Die Entstehung der Klassengesellschaften*, Hg.: Klaus Eder, Frankfurt a.M. 1973, S. 322
263 Maurice Godelier, op. cit., S. 318f.
264 Claude Lévi-Strauss, *Das Ende des Totemismus*, Frankfurt a.M. 1968, S. 117
265 Claude Lévi-Strauss, op. cit., S. 29

bereiche »nur noch in der Ästhetik, der Kunst und in vielen Bereichen des sozialen Denkens, die noch nicht gerodet sind«. Es sind laut Lévi-Strauss alle Bereiche, in denen »die unbewusste Logik« des menschlichen Geistes noch nicht von dem »Zuviel an Bewusstsein« im domestizierten Denken deformiert worden ist.[266]

Und damit wären wir wieder bei Ezra Pound angelangt. Die Suche des Dichters gilt der *forma*, der bewegenden Kraft hinter den Dingen, nicht der Formel als Endprodukt der analytischen Abstraktion. Für den Dichter steht fest: »Der ›ganze Mensch‹ muß mehr Anteil nehmen an Dingen, die in der Saat sind, an dynamischen Dingen, statt an Dingen, die tot, im Sterben, statisch sind.« Die *Cantos* sind auch insofern »ein Gedicht, das die Geschichte einbegreift«, als sie künftige Entwicklungen einbeziehen, die gerade in der ältesten keimhaften Schicht mitenthalten sind. Auf diese Weise wird der *Canto*-Leser in jenen Zustand versetzt, »in dem wir keine Möglichkeit haben festzustellen, ob wir uns einen Begriff gemacht haben oder nicht«, den der amerikanische Literaturkritiker Yvor Winters bemängelt hat.[267] Doch genau das liegt in der Absicht Pounds, der durch die Anordnung seiner Bildvorstellungen (*images*) nicht so sehr Ideen ausdrücken will als den Seelenzustand, in dem diese Ideen noch vor dem Ausgesprochenwerden verharren. Pound bleibt beim vorletzten Schritt der Kommunikation stehen, denn: »Der ernsthafte Künst-

---

266 Claude Lévi-Strauss, op. cit., S. 29 und 253
267 Yvor Winters, *The Function of Criticism*, Denver 1957, S. 47

ler muss so in der Schwebe bleiben wie die Natur selbst.«[268]

Die Bildüberlagerung, das *image*, hat er »das Wort jenseits des Formulierten« genannt. Das heißt, das *image* entspringt in der Frühzeit des Denkens aus einer Schicht, wo die Widersprüche noch ungesondert in einem »intellektuellen und emotionalen Komplex« beieinander leben. Das *image*, sagt Pound, ist in jedem Fall mehr als eine nackte Idee: »Es ist ein ausstrahlendes Schwingungszentrum, eine Ballung; es ist das, was ich nicht umhin kann, einen *vortex* [lat.: Wirbel] zu nennen.«[269]

Das imagistische Gedicht hat die Struktur der Metapher, es handelt sich bei ihm nicht etwa um festgelegte Größen, sondern um »eine Form der Überlagerung«, d.h. um »eine bildhafte Vorstellung, die über eine andere geschichtet ist«.[270] Der Sinn einer solchen Bildschaltung kann auf keinen Fall dem denkenden Subjekt allein gehören, denn durch den Rückgriff auf die bildhafte und rhythmische Anlage der Seele wird sie auf die Ebene einer kollektiven Identität zurückgeführt: »Der Übergang vom Bewussten zum Unbewussten ist begleitet von einem Prozess des Speziellen zum Allgemeinen. In der Ethnologie wie in der Linguistik ist es deshalb nicht der Vergleich, der die Generalisierung begründet, sondern das Gegenteil ist der Fall« (Lévi-Strauss).[271]

---

268 Ezra Pound, *Patria Mia* (1912) Ü.: H. Soellner, Zürich 1960, S. 34
269 Ezra Pound, »Vorticism« (1914), dt. in: *motz el son*, Ü.: E. Hesse, Zürich 1957, S. 130
270 Ezra Pound, »Vorticism«, op. cit., S. 125
271 Claude Lévi-Strauss, *Anthropologie structurale*, Paris 1958; dt. u. d. T.: *Strukturale Anthropologie*, Frankfurt a.M. 1967, S. 35

Voraussetzung von Pounds »Weltanschauung«, wenn man sie so nennnen darf, bleibt immer ein Begriff von Vernunft als einer wesensmäßigen Einheit oder Zusammengehörigkeit von Subjekt und Objekt, wie sie schon Johannes Scotus Eriugena formuliert hat: »Es lässt sich kein Teil davon [der Welt] entdecken, ob körperlich oder unkörperlich, der nicht im Menschen vorgeschaffen existiert, der nicht wahrnimmt, der nicht lebt, der ihm nicht einverleibt ist.«[272] Das gilt auch für Pounds Lebensprojekt. »Eine dichterische Sprache ist immer eine erkundende Sprache«, schreibt er über das imagistische Kurzgedicht: »In einem Gedicht dieser Art versucht man den genauen Zeitpunkt festzuhalten, in dem eine äußere, objektive Sache in eine innere, subjektive Sache umgebildet wird bzw. umspringt.«[273] Immer ist die *connexio realis* vorgegeben, eine latente Sinnstruktur, die den Dingen selbst eingeschrieben ist und die Pound möglichst unmittelbar in der Sprache seiner Dichtung aktualisieren muss, um den Leser in den schöpferischen Prozess seiner Dichtung miteinzubeziehen und ihn so zu »in-formieren«:

auf dass sich im Geist gewisse Bilder anordnen
um dort zu verharren
formato locho
Canto 74

(»*formato locho*«: Zitat nach Cavalcanti, dt.: die inn-gewordene Spur, s. Canto 36, s. S. 336).

---

[272] Johannes Scotus Eriugena, *Joannis Scoti Expositiones super Ierarchiam Caelestem S. Dionysii*, in: J. P. Migne, *Patrologia Latina*, cap. 7, tom. 122, col. 764
[273] Ezra Pound, »Vorticism«, op. cit., S. 126

SPRACHE UND ENTSPRECHUNG: DIE ANALOGIE 263

Auf diese Weise will Pound die »große Ausheilung« (Canto 91) für unsere Zeit bewirken und das aufgesplitterte, abstrakte, prosaische Bewußtsein des modernen Menschen wieder in einer integralen Sinnlichkeit, einer geistigen Zeugung, erden. Das »Erkennen« ist für diesen Dichter ein sexueller Verkehr im biblischen Sinne (»und Josef *erkannte* sein Weib«):
in coitu inluminatio
Canto 36 (s. S. 350) und Canto 74
Die »Erleuchtung im Koitus« erträumt die Wiedervermählung von Subjekt und Objekt, Innen- und Außenwelt, und macht den Geschlechtsakt zum Bestandteil der History of Ideas! Die Aneignung der Welt erfolgt in der Rückkoppelung an die ursprüngliche Sprachgenese und ist weltenweit entfernt von dem Sprachverzicht unserer szientistischen Vorhut. Pound hält dagegen: »Jeder Verstand, der dieses Namens wert ist, muss Bedürfnisse haben, die über die vorhandenen Kategorien der Sprache hinausgehen.«[274] Die Wahrheit, die er in seiner Dichtung einzufangen sucht, ist so etwas wie der werdende Sinn des Lebens – dem Autor selber notwendigerweise nur partiell bewusst. Denken und Schreiben ist für Pound eine sinnliche Erfahrung. »Gutes Schreiben ist gleichlaufend mit dem Denken des Schreibenden, es hat die Gedankenform, die Form der Art und Weise, in der der Mensch sein Denken erfährt.«[275] Die rhythmischen Qualitäten seiner Dichtung sind für ihn »eine in Zeit geschnittene Form«, eine Form aus

---
274 Ezra Pound, »Vorticism«, op. cit., S. 124f.
275 Ezra Pound, ABC *of Reading* (1934), dt. u. d. T.: ABC *des Lesens*, Ü.: E. Hesse, Frankfurt a.M. 1957, S. 15

Atem oder, wie die Griechen sagten, aus »Psyche«, ihm so unverwechselbar eigen wie die Lebensrhythmen des eigenen Leibes. Dies Ineinander von Körperlichkeit, Emotion und Intellekt bildet die »Qualität« der Erfahrung, die er in den *Pisaner Cantos* als letzten Wahrheitsbeweis für sein Werk anführt:

> nichts gilt als die Inständigkeit
> der Zuneigung –
> zu guter Letzt – welche die Fährte ins
>   Gedächtnis grub
> dove sta memora
>   Canto 76

(»dove sta memora«, Cavalcanti; dt.: »Wo die Erinnerung lebt«, Canto 36, Vers 16)

Die Sprache der Philosophie arbeitet mit fertigen Ideen, den Petrefakten des Denkens, denn die Philosophie denkt nur »die ›Schalen des Denkens‹, wie sie de Gourmont genannt hat, die Gedanken, die schon von anderen ausgedacht worden sind«.[276] Für Pound ist der künstlerische Nachweis eines Menschen »nicht der Nachweis der objektiven theoretischen Schichten in ihm, sondern der seines Wollens und Fühlens«.[277]

Nach dieser Auffassung lebt die Eigenart seiner dichterischen Sprache nicht aus der Identität der Wortbedeutungen für alle, sondern aus ihren individuellen Abweichungen davon. Daraus ergibt sich allerdings ein kommunikatives Problem: nämlich die Frage der »inklusiven Bedeutung« dieser dichterischen Aussagen für den Leser. Pound schlägt sich

---

276 Ezra Pound, »Vorticism« op. cit., S. 124
277 Ezra Pound, *Patria Mia*, op. cit., S. 76

am Ende damit herum. Seine geniale dichterische Sensibilität, glaubt er, werde wie ein Kristall oder ein Magnet die heterogenen Fragmente letztlich doch noch zu einer homogenen Gestalt fügen und seine Vision eines diesseitigen Paradieses allen zugänglich machen:

> Sahst du die Rose in Stahlspänen je
> (Oder in Schwanendaunen?)
> So leicht ist der Ansporn, so ausgerichtet
> die schwarzen Blütenblätter aus Stahl
> wir, die den Lethe überquerten.
> Canto 74

Mit dem Bild des Magneten greift er erneut auf das Vermächtnis Cavalcantis zurück: »Die *forma*, das unsterbliche *concetto*, die Idee, die dynamische Form – sie gleicht der Rosette, die der Magnet in tote Eisenfeilsel zeichnet, nicht durch stofflichen Kontakt, sondern gänzlich davon getrennt. Getrennt durch eine Glasplatte erheben sich Staub und Eisenfeilsel und schnellen zu einer Ordnung zusammen. So erhebt sich die *forma*, die Idee, aus dem Tode.« Das ist ein Text des Jahres 1938,[278] eine Variation seines früheren Textes über Cavalcanti: »Magnetismen, die Gestalt nehmen, die wahrnehmbar werden oder ans Wahrnehmbare grenzen, der Gegenstand von Dantes Paradiso, das Glas unter Wasser, die Form, die eine Form zu sein scheint, die man als Widerschein im Spiegel sah.«

Dennoch stand er am Ende seines Lebens vor einem »paradiso spezzato« (einem Paradies aus lauter Fragmenten und Splittern). Die überwölbende Einheit des Sinns, der sich quasi selbsttätig aus

---

278 Ezra Pound, *Guide to Kulchur*, op. cit.

dem Ganzen ergeben sollte, war ihm zerfunkelt in der Vielfalt von Tausenden von Fragmentaufnahmen, viele von einmaliger Klugheit, Prägnanz, Schönheit und Lebendigkeit. Doch wenn dies tatsächlich ein »Scheitern« war, wie er selber meinte, so ist es für den Leser zumindest ein Scheitern, das die meisten literarischen Erfolge des Jahrhunderts aufwiegt.

3. Die Identitätslogik

Seit Aristoteles im Altertum befand, dass Wissen und Wissenschaft im strengen Sinn nur möglich sind als die Erstellung von widerspruchsfreien Gedanken und Zusammenhängen, nimmt die formale Logik in der westlichen Geistesgeschichte den ganzen Raum der Vernunft für sich in Anspruch. Im alten *Meyers Konversationslexikon* des Jahres 1890 gibt es dafür die aufschlussreiche Definition:

»Findet sich der Widerspruch in einem Gedankenzusammenhang, so muß er beseitigt; findet er sich in einer Erfahrungstatsache, z.B. in der Veränderung, die als solche nicht beseitigt werden kann, so muß der Inhalt der letzteren berichtigt, d.h. so ergänzt werden, daß der Widerspruch verschwindet. Durch die Vermeidung des Widerspruchs entsteht formal wahres (logisches) Denken (mögliches Wissen), durch die Beseitigung der in der Erfahrung gegebenen Widersprüche wahres (metaphysisches) Denken (wirkliches Wissen).«

Man beachte wie hier das »wahre logische Denken« auf Manipulationen hinausläuft, auf Vermeidung, Beseitigung, Verschwindenlassen, also auf den Ausschluss von allem Störenden, während »wirkliches Wissen« als metaphysisch bestimmt wird, also als das Überspielen der realen Erfahrung. Ganz augenfällig wird hier die Denkstruktur des Ausschlusses, deren Weiterungen wir heute in allen Lebensbereichen begegnen, zumal sich auch die Ideologien und Fundamentalismen an den absoluten Wahrheiten und den starren Antinomien des Entweder-Oder festhaken. Durchaus folgerichtig führt die Denkstruktur der Ausgrenzung im Endeffekt zur Vernichtung des Nicht-Identischen in Konzentrationslagern, zur Internierung des Störenden in der Irrenanstalt, zur Aussperrung des Dissidenten von Berufs- und Existenzmöglichkeiten.

Doch erst aus dem Ausschluss des Anderen ergibt sich der Satz der Identität: A ist mit A identisch, weil es einem Nicht-A entgegengesetzt ist. Das Ich ist, wie Kant betont, der höchste Punkt, an dem man die ganze Logik aufhängen müsse.[279] Tatsächlich ist nach formal-logischem Befund das isolierte denkende Subjekt einziger Träger der Vernunft. Der aufgeklärte Mensch der Neuzeit weist im stolzen Bewusstsein seiner autochthonen Intelligenz jede Vermengung mit dem Natürlichen oder Menschlichen weit von sich: Es ist das Nicht-Identische, dem er nicht mehr unterliegt. Vernunft ist nun Privateigentum, nicht Medium der Interaktion mit anderen.

Es gibt aber ganz andere gültige Denkweisen, so ist die berühmte Frage Hamlets »Sein oder Nicht-Sein« für den Chinesen gar keine Frage, denn, wie Lao-tzu sagt: »Sein und Nicht-Sein erzeugen einander« (»ku

---

279 I. Kant, *Kritik der reinen Vernunft*, op. cit., Bd. III, S. 109

yu wu hsiang shêng«: ku = denn; wu = Mangel, Fehlen, hsiang = gegenseitig; shêng = gebären, erzeugen). Das *tao* wird von den Taoisten als »wu« (Nicht-Sein) bestimmt, Himmel und Erde, also das, was wir »die Schöpfung« nennen, als »yu« (Sein). Wenn man im Chinesischen den formal-logischen Satz »A ist nicht B« formulieren will, sagt man: »chia fei i« (»das Erste ist nicht das Zweite«), doch darin ist die Negation nicht einsinnig festgelegt, sie kann sowohl auf das Erste wie auf das Zweite bezogen sein.[280] Chang Tung-sun, ein chinesischer Philosoph unserer Tage, schlägt für diese Art des Denkens die Bezeichnung »Korrelations-Logik« oder »Logik der korrelativen Dualität« vor, um, wie er sagt, die ideologischen Assoziationen des Wortes »Dialektik« zu vermeiden. »Aus dem positiven und negativen Prinzip konstituiert sich das, was man *tao* oder Natur nennt,« zitiert er aus dem *I Ching*.

Chinesische Denkvorgänge sind somit völlig verschieden von denen, die von der westlichen Identitätslogik bestimmt werden. Denn im Westen kann man sich nicht miteinander verständigen, ohne die Verschiedenartigkeit der Begriffe gegeneinander abgegrenzt zu haben. Die unausrottbare Logik der Klassifizierung zwingt uns, »dem Sinngehalt jedes Wortes seinen geringsten Umfang zuzumessen«,[281] d.h. den Begriff in seiner ausschließlichsten Bedeutung zu verwenden. Die chinesische Sprache

---

280 Chang Tung-sun, »A Chinese Philosopher's Theory of Knowledge«, in ETC, *A Review of General Semantics*, IX, 3, S. 203ff.
281 Ernest Fenollosa, »The Chinese Character as a Medium for Poetry«, Hg.: Ezra Pound; dt. in: *Ezra Pound, Ernest Fenollosa – Nô – Vom Genius Japans*, Hg. und Ü.: E. Hesse, Zürich 1963, S. 248

dagegen bedient sich der Antonyme (Wörter von gegensätzlicher Bedeutung) um einen Begriff zu vervollständigen. So kann das chinesische Wort »luan« zugleich Chaos und Ordnung bedeuten, und das berühmte Fischblasen-Emblem *Yin* und *Yang* (Mann und Frau) zeigt das Nicht-Identische im innersten Kern der Identität: Was außerhalb ist, ist – ansatzweise – zugleich ganz innen. Kurzum: die chinesische Identität beruht auf dem Einschluss, nicht, wie bei uns, auf dem Ausschluss des Gegenpols. Im Gegensatz zur starren westlichen Identitätslogik setzt also das chinesische Denken bei der Interrelation antithetischer Begriffe an, wobei der Akzent nicht auf einer absoluten Festsetzung der Positionen, sondern auf einem relativen und wechselnden Stellenwert liegt: zwischen Unten und Oben, Gut und Böse, Etwas und Nichts. Die interrelativen Werte werden als voneinander abhängig und sich gegenseitig bedingend aufgefasst.

Dazu gibt es eine interessante Beobachtung von Freud: »Die entscheidenden Regeln der Logik haben im Unbewussten keine Geltung (...) weil es miteinander unverträgliche Einzelheiten einschließt. Dem steht nahe, dass Gegensätze nicht auseinandergehalten, sondern wie identisch behandelt werden, sodass im manifesten Traum jedes Element auch sein Gegenteil bedeuten kann. Einige Sprachforscher haben erkannt, dass es in den ältesten Sprachen ebenso war und dass Gegensätze wie stark–schwach, hoch–tief ursprünglich durch dieselbe Wurzel ausgedrückt wurden, bis zwei verschiedene Modifikationen des Urwortes die beiden Bedeutungen voneinander sonderten. Reste des ursprünglichen Doppelsinns sollen noch in einer so hoch entwickelten Sprache wie dem Lateinischen im Gebrauch von *altus* (hoch und tief), *sacer* (heilig und verrucht) u. a. enthalten sein.«[282]

Claude Lévi-Strauss bezeichnet das als »die Methode der kontrastierenden und oppositionellen Gegensatzpaare« und führt dazu aus: »Dieses Prinzip besteht in der Vereinigung zweier entgegengesetzter Begriffe (…), deren systematischste Anwendung man vielleicht in China in dem Gegensatz der beiden Prinzipien von *Yang* und *Yin* antrifft: männlich und weiblich, Tag und Nacht, Sommer und Winter, aus deren Vereinigung eine organisierte Ganzheit (*tao*) hervorgeht: das eheliche Paar, ein ganzer Tag oder ein rundes Jahr. So lässt sich der Totemismus zurückführen auf eine besondere Art und Weise, ein allgemeines Problem zu formulieren: Man muss so verfahren, dass der Gegensatz, anstatt der Integration ein Hindernis zu sein, vielmehr dazu dient, diese zu schaffen.«[283]

Aber die »Korrelationslogik« ist nicht nur beschränkt auf das Unbewusste, das »wilde Denken«, oder den ostasiatischen Raum: denn der Neuen Poetik zu Anfang des zwanzigsten Jahrhunderts lag eine programmatische Rebellion gegen den westlichen Identitätsbegriff zugrunde, die Marinetti in einem Manifest des Jahres 1912 formulierte: »Man muss das Ich in der Literatur zerstören!« Die unwandelbare Identität des Einzelnen mit sich selbst sei eine linguistische Fata Morgana, die abgelöst wer-

---

282 S. Freud, op. cit., S. 27f.
283 Claude Lévi-Strauss, *Das Ende des Totemismus*, Frankfurt 1969, S. 117

den muss vom »uomo moltiplicato« (dem multiplen Menschen), der sich immer wieder verändern kann und soll, da ihm die Zeit ohne Unterlass sein Selbst entzieht. Dieser spielerische und forschende Identitätswandel wird auch für Ezra Pound die Voraussetzung seiner Selbstverwirklichung.

Ein multipler Identitätsbegriff steckt übrigens auch in Ezra Pounds *omniforma*-Prinzip und ist geradezu die Basis seiner *Cantos*. Ja, Pound bestimmt seine Identität grundsätzlich als Nicht-Identität anhand eines oft zitierten Kernsatzes seiner *Cantos*, den er dem byzantinischen Neuplatoniker Psellos (1018–1078?) entlehnte:

et omniformis omnis intellectus est
Canto 23

(dt. »dass der menschliche Geist allgestaltig ist«, d.h., die Form aller Dinge annehmen kann).[284]

Pound fand diese »Allgestaltigkeit« des menschlichen Geistes exemplarisch manifestiert in der Proteusnatur des mythischen Odysseus und in seinem eigenen Genie, weswegen er sich in der »Persona« des Odysseus auf die große Erkundungsfahrt seiner *Cantos* begab. Der Dichter der *Cantos*, Odysseus/Pound, ist ein »Mann von vielerlei Bewusstsein«, unbestimmt, nicht festgelegt, nicht festzulegen, unendlich anpassungs- und lernfähig, medial und fähig zur Teilhabe an anderem Sein. In seinen *Cantos* erteilt Pound deswegen vielen anderen Autoren das Wort. In der »persona« (dt.: der Maske) der anderen dich-

---

284 Der Satz ist eigentlich die Überschrift einer Interpretation von Porphyrios' Text: *De occasionibus, sive causis ad intelligibilia nos ducentibus* durch den platonischen Philosophen Marsilio Ficino (1433–1499).

tend, erkundet er die Mysterien der eigenen und der fremden Identität. Da ihm die anderen im Spiegel seines eigenen Ich erscheinen, verkehrt sich ihm das Innere zum Äußeren, das Äußere zum Inneren. Wiederholt wird er sozusagen spiegelbildlich kreativ, vor allem dort, wo ein anderer in seinem Sinne (oder vermeintlich in seinem Sinne) schöpferisch gewesen ist.

In diesem Sinne bleiben seine *Cantos* bis zum Schluss eine moderne und offene Form, auch wenn sie Homers *Odyssee* und Dantes *Divina Commedia* als unsichtbare Folie im Hintergrund haben. Aus diesen Gründen sah Pound keinerlei Notwendigkeit, irgendein geschlossenes, logisch zusammenhängendes System zu formulieren oder zu übernehmen, nur weil ihn einzelne Elemente aus verschiedenen philosophischen Systemen ansprachen. Jedes System bedingt ja eine Definition des Menschen, die ihn festlegt und einengt.

All das mag weit hergeholt klingen, so als ob es uns nicht direkt anginge. Wir sollten uns jedoch klar werden, dass wir im wirklichen Leben fortgesetzt mit einer offiziellen formalen und einer inoffiziellen dialektischen Logik operieren. Nehmen wir eine Paarbeziehung an, in der einer zum anderen sagt: »Ich hasse dich.« Für unsere offizielle Logik des Entweder-Oder ist diese Aussage eindeutig. Betrachten wir die Beziehung der Menschen, zwischen denen dieser Satz fallen mag, jedoch in ihrer Totalität, dann kann er ebenso gut bedeuten: »Ich liebe dich« mit der Einschränkung: »Ich liebe dich zwar immer, aber nicht pausenlos.« In einer funktionierenden zwischenmenschlichen Beziehung gibt es keine Stasis, die Pole von Liebe und Hass folgen einer zyklischen Bewegung. Die Aussage erhält ihr wahres Gewicht erst, wenn sie auf die richtige Phase innerhalb der totalen Relation bezogen wird.

Für intime menschliche Beziehungen gilt die formal-logische »Unvereinbarkeit« von Hass und Liebe offenbar nicht. Im alltäglichen Leben schalten wir ohne Weiteres zwischen der logischen und der dialektischen Verständigung – es sei denn, wir wollten eine Beziehung wirklich beenden –, dann greifen wir auf die formal-logische Deutung zurück. Alle widersprüchlichen Elemente stehen in inniger Verbindung zueinander und ergänzen sich: Das Positive und das Negative bleiben »gegeneinander nicht gleichgültig«, wie Hegel sagt. Nicht-widersprüchliche Dinge dagegen haben überhaupt keine Relation zueinander und darum auch keinerlei Bewegungsantrieb. Der Konflikt polarisierter Gegensätze bedeutet also Einheit, nicht Spaltung, die Einheit des sich selbst regelnden Prozesses.

Ezra Pound rechtfertigt zuweilen seine Verurteilung der Negation als abstrahierende Entstellung des »manifest universe« (dt.: des offenbaren Universums) mit Fenollosas Feststellung: »In der Natur gibt es nichts, was man den Verneinungen vergleichen könnte. *Wir* können eine Verneinung geltend machen, obgleich ihr in der Natur nichts entspricht.«[285] Die darauffolgende Einschränkung Fenollosas hätte Pound auf seinen Denkfehler verweisen müssen, doch er nahm sie nicht zur Kenntnis: »Alle scheinbar negativen oder trennenden Bewegungen bringen positive Kräfte ins Spiel. Das Vernichten erfordert gro-

---
[285] Ernest Fenollosa, op. cit., S. 236

ßen Energieaufwand. Könnten wir der Geschichte aller negativen Partikel nachgehen, so würden wir vermutlich entdecken, dass sie aus transitiven Verben hervorgegangen sind. (...) im Chinesischen können wir noch heute beobachten, wie positive verbale Begriffsinhalte in sogenannte Verneinungen übergehen. So entspricht das chinesische Schriftzeichen mit der Bedeutung ›im Wald verirrt sein‹ dem Stand des Nicht-Seins.«[286]

Hier will Fenollosa offensichtlich auf den Unterschied zwischen der logischen Negation, d.h. der Verneinung einer Aussage, und der dialektischen Negation, d.h. der Gegentendenz in den Dingen selbst, hinaus. Es handelt sich dabei eigentlich um die Unterscheidung der *connexio verbalis* von der *connexio realis*,[287] der Aussagen- von der Objektlogik, wobei die beiden Formen der Negation auf völlig verschiedenen Wirklichkeitsebenen operieren: In der Identitätslogik bedeutet die Negation Non-A die Verneinung der Aussage A. Die Verneinung von Non-A wäre dann wieder identisch mit der Aussage A. In der Dialektik ist die Antithese zwar auch die Verneinung der These, doch die Verneinung der Antithese – also die Synthese – führt nicht zurück zur Identität mit der ursprünglichen These, sondern enthält eine Erweiterung oder Korrektur der These, die darin »aufgehoben« ist. Daraus erklärt sich, wieso »das Negative ebenso positiv ist, oder, daß sich das Widersprechende nicht in Null auflöst, sondern wesentlich nur in die Negation seines besonderen Inhalts« (He-

---

286 Ernest Fenollosa, op. cit., S. 237
287 S. S. 240f.

gel).[288] Die dialektische Synthese hat nur eine formale Ähnlichkeit mit der ursprünglichen These, sie ist durch die progressiven Elemente der Antithese bereichert worden. In der doppelten Negation des dialektischen Schritts haben wir die Wiederkunft des negierten Aspekts in einer neuen Qualität: der realen Veränderung. Dieser Gedankengang räumt mit der analytischen Selbsttäuschung auf, in die ideologische Dialektiker (vor allem Lenin und in mehr als einer Hinsicht auch Marx) allzu leicht verfallen sind: nämlich das für einen dialektischen Prozess zu halten, was tatsächlich nur die Ersetzung der konkreten Widersprüchlichkeit einer Sache durch einen zusammenfassenden Allgemeinbegriff in der Sprache ist, der die Widerspruchsfreiheit wiederherstellt. Das ist eine Aussagen-Logik. In der Objekt-Logik steht der Widerspruch, der sich in der Synthese niederschlägt, nicht von vornherein fest, er ergibt sich erst als etwas ganz Neues aus der Praxis oder, wie J. P. Proudhon sagt, »aus den Eingeweiden der Situation«. Der Widerspruch ist hier »der Index der Unwahrheit der Identität, das Aufgehen des Begriffenen im Begriff. Der Schein von Identität wohnt jedoch dem Denken selber seiner puren Form nach inne. Denken heißt identifizieren. Befriedigt schiebt begriffliche Ordnung sich vor das, was Denken begreifen will« (Adorno).[289]

Immer ist der Widerspruch das Störende, Divergente, Dissonante, das sich dem Begrifflichen nicht einfügen will. Es gereicht Pound zur Ehre, dass er sich

---

288 G. W. F. Hegel, *Wissenschaft der Logik I*, Leipzig 1951, S. 35
289 T. W. Adorno, *Negative Dialektik*, Frankfurt a.M. 1967, S. 15

mit derlei falschen Harmonisierungen durch inhaltsleere Abstraktionen nicht abfinden wollte. Aber es ist nicht die Negation, sondern die tautologische Positivität, die zu Abstraktion und Unwahrheit führt. Die dialektische Negation geht davon aus, dass die Identität von A allein aus dem Widerspruch zu non-A entsteht, dass non-A somit ein konstitutiver Bestandteil der konkreten Identität ist. Der Philosoph Chuang-tzu im dritten Jahrhundert vor unserer Zeitrechnung erläutert dazu: »So wird nun von Menschen behauptet, dass das Nicht-Ich aus dem Ich hervorgehe und dass das Ich seinerseits vom Nicht-Ich bedingt werde. Das ist die Theorie von der gegenseitigen Erzeugung dieser Gegensätze in der Zeit. (…) das Ich ist auf diese Weise zugleich das Nicht-Ich, das Nicht-Ich ist auf diese Weise das Ich. So zeigt sich, dass von zwei entgegengesetzten Betrachtungsweisen jede in gewissem Sinne recht und jede im gewissen Sinne unrecht hat. Gibt es nun auf diesem Standpunkt in Wahrheit noch diesen Unterschied von Ich und Nicht-Ich, oder ist in Wahrheit dieser Unterschied von Ich und Nicht-Ich aufgehoben? Der Zustand, wo Ich und Nicht-Ich keinen Gegensatz mehr bilden, heißt der Angelpunkt des Sinns (*tao*). Das ist der Mittelpunkt, um den sich nun die Gegensätze drehen können, sodass jeder seine Berechtigung im Unendlichen findet.«[290]

Nahezu wortgleich argumentiert Hegel über das Verhältnis von Identität und Nicht-Identität: »indem beide gleich recht haben, haben beide gleich unrecht,

---

290 Chuang-tzu, in *Dschuang Dsi*, Ü.: Richard Wilhelm, Leipzig 1940, S. 14

und ihr Unrecht besteht darin, solche abstrakten Formeln wie *dasselbe* und *nicht dasselbe*, die Identität und Nicht-Identität für etwas Wahres, Festes, Wirkliches zu nehmen und auf ihm zu beruhen. Nicht das eine oder das andere hat Wahrheit, sondern eben ihre Bewegung.«[291] Erst durch den immanenten Gegensinn, also durch das, was eine Sache in ihrer positiven Erscheinungsform *nicht* ist, wird die Dimension ihrer Möglichkeit und ihrer Veränderung mit einbezogen, die große treibende Unruhe in den Dingen.

Nach der Überzeugung Chang Tung-suns entsteht die westliche Identitätslogik aus der Subjekt-Prädikat-Struktur der indoeuropäischen Sprachen: »Das Verbum ›sein‹ hat die Bedeutung des Existierens (...). Weil das Verbum ›sein‹ diese Bedeutung hat, ist das Identitätsgesetz unauflöslich mit der westlichen Logik verbunden. Ohne ›sein‹ kann es kein logisches Folgern geben. Deswegen wird die westliche Logik ›Identitätslogik‹ genannt.«[292]

---

[291] G. W. F. Hegel, *Phänomenologie des Geistes*, Hamburg 1952, S. 49.
Hegels Philosophie ist insgesamt eine Wiederaufnahme und Fortführung der vergessenen Lehre des Plotinos, wie zuvor die Philosophie von Fichte und Schelling. Die Wiederentdeckung des Plotinos in der Romantik gab den amerikanischen »Transcendentalists« – also Alcott, Emerson und Thoreau – die entscheidenden Anstöße.
Die sehr weitgehenden Parallelen zwischen Hegels und Chuangtzus Philosophie sind natürlich den Chinesen nicht entgangen. Vgl. T'ang Chün-i: »Ein Vergleich zwischen der Hegel'schen Metaphysik und Chuang-tzus Metaphysik der Veränderung« in: *Chung-shan Wen-hua Chiao-yü Kwan Chi-kan*, Peking, Bd. 3, Nr. 4, Winter 1936, S. 1301ff.

[292] Chang Tung-sun, op. cit., S. 211. Grundsätzlich erkennt auch Pound eine Trennung von Subjekt und Prädikat, von Gegenstand und Funktion nicht an, eingedenk des von ihm 1919 herausgegebenen Essays von Ernest Fenollosa (1853–1908), der für seine dichterische Theorie von bahnbrechender Bedeutung gewesen ist.

Das europäische Denken hat, ob es von Platon oder Aristoteles herkommt, die Realität immer jenseits und hinter den Erscheinungen gesucht. Aus der formal-logischen Unabdingbarkeit des mit sich selbst identischen Subjekts im Subjekt-Prädikat-Satz ergibt sich fast zwangsläufig die Vorstellung eines Substrats, oder einer zeitlosen, von allen Prädikaten losgelösten Substanz, das jeder Veränderung entzogen ist. Wir sagen: »Der Affe ist braun« und haben damit bereits eine unbeweisbare Prämisse in die Welt gestellt: Indem wir den Affen von seiner Eigenschaft »braun« trennen, haben wir einen Affen-an-sich, einen eigenschaftslosen Affen in die Welt gesetzt. Weil das von seinen Attributen getrennte abstrakte Subjekt für die westliche Satzstruktur unerlässlich ist, drängt sich dem Denken unaufhörlich das Phantom eines Substrats jenseits aller Eigenschaften auf. Egal, ob es sich metaphysisch um den »göttlichen Urgrund des Seins«, epistemologisch um das »Ding an sich« oder naturwissenschaftlich um die »reine Materie« handelt, die größtmögliche Fülle des Seins ist im westlichen Denken so oder so eine Abstraktion. Aus dem Bedürfnis nach einem abstrakten Prinzip außer-

---

»Das Ding als Einzelheit, das ja dem eigentlichen Substantiv entspräche, kommt in der Natur nicht vor«, schreibt Fenollosa. »Wie absurd wäre es doch, wenn wir einen Menschen herausgriffen und ihm erzählten, er sei ein Substantivum, ein totes Ding, statt einer Ballung von Funktionen (…). In allen Sprachen, auch im Chinesischen, ist ein Substantivum ursprünglich ›das, was etwas tut‹, das, was die verbale Funktion ausführt. (…) Die tatsächliche Gleichung des Denkens lautet: ›Der Kirschbaum ist die Gesamtheit seiner Funktionen.‹ Er ist quasi zusammengesetzt aus den zugehörigen Verben« (Fenollosa, dt. u. d. T.: »Das chinesische Schriftzeichen als Organ für die Dichtung« in: *Nō – vom Genius Japans*, op. cit., S. 231, 239, 242, 252)

halb der Zeit, auf das die Pluralität der Erscheinungen reduziert werden kann, entstehen dann so widersprüchliche Systeme wie Materialismus und Idealismus, deren Auseinandersetzung den ganzen Inhalt der westlichen Philosophie ausmacht.

Es gehört somit zum Wesen der formalen Logik, an der Wirklichkeit vorbeizureden und mit einem ständigen Als-ob der Worte zu operieren. Auch Descartes' berühmter »nicht-reduzierbarer« Beweis für die eigene Existenz: *Cogito ergo sum*, »Ich denke also bin ich«, ist eine bloße Tautologie; sie besagt: »Ich bin, weil ich ein Denkender bin« oder, noch schlimmer: »Ich bin, weil ich mich selber denke und keines realen Objektes bedarf.« Der kartesische Beweis tritt auf der Stelle. Ezra Pound parodiert ihn, indem er eine gewisse »Demoiselle X« kläglich einwerfen lässt: »Und ich, Monsieur Descartes, die ich gar nicht denke?«

Gertrude Stein verspottet diese tautologische Stasis mit ihrem berühmten Satz: »a rose is a rose is a rose«, wobei sie insgeheim Friedrich Engels' Ausführungen über die Unterschiede zwischen der dialektischen und der formal-logischen Negation karikiert: »Oder ich negiere den Satz: die Rose ist eine Rose, wenn ich sage: die Rose ist keine Rose; und was kommt dabei heraus, wenn ich diese Negation wieder negiere und sage: die Rose ist aber doch eine Rose? (…) Negieren in der Dialektik heißt nicht einfach nein sagen oder ein Ding für nicht bestehend erklären oder es in beliebiger Weise zerstören. Schon Spinoza sagt: *Omnis determinatio est negatio,* jede Begrenzung oder Bestimmung ist zugleich eine Negation. (…) Es ist aber klar, dass bei einer Negationsnegierung, die in der kindischen Beschäftigung besteht

(...) von einer Rose abwechselnd zu behaupten, sie sei eine Rose und sie sei keine Rose, nichts herauskommt als die Albernheit dessen, der solche langweiligen Prozeduren vornimmt. Und dennoch möchten unsere Metaphysiker uns weismachen, wenn wir einmal die Negation der Negation vollziehen wollen, dann sei das die richtige Art.«[293]

Die dialektische Identität, d.h. die immer wieder an der Identität des anderen, der Negation des eigenen Ich erneuerte Identität ist in dem berühmten Sanskrit-Satz: »tat twam asi« (»das bist du«) auf eine Kurzformel gebracht. Sie läuft wie das Selbstvergessen in der Liebe notwendig auf eine temporäre Preisgabe des Ich hinaus:

amo ergo sum
Canto 80

sagt Pound. Die Liebe im weitesten Sinn ist der eigentliche Motor der *Cantos* und der Selbstverwirklichung Ezra Pounds. Wie nahe Pound noch in den späten *Cantos* an die Formulierung einer dialektischen Identität kommt, in der die beiden Momente der Selbstbestätigung und der Selbstaufhebung in die Einheit seines Seins einbezogen werden, zeigen uns zwei Zitate nach Richard von St. Viktor in Canto *90* und *114*, in denen die formal-logische Aufspaltung der Identität in Subjekt und Prädikat bereits aufgehoben ist. Sie erinnern an Ernst Blochs Kurzformel für seine Philosophie: »S ist noch nicht P«, d.h. das Subjekt ist noch nicht das Prädikat, das Prädikat wird erst im Prozess, bzw. der Praxis, zum Wesensmerkmal:

---

[293] Friedrich Engels, *Anti-Dühring*, Berlin 1970, S. 132

»Aus der Farbe das Wesen
und aus dem Wesen die Zeichnung«
Canto 90

Die Farbe der Blume oder die Zeichnung des Tieres wird hier als aktiver Seinsmodus des Wesens aufgefasst. Auch die Seele des Menschen »ist« demzufolge nicht die Liebe, wie Theologen behaupten, das Lieben ist vielmehr die immanente Verbal-Funktion der Seele:

Nicht Liebe, sondern, dass Liebe ihr austritt
ex animo
und kann sich ergo nicht ihrer selber freuen
sondern einzig der Liebe, die ihr austritt
UBI AMOR IBI OCULUS EST
Canto 90 und 114

(dt.: wo Liebe ist, dort ist auch Wahrnehmungskraft)

Pounds Fehler lag vielleicht darin, dass er die Behauptung seiner schöpferischen Autonomie zur Grundvoraussetzung statt zum Ziel seines Lebensprogramms gemacht hatte. In der tiefen Entmündigung des totalen Ausgeliefertseins an unansprechbare und namenlose Machthaber im Straflager von Pisa und in den langen Anstaltsjahren erfuhr er, wie wenig realen Rückhalt diese Illusion hatte. Er war nun selber dem Ausschluss oder der Negation verfallen. Doch sein mediales und sensibles Ich war im Grunde nicht geeignet, dem Druck dieser äußeren Bedingungen langfristig standzuhalten. Und so erhält sein großes Lebensgedicht – in völligem Gegensatz zur anfänglichen Konzeption der großen weltoffenen Erkundungsfahrt – eine defensive Funktion. Nun kam es ihm, vielleicht verständlicherweise, vor allem auf die Ichbehauptung gegenüber der feindseligen Außenwelt an, und er verlor den dialektischen Ansatz aus dem Griff. Gerade die Identifikationslogik ist aber, gemäß den Untersuchungen des Psychiaters Silvano Arieti, ein Symptom der schizophrenen Denkprozesse, die zu einem »pathologischen Rationalismus« und zur Erstarrung der begrifflichen Welt führen. Die Unwägbarkeiten des Werdens sind in diesem Denken abgespalten und als das »Böse« und das »ganz andere« nach außen projiziert. Und damit wären wir bei dem Gegenthema angelangt, das unter all diesen Ausführungen mitlief: dem Hass.

V. Guido Cavalcanti

1. Guido Cavalcanti und/oder Ezra Pound

Dante Alighieri (1265–1321) gab der frühsten Lyrik italienischer Sprache den Namen *il dolce stil nuovo* (dt: der liebliche neue Stil, *Purgatorio*, XXIV, 57). Zuvor wurde lateinisch gedichtet in Italien.[294] Es gab Vorläufer: An der Wende zum 13. Jahrhundert hatte der hl. Francesco von Assisi (1182 – 1226) im schlichten italienischen Volkston seinen *Cantico del Sole* und seine *Fioretti* verfasst und Dante selber anerkennt in seinem Traktat *De vulgare eloquentia* (»Von der Volkssprache«) den sizilianischen Dichterkreis um Friedrich II. (1194–1250), der in seinen Versen den südlichen Dialekt zum »siciliano illustre« läuterte. Die erste Dichterstimme in dem neuen toskanischen Idiom gehörte Guido Guinizelli (1230–1276), der das

---

[294] Wie in ganz Europa außer der Provence. Diese lateinische Dichtung, häufig von im Latein nur mangelhaft bewanderten Klosterschülern verfasst, entsprach übrigens keineswegs den gehobenen klassischen Normen des Lateinischen, sondern wurde durchaus als lebendiges, gesprochenes Wort empfunden – vor allem natürlich in den studentischen Vagantenliedern der »Goliarden«, aber auch in den komödiantischen Farcen, die in die geistlichen Bühnenspiele eingefügt waren. In der lateinischen Literatur Italiens ist vor allem der Genueser Jacobus de Voragine (1230–1298) mit seiner *Legenda aurea* zu nennen, sowie die Lyriker Jacopone da Todi (1240–1306) und Thomas von Celano (gest. 1306).

Thema der »fin amor« (der hohen Liebe) vom südfranzösischen Frauendienst übernahm, sie aber in den Schlüsselbegriffen der neuen Dichterschule sondierte (als da sind: *essenza, forma, figura, spirito, inteletto, anima, cuore, mente, conoscenza*), um sie in einen universellen philosophischen Rahmen zu bringen. Im angeblichen literarischen Staffellauf der Genies gilt Guinizelli als der Vorläufer Guido Cavalcantis (ca. 1255–1300) – Cavalcanti, dem Dante bescheinigte, er habe den älteren Dichter so weit abgehängt wie Giotto in der Malkunst seinen Vorläufer Cimabue,[295] wobei Dante sich nicht verkneifen konnte, den eigenen literarischen Rekord anzumelden:

er ist schon geboren,
Der beide jagen wird aus ihrem Neste.[296]

Dem mag sein, wie es will. Allerdings machen sich durchaus einige Nachwirkungen von Cavalcantis dichterischem Schaffen in Dantes Epochengedicht, der *Divina Commedia*, bemerkbar. Ein Nachzügler des *dolce stil nuovo* ist Francesco Petrarca (1304–1374), in dessen *Canzoniere* und *Trionfi* die zusehends vergeistigte Liebeslyrik bereits manieristische Züge annimmt. Der »Petrarkismus« wurde zu einem lang anhaltenden Modestil der europäischen Literatur, von Bertolt Brecht in passender Sonettform spöttisch auf den Punkt gebracht:

---

295 Dante Alighieri, *Purgatorio* XI, 94 f.
296 Dante Alighieri, *Purgatorio* XI, 99, Ü.: Wilhelm G. Hertz, *Die göttliche Komödie*, Frankfurt a.M. 1955, S. 188

GUIDO CAVALCANTI UND/ODER EZRA POUND

Über die Gedichte des Dante auf die Beatrice

Noch immer über der verstaubten Gruft
In der sie liegt, die er nicht haben durfte
So oft er auch um ihre Wege schlurfte
Erschüttert doch ihr Name uns die Luft.

Denn er befahl uns, ihrer zu gedenken
Indem er solche Verse auf sie schrieb
Daß uns fürwahr nichts andres übrigblieb
Als seinem schönen Lob Gehör zu schenken.

Ach, welche Unsitt' bracht er da in Schwang
Als er mit solch gewaltigem Lobe lobte
Was er nur angesehen, nicht erprobte.

Seit dieser schon beim bloßen Anblick sang
Gilt, was hübsch aussieht, wenn's die Straße quert
Und was nie naß wird, als begehrenswert.

Bei den Dichtern der toskanischen Schule galt Guido Cavalcanti als unübertroffener Meister der brandneuen Sprache und als unanfechtbare Autorität in Sachen Liebe. Auf beiden Feldern erreichte er bisher nie gekannte Höhen. Cavalcanti schrieb seine Lyrik, die *Rime,* in der Form von Sonett, Kanzone und mit wachsender Vorliebe als Ballate. Seine Verse betören bis zum heutigen Tag durch ihre rhythmische und melodische Vielfalt, eine feingeschliffene Wortwahl und große gedankliche Kühnheit. Berühmt sind seine sinnenfreudige *Pastorella* (»In un boschetto trovai pastorella« – dt.: in einem Wäldchen fand ich die Hirtin), in der er noch einmal unmittelbar auf provenzalische Vorbilder zurückgreift, und die Kanzone *Donna me prega*, die Ezra Pound als Ganzes in seinen Canto 36 aufgenommen hat.

Form und Gedankenführung dieses Lehrgedichts sind tatsächlich einzigartig in der Literatur: In die überaus strenge abstrakte Begrifflichkeit der mittelalterlichen Terminologie bringt Cavalcanti den provenzalischen Tanzschritt seiner Rhythmen und Reime ein, Letztere in einer komplizierten Reimordnung, noch zusätzlich synkopiert durch unregelmäßige Binnenreime. Jedoch handelt es sich in Cavalcantis *Canzone d'amore*, die mit den Worten »Donna me prega« beginnt, nicht mehr, wie bei den Troubadours, um die naive Liebesfeier, sondern um eine kühle und intellektuelle Analyse der psychischen Vorgänge in der Seele des verliebten Mannes. So vielschichtig ist diese Kanzone, dass sie seit ihrer Entstehung im 13. Jahrhundert bis in unsere Tage zu zahlreichen Kommentaren und Auslegungen geführt hat.

Die Lebensdaten, die wir von Guido Cavalcanti besitzen, sind spärlich. Er entstammte einer alten florentinischen Familie und heiratete 1266 oder 1267 die Tochter des Farinata degli Uberti, des Oberhauptes der ghibellinischen Partei in Florenz. Dadurch geriet er in das Zentrum der politischen Intrigen seiner Heimatstadt. Sein Schwiegervater war als Verbündeter des Staufers Friedrich II. von den Guelfen nach Siena verbannt worden, hatte aber 1260 in der Schlacht bei Montaperti mit Hilfe Manfreds, des Sohnes von Friedrich II., Florenz für die ghibellinische Partei zurückerobert, weswegen er mit dem Titel »Retter von Florenz« beehrt wurde. Die Streitigkeiten zwischen Ghibellinen und Guelfen waren damit jedoch noch lange nicht ausgestanden. Ob im Zusammenhang damit oder nicht: Cavalcanti wurde ein Mordversuch an Corso Donati vorgeworfen.[297] Zur Strafe wurde er nach Sarzana in den Maremmischen Sümpfen verbannt. Dante, »sein Freund und späterer Feind« (Pound), stimmte mit den anderen Amtsträgern der Stadt für die Verbannung. In Sarzana holte sich Cavalcanti das Fieber und kehrte todkrank nach Florenz zurück, wo er 1300 starb. Dino Compagni, sein Zeitgenosse, beschrieb seine Persönlichkeit als »cortes e ardito, ma sdegnoso e solitario« (dt.: weltgewandt und leidenschaftlich, aber hochfahrend und einzelgängerisch).

Im April 1910, im Hotel Eden, an der persönlich geheiligten Stätte seiner Inspiration, der Villa Catullo in Sirmione, nahm sich Ezra Pound erstmals vor, das gesamte Werk Cavalcantis zu übersetzen, eine selbstgestellte Aufgabe, an der er sich vierundzwanzig Jahre lang – von 1910 bis 1934 – die Zähne ausbiss. Es war der Anfang von Pounds lebenslangem imaginären Dialog mit Cavalcanti, der sich in zahlreichen Anspielungen und Schlüsselstellen mit den *Cantos* verwoben hat. Den Sommer des Jahres 1910 verbrachte Pound dann in New York immer noch mit der Übersetzung Cavalcantis. Eine Auswahl dieser Übersetzungen veröffentlichte er 1911 in seinen Korrespondentenberichten für die Zeitschrift *New Age* in London. Die erste zweisprachige Auswahl Cavalcantis mit Pounds Übersetzungen erschien 1912 in Boston unter dem Titel: *The Sonnets and Ballate of Guido Cavalcanti*.

---

297 Zu Corso Donato s. Dante, *Purgatorio* 24, Vers 81 f.

Im Jahr 1924 nahm er die Übersetzung der Kanzone *Donna me prega* in Angriff, die erstmals in der Zeitschrift *The Dial* (Juli 1928) erschien. Eine erweiterte Ausgabe, die ursprünglich den Arbeitstitel »The Complete Works of Cavalcanti« trug, folgte 1932 in Genua: *Guido Cavalcanti. Rime.*[298] Die Ausgabe enthielt Pounds Essay »Medievalism«, der zuerst in der Zeitschrift *The Dial* (März 1928) erschienen war und später in seinen Essayband *Make it New* (London 1934) unter dem Titel »Cavalcanti« aufgenommen wurde. Dieser überaus materialreiche Essay enthält u. a. diverse Notizen zu Cavalcantis Vokabular auf Grund verschiedener Kommentare. Ab 1929 begann Pound mit der Überarbeitung seiner ursprünglichen Übersetzung von *Donna me prega*, die als Canto 36 in den *Eleven New Cantos XXXI–XLI* (New York 1934) erschien. Zudem hatte Pound 1932, nach dem *Testament*

---

298 Diese Ausgabe stand unter keinem guten Stern. Sie enthielt 56 bereits gesetzte Seiten einer früher von der Aquila Press (London) geplanten Ausgabe, die einem Bankrott zum Opfer gefallen war. Pound veröffentlichte *Rime* schließlich 1931 auf eigene Kosten in Italien. Das Buch bringt mehr als dreißig Faksimiles älterer Handschriften mit Gedichten und Fragmenten Cavalcantis, die kommentarlos Übersetzungen von Pound gegenübergestellt werden, die von anderen Fassungen des Originals ausgingen. Die Übersetzungen der Jahre 1910–1912 basierten auf der Edition von Francesco Zanzotto (Venedig 1846), später ging Pound zu der älteren Edition von Antonio Cicciaporci (Florenz 1813) über, die zusätzlich eine italienische Übersetzung des lateinischen Kommentars zur *Canzone d'amore* von Dino del Garbo aus dem 14. Jahrhundert enthielt. Die Texte in der Originalsprache halten sich weitgehend an die Editionen von Bernardo di Giunta (1527) und Cicciaporci, nur im Fall der *Canzone d'amore* korrigierte Pound die Edition von di Giunta auf Grund der älteren *Laurenziano*-Handschrift (1435), die er in der Meinung vorzog, dieser Text sei nicht von Klerikern redigiert worden. S. dazu auch: David Anderson, *Pound's Cavalcanti*, Princeton 1983.

de Villon des Jahres 1923, eine zweite Oper, *Cavalcanti*, komponiert, deren Libretto aus Texten von Cavalcanti und dem italienischen Troubadour Sordello besteht.

Bei dem Temperament Ezra Pounds konnte es nicht ausbleiben, dass auch die Gestalt Cavalcantis im Verlauf einer langjährigen Anverwandlung gewisse Veränderungen durchmachte.[299] Vor allem entglitt ihm in den späten *Cantos* allmählich die anfänglich so strikte Absetzung Cavalcantis von Dante, sodass die grundverschiedene Einstellung des älteren Dichters kaum mehr ersichtlich wird. Die Zitate aus den Werken der beiden toskanischen Dichter vermitteln jetzt überall die gleiche mystisch verklärende Botschaft in Bezug auf die Liebe.

Durch alle Wandlungen hindurch jedoch steht Cavalcanti bei Pound für den Geist des Neuen, der Revolution und der Avantgarde. Ein merkwürdiges Zusammentreffen wollte es, dass der Dichter im Sommer 1910, gerade als er in Amerika in die Übersetzung des älteren Dichters vertieft war, zum ersten Mal auf die avantgardistischen Manifeste des Futurismus stieß. In der Artikelreihe, die Pound aus New York für *The New Age* in London schrieb, taucht erstmals der Name »Marinetti« auf, zusammen mit einer durchaus »futuristischen« Vision der Metropole: »Und doch ist Amerika das einzige Land, wo die moderne Architektur etwas Nennenswertes zu entwickeln scheint. Diese Kunst ist zumindest lebendig. […]

---

[299] Zu der abstrusesten Anverwandlung kommt es in Canto 73, wo Cavalcanti postum für den italienischen Faschismus rekrutiert wird. S. *Ezra Pound. Die ausgefallenen Cantos LXXII und LXXIII*, Hg., Ü. und Kommentar: E. Hesse, Zürich 1991

Großstadtnächte wie hier gibt es sonst nirgendwo. Ich habe von den obersten Stockwerken auf die City geschaut. Um diese Zeit begeben sich die gewaltigen Bauwerke ihrer Realität und gewinnen Zauberkräfte. Sie sind unstofflich; das heißt, man sieht nur ihre erleuchteten Fenster. Zahllose flammende Vierecke in Nachtluft gefasst und geschnitten. Das ist unsere Poesie.«[300] Später, als die englische Avantgarde in scharfe Konkurrenz zum Futurismus trat, sollte Pound betonen, dass er die ästhetischen Prinzipien, die seine Dichtung revolutioniert hatten, von Cavalcanti bezogen hätte.

Tatsächlich waren in Pounds Weltanschauung die mittelalterliche Vorstellung von der göttlichen »energeia«, die dem Menschen die Geist-Formen erschließt, in denen sich die Materie verwirklicht, und die futuristische Vorstellung einer Materie, die unsichtbar mit elektrischen Energien aufgeladen ist, eine innige Verbindung eingegangen. Aus Begeisterung für die neuen Formen der Elektrotechnik – die drahtlosen Telegraphie, den Fernsprecher, das Radio, die Kinematographie – wollte Marinetti ja seine Bewegung ursprünglich »Elektrizität« oder »Dynamismus« nennen. Der futuristische Bildhauer Umberto Boccioni schrieb darüber in seinem Manifest des Jahres 1911: »Man muss auch das Unsichtbare ausdrücken, das sich regt und jenseits der Oberfläche lebt, das wir rechts und links um uns haben. [...] Die

---

300 Diese Artikelreihe bestand aus 11 Fortsetzungen, die vom 5. September bis zum 14. November 1912 in der Zeitschrift abgedruckt wurden. Später wurde sie als *Patria Mia* (Chicago 1950) in Buchform veröffentlicht. Dt. u. d. T. *Patria Mia*, Ü.: Hedda Soellner, Zürich 1960, S. 24

futuristischen Maler werden nicht mehr die Natur und die menschlichen Formen auf die Leinwand bannen, sondern sie werden die Vibrationen und die Geschwindigkeit der Formen zeichnen: nicht den Gegenstand also, sondern den Rhythmus des in Bewegung befindlichen Gegenstandes, die Farben und Formen müssen sich also allein ausdrücken, ohne auf die objektive Darstellung zurückzugreifen, und müssen im Maler Formzustände und Farbzustände erzeugen.«[301]

Man vergleiche dazu Ezra Pounds Vorwort zur Cavalcanti-Übersetzung: »So zeigt uns die moderne Wissenschaft das Radium mit einer noblen *virtù* an Energie. Jedes Ding oder jede Person wird so aufgefasst, als ob sie magnetische Kräfte von einer gewissen Wirkung ausstrahlt. […] Es ist eine geistige Chemie, und die moderne Wissenschaft, ebenso wie die moderne Mystik, bestätigen sie. Rodins Glaube, dass Energie gleich Schönheit ist, hat Gültigkeit, insofern alle unsere Vorstellungen von der Schönheit einer Linie irgendwie zusammenhängen mit unseren Vorstellungen von Geschwindigkeit oder zügiger Kraft der Bewegung.« An gleicher Stelle erwähnt Pound die Wechselbeziehungen, »die Swedenborg Korrespondenzen genannt hätte«, was wiederum an die zentrale futuristische Vorstellung von einer »universellen Analogie« zwischen den Dingen rührt. Pound setzte zudem die Sonette und Ballate Cavalcantis in einer recht unorthodoxen Typographie ab, in der die futuristische Forderung einer »typographischen Revolution« vielleicht schon anklingt. Jedenfalls drängt

---

301 Umberto Boccioni, *Manifesto dei pittori futuristi*, 11. Februar 1911

sich ihm angesichts der Philosophie des Lichts aus dem Hochmittelalter der Gedanke einer »drahtlosen Phantasie« auf:

»Ein mittelalterlicher Naturphilosoph würde unsere moderne Welt voller Zauber sehen, nicht nur das Licht in der Glühbirne, auch die Vorstellung des unsichtbaren Stroms in der Luft und im Draht würde seinen Sinn mit Formen angefüllt haben, ›for di colore‹, bzw. in ihren Überfarben. Der mittelalterliche Philosoph wäre wahrscheinlich außerstande gewesen, sich die elektrische Welt vorzustellen, ohne an eine Welt der Formen zu denken.«[302] Für beide Bahnbrecher der Moderne, Ezra Pound und F. T. Marinetti, stand der Begriff der Energie/Energeia also im Brennpunkt ihrer neuen ästhetischen Verfahren, nur dass Pound, nach dem Gesetz, nach dem er angetreten, das Neueste unbedingt als bereits in der Vergangenheit vorgegeben ausweisen musste: »Wir haben jene strahlende Welt verloren, worin ein Gedanke den anderen säuberlich durchschneidet, eine Welt voll bewegender Energien – *'n mezzo scuro luce rade, risplende in sè perpetuel effetto* – Magnetismen, die Gestalt annehmen, die wahrnehmbar werden oder ans Wahrnehmbare angrenzen, der Gegenstand von Dantes *Paradiso*, das Glas, unter Wasser erblickt, die Form, die eine im Spiegel gesehene Form zu sein scheint, diejenigen Wirklichkeiten, deren der Sinn inne wird, die einander durchdringen.«[303]

---

302 Ezra Pound, »Cavalcanti«, op. cit.
303 Ezra Pound, »Cavalcanti«, in: *Make it New,* London 1934. Pounds Tochter, Mary de Rachewiltz, verweist in ihrer Einführung zu den Cantos 72 und 73 auf einen Zusammenhang zwischen Pounds Radioansprachen über Radio Roma im Kriege und Cavalcanti bzw.

In dem Maße, wie Cavalcanti für Pound in seinem Schaffen zum Inbegriff der Avantgarde und somit zu einem Dichter »vom Stamm der eigenen Seele« wird, identifiziert er sich mit ihm auch politisch als klammheimlicher Revolutionär und als Radikaler. Ganz ohne Frage versteht Pound Cavalcanti und sich selber als Teil »jener Verschwörung der Intelligenz«, aus der nach seiner Überzeugung jede wichtige kulturelle Neuerung entsteht, der »dolce stil nuovo« ebenso wie der Aufbruch der literarischen Moderne, an dem er selber so maßgeblichen Anteil gehabt hat.

Dante. Pound habe im Radio als Mittel der Ausstrahlung von elektromagnetischen Wellen eine persönliche Herausforderung an seinen Genius gesehen, da er sie mit der Fortpflanzung des Lichtes (italienisch: *raggiare*) und der Ausbreitung von Strahlen (italienisch: *radiare*) assoziierte.

2. *Ezra Pounds Canto 36*

1 **A** lady asks me
                I speak in season
She seeks reason for an affect, wild often
That is so proud he hath Love for a name
5 Who denys it can hear the truth now
Wherefore I speak to the present knowers
Having no hope that low-hearted
                Can bring sight to such reason
Be there not natural demonstration
10   I have no will to try proof-bringing
Or say that it hath birth
What is its virtu and power
Its being and every moving
Or delight whereby 'tis called »to love«
15 Or if man can show it to sight.

Where memory liveth,
                it takes its state
Formed like a diafan from light on shade
Which shadow cometh of Mars and remaineth
20 Created, having a name sensate,
Custom of the soul,
                will from the heart;
Cometh from a seen form which being understood
Taketh locus and remaining in the intellect possible
25 Wherein hath he neither weight nor still-standing,
Descendeth not by quality but shineth out
Himself his own effect unendingly

Canto 36

1 Weil eine Herrin es befiehlt,
                dass ich erklär
Was oft von Ungefähr das Blut aufwühlt,
Doch von so hoher Art, dass man von »Liebe«
                                spricht –
5 Wer es verkennt, hör denn wie's drum bestellt.
Zwar meine Rede gilt nur dem, der eingeweiht,
Niederem Sinn bleibt für und für verstellt
                dies Argument.
Und was nicht von Natur erhellt,
10   des tret ich den Beweis nicht an
Um darzutun, wo es entfacht,
Was seine Macht und virtù sind,
Wie es sich regt, was seine Wesensart,
Die so betört, dass man es »Lieben« nennt,
15 Und ob's vergönnt, dass man mit Augen es gewahrt.

Wo die Erinnerung lebt,
                bezieht es seinen Stand,
Ist diaphan bewandt, von Licht durchwebt, ein Flor.
Der geht hervor aus einer Trübung, die Mars ausfällt
20 Und die anhält. Es ist erschaffen und mit Fug
                              sinnlich benannt.
Der Seele Hang,
                des Herzens Zug,
Kommt es in Gang durch eine inn-gewordene Form,
Die sich festsetzt als Norm der möglichen Vernunft.
25 In dieser Unterkunft ist es nie erdenschwer
Da es nicht leitet her von Eigenschaft, sondern
                              erstrahlt
In sich allein aus eigener Kraft und so verbleibt –

Not in delight but in the being aware
Nor can he leave his true likeness otherwere.

30 **H**e is not virtue but cometh of that perfection
Which is so postulate not by the reason
But 'tis felt, I say.
Beyond salvation, holdeth his judging force
Deeming intention to be reason's peer and mate,
35 Poor in discernment, being thus weakness' friend
Often his power cometh on death in the end,
Be it withstayed
       and so swinging counterweight.
Not that it were natural opposite, but only
40 Wry'd a bit from the perfect,
Let no man say love cometh from chance
Or hath not established lordship
Holding his power even though
       Memory hath him no more.

45 **C**ometh he to be
       when the will
From overplus
Twisteth out of natural measure,
Never adorned with rest   **M**oveth he changing
                                                                    colour
50 Either to laugh or weep
Contorting the face with fear
       resteth but a little
Yet shall ye see of him   That he is most often
With folk who deserve him

Kent keine Lust, nein, ist vom Schaun gestillt
Und nicht verleibt in irgendeinem Ebenbild.

30 Es ist nicht virtù, doch verwandt dem Ideal,
Nicht sowohl rational, mein ich,
                wie dem Gefühl bekannt.
Gegen den Strich geht es dem eigenen Seelenheil
Da für sein Teil Inbrunst aufwiegt das Walten von
                                          Vernunft
35 Wodurch abstumpft das Urteil des, der zur Laxheit
                                                  neigt.
Ja, seine Macht erzeugt oft einen Tod
Wenn zu erlahmen droht
            Der Ansporn, der einwirkt im Gegensinn.
Nicht so als wär es schlechthin der Natur abhold –
40 Wenn aber ungewollt der Mensch abfiel
Vom höchsten Ziel, tritt ohne Frag
Und klar zutag der Liebe Allgewalt –
Denn ihren Halt an ihm wahrt sie selbst dann
Wenn die Erinnerung ihn abgetan.

45 Sein Wesen stellt sich dar
                als Willensdrang
Von einem Überschwang,
Daß es sogar die Richte der Natur ausklinkt.
Dann, alle Ruhe abgeschminkt, verfärbt bald, bald
                                              erglüht,
50 Lachen und Weh ihm blüht,
Zeichnet ihn Angst,
                hält dieses niemals lang …
Und es befällt zumal, wie man gewahrt,
Menschen von wackerer Art.

And his strange quality sets sighs to move
55 Willing man look into that forméd trace in his mind
And with such uneasiness as rouseth the flame.
Unskilled can not form his image,
He himself moveth not, drawing all to his stillness,
Neither turneth about to seek his delight
60 Nor yet to seek out proving
Be it so great or so small.

He draweth likeness and hue from like nature
So making pleasure more certain in seeming
Nor can stand hid in such nearness,
65 Beautys be darts tho' not savage
Skilled from such fear a man follows
Deserving spirit, that pierceth.
Nor is he known from his face
But taken in the white light that is allness
70 Toucheth his aim
Who heareth, seeth not form
But is led by its emanation.
Being divided, set out from colour,
Disjunct in mid darkness
75 Grazeth the light, one moving by other,
Being divided, divided from all falsity   *hagoromo*
Worthy of trust
From him alone mercy proceedeth.

Go, song, surely thou mayest
80 Whither it please thee

CANTO 36

Das neue Attribut löst Seufzer aus.
55 Es will hinaus auf jene inn-gewordene Spur.
Bald voll Aufruhr, schlägt's um in helle Wut.
(Nur der, dem es bekannt, weiß wie das tut)
Es selber holt kraft seiner Stille alles zu sich herein
Wo es abgelenkt nicht von Lustgewinn
60 Noch erpicht auf Einsicht
Groß oder gering.

Aus gleicher Farb und Seelenart zieht es den Blick
Spiegelt ihm vor, sein Glück wär ausgemacht.
Und also nah gebracht, wird's allen kund:
65 Schönheit, die da den Pfeil geschnellt, macht nicht
                                                            nur wund.
Zagen erhellt, wie es um solch Begehr bestellt.
Der Sinn, den es versehrt, wird tunlich auch
                                                              erquickt.
Doch nimmer wird's erblickt von Angesicht,
Vielmehr erfasst in jenem weißen Licht,
                                             das da die Allheit ist.
70 Die Form, ihr wisst,
Bleibt an sich unsichtbar,
Man nimmt nur wahr was von ihr ausgestrahlt.
Jenseits von Farbgestalt, vom Wesen abgerückt,
Im Trüben halb erstickt,
75 Grenzend an den Lichtrand, greift's ineinand.
Und abgewandt von allem Trug,   *Hagoromo*
Sich selbst genug, verspricht
Nur dies allein ihm Huld und Zuversicht.

Kanzone, magst von dannen ziehn getrost
80 Nach deiner Lust –

For so art thou ornate that thy reasons
Shall be praised from thy understanders,
With others hast thou no will to make company.

»Called thrones, balascio or topaze«
85 Erigena was not understood in his time
»which explains, perhaps, the delay in condemning
him«
And they went looking for Manicheans
And found, so far as I can make out, no Manicheans
So they dug for, and damned Scotus Erigena
90 »Authority comes from right reason,
　　　　　never the other way on«
Hence the delay in condemning him
Aquinas head down in a vacuum,
　　　Aristotle which way in a vacuum,
95 　　Not quite in a vacuum.
Sacrum, sacrum, inluminatio coitu.
Lo Sordels si fo di Mantovana
　　　of a castle named Goito.
»Five castles!
100 »Five castles!«
　　　(king giv' him five castles)
»And what the hell do I know about dye-works?!«
His Holiness has written a letter:
　　　»CHARLES the Mangy of Anjou …
105 … way you treat your men is a scandal …«
Dilectis miles familiaris … castra Montis Odorosii

Ich hab dich ausgeschmückt, dass ohne Fehl
                                        entzückt
Dein Argument den, der sie kennt, die höheren
                                        Weihn –
Mit anderem Volk machst du dich nicht gemein.

»Throne genannt, von Ballasrubin und Topas«
85 Eriugena, zu Lebzeiten nicht verstanden
»Woraus sich vielleicht der verspätete Bannstrahl
                                        erklärt.«
Und sie fahndeten nach Manichäern,
Doch fanden, soweit ich's erkunden kann, keine.
Also gruben sie Eriugena aus und belegten ihn mit
                                        dem Bann.
90 »Autorität entspringt rechter Einsicht
        und nimmer anders herum«
Daher der späte Bannstrahl.
Aquinas koppheister in einem Vakuum,
        Aristoteles – wie rum in einem Vakuum?
95   Nicht eben in einem Vakuum.
Sacrum, sacrum, inluminatio coitu.
Lo Sordels si fo di Mantovana
                        Von einer Burg namens Goito.
»Fünf Burgen!
100 Fünf Burgen!«
        (König übermacht ihm fünf Burgen)
»Was zum Deubel soll ich mit einer Färberei?«
Seine Heiligkeit hat einen Brief verfasst:
                    »KARL, dem Krätzigen von Anjou …
105 … wie Ihr Euren Leuten mitspielt, stinkt zum
                                        Himmel …«
Dilectis miles familiaris … castra Montis Odorisii

Montis Sancti Silvestri pallete et pile ...
In partibus Thetis ... vineland
                      land tilled
110   the land incult
                      pratis nemoribus pascuis
                      with legal jurisdiction
his heirs of both sexes,
  ... sold the damn lot six weeks later,
115 Sordellus de Godio.
      Quan ben m'albir e mon ric pensamen.

Montis Sancti Silvestri pallete et pile ...
In partibus Thetis ... gute Weinlage
                       bestelltes Land
110   Brachland
                  pratis nemoribus pascuis
                  mit Gerichtsbarkeit
seinen Erben beiderlei Geschlechtes
... verkaufte den ganzen Plunder sechs Wochen
                                später,
115 Sordellus de Godio.
        Quan ben m'albir e mon ric pensamen.

Anmerkungen zu Canto 36

Benutzte Quellen:

Ezra Pound, »Cavalcanti 1910/1931«, in: *Make it New*, London 1934; Ezra Pound, *The Spirit of Romance* (1910), Norfolk/Conn., 1952; Ezra Pound, *Guide to Kulchur*, New York 1938; abgekürzt: *MiN, SpR* und *GtK*

Dino del Garbo (gest. 1327), zitiert nach Otto Bird, *The Canzone d'Amore of Cavalcanti, according to the Commentary of Dino del Garbo*, in: *Medieval Studies*, Vol. II, Toronto 1940

Dante Alighieri, *La Divina Commedia*, dt. u. d. T.: *Die Göttliche Komödie*, Ü.: Philalethes, München/Zürich 1960

Marsilius Ficinus (1433–1499), *Commentum in Convivium Platonis* (1469)

Ernest Renan, *Averroès et l'Averroisme*, Paris 1866

Geraldine Gabor und Ernst-Jürgen Dreyer, *Guido Cavalcanti. Le Rime – Die Gedichte*, Ü.: Geraldine Gabor und Ernst-Jügen Dreyer, Nachwort von Geraldine Gabor, Mainz 1991

Ingrid Craemer-Ruegenberg, *Albertus Magnus*, München 1980

Maria Corti, *Donna me prega: La felicità mentale. Nuove prospetti per Cavalcanti e Dante*, Turin 1983

Strophe 1

Donna me prega, – per ch'eo voglio dire
d'un accidente – che sovente – è fero
ed è si altero – ch'è chiamato amore:
    sì chi lo nego – possa 'l ver sentire!
Ed a presente – conoscente – chero,

perch' io non spero – ch'om di basso core
a tal ragione porti canoscenza:
ché senza – natural dimostramento
non ho talento – di voler provare
là dove posa, e chi lo fa creare,
   e qual sia sua vertute e sua potenza,
l'essenza – poi e ciascun suo movimento,
e 'l piacimento – che 'l fa dire amare,
e s'omo per veder lo pò mostrare.[304]

Vers I: Cavalcanti: »Donna«; Pound: »A Lady«: Guido Cavalcantis philosophische Kanzone erklärt sich als Antwort auf eine Frage, die eine Frau dem Dichter gestellt hat, listet aber dann Punkt für Punkt (Vers 11–15) die Fragen auf, die der zeitgenössische Dichter Guido Orlandi in einem Sonett an Cavalcanti gerichtet hatte:

Onde si move e donde nasce Amore?	Woher kommt Amor? Welches ist sein Kern?
Qual è 'l suo proprio, e là 've dimora?	sein Ursprung? und der Ort, an dem er währt?
È e'sustanzia o accidente, memora?	Ists Akzidens? Substanz? was ihn erklärt?
È cagion d'occhi, o è voler di cuore?	Gedächtnis? Augenwerk? des Herzens Stern?

---

[304] Der italienische Text entspricht: *Poeti del Duecento*, Bd. II, Hg.: Gianfranco Contini, Mailand 1960, der besten bisherigen Ausgabe.

Da che procede suo stato o furore	Woher die Wut, die einen, insofern
Come foco si sente che divora?	man seines Zustands ist, wie Glut verzehrt?
Di che si nutre, demand' io ancora,	Wovon ists (frag ich), dass er sich ernährt?
Come, e quando, e di cui si fa signore?	Wie wird er wann und über wen zum Herrn?
Che cosa è, dico, amor? Ha e' figura?	Was ist er? sag ich. Eignet ihm Figur?
Ha per sé per forma, o simiglianza altrui?	Ist er an Form sich oder andern gleich?
È vita questo amore, od è morte?	Ist Leben diese Liebe oder Tod?
Chi 'l serve, dé saver di sua natura.	Wer bei ihm dient, kennt seine Ur-Natur:
Io domando voi, Guido, di lui:	drum frage ich nach jenem, Guido, Euch,
Odo che molto usate in la sua corte.	den er so oft an seinen Hof gebot.[305]

Schon diese Ausgangsposition, in der ein Mann als höchste Autorität in Sachen Liebe eine Frau belehren will (wobei er seine Worte eigentlich an einen anderen Mann richtet), zeigt die Distanz der toskanischen Dichtung des *dolce stil nuovo* zu der provenzalischen Dichtung, an die sie ausdrücklich anknüpft. In Süd-

---

[305] Ezra Pound hat das Sonett von Guido Orlandi 1929 übersetzt und in seinem Essay über Cavalcanti abgedruckt (*Make it New*, S. 405 f. Die deutsche Übersetzung stammt von Geraldine Gabor und Hans Jürgen Dreyer (op. cit., S. 64 f.).

frankreich, wo im 12. Jahrhundert der Frauendienst der Troubadourdichtung entstanden war, hätte man viel eher die Frau als zuständig für die Geheimnisse der Liebe gehalten. Denn hier entschieden die adligen Damen darüber, ob es sich bei der Liebe des Mannes um die *fin amor*, die hohe, ideale Liebe der Achtung und gegenseitigen Zuneigung, handelte, oder um die *vilanie* (Rohheit) der bloßen männlichen Triebentsorgung in der Geistesferne des einseitigen Besitzes und der Erzeugung »seiner« Nachkommenschaft.

Vers 3: Cavalcanti: »d'un accidente«;
Pound: »an affect«.
Pound übersetzt »accidente« mit »affect« unter Berufung auf den Arzt und Gelehrten Dino del Garbo, den frühesten, ja noch zeitgenössischen Verfasser eines ausführlichen lateinischen Kommentars zu Cavalcantis Lehrkanzone. Del Garbo habe »accidente« mit »passio« erklärt. Pound meint, seine Übersetzung »affect« werde zudem gerechtfertigt durch die spätere Definition als »che si sente« in Vers 32 (*MiN*, S. 389).

Cavalcantis »accidente« beantwortet Guido Orlandis Frage: »È e sustanzia o accidente?« und stellt klar, dass die Liebe keine Wesenheit (Substanz), sondern etwas Zufälliges (ein Akzidens) ist – etwas, das der Substanz von ungefähr »passiert« (lat.: accidit) oder passieren kann. Anders gesagt: Die Liebe gehört nicht zum unveränderlichen Sein, sondern zum veränderlichen und zufälligen Dasein. Dadurch entzieht Cavalcanti in seiner Kanzone von vornherein der hochgestochenen dichterischen Personifizierung Amors als einer Gottheit den Boden. Dante nimmt in seiner *Vita nuova*, XXV, die gleiche Dissoziation vor: »Es könnte sein, dass jemand an dieser Stelle stutzig darüber wird, dass ich von der Liebe spreche, als ob es sich um ein Ding an sich handle, als ob sie nicht nur eine geistige, sondern auch eine körperliche Substanz sei. Dies ist aber eigentlich falsch, denn die Liebe existiert nicht in sich, als ob sie eine Substanz wäre, sondern ist ein Akzidens, ein Ungefähr in der Substanz.«

Was hier anklingt, ist jene Hinwendung zur *philosophia naturalis* (im Gegensatz zu der bis dahin alleinherrschenden *philosophia theologica*), die durch die allmähliche Ankunft der naturwissenschaftlichen Werke des Aristoteles über die arabischen und jüdischen Kommentatoren in Gang gebracht wurde. Diese »Kommentatoren« waren keine spitzfindigen Pedanten, nicht nur multikulturelle Schriftgelehrte, sondern eigenständige Denker von Format. Unter ihnen hatte Alfarabi (gest. 950) die epochemachende Unterscheidung zwischen dem Sein (essence) und dem Dasein (existence) getroffen, und zwar aus der Erkenntnis heraus, dass der Begriff des Seienden denjenigen des Daseins nicht notwendig nachzieht. Alfarabi betrachtete das Dasein als Akzidens des Seins, etwas, das dem Sein zukommen kann oder auch nicht.

Vers 3: Cavalcanti: »fero«; Pound: »wild«:
Der Dichter nennt die Liebe »fero« (dt.: wild, roh, ungeschlacht), doch auch (Vers 4) »altero« (dt.: erhaben, edel), denn die *fin amor* der Troubadourlyrik entspringt einem Bereich dazwischen – ihre erste Voraussetzung ist, dass der entflammte Mann auf al-

ANMERKUNGEN ZU CANTO 36

les verzichtet, was ihm automatisch Macht über die Frau verleihen würde: gesellschaftlichen Rang oder Körperkraft. Er stellt damit seine sexuellen Wünsche zurück und besteht die »Probe« (provenzalisch: »assag«, s. S. 23) des aufgeschobenen Begehrens. Erst aus diesem Aufschub (einer »différance« ganz im Sinne von Jacques Derrida) erwacht der »Geist des Liebens«. Die »hohe Liebe« ist eine sinnliche Leidenschaft, die um eine geistige Dimension potenziert worden ist. Dies ist es auch, was Pound als das eigentliche Wesen der provenzalischen Lyrik beschreibt: »(...) eine Proportion zwischen der hohen Sache in der Vorstellung und der niederen Sache für den unmittelbaren Konsum« (*MiN*, S. 347). Die erotische Dimension der Liebe erblüht nur aus dem Zwischenbereich von Sinnlichkeit und Geistigkeit – sie ist »Meta-Physik« und stellt sich dar als »joye«. Anders als das moderne Wort »joy« (dt.: Freude) bedeutet das Wort im älteren Sinne einerseits die Lust zu lieben und andererseits das Leiden an der Liebe als einem unstillbaren Begehren. »Joye« kommt aus der Unmöglichkeit einer sexuellen Vereinigung zwischen dem dichtenden Vasallen und der verheirateten adligen Dame. Erst aus dieser Lust und Qual entsteht die Sprache der Liebe, die die Sprache der Gedichte oder der Seufzer ist: »Aus meinen großen Schmerzen mache ich die kleinen Lieder«, schreibt sehr viel später Heinrich Heine ganz im Sinne der provenzalischen »joye« (s. Anm. zu Vers 54).

Vers 4: Cavalcanti »amore«; Pound »Love«:
»Amore« ist im Italienischen entweder Person oder Begriff, wie Geraldine Gabor in ihrem Nachwort er-

klärt: »je nachdem man als Dichter von ›ihm‹ oder als Philosoph von ›es‹ spricht«. Das Gemeinte wird im Allgemeinen durch die Groß- oder Kleinschreibung »Amore« oder »amore« klargestellt. Die überlieferten Handschriften von Cavalcanti geben in dieser Beziehung jedoch keinen verlässlichen Anhalt. Immerhin nennt der Dichter die Liebe, das eigentliche Thema der Kanzone, nur dies eine Mal, im übrigen Text spricht er durchgehend von »es« (it.: lo). »Gemeint ist also nicht etwa Amor, nicht einmal die Liebe, sondern das ›Akzidens‹« (Gabor, S. 234, 252).

In seiner englischen Version verliert Pound diesen Umstand aus den Augen und spricht wiederholt von »he« (er), wobei nicht immer deutlich wird, ob die Liebe oder der Liebende gemeint ist. Insofern sich Cavalcantis Text ausschließlich auf die männliche Libido konzentriert, hat das sogar eine gewisse Berechtigung. 1910 schreibt Pound: »Da gibt es die letzte Evolution von Amor bei Guido und Dante zu einem neuen heidnischen Gott, weder Eros noch ein Engel aus dem Talmud« (*SpR*, S. 92).

Die deutsche Übersetzung hält sich in diesem Punkt eher an Cavalcanti und bleibt bei »es«, denn im Deutschen ist die Liebe, anders als in den meisten romanischen Sprachen (mit Ausnahme des Provenzalischen), Femininum, was weiteren Unschärfen Vorschub geben würde.

Vers 6–8: Cavalcanti: »conoscente«;
Pound: »present knowers«:
Cavalcanti betont, dass seine Lehrkanzone sich ausschließlich an die kleine Schar der *fedeli d'Amore* (dt.:Vasallen Amors, nach Dante, *Vita nova, I*) wendet,

also an den elitären Freundeskreis von zeitgenössischen florentinischen Dichtern, die sich als kundig in Sachen der Liebe verstehen. Erste Vorbedingung für jedes Gespräch über die hohe Liebe ist die edle Gesinnung des Mannes. Dem niederen Sinn kann eine Leidenschaft, die auf den Nutzwert der Frau für den Mann verzichtet, überhaupt nicht plausibel gemacht werden. Als weitere Bedingung für ein Gespräch über die Liebe wird die gemeinsame Begriffswelt vorausgesetzt, denn als »conoscente« im Sinne dieser »wissenschaftlichen« Diagnose der Liebe können nur diejenigen gelten, die hinlänglich in der scholastischen Psychologie und den aristotelischen Texten der arabisch-jüdischen Kommentatoren beschlagen sind – was übrigens die in Vers 1 angesprochene »Donna« als Gesprächspartnerin von vornherein ausschließt, denn die Bürgersfrauen der Toskana waren dem zeitgenössischen Diskurs über die drei großen Denksysteme des 13. Jahrhunderts: Aristotelismus, Scholastik und Averroismus, schwerlich gewachsen.

Die toskanische Lehrmeinung von der hohen Liebe erklärt sich somit als elitäre und hermetische Wissenschaft. Auch darin liegt ein Grundunterschied zu der provenzalischen Dichtung, die sich ausdrücklich als eine Kunst des »trobar clus« (dt.: des Schlüsselfindens, wovon die Bezeichnung »Troubadour« abgeleitet ist) verstand. Anders als in der Toskana hatten diese Heimlichkeiten jedoch keinen elitären oder intellektuellen Beigeschmack, sie entsprangen vielmehr dem Umstand, dass sich die Troubadourlyrik grundsätzlich gegen die geheiligte Institution der Ehe richtete und damit klammheimlich in die Nähe der katharischen »Kirche der Liebe« geriet.

Ezra Pound für sein Teil sieht in diesen Versen Cavalcantis seine Überzeugung bestätigt, dass jede große revolutionäre Wende in der Geschichte durch eine »Verschwörung der Intelligenz« bewirkt werde.

Vers 9–10: Cavalcanti: »natural dimostramento«; Pound: »natural demonstration«: Sensationellerweise will Cavalcanti in seinem Text eine »naturwissenschaftliche« Beschreibung der Liebe vorstellen, ohne sich auf klerikale Autoritäten oder göttliche Offenbarungen zu berufen – reinster Avantgardismus. Bis zum zwölften Jahrhundert hatte der scholastische Rationalismus vorgeherrscht, doch mit der Ankunft der bisher unbekannten aristotelischen Texte wurde der Begriff der Natur allmählich aufgewertet.

Cavalcanti stützt sich in seinen Ausführungen weitgehend auf die Schriften von Albertus Magnus, den Grafen von Bollstädt (1193–1280), der sich zum Ziel gesetzt hatte, den ganzen Aristoteles dem Abendland zugänglich zu machen. Mit seinen philosophischen und theologischen Schriften begründete dieser große Denker (der sich dabei vor allem an Avicenna hielt) die entscheidende Bedeutung des Aristoteles im Denken seiner Zeit. Von großer Tragweite war vor allem die naturwissenschaftliche Ausrichtung des Albertus, der den kühnen Satz aufstellte: »experimentum solum certificat in talibus« (dt.: »in solchen Dingen gibt einzig das Experiment den Ausschlag«). Dazu erläutert Josef Pieper: »Das bedeutet nichts weniger, als dass soweit die Erfahrung zu dringen vermag, die Unabhängigkeit des mündigen Menschen gegenüber jeder denkbaren Autorität etwas Selbstverständliches sei (…) Für Albertus ist es einfach selbstverständlich, theologische Argumente innerhalb der naturwissenschaftlichen Erörterung abzulehnen« (J. Pieper: *Scholastik*, München 1960, S. 157, 159). In diesem Sinne sammelte und ergänzte Albertus in seinen naturwissenschaftlichen Werken kritisch die Forschungsergebnisse, die Aristoteles und die arabischen Kommentatoren niedergelegt hatten. Seine eigenen vielseitigen Kenntnisse auf den Gebieten der Chemie, Physik, Botanik und Mechanik erregten das Staunen seiner Zeitgenossen, die ihm deswegen den Beinamen *doctor universalis* verliehen. Viele Legenden rankten sich um die Person des Albertus, so soll er einen Roboter als Türöffner konstruiert haben, über den sein Schüler Thomas von Aquin dermaßen erschrak, dass er ihn mit seinem Stock zerschlug. Das einfache Volk sah in dem frommen Mann gar einen Magier und übertrug Züge seines Charakters auf die Figur des Dr. Faustus.

Vers 11–15: Cavalcanti: »di voler provare«;
Pound: »proof-bringing«:
Wie für ein mittelalterliches Traktat listet Cavalcanti nun die Fragen auf, die er im Folgenden abhandeln wird. Es sind die Fragen, die ihm Guido Orlandi (s. Anm. zu Vers 1) gestellt hat. In jeder Strophe seiner Kanzone wird er zwei Fragen beantworten:

in **Strophe II**: wo die Liebe ansetzt und wer sie erzeugt;
in **Strophe III**: was ihre *virtù* und Wirkung ist;
in **Strophe IV**: was das Wesen der Liebe ist und wie sie sich zeigt;

in **Strophe V**: was den Reiz der Liebe ausmacht und
ob sie dem Auge wahrnehmbar ist.

Mit der Vokabel »amare« (dt.: lieben) spielt Cavalcanti wahrscheinlich auf die mittelalterliche Ableitung des Wortes vom lateinischen »hamare« (dt.: mit dem Angelhaken fangen) an. Pound seinerseits betont, dass Cavalcanti mit der Verbalform »amare«, statt der Substantivform »amore«, den Akzent auf die zeitliche Funktion lege.

Strophe II
>   *In quella parte – dove sta memora*
> *prende suo stato, – sì formato, – come*
> *diaffan da lume, – d'una scuritate*
>   *la qual da Marte – vène, e fa demora;*
> *elli è creato – ed ha sensato – nome,*
> *d'alma costume – e di cor volontate.*
>   *Vèn da veduta forma che s'intende,*
> *che prende – nel possibile intelletto,*
> *come in subietto, – loco e dimoranza.*
> *In quella parte mai non ha possanza*
>   *perché da qualitate non descende:*
> *resplende – in sé perpetual effetto;*
> *non ha diletto – ma consideranza;*
> *sì che non pote largir simiglianza.*

Vers 16–17: Cavalcanti: »memora«;
Pound: »memory«:
Cavalcanti bedient sich in seiner Kanzone der scholastischen Psychologie, die letztlich auf Aristoteles' Schrift *De anima* zurückgeht. Grundsätzlich wird hier die »Seele« oder der »Intellekt« (die beiden Bezeich-

nungen sind im mittelalterlichen Gebrauch praktisch synonym) als eine psycho-physische Einheit aufgefasst, in der jedoch unterschiedliche Funktionen und Instanzen oder »Potenziale« wirksam sind. Von Aristoteles selber stammt die Unterscheidung zwischen der Wirkungsweise des »passiven« und des »aktiven« Intellekts. Für ihn ist die Seele zunächst rein passiv. In ihrer passiven Funktion nimmt sie die Sinneseindrücke auf und speichert sie in der Einbildungskraft, wo sie als potenzielle Inhalte der »möglichen« Vernunft verbleiben, bis sie von der aktiven Vernunft aus dem Zustand der bloßen Möglichkeit in bewusste Denkgehalte überführt und so »verwirklicht« werden. Für die neu-aristotelischen Kommentatoren lag das philosophische Problem in der Bestimmung der richtigen Relation zwischen körperlicher Sinneswahrnehmung und geistigem Denkinhalt bzw. in der Relation zwischen Außen- und Innenwelt oder, anders gesagt, zwischen der »passiven«, »möglichen« und der »tätigen« Vernunft.

In (grober) Vereinfachung stellt sich der Vorgang der Erkenntnis innerhalb dieses begrifflichen Rahmens wie folgt dar: Eine sinnliche Wahrnehmung wird, ehe sie die Ebene der möglichen Vernunft erreicht hat, nicht geistig verarbeitet oder erkannt, sie ist ein bloßer Schatten: ein *phantasma* oder ein *image* (bildhafter Eindruck), der in der Einbildungskraft und der Erinnerung verbleibt. Dieser Eindruck wird durch die tätige Vernunft in einem Prozess der Abstraktion von allen zufälligen materiellen Bedingungen geläutert und klassifiziert. Dadurch erreicht der bildhafte Eindruck die Ebene der *species intelligibilis* und kann nun begriffen und im Geist behalten werden. In der *species intelligibilis* ist die Vorstellung ein sinnlicher-entsinnlichter Eindruck (ein *image*) des äußeren Objekts, das vom *intellectus agens* überformt worden ist.

Diesen Prozess, der aus dem Spannungsfeld zwischen Potenzialität und Aktualität entsteht, wendet Cavalcanti nun auf das Phänomen der Liebe an. Das erste potenzielle Stadium der Liebe bezeichnet er als ein Wissen *a priori*: Die Liebe erwacht auf Grund von Vorstellungen, die sich die Seele aus früheren Sinneseindrücken geschaffen hat. Das, was wir erinnern, bildet somit eine Spur (»une trace« heißt man das im aktuellen französischen Diskurs), die sich der Seele eingeschrieben hat und die Wahrnehmungen der Gegenwart mitgestaltet. In der Erinnerung präexistiert die Liebe und verbleibt dort auf Abruf als permanente Möglichkeit der Seele. Wenn die Idealform also wie Cavalcantis »amore« potenziell da ist, ehe sie verwirklicht wurde, so prä-existiert dennoch in einem gewissen Sinne das Aktuelle, da es als Endziel bereits in der Potenzialität angelegt war, noch ehe der Prozess der Verwirklichung in Gang gekommen ist. Aus der Wechselwirkung zwischen Erinnerung, also innerer Wahrnehmung, und äußerer Wahrnehmung erwacht sodann die Liebe zur Aktualität.

»Die Erinnerung bewahrt *phantasmata*«, hatte Albertus geschrieben und erklärt, dass die Einbildungskraft aus den Sinnenbildern die platonischen Formen abstrahiert und zusammenstellt, die in der möglichen Vernunft gespeichert werden. Nach der scholastischen Psychologie gibt es drei Seelenschichten im Menschen: die rationale Seele (*anima rationalis*), die sensitive Seele (*anima sensitiva*) und die vegeta-

ANMERKUNGEN ZU CANTO 36

tive Seele (*anima vegetativa*). In der sensitiven Seele bewahrt die Erinnerung Eindrücke, die in sich selber keine reinen *intelligibilia* (allgemeine geistige Inhalte) sind, sondern *images* – einzelne Eindrücke, die von der Phantasie unter Hinzuziehung der spekulativen Vernunft hervorgebracht werden. Die »spekulative« Vernunft ist hier der *intellectus agens* in Aktion, also im Prozess der Übermittlung der Geist-Formen an die mögliche Vernunft der Einzelseele.

Das Objekt der Liebe in dieser ersten potenziellen Phase ist somit keine wirkliche Frau, sondern eine ideale Vorstellung. Ein solches Liebesobjekt ist nur seiner äußeren Entstehung nach sinnlicher Natur, die innere Sehnsucht danach aber ist bereits geistiger Natur. Aus den Rückständen der Wahrnehmung (»the residue of perception«, sagt Pound, *MiN*, S. 348) haben sich in der Erinnerung platonische Formen oder Urbilder festgesetzt, die in den Bereich des *Nous*, des universalen Intellekts, hinüberspielen.

Vers 18: Cavalcanti: »diaffan da lume«;
Pound: »a diafan from light« (von gr.: »diaphanas«, dt.: durchscheinend):
Der Begriff des Diaphanen stammt von Aristoteles, der davon ausging, dass das Auge Licht nicht sehen könne, sondern nur Farbe (gr.: *chroma*), also Lichtbrechung. Albertus folgt ihm darin und kommentiert: »et lumen est receptus habitus in natura diaphani, et lumen est actus eius et perfectio eius secundum quod est diaphanum: potentia autem lucidum est id subiectum quod est luminis et tenebrarum«, Albertus, *De anima*, II, III, cap. viii, § 69 (dt.: »und das Licht ist

der aufgenommene Zustand in der diaphanen oder durchscheinenden Natur, und das Licht ist ihr Wirken und ihre Vollendung nach dem Wesen dessen, was das Diaphane bildet: die Potenz oder die Möglichkeit des Leuchtens ist dem unterworfen, was sowohl das Licht wie das Dunkel umfasst«).

Das Diaphane, zu ungleichen Teilen aus Licht und Dunkel bestehend, ist nach scholastischem Verständnis das eigentliche Medium der Sichtbarkeit, weil ein diaphaner Körper (Wasser, Luft, Kristall) im Grunde dunkel ist und erst durch einen Lichteinfall sichtbar wird. In der mittelalterlichen Lichtmetaphysik steht die Diaphanie für das Sichtbarwerden des Unsichtbaren, also für die wie immer unvollkommene Erscheinung der platonischen Ideenwelt in der Zeitlichkeit. Schon Aristoteles hatte das Licht als *forma* oder *actus* bezeichnet (*De anima* II, 7). Für uns handelt es sich bei der Diaphanie um einen recht diffizilen Begriff, weil das Licht hier nicht nur physikalisch, sondern zugleich auch metaphorisch verstanden wird: Licht ist immer auch das Licht der ersten Ursache und somit das metaphysische, intellektuelle und schöpferische Prinzip des Neuplatonismus, das mit dem *intellectus actus* identisch ist. Pound nennt es »das Licht der Intelligenz« und zitiert aus Ernest Renan: »L'intellect agent s'unit au possible, si comme la lumière au diaphane« (dt.: Der *intellectus agens* verbindet sich mit dem Potenziellen wie das Licht mit dem Diaphanen, *MiN*, S. 390).

Cavalcanti verlegt diesen Vorgang kühn in die Seele des zur Liebe veranlagten Mannes und sagt, so wie das Licht die Form nur im Helldunkel des Diaphanen aktualisieren kann, so kann die Liebe ihre platonische Idealform nur in einem positiv-negativen »chiaroscuro« manifestieren, in dem sich Licht und Schatten gegenseitig durchdringen. Im ersten Stadium der Liebe überformt das Licht der primären Intelligenz die Materie und bringt sie zu ihrer virtuellen Gestalt. Das Diaphane sollte zu einem Schlüsselbegriff der *Cantos* von Ezra Pound werden (s. Cantos 72, 73, 83, 93, 95, 100).

Vers 19: Cavalcanti: »da Marte«; Pound: »of Mars«: Wie das Diaphane zum einen Teil aus Licht und zum anderen aus Dunkelheit besteht, so wird die Anlage zur Liebe nur durch eine »Trübung« in die Wirklichkeit (*actus*) umgesetzt. Dieser Vorgang ist gleichsinnig mit dem Prozess des metaphysischen und schöpferischen Lichts, das alle Dinge über die Zwischeninstanzen der konzentrischen Sphären der Planeten erschafft. Diese himmlischen Motoren (auch »Intelligenzen« oder »Engel« genannt) bewirken aber eine zunehmende »scuritate«, eine gradweise Verdunkelung oder Trübung des Lichts. Das vom Urgrund ausgestrahlte schöpferische Licht erzeugt jede Daseinsebene sozusagen im Schlagschatten der darüberstehenden Sphäre, sodass das Licht diaphan, und das heißt hier dunkler, wird. Das Licht erschafft zwar die unsterblichen Seelen unmittelbar, ihre Körper indessen nur mittelbar über den Einfluss der Sphären, die das Licht verdunkeln: »Omne autem quod determinatum est mixtione et complexione primarum qualitatum est attributum septem sphaeris planetarum«, schreibt Albertus, *Metaphysicorum*, XI, ii, cap. xxv (dt.: »Alles, was bestimmt oder greifbar ist, besteht aus einer Mischung und Verbindung dessen, was den sieben Sphären und den sieben Planeten zugeschrieben wird«).

Bei Cavalcanti wirft der heftige und leidenschaftliche Planet Mars seinen Schlagschatten über die Sphäre der sinnlichen Venus und verursacht so die »Umnachtung« des Liebenden, wie sie in Strophe IV beschrieben wird. Der Einfluss des Mars wirkt sich auf den Willen aus, er zeigt sich in der *irascibilitas*, die den *animositas ardor* (dt.: die brennende Gefühlsaufwallung) auslöst, s.a. Albertus, *De anima* III, iv, cap.i, §42. Dazu schreibt Pound: »›Da Marte‹: ich nehme an als ›Impuls‹. Auf jeden Fall existiert eine neuplatonische Abstufung der Geisteskräfte in dem Maße, in dem der Geist durch die sieben Sphären in die Materie herabsteigt über den Kreis des Krebses: in Saturn, die Vernunft; in Jupiter, das Praktische und Moralische; in Mars, das Heftige; in Venus, das Sinnliche« (*MiN*, S. 388).

Der in Vers 18–19 beschriebene psychologische Vorgang wäre also folgender: das Objekt der Liebe in ihrer ersten potenziellen Phase ist ein imaginäres Bild der idealen Weiblichkeit, das der spekulative Intellekt des Mannes aus seinen *phantasmata* erstellt hat. Seine Anlage zur Liebe erwacht dadurch, dass das Licht der Intelligenz die Vorstellung der Schönheit in seinem Sinn aufleuchten läßt. Schönheit wohnt nun in der möglichen Vernunft als Begriff, in der Erinnerung als Vorstellung. Die Liebe wird ins Dasein gerufen durch Licht, das auf die innere Wahrnehmung direkt einwirkt, aber durch die äußere Wahrnehmung, wo es getrübt ist, nur indirekt.

Vers 20: Cavalcanti: »creato«; Pound: »created«:
Die Liebe des Mannes zur Frau gehört in die Kategorie des Erschaffenen, der Kreatur, nicht in die Kategorie des wandellos Seienden. Sie ist keine Substanz, sondern ein Akzidens in der Substanz, etwas, das »von ungefähr« geschieht, ist also von zeitlich bedingter und vergänglicher Natur. Als Leidenschaft der *anima sensitiva* hat die Liebe einen sinnlichen Namen (»sensato nome«), der nach dem üblichen Sprachgebrauch das sexuelle Begehren bezeichnet; als *phantasma* bildet sie eine Gewohnheit der sensitiven Seele (»d'alma costume«) und ist ein Verlangen des Herzens (»cor volontate«), dem Sitz aller sinnlichen Leidenschaften.

Vers 23: Cavalvanti »veduta forma«;
Pound: »a seen form«:
Das Objekt der Liebe in dieser ersten Phase ist ein entmaterialisiertes Bild der Schönheit, das die *anima sensitiva* erstellt hat. Dies Urbild in der inneren Wahrnehmung leitet über zum eigentlichen Ort der menschlichen Erkenntnis, der *anima rationalis*, die ihrerseits zusammengesetzt ist aus dem *intellectus possibilis* und dem *intellectus agens*.

Das potenzielle Liebesobjekt steht somit auf der höchsten Erkenntnisebene, der Ebene der platonischen *forma*, und hat sich als allgemeingültige Vorstellung der möglichen Vernunft eingeschrieben. Anders gesagt: die Liebe entsteht, wenn das Licht der Intelligenz auf das schöne Objekt gefallen ist, das nun in seiner Lichtform in der Seele erstrahlt – als Urbild, nicht als Abbild. Liebe wird ins Dasein gerufen durch »lome«, das metaphysische Licht, das auf das innere Sinnesvermögen direkt einwirkt und die ganze Welt alsbald in auratischem Glanz aufleuchten lässt. Die Seele wendet sich kontemplativ zur Einheit der Geist-Formen im *Nous* zurück und wird »in-formiert«, also seinserfüllt.

Diese Rückwendung zum *Nous* über die »veduta forma« liegt auch dem Begriff des Schönen in Pounds *Cantos* zugrunde. Pound leitet ihn von Plotinos her und verbindet ihn mit der Philosophie von Robert Grosseteste.

Vers 24–25: Cavalcanti: »nel possibile intelletto«, Pound: »in the intellect possible«:
Die »mögliche Vernunft« ist für Averroës ihrem Wesen nach universal: Sie ist die Weltseele, in der die individuelle Seele sich nach ihrem Tod wieder auflöst, eine Auffassung, die der christlichen Lehre von der Unsterblichkeit der einzelnen Seele diametral entgegengesetzt ist. Der averroistische Monopsychismus ist denn auch der häretische Kern jedes Pantheismus. Maria Corti legt ihrerseits diese Worte Cavalcantis radikal averroistisch aus als »die Negation der anima intellectiva im einzelnen Subjekt«.

Cavalcanti: »come in subietto«; Pound: »wherein«:
Eine schwierige Stelle. Wörtlich übersetzt lautet sie: »die im möglichen Intellekt als in ihrem Subjekt Ort und Wohnsitz bezieht.« Wir finden jedoch einen ähnlichen Gebrauch des Wortes »Subjekt« bei Dante in *Paradiso 2*, Vers 107: »della neve riman nudo il suggetto« (dt.: »Was unterm Schnee gelegen hat, entblößet / von seiner frühern Farbe bleibt und Kälte«). Das »Subjekt«, das ist hier das Wasser, wird abgetrennt

von seinen zufälligen Eigenschaften des Wassers-als-Schnee, also von Weiße und Kälte.

Cavalcanti: »in quella parte«; Pound: »taketh locus«: Das Objekt der inneren Sinne ist keine wirkliche Frau, sondern ein Abglanz der idealen Schönheit. Cavalcanti betont noch einmal die bleibende Natur des inneren Urbilds, das auf Abruf in der Einzelseele verharrt und auf keinen Fall verwechselt werden darf mit seinem zufälligen Abbild, dem der Mann in der Realität begegnen mag und das ihn dann zu heftiger Leidenschaft entflammt (s. Canto 51, Vers 51–54). Die mögliche Vernunft, in der sich das Idealbild festgesetzt hat, ist als intellektuelle Fähigkeit nicht anfällig für die Leidenschaft. Da sie ein Schemen bleibt, unabhängig von körperlichen Eigenschaften, hat die objektlose Liebe im ersten Stadium ihrer Vollendung keine »possanza« (dt.: Macht) oder nach einer anderen Lesart, die Pound übernimmt, keine »pesanza« (dt.: Schwere). Sie findet ihre Erfüllung nicht in heftiger Aktivität, sondern in der stiller Kontemplation der *forma*. Über die beiden Phasen der Vollendung schreibt Thomas von Aquin (in einem anderen Zusammenhang): »Forma autem est perfectio prima, sed operatio est perfectio secunda«, *Comm. Ethic* I, Lectio 10 (dt.: »Die Form stellt die Vollendung im ersten oder eigentlichen Sinn dar, aber das Handeln ist die zweite Vollendung«).

Vers 29: Cavalcanti:»simiglianza«;
Pound: »true likeness«:
Der mittelalterliche Begriff der »similihido« geht davon aus, dass jede *forma* ihr eigenes Abbild erzeugt oder ausstrahlt. Solange die Liebe aber nur dort verweilt, »wo die Erinnerung lebt«, bleibt sie abstrakt und bewirkt keine Regung der äußeren Sinne. Es stellt sich kein Ebenbild oder Vergleich ein zwischen dem Idealbild und der Frau von »simil complessione« (Vers 62). Kurzum, die Liebe ist hier keine Quelle der Lust, sondern Gegenstand der stillen Kontemplation.

Strophe III

> *Non è vertute – ma da quella vène*
> *ch'è perfezione – (ché si pone – tale),*
> *non razionale, – ma che sente, dico;*
>   *for di salute – giudicar mantene,*
> *ché la 'ntenzione – per ragione – vale:*
> *discerne male – in cui è vizio amico.*
>   *Di sua potenza segue spesso morte,*
> *se forte – la vertù fosse impedita,*
> *la quale aita – la contraria via:*
> *non perché oppost' a naturale sia;*
>   *ma quanto che da buon perfetto tort'è*
> *per sorte, – non pò dire om ch'aggia vita,*
> *ché stabilita – non ha segnoria.*
> *A simil pò valer quand' om l'oblia.*

Vers 30–32: Cavalcanti: »vertute«; Pound: »vertu«:
Lat.: »virtù«, it.: »vertute«, bedeutet sowohl »Tugend« wie auch »Virtualität«, also die einer Sache innewohnende Kraft zur Selbstverwirklichung oder ihr

»Potenzial« – das, was Ernst Bloch »Wirkkraft« nennt und was Cavalcanti unter *perfectione* (Kraft zur Vollendung) versteht. Die »virtù« der Eichel etwa wäre die in ihren Genen angelegte spezifische Gestalt des Baumes und seiner Blätter. So sieht es auch Pound, der »vertu« in Übereinstimmung mit der aristotelischen Entelechia definiert als »an interactive force« (dt.: eine wechselseitige Kraft; *MiN*, S. 348), eine Kraft, die er vor allem dynamisch, als verbale Funktion begreift, s.a. Canto 74: »im Licht des Lichtes ist die virtù« und Canto 91 mit dem einrahmenden Zitat des Richard von St. Victor aus *Benjamin Minor* (ed. J. P. Migne, Paris 1835): »Animus humanus amor non est, sed ab ipso amor procedit (…) Nicht Liebe, sondern, daß Liebe aus ihr entspringt / ex animo / und kann sich ergo nicht ihrer selber freuen / sondern einzig der Liebe, die aus ihr entspringt. / UBI AMOR IBI OCULUS EST«.

Die Liebe, die selber keine Tugend, aber irgendwie doch mit der Tugend verbunden ist, stellt uns vor einige Probleme. Dino del Garbo erklärt in seinem lateinischen Kommentar zu der Strophe, Guido sage uns hier, dass die Liebe an sich keine Tugend sei, aber aus der Wirkungsweise einer bestimmten Tugend hervorgehe. Sie ist keine jener Tugenden, die eine intellektuelle Haltung (lat.: *habitus*) darstellen, da sie, wie in Strophe II gesagt wurde, im möglichen Intellekt verharrt. So ist sie auch keine moralische Haltung, denn die erfordert, dass das Verlangen (der *appetitus sensitivus*) von der Vernunft gelenkt wird, was auf die leidenschaftliche Liebe nicht zutrifft.

Cavalcanti »perfezione«; Pound »perfection«:
Die Liebe stammt nicht aus der rationalen, sondern aus der sensitiven und sensorischen Kraft der Seele. Diese stellt laut Averroës im Menschen und anderen Lebewesen die eigentliche Wesensform und die Vollkommenheit des Körpers dar. Die appetitiven Funktionen der Seele sind an sich gut und sogar in einem gewissen Sinne vollkommen, solange sie ihrem vorgegebenen Zweck dienen. Die Kraft oder virtù der Liebe ist darüber hinaus auf einer höchsten entmaterialisierten Ebene auch mit der Idee der Schönheit verquickt, wiewohl sie der Sinnlichkeit (Vers 32: »che sente«) verhaftet bleibt. Albertus Magnus und Thomas von Aquin gestehen der Materie verschiedene Grade der Vollendung zu. So schreibt Aquinas: »in materia considerantur diversi gradus perfectionis, sicut esse, vivere, sentire et intellegere«, *Summa theologica*, I, Q, lxxxvi, Art. IV (dt.: »in der Materie lassen sich verschiedene Grade der Vollendung feststellen, nämlich das Sein, das Leben, das Fühlen und das Verstehen«). Und Albertus: »anima est perfectio prima animati corporis, et vegetari et sentire et intellegere sunt perfectiones secundae«, *Physicorum*, III, i, cap.ii §3 (dt.: »die Seele ist die erste Vollendung des lebendigen Körpers, das Leben – im Sinne des Vegetierens – und das Fühlen und das Verstehen sind die Vollendung im zweiten – abgeleiteten – Sinne«).

Cavalcanti: »che sente«, Pound: »'tis felt«:
Dennoch geht die Liebe aus einer allgemeineren Art der Tugend hervor, nämlich aus dem sensitiven Vermögen der Seele: »Liebe entsteht aus der Regung einer sensitiven Kraft der Seele, denn, wie gesagt,

Liebe ist eine Leidenschaft des sensitiven Verlangens [der Appetenz], das aus der Wahrnehmung einer Form erst durch die äußeren und dann durch die inneren Sinne hervorgerufen wird. Somit gibt es in der Liebe eine zweifach sensitive Leidenschaft, nämlich eine kognitive [erkennende] und eine appetitive [verlangende], weil die Regung des Verlangens einer kognitiven Kraft folgt. (…) Denn in der Kognition [im Erkennen] gibt es einzig die Bewegung der Dinge zur Seele, während in dem Appetit [dem Verlangen] eine Bewegung der Seele zu den Dingen stattfindet; denn wir erkennen ein Ding in dem Maße, in dem es in uns selber ist, während wir danach verlangen, so wie es in sich selber ist. So sagt auch der Philosoph [Aristoteles] in seiner *Metaphysik* [VI, iii, 1027 b 26], dass Gut und Böse als Objekte des Appetits in den Dingen liegen, Wahres und Falsches aber in der Seele, da sie Objekte des Intellekts sind« (Dino del Garbo, S. 120).

Pound zieht aus diesen Versen den Schluss: »bei ihm (Cavalcanti) herrscht eine Auffassung des Körpers vor, die diesen als vervollkommnetes Instrument der wachsenden Intelligenz sieht. Das Fehlen dieser Auffassung entkräftet das mönchische Gedankengebäude in seiner Gesamtheit. Die dogmatische Fleischesabtötung ist offensichtlich keine Voraussetzung für die Einsichten von Guidos Dichtung« (*MiN*, S. 349).

Vers 33–34: Cavalcanti: »salute«; Pound: »salvation«: »Salute« bedeutet hier sowohl Seelenheil wie Gesundheit. Wenn die Liebesleidenschaft rational wäre, dann würde sie so handeln, wie es zum Besten oder zum Heil des Liebenden ist. Dies ist aber keineswegs ihr inneres Gesetz, denn die Seele des Liebenden ist vom Objekt der Liebe völlig in Bann geschlagen, ihre Urteilskraft außer Kraft gesetzt.

Cavalcanti: »intenzione«; Pound: »intention«:
Die gesamte *anima sensitiva*, vor allem deren *motus appetitivus*, untersteht jetzt dem Primat des Willens (*intentio*) und nicht mehr dem Primat der Ratio. Cavalcantis Zeile bedeutet wörtlich: (es/er) hält die Intention für gleichrangig oder gleichsinnig mit der Vernunft. Tatsächlich handelt es sich hier um eine Umkehrung der Wahrnehmungsrichtung: das sinnliche Objekt wirkt auf das wahrnehmende Subjekt so ein, dass dieses sich eine Vorstellung (*forma sensibilis*) davon schafft. Diese Tätigkeit wird ergänzt durch einen geistigen Akt, in dem der Gehalt dieser Vorstellung begriffen wird, und dies Begreifen ist ebenfalls eine *intentio*. Albertus versucht in seinen Ausführungen zu diesen Vorgängen zwischen Augustinus und Aristoteles zu vermitteln, denn für Aristoteles ist die seelische Wahrnehmung ein rein passives Geschehen, während sie für Augustinus eine aktive Funktion der Seele darstellt.

Dazu merkt Pound an: »Bei ›intenzione‹ liegt, wie gesagt, der Has im Pfeffer. Für manche Theologen ist sie eine Sache des Willens mit der Bedeutung ›Intention‹. Aber von Alfarabi bis zu Averroës gibt es eine erste und eine zweite ›intentio‹ in den Modalitäten der Wahrnehmung« (*MiN*, S. 381). In Pounds englischem Terminus »des Willens« klingt sub rosa seine eigene phallische Erkenntnistheorie an, die er wiederholt als »directio voluntatis« bezeichnet hat (dt.: Stoßrichtung des Willens), ein Begriff, den er aus Dantes Traktat *De vulgari eloquentia*, II. 2 bezog. Pounds sexuelle Spekulationen hängen mit seiner Überzeugung zusammen, dass die Dichtung »phallische Stoßrichtung« verleihe. Er lässt außer Acht, dass Cavalcanti für sein Teil das dualistische Grundschema des abendländischen Denkens, das in der Natur das ganz Andere der Vernunft sieht, nie in toto verworfen hat, wobei zur »Natur« selbstverständlich auch die sexuelle Natur des Menschen zu rechnen ist.

Vers 36: Cavalcanti: »morte«; Pound: »death«:
Der »Tod«, den Cavalcanti anspricht, ist als ein temporärer Tod zu verstehen.Wenn der Liebende, übermächtigt von seiner Leidenschaft, sein höchstes Ziel (das »buon perfetto« von Vers 40) vergisst, gleicht er praktisch dem lasterhaften Menschen, nur dass dies Vergessen, wie Cavalcanti betont, vorübergehender Natur ist. Das Vergessen an sich ist bereits ein metaphorischer Tod. Und wenn der Mensch außerstande zum rationalen Denken wird, bedeutet das besonders für den labilen Charakter geradezu Todesgefahr, weil seine eigentliche Lebenskraft in dem harmonischen Zusammenspiel der geistig/körperlichen und der rational/emotionalen Fähigkeiten beruht. Hier klingt bei Cavalcanti eine fast humanistische Auffassung vom »ganzen Menschen« an, die der streng dualistischen Denkweise des Mittelalters über die Maßen befremdlich erscheinen musste. Die Liebesleidenschaft desorganisiert das normale Gleichgewicht der geistigen und körperlichen Kräfte im Menschen, der nun das eigentlich menschliche Ziel der Rationalität, also das wahre Heil von Körper-und-Seele, vernachlässigt,
In der modernen Terminologie der Psychologie

würde man sagen, dass dies der Zustand ist, in dem der Todestrieb (*thanatos*) überhand nimmt, weil die rationale Lebenskraft, die »einwirkt im Gegensinn«, beeinträchtigt worden ist. In der mittelalterlichen Psychologie sind die Kräfte, die dem Tod entgegenstehen: der *spiritus vitalis,* der *spiritus naturalis* und der *spiritus animalis* (nach Albertus, *De spiritu et respiratione* I, ii, x). Von all diesen guten Geistern ist der Liebende nun verlassen.

Vers 40–43: Cavalcanti »buon perfetto«;
Pound: »the perfect«:
Cavalcantis Text lautet hier sinngemäß: »denn er (der Mensch), der vom *bonum perfectum* abweicht, hat keinen festen Halt über sich selbst, und ähnlich geht es dem, der das *bonum perfectum* vergisst.«

Das »buon perfetto« (auch lat.: »summum bonum« oder »felicitas«, dt.: höchstes metaphysisches Glück) ist das höchste Gut, das der Mensch anstrebt. Das »wesenhaft Gute« im Menschen ist seine eigentliche Bestimmung und sein höchstes Ziel, doch zuweilen gibt er sich mit einem zweiten, geringeren Guten zufrieden, das Albertus als »bonum ut nunc« bezeichnet (*De motibus progressivis* II, cap. ii), nämlich als etwas, das nur gut zu sein scheint, aber im Endeffekt auch schlecht sein könnte. Es ist der vernünftigen Seele eingeboren, dass sie nach dem primären Guten strebt und diesem Streben unter Anleitung der Ratio alles Drängen nach dem Nicht-ganz-so-Guten unterordnet. Dieser Ansicht ist auch Dante, dem Vergil erklärt, die Liebe müsse sich stets auf das primäre Gute richten, sonst führe sie nur zu sündiger Lust (*Purgatorio 17*, Vers 97–99).

Nach Meinung der lateinischen Aristoteliker Albertus, Thomas, auch Dantes, ist das primäre Gute und damit die »felicitas« dem Menschen in diesem Leben nicht erreichbar. Die größtmögliche Seligkeit im Diesseits besteht für sie in der Vorwegnahme einer Vision Gottes von Angesicht zu Angesicht. Für die Averroisten, Siger von Brabant, Boethius aus Dazien, auch Cavalcanti, ist das Glück dagegen *nur* in diesem Leben erreichbar. Ihre Ansicht entspricht in diesem Punkte der Lehre Epikurs, für den es kein Leben nach dem Tode und keine andere Welt als diese gibt. Das ist in gewisser Weise auch Pounds Meinung, der doch in seinen *Cantos* programmatisch die Möglichkeit eines *irdischen* Paradieses, eines »paradiso terrestre«, aufzeigen will, nicht eines jenseitigen Heils.

Vers 44: Cavalcanti: »om l'oblia«; Pound: »Memory hath him no more«:
Pounds Text, an den wir uns hier pflichtschuldig halten, weicht erheblich vom Sinn Cavalcantis ab, was angesichts von Pounds jahrzehntelangen Bemühungen darum merkwürdig ist, zumal seine Worte »Memory hath him no more« der Aussage in Vers 16–17 zu widersprechen scheinen. Die Frage, wer unter »he« zu verstehen ist – der Liebende oder Gott Amor – bleibt an dieser Stelle ohnehin offen.

Strophe IV

L'essere è quando – lo voler è tanto
ch'oltra misura – di natura – torna,
poi non s'adorna – di riposo mai.
 Move, cangiando – color, riso in pianto,
e la figura – con paura – storna;

poco soggiorna; – ancor di lui vedrai
  che 'n gente di valor lo più si trova.
La nova – qualità move sospiri,
e vol ch'om miri – 'n non formato loco,
destandos' ira la qual manda foco
  (imaginar nol pote om che nol prova),
né mova – già però ch'a lui si tiri,
e non si giri – per trovarvi gioco:
né cert' ha mente gran saver né poco.

Vers 45: Cavalcanti: »L'essere è quando«;
Pound: »Cometh he to be«:
Cavalcanti wendet sich nun der Frage zu, was die Wesensart der Liebe sei und wie sie sich äußere. Damit hebt er auf die »zweite Vollendung« der Liebe ab, ihre Aktualisierung oder den »actus secundus« gemäß Albertus: »Essentia enim est cuius actus est esse«, *Sententia* I, ii, Art. XIX (dt.: »Das Wesen nämlich ist das, was das Sein des Handelns darstellt«). Pound vermerkt dazu: »Zeitlichkeit hergestellt. Wenn der *possibil' intelletto* lediglich die Fähigkeit hat, *phantasmata* zu empfangen, müsste *amor* hier offenbar von der latenten Möglichkeit ins ›Sein‹ (aktive Existenz) übergehen« (*MiN*, S. 392).

Vers 46–50: Cavalcanti: »lo voler«; Pound: »the will«: Wenn die Liebe vom Stadium des bloßen Angelegtseins in die Aktualität heftiger Leidenschaft umschlägt, geraten Wille und Vernunft aus dem Gleichgewicht. Der Liebende erleidet nun wahre Wechselbäder der Gefühle, und es entsteht das Krankheitsbild einer regelrechten Entzündung oder Infektion. Vor allem der *motus appetitivus* ist weit über das natürliche Maß hinaus vergrößert. Geraldine Gabor zitiert dazu die Erläuterung der Stelle durch den italienischen Platonisten Marsilio Ficino in seinem *Commentum in Convivium Platonis* (1469): »Wie durch den Strahl der Sonne der Spiegel auf eine bestimmte Art getroffen glänzt und sich die Wolle in seiner Nähe durch diese Reflektion des Glanzes entflammt, so, behauptet Guido, wird der von ihm *dunkle Phantasie* und *memoria* genannte Teil der Seele wie ein Spiegel getroffen vom Bild der Schönheit, das den Ort der Sonne einnimmt, wie von einem bestimmten Strahl, der durch die Augen eintritt, und werde getroffen auf die Weise, dass sie durch das genannte Bild ein anderes Bild aus sich erzeugt fast wie der Glanz des ersten Bildes, durch welchen Glanz die *potentia* des *appetire* nicht anders sich entzünde als die besagte Wolle, und daß sie entzündet, liebe.« (Gabor, S. 255)

Der Zustand der Liebeskrankheit macht es dem Liebenden unmöglich, irgendeine Art von Ruhe, Erbauung oder Genuss zu finden, es ist eben der Zustand, der in Vers 36 der vorigen Strophe als »ein Tod« bezeichnet wurde. Dies ist der dunkle Stern, unter dem bei Cavalcanti die Liebe steht, eben die »Trübung«, die von Mars herkommt. Gabor vermutet, dass sich Cavalcanti mit seiner düsteren Schilderung der Liebe als ein Martyrium von Guinizellis Kanzone *Al cor gentil* absetzen wollte: »tatsächlich nimmt Guido den Gegentypus des *Sirventes gegen die Liebe* auf, wie ihn Marcabru einst (provenzalisch) gedichtet hat« (Gabor, S. 256).

Cavalcanti: »Move cangiando«;
Pound: »Moveth he changing«:
Beschrieben wird hier die friedlose, »martialische« Entwicklung der Liebestollheit. Die Leidenschaften der *irascibilitas* sind: Hoffnung und Verzweiflung, sie rufen Lachen-und-Weinen (riso in pianto) hervor, die ihrerseits Furcht (paura) und schließlich Wut (ira) erwecken. Dies Hin und Her der Gefühle löst sich auf in dem Trübsinn (*tristitia*) der *concupiscibilitas*. Zumindest ist das die Abfolge, die Thomas von Aquin in *Summa theologica,* II, i, Q. Art. III beschreibt. Die »tristitia« ist ein »malum praesens«, das seinerseits erneut den Zorn der *irascibilitas* weckt, der sich nun gegen das Verlangen selbst wendet und so die leidenschaftliche Phase der Liebe zerstört. Dante nennt diesen Vorgang in seiner *Vita Nuova* »la battaglia de li diversi pensieri«.

Vers 51: Cavalcanti: »poco soggiorna«;
Pound: »resteth but a little«:
Im Gegensatz zur ersten Phase der Liebe, die in »perpetual effetto« (dt.: auf alle Zeit; Vers 27) erstrahlt, charakterisiert die zweite Phase große Unruhe und Unbeständigkeit. Der Liebende, der das Idealbild, das still in seinem Gedächtnis verweilte, nun mit einer realen Frau identifiziert, findet keine Ruhe mehr. So zerstört die Liebe als Leidenschaft letztendlich sich selber und bleibt nur für kurze Zeit bestehen.

Vers 53: Cavalcanti: »gente di valor«;
Pound: »folk who deserve him«:
An dieser Stelle, wo der Kräfteverfall und die Erniedrigung des Mannes durch die Leidenschaft zur Spra-

che kommt, knüpft Cavalcanti an die Troubadour-Dichtung an und betont erneut den Gegensatz zwischen der *viltà* oder *vilanie* (Unwürdigkeit, Rohheit) und der *gentilezza* (dem Seelenadel). Die hohe Liebe, die der Dichter meint, erschöpft sich weder in dem blutlosen Schmachten der Konvention noch in der Niedrigkeit der genitalen Lust.

Dem toskanischen Dichter geht es jedoch nach wie vor darum, die metaphysische Dimension der Liebe zu beschreiben, die nur einer Elite unter den Männern zugänglich ist. Womöglich nimmt er damit einen Ansatz von Albertus auf, der die geistige Kraft des Menschen in einer leiblich-seelischen Totalität sieht. Denn die Formen werden laut Albertus »entsprechend den Verdiensten der Materie vergeben«. Dazu führt Craemer-Ruegenberg aus: »Wie Albert im Form-Traktat der *Metaphysik* erläutert, darf ›verdienstlich‹ hier nicht so verstanden werden, als wäre die Materie irgendwie aktiv am Erwerb einer Form beteiligt; gemeint ist die Entsprechung von Form und jeweiliger Materie, und diese wird von der Form her bestimmt und nicht durch die Materie. Eine Entsprechung ist aber jedenfalls da, und zwar so weitgehend, dass sich individuelle Begabungsunterschiede bei Menschen körperlich ausprägen (…) Alberts Gedanke leuchtet ein, dass, je feinteiliger und komplexer ein natürlicher Körper zusammengesetzt ist, seine Qualitäten umso ausgeglichener sind, fern von den Extremen der konträren Elementarbestimmtheiten. (…) Guter Tastsinn und entsprechend ›weiches Fleisch‹ zeigen demnach auch bei den einzelnen Menschen an, dass sie besonders ›intelligent‹ sind, in manchen Fällen so sehr, ›dass sie irdische Götter zu sein scheinen, die alles gleichsam wie durch sich selbst erkennen‹« (Craemer-Ruegenberg, S. 118 ff.).

Vers 54: Cavalcanti: »sospiri«; Pound: »sighs«:
Gabor verweist darauf, daß der »Seufzer« in dieser Lyrik als Synonym für das »Gedicht« steht: »Die Süße im tiefsten Schmerz ist dem Leidensgenuss Petrarcas ganz nahe (…) Die Seufzer, die ›bagnati di pianto escon fòre‹ (tränennaß hervorkommen, xvii, ii), gehen von Cavalcantis Lyrik (…) in den *Canzoniere* Petrarcas über (…), aus dem sie sich endlich deuten: Es sind die Liebesgedichte an die Herrin – oder genauer und umgekehrt: In den Gedichten sind die Seufzer gefangen; die Gedichte leihen ihnen Stimme: Sie gehen mit ihnen eine symbiotische Einheit ein …« (Gabor S. 238–239). Gedicht und Seufzer sind Atemwerk – Pneuma, Träger des Lebens, Seelenkraft, geistiges Getriebensein.

Vers 55: Cavalcanti: »non formato loco«;
Pound: »forméd trace«:
Pound schwankte zwischen den entgegengesetzten Lesarten dieser Zeile als »formato loco« und »non formato loco«. Die verschiedenen überlieferten Handschriften lassen beides zu, wobei man heute die Version »non formato loco« (dt.: den nicht geformten Raum oder Ort) vorzieht. In seiner Fassung des Jahres 1910 wählt Pound noch diese negative Version und übersetzt: »And wills man to look into unforméd space«. Dafür spricht unter anderem Cavalcantis Reputation als »Epikuräer«. »Non formato loco« könnte eine Anspielung auf Epikurs »Intermundi« sein, also auf die leeren Räume zwischen den unendlich vielen

Welten, in denen die Götter verweilen. Doch 1928 meint Pound von der negativen Lesart der Stelle: »Ich glaube nicht, dass man sie als die Richtige annehmen kann«, und fährt fort: »Der ›formato loco‹ ist die Spur oder der locus, der in den ›möglichen Intellekt‹ eingeschrieben wird« (*MIN*, S. 392f.).

Die deutsche Übersetzung greift auf das Motiv der »veduta forma« von Vers 23 zurück, was durch den Kontext gerechtfertigt erscheint, in den Pound die Formel »formato loco« in seinen weiteren *Cantos* gestellt hat: Canto 70: »And in the mirror of memory *formato locho*«; Canto 74: »and that certain images be formed in the mind / to remain there / *formato locho* / resurgent EIKONES«.

Vers 56: Cavalcanti: »ira«; Pound: »uneasiness«: »*Ira* ist sinnvoll, aber es bedeutet nicht ›Wut‹«, schreibt Pound (*MiN*, S. 376f.). In dem Lexikon von Johannes Tytz aus dem Jahr 1619 wäre Ire/Ira definiert als »accensis sanguinis circum cor«, was in verschiedenen Abstufungen als »Entflammen, Entzünden oder Erhitzen des Blutes rings ums Herz« zu übersetzen sei. »Das heißt, im normalen Gebrauch bedeutet *Ire* Unruhe. Nur im Exzess bedeutet es ›Wut‹.« Dann unterminiert er seine eigene Plausibilität und schreibt: »Und die Verszeile bedeutet: ›Sodass im Vergleich zu ihr jede andere Frau nur eine sinnlose Konfusion zu sein scheint‹.«

Trotz der Abneigung Pounds gegen die Vokabel scheint »Wut« der zuvor in Vers 19 angesprochenen Sphäre des Mars und dem in Vers 49–50 beschriebenen Zustand des Liebenden angemessen.

Vers 58–60: Cavalcanti: »né mova«;
Pound: »himself moveth not«:
Erneut weicht Pound vom Sinn des Originals ab, das ungefähr besagt: »Weder bewegt es sich zu etwas hin, wiewohl es dorthin strebt / Noch wendet es sich ab, um Lust für sich zu finden / Oder um großes oder kleines Wissen zu erringen.« Womit Cavalcanti allerdings der schönrednerischen Konvention, nach der die Liebe irgendwie zu Weisheit und höherer Einsicht führt, ins Gesicht schlägt. Pound will die Selbstlähmung der Leidenschaft jedoch als Rückwendung zur stillen Kontemplation der ersten Phase der Liebe, mit der Strophe II ausklang, verstehen.

Strophe V

> *De simil tragge – complessione sguardo*
> *che fa parere – lo piacere – certo:*
> *non pò coverto – star, quand' é sì giunto.*
> *Non già selvagge – le bieltà son dardo,*
> *ché tal volere – per temere – è sperto:*
> *consiegue merto – spirito ch'è punto.*
> *E non si pò conoscer per lo viso:*
> *compriso – bianco in tale obietto cade;*
> *e, chi ben aude, – forma non si vede:*
> *For di colore, d'essere diviso,*
> *assiso – 'n mezzo scuro, luce rade.*
> *For d'ogne fraude – dico, degno in fede,*
> *che solo di costui nasce mercede.*

Vers 62–64: Cavalcanti: »De simil tragge
complessione«; Pound: »Likeness and hue
from like nature«:
Cavalcanti beharrt darauf, dass Gleiches nur von Gleichem erkannt werden kann. Auch das Akzidens der Liebe kommt nur aus der Anziehungskraft von Gleich zu Gleich zustande: Es entsteht, wenn der Liebende dem realen Gegenbild seiner inneren Vorstellung begegnet – dann schlägt der Blick des gegenseitigen Erkennens ein wie der Blitz. Dieser erste Blicktausch steckt voller Verheißung, zeigt er doch, dass die erwählte Frau gleichen Geistes Kind ist. Angesichts solcher Seelenverwandtschaft wendet sich die Liebe nach außen und kann nun nicht mehr verheimlicht werden.

Vers 65: Cavalcanti: »non già selvagge«;
Pound: »tho' not savage«:
Für Pounds Wiedergabe dieser Zeilen wäre das Adjektiv »unbeholfen« schmeichelhaft. Er selber bekennt: »Jedenfalls gebe ich nicht vor, diese Strophe zu verstehen« (*MiN*, S. 394). Gabor gibt den wortwörtlichen Sinn dieser Zeilen wieder: »Nicht nur die abweisenden Schönheiten sind Pfeile« und, fügt sie hinzu, das könne bedeuten, »dass auch Erhörung Verwundung ist« (S. 256). Dabei versteht Gabor »bieltà« (dt.: Schönheit) als auf die Frau bezogen und »selvagge« als »spröde«, geht also davon aus, daß Cavalcanti von der »spröden Schönen« spricht.

Cavalcantis mittelalterlicher Kommentator Dino del Garbo andererseits nimmt an, dass hier die Rede von der »Idee der Schönheit« ist. Er liest die Zeile als: »der Pfeil der Schönheit ist nicht verletzend«, wobei er »selvagge« als »hölzern« oder »stumpf« versteht, gemäß der etymologischen Verwandtschaft von »selvagge« und »silvestrum« (dt.: Wald, Holz). Ein hölzerner Pfeil ist nicht besonders verletzend. Auch das Wort »spröde« ist ja ein Holzwort. Otto Bird erklärt in seinen Ausführungen zu Dino del Garbos Text, dass es einen philosophischeren Sinn ergäbe, wenn man die mittelalterliche Unterscheidung zwischen dem Schönen und dem Guten, zwischen Apprehension (sinnlicher Wahrnehmung) und Appetenz (Begehren, Trieb) beibehielte. Der Pfeil (it.: dardo) der Liebe ist nicht verletzend oder grausam, weil Schönheit an sich nur die sinnliche Wahrnehmung anspricht, für die sie eine Wohltat ist. Sofern aber das Schöne mit dem Guten identifiziert wird, kommt die Appetenz ins Spiel und weckt ein Begehren, das überaus verletzend sein kann, wie bereits an Strophe IV zu sehen war. So ist die Schönheit zwar nicht grausam, aber sofern sie dazu verleitet, das Schöne mit dem Guten zu vermengen, ist sie gleichwohl ein Pfeil. »Deswegen, sagt Dino, wird *dardo* hier verwendet, um den Stimulus oder Stachel dieser Leidenschaft zu bezeichnen« (Otto Bird, S. 141).

Vers 68: Cavalcanti: »per lo viso«;
Pound: »from his face«:
Cavalcanti wendet sich nun der Frage zu, ob man die Liebe mit den Augen sehen könne, was er verneint. Damit bringt er sich scheinbar in Widerspruch zur »veduta forma« von Vers 23. Zumal er zuvor in Vers 63 gesagt hatte, dass die Liebe, wenn sie einmal in eine sinnliche Leidenschaft zu einer wirklichen Frau umgeschlagen ist, nicht länger verborgen wer-

den könne. Was der Dichter hier meint, ist jedoch etwas anderes: Die eigentliche *forma*, die platonische Idee, wird nicht gesehen, denn sie manifestiert sich nur in ihren Auswirkungen. Dies kommt Pounds platonischem Realismus (der Auffassung von den *universalia in re*) entgegen.

In diesem Sinne sieht Pound die Liebe als eine verbale Funktion, die nicht »sichtbar« ist. Dante legt in seinem *Purgatorio 18*, Vers 49–54 ein ähnliches Bekenntnis ab: Die substantielle Form, das Wesen der Dinge, manifestiert sich nur in ihren Auswirkungen.

Vers 69: Cavalcanti: »compriso«; Pound: »but taken«: Cavalcanti greift hier wahrscheinlich auf Albertus zurück: »dicimus lucem et lumen esse qualitatem luminosi corporis (…) quae ab ipso procedit, et generata formatur tam in diaphanum pervium quam in diaphanum terminatum (…). Procedens autem in id quod est terminatum, est actus colorum«, *De anima*, II, iii, cap. xii (dt.: »wir sagen, dass das Licht und das Leuchten die Eigenschaften des leuchtenden Körpers sind (…), da sie von diesen ausstrahlen und geschaffen werden im Sinne des innewohnenden Diaphanen, wie es in dem bestimmten Diaphanen festliegt. (…) Es strahlt aus von dem, was festliegt, das, was in der Wirklichkeit die Farben sind«). Albertus will sagen: Das Licht kommt nicht von außen, sondern strahlt von den Körpern selber aus. Alles ist (im verschiedenen Verhältnis zum Weiß) in ihm enthalten. Aber in der Wirklichkeit sind es die Farben. Wir haben hier erneut den scholastischen Gegensatz zwischen der *potentia* d.h. der abstrakten Möglichkeit, und der konkreten, sinnfällig wahrnehmbaren Wirklichkeit in *actu*. Licht und Farbe existieren, bevor sie wahrgenommen werden, auch unabhängig von der Wahrnehmung.

Cavalcanti: »bianco«; Pound: »the white light«:
Der italienische Text besagt wörtlich: »Weiß wird an einem solchen Objekt zuschanden« oder »stürzt ab« (von »cadere« = fallen), dazu erläutert Gabor unter Bezugnahme auf Vers 19: »Da der hier zu behandelnde Gegenstand, die Liebe, durch den Einfluss einer Finsternis, die von Mars herkommt, Gestalt annimmt, ist an ihm kein *Weiß* (kein Sichtbares), und er kann darum nicht gesehen werden« (Gabor, S. 178).

Die mittelalterliche Terminologie, vor allem die des Albertus und Averroës, bezeichnet die weiße Farbe als *habitus* (bewohnt bzw. als Seins-erfüllt oder *forma*), die schwarze Farbe aber als *privatio* (dt.: Verlust, Entzug). Auch Pound versteht die Stelle in diesem Sinn. Für ihn liegt unter den kaleidoskopisch aufgebrochenen Farben des sichtbaren Spektrums immer das weiße Licht einer mystischen Einheit – das *Nous,* der *intellectus agens,* das schöpferische Licht – die das eigentliche Medium aller Erkenntnis und Wahrnehmung ist. Wie das Licht dem Auge, so entspricht das wahre Sein dem menschlichen Geist: »Wär nicht das Auge sonnenhaft, die Sonne könnt es nie erblicken«, schreibt Goethe (ebenfalls platonischer Realist) mit einem Rückgriff auf Gregor von Nyssa.

Diese Affinität ermöglicht es dem Menschen, sich schon im Diesseits auf Augenblicke mit dem übergreifenden Prinzip in mystischer Vision zu vereinen und so eine »in-formatio« zu erfahren. Pound hat zeitlebens geglaubt, seine dichterische Sensibilität befähige ihn, die platonischen Ideen oder *formae* unmittelbar aus der Realität herauszulesen. Er weigert sich infolgedessen, den Text hier »als einfache Negation« (*MiN*, S. 395) zu verstehen, da das nur zur dunklen Nacht der Seele führen würde, und findet in seinem Cavalcanti-Essay ein anschauliches Bild für die Sichtbarkeit des Unsichtbaren: »Wir haben, so will es scheinen, jene strahlende Welt verloren, in der eine Idee die andere säuberlich durchtrennt, eine Welt voll bewegender Kräfte: ›mezzo oscuro rade‹, ›risplende in sè perpetuale effetto‹, Magnetismen, die Gestalt annehmen, die gesehen werden oder ans Sichtbare angrenzen, der Gegenstand von Dantes *Paradiso*, das Glas unter Wasser, die Form, die eine Form zu sein scheint, die man im Spiegel erblickt« (*MiN*, S. 351). Und zur Untermauerung seiner Ansicht zitiert er eine Zeile aus dem Kommentar des Egidio Colonna (1602): »Il qual vuol usar l'occhio per la mente« (*MiN*, S. 396; dt.: jene, die das Auge benutzen wollen, statt der Seele), die er in Canto 94 wieder aufgreift.

Vers 73: Cavalcanti: »for di colore«;
Pound: »set out from color«:
Pound schlägt vor, diese Worte in der Analogie zu dem modernen Begriff des ultravioletten Lichtes zu verstehen, jener dem menschlichen Auge unsichtbaren Strahlung, die im Spektralband an die Farbe Violett anschließt (*MiN*, S. 394).

Nach Averroës sind alle Farben aus den verschiedenen Verbindungen zwischen Schwarz und Weiß entstanden: »sicut in numero cuncta mensurantur uno, (...) et sicut in coloribus omnes albo mensurantur; nam visibilis magis dicuntur et minus, secundum quod accedunt vel recedunt ab albo«, *De Sensu et Sensato*, 2b (dt.: »wie alle Zahlen an der einen Zahl Eins gemessen werden, wird in Farben alles an dem Weiß gemessen; denn das Sichtbare wird mehr oder weniger darin angesehen, wie es dem Weiß näher oder ferner steht«).

An dieser Stelle greift Cavalcanti wieder auf, was er in Vers 18 über das Diaphane gesagt hatte, das dadurch entsteht, dass ein kaum wahrnehmbares Licht durch ein dunkles Element hindurchscheint.

Vers 76: Cavalcanti: »for d'ogne fraude«;
Pound: »divided from all falsity«.
Del Garbo erklärt: Die Liebe ist vollkommen, wenn der Liebende gegenüber der Geliebten ganz ohne jede Verstellung, Untreue oder böse Absicht ist. Nur auf diese Weise kann er vor ihren Augen Gnade (it.: mercede, Vers 78) finden. Für del Garbo besagt diese Stelle also, dass der Liebe, die Cavalcanti in so düsteren Farben ausgemalt hat, dennoch die Chance der Erhörung bleibt. Die wahre Liebe, die zu gleichen Teilen aus Licht und Dunkel, aus Geist und Sinnlichkeit besteht, ist ja auch die einzige Liebe, die es verdient, von den Frauen erwidert zu werden.

Nachträglich hat Pound das Wort »Hagoromo« am Seitenrand vermerkt und dadurch einen zusätzlichen Akzent gesetzt. Der »Hagoromo« ist der Federmantel der Mondnymphe in Seami Motokiyos Nō-Spiel *Hagoromo*, das Pound 1913 nach den Aufzeichnungen Fenollosas übersetzte und in Verse fasste (ersch. 1916 u. d. T.: *Certain Noble Plays of Japan*, dt. u. d. T.: *Nō – Vom Genius Japans*, Zürich 1963, Hg.: E. Hesse, Ü.:

Wieland Schmied). Die Handlung des Stücks: Ein Fischer findet eines Nachts den über einen Föhrenast gehängten Federmantel einer Mondnymphe. Er nimmt ihn an sich. Die Mondnymphe erscheint, bittet um Rückgabe und verspricht dem Fischer, ihm dafür den Tanz der Luftgeister vorzuführen. Der Fischer ist argwöhnisch: Sie könne ja den Mantel nehmen und davonfliegen, ohne ihm den Tanz gezeigt zu haben. Die Antwort der Nymphe: »Bei uns gibt es kein Falsch.« Sie erhält den Mantel zurück und führt den unendlich langsamen Tanz auf, der den Wandel des Mondes und der mondbeschienenen Federwolken am Nachthimmel darstellt. In seinen *Cantos* kommt Pound wiederholt auf das Wort: »Bei uns gibt es kein Falsch« der Mondnymphe zurück (Cantos 74, 79, 80). Im Verkehr der Geister und Intelligenzen untereinander, »im Licht *compenetrans* der Geister« (Canto 91), gibt es keinen Betrug.

Strophe VI
Tu puoi sicuramente gir, canzone,
là 've ti piace, ch'io t'ho sì adornata
ch'assai laudata – c'hanno intendimento:
di star con l'altre tu non hai talento.

Vers 79–83: Cavalcanti: »Tu puoi sicuramente gir«; Pound: »Go song, surely, thou mayest«:
In diesen Geleitversen bekundet der Dichter noch einmal seine Verachtung der Dummen und Stumpfen. Er zeigt sich »un peu snob«, so wie ihn sein Zeitgenosse Dino Compagni beschrieben hat: »sdegnoso e solitario e intento allo studio« (dt.: »hochfahrend, einzelgängerisch, in seine Gelehrsamkeit vertieft«).

Canto 36, Vers 84: Pound: »Throne genannt«:
Eine Zitat-Montage nach Dante, *Paradiso* 9, Vers 61, 69; 15, Vers 85; 28, Vers 104; 30, Vers 66, 70. Die »Throne« in Dantes Epos sind die himmlischen Intelligenzen oder »Engel«, die wie Spiegel das göttliche Licht empfangen und auf die anderen Geschöpfe zurückstrahlen. Pound sollte späterhin den Canto-Abschnitt *96–109 Thrones* (1959) nennen.

»Ballasrubin« (it. balasso oder balascio): eine Rubinart, benannt nach Balascam, dem Ort ihres Vorkommens in Asien.

Vers 85–92: Pound: »Erigena«:
Johannes Scotus Eriugena (ca. 810–877), Philosoph und Theologe des 9. Jahrhunderts. Die kirchliche Verurteilung seines Traktats *De divinis nomibus* im Jahr 1225, vier Jahrhunderte nach seinem Tod, ist im Kontext der Albigenserkriege zu sehen. Tatsächlich weist Eriugenas Werk den Weg in den Nahen Osten und zeigt eine starke Tendenz zum Pantheismus. Pound meint: »das ganze Gedicht [Cavalcantis] ist aufgeladen von der Energie Eriugenas« (*MiN*, S. 381).

Er rechnet auch Eriugena zu jener »Verschwörung der Intelligenz«, die seit jeher das geistige Niveau hochhält. Eriugenas Satz: »Autorität entspringt rechter Einsicht und nimmer anders herum« (*De divisione naturae, Periphyseon* I, 513B) beweist ihm den unabhängigen Geist des mittelalterlichen Philosophen. Über den nachträglichen Versuch der Kirche, Eriugena mundtot zu machen, schreibt er: »Erigena hat sich, meiner Ansicht nach, nicht als Schismatiker gefühlt. ›Autorität entspringt rechter Einsicht‹, das wäre im Griechischen *orthon logon* gewesen, aber nicht *doxe* [= Lehre]. Es ist nicht wahrscheinlich, daß er in dieser Hinsicht zum Ketzer geworden war. Wurde er ausgestoßen, weil er in einer anderen Frage etwas Unsinniges behauptet hatte; oder handelte es sich um einen Angriff aus politischer Leidenschaft, um ein abgekartetes Spiel?« (*GtK*, S. 333).

Aus Eriugenas Werken übernimmt er noch einen zweiten Satz für seine *Cantos*: »Omnia quae sunt, lumina sunt«, *Joannis Scoti Expositiones super Ierarchiam Caelestem S. Dionysii*, in J. P. Migne, *Patrologia Latina*, cap.1, 122, col. 128 (dt. in etwa: »Alles was Sein hat, hat es vom Licht.«) Für Canto 36 war Pounds Quelle jedoch Francesco Fiorentino, *Manuale di Storia della Filosofia* (Neapel 1881). Die Worte stehen ganz in der »Tradition des ungeteilten Lichts«, zu der sich Pound lebenslang bekennt. Eriugena wird eine der philosophischen Leitfiguren von Pounds späteren *Cantos*, s. Cantos *74*, *83*, *85*, *87*, *88*, *90*, *92*, *100*, *105*, *109*.

Vers 88: Pound: »Manichaeans«:
Anhänger der Lehre des persischen Manes (215–242), die im 3. Jahrhundert auch in Südfrankreich, Italien und Spanien weite Verbreitung fand. Die Manichäer wurden ab 377 von der Kirche als Ketzer verfolgt. Bei den viel späteren kirchlichen Verfolgungen der Katharer wurde immer wieder der Vorwurf des »Manichäismus« erhoben, den Pound strikt in Abrede stellt: »Jahrhundertelang nannte man einen Menschen, den man nicht mochte, einen Manichäer, so wie man ihn heute in gewissen Kreisen einen ›Bolschewiken‹ nennt« (*MiN*, S. 346). Das Studium der Terminologie des Schimpfens durch die Jahrhun-

derte sei sträflich vernachlässigt worden. Er nimmt dabei auch Bezug auf die Bezeichnung »Epikuräer«, die Cavalcanti und seiner Familie von den Zeitgenossen angehängt worden war. Nach Pounds Meinung sind die provenzalischen und toskanischen Dichter weder heidnisch noch manichäisch und vor allem nicht dualistisch gewesen: »Sie wenden sich gegen eine Form der Dummheit, die nicht auf Europa beschränkt ist, nämlich eine idiotische Askese und den Glauben, dass alles Leibliche von Übel sei.«

In Wirklichkeit gibt es eine ganze Reihe von Ähnlichkeiten zwischen Manichäern und Katharern, doch das steht in diametralem Gegensatz zu der phallischen Grundprämisse Ezra Pounds und zu seiner einmal gefassten Überzeugung, dass die kulturelle Hochblüte der Provence eine Wiederbelebung und Wiederaufnahme des griechischen Erbes gewesen sei, das in der erneuten rhythmischen Symbiose von Musik, Tanz und Lyrik Gestalt gewann (s. *SpR*, 1910). In seinen ersten dreißig Cantos 4, 5, 6, 7, 20, 21, 23 arbeitet er zur Untermauerung die Parallelen zwischen griechischen und provenzalischen Sagen heraus.

Vers 93–95: Pound: »Aquinas«:
Thomas von Aquin (1225–1274), 1323 heilig gesprochen, Schüler von Albertus Magnus und Dominikaner wie dieser. Mit seiner *Summa theologica* stellt Aquinas ein geschlossenes und dogmatisches System auf, in dem Aristoteles völlig eingemeindet wird. Er präsentierte dem Abendland den endgültig christianisierten Aristoteles und das fromme Weltbild, das Dante die Folie zur *Divina Commedia* lieferte.

Die kirchliche Dogmatik beharrte damit erneut auf der asketischen Weltverneinung und der Ausrichtung des Willens auf ein abstraktes Jenseits (Pounds »Vakuum«, Vers 93). Aquinas verneinte rigoros, dass der Mensch die Wahrheit ohne göttlichen Beistand durch seine Sinne oder seinen Intellekt erfassen könne. »Ich mag mich irren, aber ich kann nicht glauben, dass Guido Aquinas geschluckt hat«, schreibt Pound (*MiN*, S. 357–358). Er unterscheidet die beiden grundsätzlichen Richtungen, in die Aristoteles' Lehre weiterwirken sollte: auf der einen Seite Thomas von Aquin, der das neue Gedankengut mit einem kathedralenartigen Überbau von Abstraktionen versah, die sich zum kirchlichen Establishment verfestigen sollten, auf der anderen die Öffnung zur Empirie und zur Natur. Die Verse 93–95 beschreiben diese geistige Konstellation aufs Trefflichste, denn Thomas von Aquin hat Aristoteles nicht nur verchristlicht, er stellte sein naturwissenschaftliches System geradezu auf den Kopf oder, genauer gesagt, er füllte die Leere, die bei dem griechischen Philosophen durch das Fehlen einer höheren Metaphysik entsteht, mit dem Entwurf einer göttlichen Hierarchie auf. Pound erkannte insbesondere in der Behandlung des Begriffs der *forma* einen klaffenden Widerspruch zwischen dem thomistischen System und den jüdisch-arabischen Kommentatoren. »Jede geistige Form«, zitiert Pound, »setzt die Körper, in denen (oder unter denen) sie sich befindet, in Bewegung.« Aquinas' Angriff auf Averroës habe darin bestanden, dass er die Bedeutung jedes Begriffs »um 180 Grad« verdreht habe, »veduta forma« (Vers 23) müsse einfach eine Objektbeziehung darstellen, also etwas bezeichnen, das außerhalb liegt und wahrnehmbar ist, »sofern der Begriff irgendeinen Sinngehalt bewahren soll« (*MiN*, S. 392).

Vers 96: Pound: »Sacrum, sacrum, inluminatio coitu.«:
(lat.: heilig, heilig, die Erkenntnis im Koitus; s.a. Canto 74). »Inluminatio«: dt.: Erkenntnis oder »Er-Leuchtung« – was in den Kontext von Pounds »Lichtmetaphysik« passen würde. Der Vers scheint eine Parodie auf die Formel: »in jesu [christo] inluminatio« zu sein. »Inluminatio« wäre hier auch im pneumatischen Sinn der »In-Spiration« zu verstehen. Das deutsche Wort »Erkenntnis« bringt zusätzlich den älteren biblischen Sinn des »Begattens« zu Gehör (»Und Josef *erkannte* sein Weib«).

Für Pound besteht die Heiligkeit der Sexualität im Koitus »und NICHT im Kauf einer Lizenz von einem breitarschigen Priester oder vom Standesamt«, diese Dimension des Heiligen würde »durch das Christentum, oder eine falsche Auslegung dieser Ersatzreligion, total entwürdigt« (Ezra Pound, Brief an Carlo Izzo, in: *Selected Letters,* Hg.: D. D. Paige, 8. Januar 1938, Nr. 338), womit sich der Dichter gewissermaßen, wiewohl auf anderer Diskussionsebene, wieder mit der Auflehnung der Troubadours und der Albigenser gegen die Institution der Ehe trifft.

Vers 97–114: Pound: »lo Sordels ...«:
(it.: »Sordello stammte aus Mantua«, Zitat aus der »vida«, d.h. der »Lebensgeschichte« des Troubadours von Camille Chabaneau, in: *Les biographies des Troubadours en langue Provençale*, XXIX, Toulouse

1885). Sordello war in mancher Beziehung der »Latin Lover« der Literatur par excellence. Seine Gestalt hat die Phantasie vieler anderer Dichter beflügelt: Sowohl Dante (*Purgatorio* 6 und 7) wie der englische Dichter Robert Browning (1812–1889) haben sich in ihrer Dichtung mit seinen Affären befasst. In Ezra Pounds Dichtung wird Sordello in den Cantos 2, 6, 29, 36 behandelt. Wie eng er die Persönlichkeiten von Sordello und Cavalcanti miteinander assoziierte, wird u.a. an der von ihm 1932 komponierten Oper *Cavalcanti* deutlich, deren Libretto aus Texten von Sordello und Cavalcanti besteht.

Sordello, provenzalisch: »Sordelh« (1180–1255), italienischer Troubadour, der seine Verse in okzitanischer Sprache schrieb. Er war der Sohn Sier Escorts, eines armen Ritters, der in Goito (oder Godio) zehn Meilen außerhalb von Mantua eine Burg besaß. Sordello ging an den Hof des Grafen Ricciardo di San Bonifazzio und verliebte sich in dessen Gattin Cunizza (1198–1279) aus der berüchtigten Familie da Romano (s. Canto 72). Mit Hilfe ihrer Brüder Ezzelino III (1194–1259) und Alberic entführte Sordello Cunizza und zog mit ihr landaus, landein, bis er sich schließlich gezwungen sah, in die Provence zu fliehen, wo seine Dichtkunst in hohen Ehren gehalten wurde. Nach der Affäre mit Cunizza verdingte sich Sordello in dem Heer Karls I. (1226–1285), des Königs von Anjou (Vers 104), dem früheren Grafen von Provence. Papst Clemens IV. (1265–1268) hatte Karl zur Hilfe gegen den Staufer Manfred, König von Sizilien, nach Italien gerufen, ihn zum König von Neapel gemacht und ihm Sizilien als päpstliches Lehen gegeben, wobei es nicht ins Gewicht fiel, dass sowohl Neapel wie Sizilien noch fest in der Hand Manfreds waren. Karl besiegte den Staufer in der Schlacht von Benevent (1266) und zeichnete sich fortan durch eine so beispiellose Brutalität aus, dass sogar der Papst ihm am 22. September 1266 schrieb, nicht einmal Friedrich II. von Sizilien wäre zu solchen Untaten fähig gewesen.

Die Verleihungsurkunde über fünf Burgen (die Kastelle von Monte Odorisio, San Silvestro, Casale Castiglione, Civitaquana, Givestra und später Palena), die der König Sordello am 5. Mai 1269 zum Dank für seine Waffendienste schenkte, zitiert Pound z.T. in lateinischer Sprache, der Text besagt: »[Meinem] geliebten und vertrauten Soldaten (…) die Burgen von Monte Odorisio [und] Monte San Silvestro zu haben und zu halten (…) in dem Bezirk von Thetis« (nach Cesare de Lollis, *Vita e Poesie di Sordello di Goito*, 1896, S. 61). Der weitere lateinische Urkundentext, den Pound hier teilweise übersetzt, lautet: »dominibus vineis / terris cultis / et incultis / pratis nemoribus pascuis [dt.: Wiesen, Wälder, Weiden] /aliisque juribus et jurisdictionibus / heredibus suis utriusque sexus«). Die »Färberei« spielt wahrscheinlich auf das Dorf Palena an, dessen eingefärbte Tuche berühmt waren. Sordello gab diesen ganzen Besitz nach kurzer Zeit auf (am 30. August 1269).

Ihrerseits schloss sich Cunizza nach der Beendigung ihrer Liaison mit Sordello einem Soldaten namens Bonius an, in den sie sich verliebt hatte: »Kam weidlich auf ihre Kosten / Und ließ anschreiben überall«, so Pound in Canto *29*. Die viermal verheiratete Cunizza war wegen ihrer vielen Liebschaften und ihres lockeren Lebenswandels berühmt. Dennoch versetzte Dante diese Freibeuterin der Liebe in den dritten Himmel, den Venushimmel, (it.: il terzo cielo) seines *Paradiso 6*, während er ihren Bruder Ezzelino in die Hölle verbannte (*Inferno 12*, Vers 110) und Sordello im Vorgelände des Fegefeuers ansiedelte (*Purgatorio 6*, Vers 58; 7, Vers 3, 52, 85, 86; 8, Vers 38, 43, 62, 94; 9, Vers 58).

Cunizza ist eine der weiblichen Hauptfiguren von Pounds *Cantos*. Er erwähnt sie in 6, 29, 74, 76, 78; vgl. auch *GtK*, S. 107f. Cavalcanti hatte Cunizza noch als alte Dame erlebt, als sie im April 1265 im Haus seines Vaters die Leibeigenen ihrer Brüder feierlich in die Freiheit entließ. Pound kommt wiederholt darauf zurück. Es ist der Verzicht auf den Besitzanspruch an Menschen, der ihn an dieser Geste bestach. In Canto 29 hatte er dasselbe Thema anhand der für ihn antipodischen Typen der weiblichen Liebe durchgespielt, vertreten durch die beiden historischen Konkubinen Cunizza da Romano und Pernella Orsini.

Cunizza kommt in Canto 36 nicht vor, ebensowenig wie irgendeine andere Frau. Letztlich geht es hier ausschließlich um die männliche Libido von Dichtern. Doch ihre schattenhafte Präsenz macht sich bemerkbar, allein schon durch die Relevanz, die ihr innerhalb dieser Thematik zukommt: Cunizza ist das weibliche Pendant des von den Männern beanspruchten Gestaltwandels in der Dichtung der Zeit, der ja ursprünglich von einer Revolte der Frauen der Provence ausgegangen war. Wenn die Sagen und Lebensbeschreibungen der Troubadours die außereheliche Erotisierung der Beziehungen zwischen den Geschlechtern dichterisch thematisieren, so lebte Cunizza vor aller Augen real die von den Frauen der Provence erträumte Eigenbestimmung, losgelöst von allen patriachalen Rückbindungen an Vater, Brüder, Ehemänner. In ihrer Zugänglichkeit für das sexuelle Abenteuer bedient sie zugleich ein erotisches Wunschbild der Männer. Dantes viel umrätselte Erhöhung dieser »sittenlosen Frau« in den »terzo cielo« derer, denen »um ihrer Liebe willen« vergeben wurde, wird dadurch einigermaßen erklärlich. Eine eher sekundäre Zugabe für den Mann ist es, dass die emanzipierte Frau keine besitzergreifenden Ansprüche mehr an den Mann stellt.

Vers 115: Sordello: »Quan ben m'albir e mon ric pensamen«:
prov.: »Wenn ich es recht bedenk' in meinem reichen Sinn«, eine Verszeile Sordellos aus seinem *Canso 21*, dritte Strophe (zitiert nach Cesare de Lollis, op. cit., S. 180). Sordello, der provenzalisch-italienische Dichter, trifft damit genau den Unterschied, den Pound in *MiN*, S. 347 artikuliert hatte: die Proportion zwischen »der hohen Sache in der Vorstellung« und »der niederen Sache für den unmittelbaren Konsum« (s. Anm. zu Vers 3). Diese Unterscheidung steckt den Rahmen ab, innerhalb dessen sich das Begehren der dichtenden Männer der Provence und der Toskana bewegte. *Fin amor* freilich existiert nur da, wo unabhängig vom Geschlecht weder Besitz- noch Eigentumsrechte auf den Partner erhoben werden. So gesehen ist Sordellos Verweigerung der fünf Burgen nur die spiegelbildliche männliche Entsprechung für Cunizzas Geste des Verzichts. So schließt sich der thematische Kreis von Canto 36.

Nichts kann die große und geniale Entdeckung und Deutung Cavalcantis durch Pound mindern. Dennoch bleibt es absonderlich, dass er sein Bekenntnis zur phallischen Sexualität zeitlebens für restlos identisch mit Guido Cavalcantis Liebesphilosophie halten konnte. Im weiteren Verlauf seiner *Cantos* rekrutiert er sogar noch Dante als Kronzeugen für die eigene Gesinnung und lässt fortan weitgehend die Unterscheidung zwischen Cavalcantis und Dantes grundverschiedenen Einstellungen fallen. Die ganze Tendenz der provenzalischen und toskanischen Lyrik sei schlichterdings eine Abkehr von der mittelalterlichen sexuellen Enthaltsamkeit gewesen. Diese Dichter, schreibt Pound, »lehnen sich gegen eine Form der Dummheit auf, die nicht auf Europa beschränkt ist, nämlich die idiotische Askese und den Glauben, dass der Körper von Übel sei. (…) eine Auffassung des Körpers als vervollkommnetes Instrument einer wachsenden Intelligenz herrschte vor. (…) Nach der Askese, die gegen das Fleisch ist, bekommen wir die Askese, die gegen die Intelligenz ist, die die Unbedarftheit als ›Schlichtheit‹ preist, den Kult der Naivité. Für viele Leute bedeutet der Begriff ›mittelalterlich‹ nur diese beiden Gebresten. Wir sollten unnötige Ideenverklumpungen meiden. Zwischen diesen Gebresten gab es die mediterrane Gesundheit« (*MiN*, S. 346, 349, 351). Seine englische Version von Cavalcantis Text unterschlägt das pessimistische Bild, das der toskanische Dichter von der Liebesleidenschaft zeichnet. Denn die Liebe ist, wie Cavalcanti in Strophe III und IV ausführt, eigentlich nur in der ersten Phase ihrer bloßen Potenzialität auszuhalten, dort, wo sie noch in einer vollkommenen inneren Harmonie verharrt (Strophe II). Sobald sie aber angesichts eines realen weiblichen Gegenübers in die Phase der Verwirklichung tritt, zeigt sie alle Symptome einer fiebrigen Erkrankung, raubt dem Mann jede Lebensfreude, zerstört sein inneres Gleichgewicht und lenkt ihn von seinen »eigentlichen« und viel höheren Zielen ab. In Strophe V sieht sich Cavalcanti dann (in einem Anflug von schwarzem Humor?) veranlasst, hervorzuheben, daß diese Liebe trotz allem das Einzige ist, das sich für den Mann verlohnt. Pound aber transportiert, wie wir verschiedentlich gesehen haben, die idyllische Aussage von Strophe II in alle späteren Strophen. Nun war Cavalcanti, wie wir aus seiner anderen Lyrik wissen, in Dingen der Liebe wirklich kein Asket, und wir finden dort – viel eher als in der zerebralen Terminologie der Kanzone *Donna me prega* (Dante Gabriel Rossetti nannte sie 1861 »ein Fliegenpapier für Priester und Pedanten«) – Zeugnis davon, dass er der provenzalischen Erfindung einer heterosexuellen Sinnlichkeit, in der auch die Frau als eigenständiges Subjekt zu ihrem erotischen Recht kommt, nicht gänzlich abgeneigt war. Es ist der moderne Dichter Pound, der keine Vorbehalte gegen den Nutzen der Frau als Objekt männlicher Begierde zulässt und das »sacramental fucking« heilig spricht, wobei die grundlegende Unterscheidung der früheren Dichter zwischen der hohen und der niederen Liebe allerdings baden geht.

Literatur

Adorno, Theodor W., *Negative Dialektik*, Frankfurt a.M. 1967
Albertus Magnus (= Albert von Bollstädt), *Opera Omnia*, Hg.: A. Borgnet, Münster 1975
Anderson, David, *Pound's Cavalcanti*, Princeton 1983
Anselm von Canterbury. *Monologion, Proslogion, Opera Omnia*, 6 Bde., Hg.: F. S. Schmitt, Edinburgh 1938–1961
Bachofen Johann Jakob, *Das Mutterrecht*, Leipzig 1861
Barthes, Roland, *Lettres nouvelles*, Paris 1963
Baur, Ludwig, »Die Philosophie des Robert Grosseteste, Bischof von Lincoln«, in: *Beiträge zur Geschichte der Philosophie des Mittelalters*, Münster 1919
Bergson, Henri, *Zeit und Freiheit*, Jena 1911
Bird, Otto, »The Canzone d'Amore of Cavalcanti According to the Commentary of Dino del Garbo«, *Medieval Studies* 2 (1940), S. 150–203, und 3 (1941), S. 117–160
Black, Max, *Models and Metaphors*, Ithaca 1962
Bloch, Ernst, *Avicenna und die aristotelische Linke*, Frankfurt a.M. 1952
Bloom, Harold, *The Anxiety of Influence*, New York 1973
Boccioni, Umberto, *Manifesto dei pittori futuristi*, 1911
Borst, Arnold, *Die Katharer*, Stuttgart 1953
Bruno, Giordano, »De gli eroici furori«; »De la causa, principio ed uno«; in: *I dialoghi del Bruno*, Hg.: Augusto Guzzi, Turin 1932; dt. *Heroische Leidenschaften und individuelles Leben*, Reinbek 1957
Buddha, Gautama, »Udana«, »Majjhima-Nikâya«, in: *Buddhistische Geisteswelt*, Ü.: Gustav Mensching, Darmstadt 1955
Bürger, Peter, *Theorie der Avantgarde*, Frankfurt a.M. 1974
Chabaneau, Camille, *Les biographies des Troubadours en langue Provençale*, Toulouse 1885
Chang Tung-sun, »A Chinese Philosopher's Theory of Knowledge«, in: ETC.: *A Review of General Semantics* 9, no. 3 (1952), S. 203–226
Chuang-tzu, dt. u. d. T.: *Dschuang Dsi*, Ü.: Richard Wilhelm, Leipzig 1940
Comte, Auguste, *Cours de philosophie positive*, 6 Bde., Paris 1830–1842; dt.: *Die Soziologie: die positive Philosophie im Ausz.*, Hg.: F. Blaschke, Leipzig 1933
Corti, Maria, *Donna me prega: La felicità mentale. Nuove prospetti per Cavalcanti e Dante*, Turin 1983
Craemer-Ruegenberg, Ingrid, *Albertus Magnus*, München 1980
Creel, H. G., *Confucius, the Man and the Myth*, London 1951

Dante Alighieri, »De vulgari eloquentia«, in: *Dantis Alighieri Opera Omnia*, Leipzig 1921

Dante Alighieri, *Divina Commedia*, dt. u. d. T.: *Die Göttliche Komödie*, Ü.: Philateles, München/Zürich 1960

Dionysius Areopagita, *Des heiligen Dionysius Areopagita angebliche Schriften über »Göttliche Namen«*, Ü.: J. Stiglmayr, München 1933

Duby, Georges, *Die Frau ohne Stimme. Liebe und Ehe im Mittelalter*, Ü.: G. Ricke / R.Voullié, Berlin 1989

Duhem, Pierre, *La théorie physique*, Paris 1906

Eliade, Mircea, *Geschichte der religiösen Ideen*, Bd. 3, Freiburg/Br. 1983

Empson, William, *The Structure of Complex Words*, London 1951

Engels, Friedrich, *Anti-Dühring*, Berlin 1970

Eriugena, Johannes Scotus, *De divisione naturae* (oder: *Periphyseon*); dt.: *Über die Eintheilung der Natur*, Übersetzt und mit einer Schluss-Abhandlung über Leben und Schriften des Erigena, die Wissenschaft und Bildung seiner Zeit, die Voraussetzungen seines Denkens und Wissens und den Gehalt seiner Weltanschauung versehen von Ludwig Noack, Leipzig o.J.

Eriugena, Johannes Scotus, »Joannis Scoti Expositiones super Ierarchiam Caelestem S. Dionysii«, in: J. P. Migne, *Patrologia Latina*, cap. 7, tom. 122, col. 764

Fay, Bernard, *Franklin, the Apostle of Modern Times*, Boston 1929

Fenollosa, Ernest, »The Chinese Character as a Medium for Poetry«, dt. in: *Ezra Pound, Ernest Fenollosa, No – Vom Genius Japans*, Hg.: E. Hesse, Zürich 1963

Fiorentino, Francesco, *Manuale di Storia della Filosofia*, Neapel 1881

Foucault, Michel, *Wahnsinn und Gesellschaft*, Ü.: Ulrich Köppen, Frankfurt a.M. 1970

Freud, Sigmund, *Vorlesungen*, Leipzig/Wien 1922

Freud, Sigmund, »Das Unbehagen in der Kultur«, in *Abriss der Psychoanalyse. Das Unbehagen in der Kultur*, Frankfurt a.M. 1953

Freud, Sigmund, »Jenseits des Lustprinzips«, in: *Gesammelte Werke* Bd. III, Frankfurt a.M. 1969

Gabor, Geraldine, *Guido Cavalcanti. Le Rime – Die Gedichte*, Ü.: Geraldine Gabor und Ernst-Jürgen Dreyer, Frankfurt a.M. 1991

Godelier, Maurice, *Seminar: Die Entstehung der Klassengesellschaften*, Hg.: Klaus Eder, Frankfurt a.M. 1973

Gourmont, Remy de, *Physique de l'amour*, Paris 1903, Ü.: Ezra Pound u. d. T.: *The Natural Philosophy of Love*, London 1922

Granet, Marcel, *La Pensée Chinoise*, Paris 1934, dt. u. d. T.: *Das chinesische Denken*, München 1963

Habermas, Jürgen, *Theorie und Praxis*, Neuwied 1963

LITERATUR

Hart, Bernard, »The Conception of the Unconscious«, in: *Subconscious Phenomena*, London 1911

Hegel, G. W. F., *Wissenschaft der Logik I*, Leipzig 1951

Hegel, G. W. F., *Phänomologie des Geistes*, Hamburg 1952

Hesse, Eva, »Die literarische Reproduktion des Führerprinzips« in: *Literarische Moderne*, Reinbek 1995

Hesse, Eva (Hg.), *Ezra Pound. 22 Versuche über einen Dichter*, Frankfurt a. M. 1967

Hesse, Eva, *Ezra Pound. Lesebuch*, München 1987

Hesse, Eva, *Die Achse Avantgarde-Faschismus*, Zürich 1999

Hesse, Eva, *Ezra Pound. Von Sinn und Wahnsinn*, München 1987

Hesse, Mary, *Models and Analogies in Science*, Notre Dame 1966

Heydon, John, *The Holy Guide*, London 1662

Highwater, Jamake, *Sexualität und Mythos*, Olten 1992

Horkheimer, Max, *Sociologica II*, Frankfurt a.M. 1973

Horkheimer, Max/Adorno, Theodor W., *Dialektik der Aufklärung*, Frankfurt a.M. 1969

Iamblichos, *De mysteriis Aegyptiorum*, Hg. G. F. K. Parthey, Berlin 1857

Jonas, Hans, *Gnosis*, Hg.: Christian Wiese, Frankfurt a.M./Leipzig 1999

Kant, Immanuel, *Rechtslehre*, § 24

Kelly-Gadol, Joan, *Becoming Visible. Women in European History*, Hg.: Renate Bridenzhal, Claudia Koonz, New York 1977

Kenner, Hugh, *Gnomon*, New York 1958

Knowles, David, *The Evolution of Medieval Thought*, London 1962

Koch, Gottfried, *Frauenfrage und Ketzertum im Mittelalter*, Berlin 1962

Konfuzius, *Lun-yü (Analects)*; dt. u. d. T.: Kung-Futse, *Gespräche*, Ü.: Richard Wilhelm, Jena 1921

Kristeva, Julia, »Joyce, ›the gracehoper‹ oder Orpheus' Wiederkehr«, in: *taz* Berlin 6. August 1984

Lacan, Jacques, »Das Spiegelstadium als Bildner der Ichfunktion« (1938) und »Die Bedeutung des Phallus«, in: *Schriften, 3 Bde.* Freiburg 1973–1980

Laing, Ronald D., *The Politics of Experience*, New York 1967

Laing, Ronald D./Cooper D., *Reason and Violence*, dt. u. d. T.: *Vernunft und Gewalt*, Frankfurt a.M. 1973

Lao-tzu, dt. u. d. T.: *Laotse*, Ü.: Richard Wilhelm, Leipzig 1921

Lao-tzu, *Tao-te-king*, Ü.: Richard Wilhelm, Jena 1921

Laqueur, Thomas, *Making SEX*, Cambridge, Mass./London 1990

Le Goff, Jacques, *Für ein anderes Mittelalter*, Ü.: Juliane Kümmel, Frankfurt a.M./Berlin/Wien 1984

Leibniz, G. W., *Novissima sinica*, 1697;

Leibniz, G. W., *Lettre XVII de Monsieur G. W. Leibniz sur la Philosophie Chinoise à Monsieur de Rémond*, 1716

Lévi-Strauss, Claude, *Strukturale Anthropologie*, Frankfurt a.M. 1967
Lévi-Strauss, Claude, *Das wilde Denken*, Frankfurt a.M. 1968
Lévi-Strauss, Claude, *Das Ende des Totemismus*, Frankfurt a.M. 1968
Manes, *Kephalaia*, Hg.: C. Schmidt, Stuttgart 1935
Marcuse, Herbert, *Triebstruktur und Gesellschaft*, Frankfurt a.M. 1971
Marinetti, Filippo T., *Manifesto tecnico della letteratura futurista*, 1912
Métral, Marie-Odile, *Die Ehe. Analyse einer Institution*, Frankfurt a.M. 1981
Miyake, Akiko, *Ezra Pound and the Mysteries of Love*, Durham/London 1991
Montesquieu, Charles de, *De l'esprit des lois*, Genf 1748
Needham, Joseph, *Science and Civilization in China*, Bd. II, Cambridge 1962
Plotinos, *Plotins Schriften*, 5 Bde., Ü. und Hg.: R. Harder, Leipzig 1930–1937
Popper, Karl, *Kritischer Rationalismus und Sozialdemokratie*, Berlin/Bonn/Bad Godesberg 1973
Porphyrius Malchus, *De Occasionibus, sive causis ad intelligibilia nos ducentibus*, Lugduni Batavorum (Leiden) 1607
Pound Ezra, »De Gourmont: A Distinction«, in: *The Literary Essays of Ezra Pound*, Hg.: T. S. Eliot, London 1954
Pound, Ezra, »Brancusi«, in: *The Literary Essays of Ezra Pound*, Hg.: T. S. Eliot, London 1954; dt. in: *Ezra Pound. Über Zeitgenossen*, Hg.: E. Hesse, Zürich 1959
Pound, Ezra, »Cavalcanti«, in: *Make it New*, London 1934
Pound, Ezra, »Noh Plays (1916), in: *Translations of Ezra Pound*, Hg.: Hugh Kenner, London 1953, dt. in: *Ezra Pound, Ernest Fenollosa, Nō – Vom Genius Japans*, Hg.: E. Hesse, Zürich 1963
Pound, Ezra, »The New Therapy«, in: *The New Age* XXX/20 (16. März 1922)
Pound, Ezra, »Vorticism«, »The Serious Artist«, in: *motz el son – Wort und Weise*, Hg. und Ü.: E. Hesse, Zürich 1957
Pound, Ezra, »Wyndham Lewis«, in: *The Literary Essays of Ezra Pound*, Hg.: T. S. Eliot, London 1954
Pound, Ezra, »How to Read«, dt. u. d. T.: »Wie lesen« in: *motz el son – Wort und Weise*, Hg. und Ü.: E. Hesse, Zürich 1957
Pound, Ezra, *ABC of Reading*, dt. u. d. T.: *ABC des Lesens*, Ü.: E. Hesse, Frankfurt a.M. 1957
Pound, Ezra, *Confucius: The Unwobbling Pivot & The Great Digest*, Bombay/Calcutta/Madras 1949
Pound, Ezra, *Ezra Pound. Usura-Cantos XLV und LI*, Hg. und Ü.: E. Hesse, Zürich 1985
Pound, Ezra, *Guide to Kulchur*, Norfolk, Conn. 1938

LITERATUR

Pound, Ezra, Interview, in: *Paris Review 28*, Summer-Fall 1962
Pound, Ezra, *Jefferson and/or Mussolini*, New York 1935
Pound, Ezra, *Patria Mia*, Ü.: H. Soellner, Zürich 1960
Pound, Ezra, *The Cantos of Ezra Pound*, New York/London, Last Printing 1972
Pound, Ezra, *The Letters of Ezra Pound 1907–1951*, Hg.: D. D. Paige, New York 1951
Pound, Ezra, *The Sonnets and Ballads of Guido Cavalcanti*, Hg. und Ü.: Ezra Pound, London 1912
Pound, Ezra, *The Spirit of Romance*, London 1910
Pound, Ezra, *Traxinie*, dt. u. d. T.: *Die Frauen von Trachis*, Ü.: E. Hesse, Zürich 1960
Quesnay, François, *Tableau économique*, 1758
Quesnay, François, *Le Despotisme de la Chine*, 1767
Rachewiltz, Boris de, *Il libro Egizio degli Inferi*, Rom 1959
Reichwein, Adolf, *China und Europa im achtzehnten Jahrhundert*, Berlin 1923
Renan, Ernest, *Averroès et L'Averroisme*, Paris 1866
Richard von St. Viktor, *Benjamin Minor*, Hg.: J. P. Migne, *Patrologia Latina*, Paris 1853
Richards, I. A., *The Philosophy of Rhetoric*, Oxford 1936
Rock, Joseph F., *The ^{2}Múan-^{1}bpö Ceremony or the Sacrifice to Heaven as practised by the ^{1}Na-^{2}khi*, in *Annali Lateranensi* XVI, Rom 1952
Rougemont, Denis de, *Passion and Society*, London 1940
Schultz, Wolfgang, *Dokumente der Gnosis*, Jena 1910
Schultze, Fritz, *Georgios Gemistos Plethon und seine reformerischen Bestrebungen*, Jena 1874
Sloterdijk, Peter, *Weltrevolution der Seele. Ein Lese- und Arbeitsbuch der Gnosis von der Spätantike bis zur Gegenwart*, 2 Bde., Hg.: P. Sloterdijk und T.H. Macho, Zürich 1993
Thomas von Aquin, *Summa theologica* 3 Bde., Ü.: J. Bernhart, Leipzig 1934
Valli, Luigi, *Il Linguaggio segreto di Dante e dei »Fedeli d'amore«*, Rom 1928
Véran, S. J., *Les poètesses provençales du Moyen Age à nos jours*, Paris 1946
Wittgenstein, Ludwig, *Philosophical Investigations*, Oxford 1953
Wittgenstein, Ludwig, *Tractatus logico-philosophicus*, London 1922
Wolff, Christian, *Rede über die praktische Philosophie der Chinesen*, Hg.: Michael Albrecht, Hamburg 1985

Biographische Zeittafel zu Ezra Pound

1885
Geboren am 30. Oktober in Hailey, Idaho, als einziges Kind von Isabel Weston Pound (1860–1948) und dem Land-Office-Beamten für das Territorium Idaho, Homer Loomis Pound (1858–1924). Der Großvater väterlicherseits, Thaddeus Coleman Pound (1832–1914), Gründer der Chippewa Falls Northern & Eastern Railway Co., war von 1873 bis 1876 Kongressabgeordneter für Wisconsin. Pounds Mutter, eine geborene Weston, war mütterlicherseits Nachfahrin des Dichters Henry Wadsworth Longfellow, was er bei allem sonstigen Familienstolz lebenslang schamhaft verschwieg.

1887–1901
Kindheit in Wyncote, einem Vorort von Philadelphia, wo sein Vater am Staatlichen Münzamt als Münzprüfer angestellt war. Schule: Wyncote Public School, Cheltenham Military Academy, Unterricht u.a. in Latein, Fechten, Tennis und Schach; danach Cheltenham High School. Frühe Reisen nach Europa: 1889 mit seiner Mutter und Großtante, »Aunt Frank« (Frances Weston), nach England, Deutschland, Frankreich, in die Schweiz, nach Italien und Tunis. Erstmals auch nach Venedig. 1901 begleitet er seinen Vater nach London, um dort das Münzamt zu besichtigen.

1901–1902
Im Herbst 1901, im Alter von fast 16 Jahren, nimmt er das Studium an der Universität von Pennsylvania auf. Als »special student« eingeschrieben, will er laut seiner Bewerbung alle »unerheblichen Fächer« überspringen. Sein Studienziel ist das, was man heute als Komparatistik bezeichnen würde. An der Universität lernt er den zwei Jahre älteren Medizinstudenten und Dichter William Carlos Williams (1883–1963) kennen sowie die 15-jährige Dichterin Hilda Doolittle (genannt »H. D.«, 1886–1961), seine »Dryade«, mit der er sich heimlich verlobt. In den Semesterferien des Sommers 1902 Reise nach Gibraltar und Marokko.

1903–1905
Zwei Jahre am Hamilton College in Clinton, New York. Fasst erste Pläne für ein weltliterarisches Opus Magnum. Bei Professor Joseph D. Ibbotson belegt er Angelsächsisch und Hebräisch, bei William Pierce Shepard Sprachkurse in Französisch, Italienisch, Spanisch und Provenzalisch. Professor Brandt gestattet ihm, deutsche Literatur unter Aussparung der Prosa zu studieren. 1905 macht Pound sein Bachelor-Examen und verliebt sich vorübergehend in eine 15 Jahre »ältere Frau«, die Konzertpianistin und Skrjabin-Interpretin Katherine Ruth Heyman (1874–1944).

BIOGRAPHISCHE ZEITTAFEL ZU EZRA POUND

1905–1906
Kehrt als Graduierter an die Universität von Pennsylvania zurück, wo er bei Professor Felix E. Schelling und Dr. Hugo Rennert Romanistik belegt. Macht seinen Magister und erhält als »Fellow in Romanics« ein Stipendium, um in Spanien Material für seine Doktorarbeit über Lope de Vega zu sammeln. Schreibt für H. D. seinen ersten, in Eigenproduktion gebundenen Gedichtband *Hilda's Book*. Komponiert jeden Tag zur Übung ein Sonett und vernichtet sie alle.

1906–1907
Schifft sich mit dem Geld seines Stipendiums nach Gibraltar ein und arbeitet in Madrid in der Königlichen Bibliothek; besucht Burgos und konsultiert in Freiburg den Professor Emil Lévy über eine problematische provenzalische Textstelle, fährt dann nach Paris und London. Kehrt an die Universität von Pennsylvania zurück und fällt im Examensfach Literaturkritik durch. Sein Stipendium wird nicht erneuert. Verliebt sich in Mary S. Moore. Im Herbst 1907 nimmt er einen Job als Lehrer für Spanisch und Französisch am Wabash College in Crawfordsville, Indiana, an. Nach vier Monaten wird ihm gekündigt mit der Begründung, er sei zu sehr »der Typ des Bohemien«.

1908
Pound macht Mary S. Moore einen Heiratsantrag, den sie ablehnt. Hält alsdann bei H. D.' s Vater, Professor der Astronomie an der Universität Pennsylvania, um Hildas Hand an. Der fährt aus der Haut: »Was? *Sie!* Sie sind doch bloß ein Nomade!« Mit nur 80 Dollar in der Tasche setzt er auf einem Viehfrachter nach Gibraltar über und schlägt sich zeitweilig als Touristenführer durch. Von dort fährt er nach Venedig, wo er einen Sommer lang als Impresario für Katherine Heyman tätig ist. Auf eigene Kosten lässt er im Juli 150 Exemplare seines Gedichtbandes *A Lume Spento* drucken. Die Gedichte darin bezeichnet er später als »ranzige Sahnetörtchen«. Im August desselben Jahres, nach einem kurzen Aufenthalt in Paris, erfolgt die Übersiedlung nach London, wo ihn Miss Heyman in die kulturellen Kreise einführen will. Von London aus bewirbt er sich noch einmal um eine Verlängerung seines Stipendiums. Wieder vergeblich. Im Dezember veröffentlicht er seinen Gedichtband: *A Quinzaine for this Yule.*

1909
Hält am London Polytechnic Institute in der Regent Street 6 Vorlesungen über Entwicklungen der Literatur in Südeuropa und im Winter 1909/1910 eine Vorlesungsreihe über mittelalterliche Literatur, die u.a. von Olivia Shakespear (1864–1938) besucht wird, die in London einen vielbeachteten literarischen Salon unterhält. Sie ist Romanautorin, Cousine des Dichters Lionel Johnson (1867–1902), Geliebte und Vertraute des Dichters W. B. Yeats (1865–1939). Mit Olivias Tochter, der

jungen Künstlerin Dorothy Shakespear (1886–1973), knüpft Pound engere Beziehungen an. Im »Poet's Club« lernt er den Philosophen T. E. Hulme (1883–1917) kennen, zu dessen Kreis F. S. Flint, Joseph Campbell, Desmond Fitzgerald gehören, sowie Florence Farr (s. Pounds *Portrait d'une Femme*), die emanzipierte Schauspielerin und Freundin von Yeats und Bernard Shaw. In den Redaktionsräumen der Zeitschrift *The English Review* von Ford Madox Hueffer (1873–1939, der sich später Ford Madox Ford nennt), wo eine permanente Party im Gang ist, lernt er Joseph Conrad, Thomas Hardy, H. G. Wells, Arnold Bennett, den kanadischen Autor und Maler Wyndham Lewis (1882–1957), D. H. Lawrence und Violet Hunt kennen. Pound schließt Freundschaften mit Autoren der älteren Generation, vor allem mit W. B. Yeats und Ford Madox Ford, die er abwechselnd als Vers-Orakel und als Prosa-Orakel konsultiert. Veröffentlicht die Gedichtbände *Personae* im April und *Exultations* im Oktober. Besucht T. E. Hulmes Vorlesungen über Henri Bergson.

1910–1912

Als sein erstes Prosawerk wird 1910 seine Londoner Vorlesungsreihe über mittelalterliche Literatur u. d. T. *The Spirit of Romance* veröffentlicht, der Text basiert zum Teil auf seiner – weit über das Thema Lope de Vega hinausgewachsenen – Doktorarbeit. Lernt im Februar über Hueffer den hochverehrten und betagten Henry James (1843–1916) kennen. Verliebt sich (unter anderen) in die unglücklich verheiratete Bride Scratton, bei deren Scheidungsprozess (1923) er als Scheidungsgrund genannt wird (es scheint jedoch, dass er sich dafür aus purer Ritterlichkeit zur Verfügung gestellt hatte). Veröffentlicht den ersten Gedichtband *Provença* in den USA. Im März nach Paris als Hausgast des deutschgebürtigen Pianisten Walter Morse Rummel (1887–1953) in der rue Rayounard, mit dem er an einem provenzalischen Liederbuch arbeitet. Rummel macht ihn mit seiner Freundin Margaret Cravens, einer jungen amerikanischen Pianistin, bekannt, die Pound die Summe von £ 1000 jährlich aussetzt. Trifft sich danach mit Olivia und Dorothy Shakespear in Sirmione am Gardasee, wo er mit der ersten seiner Übersetzungen des Dichters Guido Cavalcanti (1250–1300) beginnt, der ihn lebenslang beschäftigen wird. Im Juni 1910 fährt er in die USA und lernt dort den New Yorker Anwalt und Kunstmäzen John Quinn (1870–1924) kennen. Es sollte bis 1938 seine letzte Reise in die Heimat sein. In den 11 Artikeln über seinen Aufenthalt in New York, die er für die Londoner Zeitschrift *The New Age* vom 5. September bis 14. November 1912 und vom 1. Mai bis Juni 1913 schreibt (später u. d. T. *Patria Mia* veröffendicht), reagiert er erstmals auf die avantgardistischen Manifeste des Futuristen F. T. Marinetti (1876–1944).

Im Februar 1911 kehrt Pound nach London zurück, fährt aber gleich nach Paris weiter, wo er in der Bibliothèque Nationale an seiner Übersetzung des provenzalischen Dichters Arnaut Daniel arbeitet, wäh-

BIOGRAPHISCHE ZEITTAFEL ZU EZRA POUND 365

rend er zugleich zusammen mit Rummel versucht, eine Notierung für die verloren gegangene Musik der Troubadour-Dichter zu erstellen. An den Bücherständen am linken Seine-Ufer entdeckt er die lateinische Übersetzung der *Odyssee* von Andreas Divus Justinopolitanus aus dem Jahr 1538, die er später an den Anfang seines ersten Cantos stellen sollte. Der Gedichtband *Canzoni* erscheint. Im Juli, wieder in Sirmione, überträgt er den *Seafarer* aus dem Altangelsächsischen des 8. Jahrhunderts. Trifft sich mit Ford Madox Hueffer in Gießen. Der wälzt sich am Boden vor Pein über die archaisierende Sprache von Pounds damaliger Lyrik in *Canzoni*. Im Herbst wieder in London, macht er die Bekanntschaft von A. R. Orage (1873–1934), dem Herausgeber der »Guild Socialist«-Zeitschrift *The New Age* (1908–1922), für die er von nun an zahlreiche journalistische und zeitkritische Artikel schreibt und – unter den Pseudonymen »William Atheling« und »B. H. Dias« – launige Musik- und Kunstkritiken verfasst. Im Kreis von Orage bilden sich die politischen und ökonomischen Grundbegriffe seines Lebens heraus. Im Herbst trifft seine Ex-Verlobte H. D. in Begleitung ihrer lesbischen Freundin Frances Gregg (»The Gregg«) in London ein, nur um festzustellen, dass sich Pound mit Dorothy Shakespear verlobt hat.

Im Mai 1912 erscheint Pounds Übersetzung *The Sonnets and Ballate of Guido Cavalcanti*. Er lernt den Dichter und späteren Ehemann H. D. s, Richard Aldington (»The Faun«, 1892–1962), kennen und fährt mit beiden nach Paris. Anschließend unternimmt er eine Fußwanderung durch die Provence. Noch während dieser Tour erfährt er, dass seine Sponsorin Margaret Cravens sich erschossen hat – ob wegen der bevorstehenden Eheschließung Rummels oder wegen Pounds Verlobung mit Dorothy Shakespear, bleibt ungeklärt. Sie hinterlässt zwei Abschiedsbriefe: einen an Pound, einen an Rummel. Im Oktober erscheint der Gedichtband *Ripostes*, der einige von Pounds berühmtesten Gedichten enthält. Im Anhang zu diesem Band taucht zum ersten Mal der Plan zur Gründung einer modernistischen Schule der Dichtung, »Imagismus« genannt, auf. Ab September fungiert er als ehrenamtlicher »Foreign Editor« der legendären Chicagoer Zeitschrift *Poetry* von Harriet Monroe, die – vor allem dank Pound – Literaturgeschichte gemacht hat.

1913
Fängt an, als literarischer Redakteur für die Zeitschrift *The New Freewoman* (später umgetauft in *The Egoist*) von Harriet Weaver Shaw und Dora Marsden tätig zu werden. In der März-Nummer der Zeitschrift *Poetry* erscheint das Gründungsmanifest des *Imagisme* mit den berühmten »Don'ts« und einer Auswahl der Gedichte von H. D. Zum Imagismus bekennen sich H. D., Richard Aldington, F. S. Flint, John Gould Fletcher. Die betuchte amerikanische Dichterin Amy Lowell (1874–1925) kommt nach London, um die Möglichkeiten der neuen

dichterischen Schule zu erkunden. Pound lernt den bislang völlig erfolglosen Dichter Robert Frost (1875–1963) kennen und bespricht dessen ersten Gedichtband *A Boy's Will* mit Enthusiasmus in *Poetry*. Er befreundet sich mit dem jungen und mittellosen französischen Bildhauer Henri Gaudier (1891–1915), der sich nach seiner Lebensgefährtin, die er als seine Schwester ausgibt, »Gaudier-Brzeska« nennt. Pound ist überwältigt von Gaudier-Brzeskas Genie, das er von nun an auf jede erdenkliche Weise fördert. Im Frühjahr macht er in Paris die Bekanntschaft von »Les Jeunes«: Jules Romains, Georges Duhamel, Charles Vildrac, Laurent Tailhade, Francis Jammes, Emile Verhaeren. Mary Fenollosa, die Witwe des Experten für ostasiatische Kunst Ernest Fenollosa (1835–1908), vertraut Pound die nachgelassenen Notizhefte ihres Mannes zur Herausgabe an. Das ist der Anfang von Pounds lebenslanger und sehr eigenwilliger Beschäftigung mit den poetologischen Möglichkeiten des japanischen Nō-Spiels und des chinesischen Ideogramms. Anhand von Fenollosas Notizen beginnt er mit der Übersetzung und Überarbeitung der Nō-Spiele. Verbringt drei Winter von 1913 an als »Sekretär« von W. B. Yeats auf dem Lande in Stone Cottage, Sussex. Yeats zeigt Pound einige Texte von James Joyce (1882–1941), der sich in Triest mühsam als Sprachlehrer durchschlägt. Pound nimmt sofort Kontakt zu Joyce auf, um seine Gedichte in der von ihm edierten Anthologie *Des Imagistes* aufzunehmen. Pound schließt die Arbeit an *Lustra* ab, der Band wird jedoch wegen seiner sexuellen Freizügigkeit erst drei Jahre später veröffentlicht.

1914
Im März erscheint in New York die Anthologie *Des Imagistes*. Im Sommer kommt Amy Lowell nach London, um Beiträge für ihre imagistische Gegenanthologie *Some Imagist Poets* zu sammeln, F. S. Flint, Aldington und H. D. werden abtrünnig und laufen über zum »Amygism« (wie Pound die rivalisierende Schule tauft). Pound arrangiert die Veröffentlichung des *Portrait of the Artist as a Young Man* von Joyce in *The Egoist* als Fortsetzungsroman. Im April heiratet er, mit W. B. Yeats als Trauzeugen, Dorothy Shakespear und bezieht eine Wohnung in Holland Place Chambers Nr. 5 in Kensington. (1917 sollte Yeats Georgie Hyde-Lees heiraten, eine Cousine von Dorothy Pound, diesmal mit Pound als Trauzeugen.) Die Flitterwochen verbringt das junge Paar mit einer Wanderung durch die Provence. Als Reaktion auf die skandalumwitterten Auftritte F. T. Marinettis und seiner verbündeten Futuristen in London gründet Wyndham Lewis im Juli mit Pound und den Künstlern des »Rebel Art Center« die einzige frühavantgardistische Bewegung Englands: *Vorticism*. In dem vortizistischen Manifest BLAST No. 1 (vom 20. Juni 1914), verfasst von Pound und Wyndham Lewis, wird der GROSSE ENGLISCHE VORTEX verkündet. Mit dem *Vorticism* verbunden sind u.a. Gaudier-Brzeska, Jacob Epstein, Richard Aldington, Alvin Langdon Coburn, Edward Wadsworth, Helen Saunders, William

Roberts, Jessica Dismorr, Frederic Etchells. Pound schreibt eine überaus positive Besprechung von Robert Frosts zweitem Gedichtband *North of Boston* u. d. T. *Modern Georgics* in *Poetry*. Im September lernt Pound seinen Landsmann T. S. Eliot (1888–1965) kennen. Unter Androhung seines Rücktritts von der Zeitschrift zwingt er die widerstrebende Harriet Monroe, Eliots *Love Song of J. Alfred Prufrock* in der Juni-Nummer des Jahres 1915 in *Poetry* abzudrucken. Den Winter verbringen die Pounds mit Yeats in Sussex, wo Pound seine Überarbeitung der chinesischen Gedicht-Übersetzungen (nach dem Japanischen in Fenollosas Schreibheften) zum Abschluss bringt.

1915
Die Ausstellung der vortizistischen Künstler mit Werken von Wadsworth, Gaudier-Brzeska und Jacob Epsteins *Rock-Drill* (der später den *Cantos LXXXV–XCV* den Titel geben sollte) eröffnet in London. Im Juni fällt Gaudier-Brzeska, der sich freiwillig an die Front gemeldet hatte. *BLAST No. 2*, die »Kriegsnummer« vom 20. Juli 1915, erscheint. Pound lernt den Musikologen und Instrumentalbauer für alte Musik, Arnold Dolmetsch (1858–1940), kennen, der ihm ein eigenes Clavichord baut. Nach dem Kriegseintritt Italiens bricht Joyce seine Zelte in Triest ab und zieht mit seiner Familie nach Zürich, wo er zunächst völlig mittellos ist. Pound schickt ihm anonym aus der eigenen, stets abgebrannten Tasche 13 Wochen lang wöchentlich £ 2 und verschafft ihm über Yeats eine einmalige Zuwendung von £ 75. Pounds chinesische Gedichtübersetzungen, mit denen er, wie Eliot nicht ohne Bosheit sagt, »zum Erfinder der chinesischen Dichtung für unsere Zeit« wird, erscheinen im April u. d. T. *Cathay*. Er ediert *The Poetical Works of Lionel Johnson* und veröffentlicht im November *The Catholic Anthology* mit Gedichten von Eliot, Yeats, Hulme, Williams, Masters, Carl Sandburg u.a. Pound beginnt, »ein längeres Gedicht« zu schreiben – es handelt sich um erste Entwürfe zu den *Cantos*.

1916
Lustra erscheint mit einer verschlüsselten Widmung an die irische Romanautorin Brigit Patmore in der vom Verlag zensierten Form, der »castrato-Fassung« (Pound). Zur Erinnerung an Gaudier-Brzeska veröffentlicht er *Gaudier-Brzeska: A Memoir* mit dem grundsätzlichen Essay zur Ästhetik des *Vorticism*. Wyndham Lewis' Roman *Tarr* erscheint in Fortsetzungen in *The Egoist*. Die Cuala Press, eine Handpresse, die von Yeats' Familie in Dublin betrieben wird, veröffentlicht *Certain Noble Plays of Japan*, »nach den Manuskripten von Ernest Fenollosa, Auswahl und Bearbeitung von Ezra Pound«. Yeats' Drama im Nō-Stil *At the Hawk's Well*, das dank Pounds Einfluss eine große Wende im Schaffen des irischen Dichters und Dramatikers darstellt, wird im Londoner Salon der Lady Cunard, der Mutter von Nancy Cunard, uraufgeführt. Pound schreibt eine Serie von Briefen an die blutjunge Dichterin Iris

Barry (1895–1969), später Filmkritikerin und Kuratorin der MOMA-Filmbibliothek. Aus diesen Briefen sollte das Lehrbuch *How to Read* (1929, dt. *Leseplan)* entstehen. Seine Freunde Remy de Gourmont und Henry James sterben im gleichen Jahr.

1917
Als erweiterte Fassung der *Certain Noble Plays of Japan* erscheint in England *Noh or Accomplishment*. Im Juni kommen in der Zeitschrift *Poetry* »Three Cantos« heraus, die sog. »Ur-Cantos«, Pounds später zurückgezogener Fehlstart in die *Cantos*. Pound hat jetzt John Quinn zum Sponsoren. Das *Portrait of the Artist As a Young Man* von Joyce wird auf Pounds Drängen von Harriet Weavers Egoist Press in Buchform publiziert. Eliots Gedichtband *Prufrock and Other Observations* kommt dank einem finanziellen Zuschuss aus Pounds eigener Tasche in der Egoist Press heraus. Er gewinnt Quinns finanzielle Unterstützung auch für *The Little Review* von Margaret Anderson und Jane Heap in New York und wird selber zum Auslandsredakteur der Zeitschrift. T. E. Hulme fällt an der Front. T. S. Eliots *Ezra Pound: His Metric and Poetry* erscheint anonym, da Eliot um sein Ansehen in London fürchtet. Pound hat eine Affäre mit seiner zeitweiligen »Sekretärin«, der blutjungen Iseult MacBride, Tochter von Maud Gonne, der berühmten irischen Freiheitsheldin, der großen Liebe von W. B. Yeats. Beide Frauen, Mutter und Tochter, hatten wiederholt Heiratsanträge von Yeats zurückgewiesen. Pound beschafft das Geld für die Augenoperation von Joyce und nimmt die erste Episode von *Ulysses* für die *Little Review* in Empfang. Er revidiert seine Übersetzungen von Arnaut Daniel aus dem Jahr 1911, die zur Veröffentlichung in den USA vorgesehen sind. Doch das Manuskript geht auf dem Postweg verloren.

1918
Vom März 1918 bis zum Oktober 1920 erscheinen unmittelbar nach ihrem Entstehen die einzelnen Episoden von *Ulysses* in der *Little Review.* In der März-Nummer der Zeitschrift stellt Pound mit Enthusiasmus die Dichterinnen Marianne Moore (1887–1972) und Mina Loy (1882–1966) vor. *Pavannes and Divisions*, eine Sammlung seiner Prosaschriften und Übersetzungen, kommt in New York heraus. Pound beginnt die Arbeit an seiner Text-Montage aus den Werken des römischen Dichters Properz – der *Huldigung des Sextus Propertius.*

1919
Im März erscheint eine gekürzte Version der Properz-Montage in *Poetry,* die in den Medien als äußerst »mangelhafte Übersetzung« aus dem Lateinischen verrissen wird. In Wirklichkeit entdeckt Pound mit der Huldigung des römischen Dichters völlig neue Parameter der Literatur, in der die Überschneidungen zwischen Übersetzung, originärer Dichtung und Kulturkritik neu bestimmt werden. Wegen des Ärgers

mit Properz bricht Pound mit *Poetry*. Macht durch Orage die Bekanntschaft von Major C. H. Douglas (1879–1952), den Orage für den »Einstein der Ökonomie« hält. Pound wird (wie auch u.a. Charlie Chaplin und Herbert Read) zum Anhänger von Douglas' »Social Credit«-Theorie, wonach der Staat (und nicht die Privatbanken) durch eine »nationale Dividende« genügend Geld im Umlauf bringen soll, um die Produktion und die Konsumption im Gleichgewicht zu halten. Es war eine monetäre Theorie, die – ähnlich wie die Theorien von John Maynard Keynes – in der Zeit der großen Geldverknappung nach dem Ersten Weltkrieg Logik und Überzeugungskraft besaß. Er entwirft einen vierten und fünften Canto. Die Monate April bis September verbringt er mit seiner Frau in Paris und Toulouse und besucht Mont Ségur, die heilige Stätte der Katharer. Mit Eliot unternimmt er eine Wanderung durch die Dordogne. Die Egoist Press veröffentlicht *Quia Pauper Amavi* mit den »Three Cantos« und dem vollständigen Text seiner *Homage to Sextus Propertius*. Er schreibt Cantos V, VI und VII, »jeder noch unverständlicher als der vorherige«.

1920

Auf Quinns Empfehlung wird Pound Pariser Auslandskorrespondent des hoch angesehenen (und nicht unbedingt avantgardistischen) Kulturjournals *The Dial* des New Yorker Millionärs und Kunstsammlers Scofield Thayer: Thomas Mann, Hugo von Hoffmannsthal, Ortega y Gasset, Maksim Gorkij, Marcel Proust, Benedetto Croce, Miguel Unamuno, Paul Valéry, André Spire, Louis Aragon, Jean Giraudoux u.a.m. gehören zu den Mitarbeitern dieser Zeitschrift. Von nun an bringt *The Dial* regelmäßig Pounds *Letter from Paris*. Dadurch erweitern sich seine kulturellen Anstiftungen ins Internationale. Im April erscheint in New York seine Essaysammlung *Instigations or Une Revue de Deux Mondes* mit Fenollosas Essay des Jahres 1900, *The Chinese Written Character as a Medium for Poetry* (»Das chinesische Schriftzeichen als Organ für die Dichtung«) und mit den beiden großen Essays über Remy de Gourmont und Henry James, die für Pound die gegensätzlichen poetischen und prosaischen Sensibilitäten verkörpern. *Umbra: The Early Poems of Ezra Pound* erscheint in London einschließlich der *Complete Poetical Works of T. E. Hulme* und Pounds Übersetzung der Sonette und Ballate von Guido Cavalcanti, samt fünf »Canzoni« nach Arnaut Daniel. Das Buch ist »Mary Moore of Trenton« gewidmet: »If She Wants It«. Pounds Gedichtfolge *Hugh Selwyn Mauberley* erscheint, mit seiner Abrechnung mit dem sterilen intellektuellen Klima Londons und der ersten Thematisierung seines lebenslangen Traumas: dem Kulturschock des Ersten Weltkriegs. Der Zyklus gilt, abgesehen von T. S. Eliots späterem *The Waste Land*, als das bedeutendste Gedicht der englischen Frühmoderne. Im Juni kommt es in Sirmione am Gardasee, einer von Pounds heiligen Stätten, zu der ersten persönlichen Begegnung mit Joyce. Pound fungiert als Quartiermacher für Joyce und seine Sippe in Paris.

Dort macht Pound auch die Bekanntschaft von Sylvia Beach, Inhaberin der Buchhandlung Shakespeare and Company, und ihrer Freundin Adrienne Monnier, denen er anläßlich eines Abendessens bei André Spire James Joyce vorstellt. Im November, noch in London, bespricht er als »William Atheling« im *New Age* ein Konzert der jungen amerikanischen Geigerin Olga Rudge. Im Dezember bricht er seine Zelte in London ab.

1921

Nach einem längeren Aufenthalt an der französischen Riviera finden die Pounds schließlich in Paris eine Atelierwohnung am Montparnasse: rue Nôtre Dame des Champs Nr. 70 bis. Pound schließt neue Freundschaften: mit Jean Cocteau (dessen Langgedicht *The Cape of Good Hope* er 1922 übersetzt), Tristan Tzara, Man Ray, Francis Picabia, Constantin Brancusi (in dessen Atelier er sich als Bildhauer versucht), Marcel Duchamp (seinem Schachpartner), Tibor Serly, Natalie Barney, der reichen lesbischen Amerikanerin (de Gourmonts »Amazone«), und Ernest Hemingway (bei dem er Box-Unterricht nimmt) und e. e. cummings. Er bespricht Douglas' neues Buch *Credit Power and Democracy* und lädt John Quinn zu einem Besuch in Paris ein. Er beteiligt sich an der dadaistischen Farce des Strafgerichts über den ultrakonservativen Schriftsteller Maurice Barrès. Im Haus der Gertrude Stein zerknickt ein Salonstühlchen unter ihm, was ihm nie verziehen werden sollte, zumal Hemingway seine Manuskripte erst von Pound durchsehen lässt und sie dann – samt Pounds Kritzeleien – Gertrude Stein vorlegt. Pound beginnt, mit Hilfe der englischen Musikerin Agnes Bedford die Musik zu den Texten von François Villon für seine Oper *Le Testament* zu komponieren (1920–1933), die dann später von George Antheil in eine Partitur gebracht wird. Er unternimmt eine Führung durch Paris für Bride Scratton und hat eine kurze Affäre mit der extravaganten Schriftstellerin Nancy Cunard. In *The Dial* veröffentlicht er die Cantos V bis VII und rezensiert Marcel Proust. In New York erscheint *Poems 1918–1921: Including Three Portraits and Four Cantos* (es sind die frühen Versionen von Canto I, Canto V und Canto VI, während Canto VII schon beinahe die endgültige Form hat). *The Little Review* widmet Brancusi eine ganze Nummer und bringt darin Pounds Essay über den Bildhauer sowie die dadaistischen *Poems of Abel Saunders* (d. i. Pound). Im November besucht ihn auf dem Weg in ein Sanatorium in der Schweiz T. S. Eliot und liefert ratlos ein langes und chaotisches Gedichtmanuskript bei ihm ab – unfertige Entwürfe zu *The Waste Land*.

1922

Im Januar bringt ihm T. S. Eliot, immer noch ratlos, auf dem Rückweg vom Sanatorium in Lausanne eine revidierte Fassung des *Waste Land*. Drei Wochen später erhält Eliot in London das von Pound zusammengestrichene und total umgebaute Manuskript in seiner endgültigen

Form. Pound zieht die Stiftung »Bel Esprit« auf, um Eliot von seiner Fron als Bankangestellter zu befreien: 30 namhafte Schriftsteller sollen pro Kopf £ 10 pro Jahr einzahlen. Am 2. Februar erscheint die Subskriptionsausgabe des *Ulysses,* die Sylvia Beach zuwege gebracht hat. In der Mai-Nummer des *Dial* veröffentlicht Pound Canto VIII (den späteren Canto II) und eine Besprechung des *Ulysses.* Von April bis Juni bereist er Italien: Siena, Venedig, Rimini, wo er den »Tempio« des Sigismundo Malatesta erkundet. In der Arena von Verona trifft er sich mit T. S. Eliot (»il decaduto«) und Bride Scratton (»Thiy« bzw. Teje, die Mutter der Nofretete und die Gattin des Pharaos Amenophis III, ca. 1405–1370 v. u. Z.). In Sirmione ist er mit den Hemingways verabredet. Wieder in Paris, übersetzt er, um seine Kasse aufzubessern, zwei Bände mit Kurzgeschichten von Paul Morand und Remy de Gourmonts Traktat *Le Physique de l'Amour. Essai sur l'instinct sexuel* (1921) u. d. T. *The Natural Philosophy of Love.* Er entwirft die Cantos IX bis XIII, die »Malatesta Cantos«. Der berühmte amerikanische »Mudraker« und Journalist Lincoln Steffens (1866–1939) berichtet ihm vom Ausbruch der russischen Revolution, bei der er Augenzeuge war und Lenin interviewt hatte. Dieser Augenzeugenbericht sollte in Canto XVI eingehen. Pound lernt die Geigerin Olga Rudge im Salon von Natalie Barney kennen. Im November erscheint Eliots Jahrhundertgedicht *The Waste Land* in *The Dial.* Pound nennt das Jahr 1922, das endlich die Veröffentlichung des *Ulysses* von Joyce und Eliots *The Waste Land* sah, das »anno mirabilis« seines Lebens. Von nun an widmet er seine Zeit zunehmend seinen eigenen *Cantos.*

1923
Dorothy Pound macht eine Erbschaft. Die Pounds verbringen die Monate Januar bis April auf Reisen in Italien. Längerer Aufenthalt in Rapallo. Mit Hemingway als »Experten« besichtigt er im Februar Schlachtfelder in Italien und lässt sich die militärischen Strategien des Sigismundo Malatesta erklären. Dann weiter nach Florenz, Mailand, Rimini und Cesena, um dort an der Biblioteca Malatestiana weitere Studien zu betreiben. Schließt Freundschaft mit Manlio Dazzi, dem dortigen Bibliothekar. Veröffentlicht den autobiographischen Text *Indiscretions,* in dem er seine Familien-Saga erzählt. Die »Malatesta Cantos« (Cantos VIII–XI) erscheinen in Eliots neuem Kulturjournal *The Criterion.* Wird von Scofield Thayer bei *The Dial* gefeuert. Er entdeckt den amerikanischen Avantgarde-Komponisten George Antheil (1900–1959), der soeben in Paris eingetroffen ist und den er beauftragt, Violinsonaten für Olga Rudge zu schreiben. Er gruppiert die ersten Cantos um. John Quinn trifft in Paris ein und lernt Ford Madox Ford (zuvor Hueffer) kennen. Quinn finanziert die neue Zeitschrift: *The Transatlantic Review,* deren Herausgeber Ford Madox Ford wird und zu deren Mitarbeitern (außer Pound) Gertrude Stein, James Joyce, William Carlos Williams, John Dos Passos und Ernest Hemingway zählen. Arbeitet

mit Antheil an seiner Oper *Le Testament*. Pound beginnt, seine Brandbriefe über den Sozialkredit an alle Premierminister Europas zu verschicken.

1924

Nach einer akuten Blinddarmentzündung Rekonvaleszenz in Rapallo, wo ihn der englische Dichter Basil Bunting aufsucht. Fasst den Plan, die frühen amerikanischen Präsidentschaften in seinen *Cantos* zu thematisieren. Der Dichter William Carlos Williams hatte sich nach dem Welterfolg des *Waste Land* vehement gegen ihn und Eliot gewandt, beide gehörten zur »internationalen Schule«, die der bodenständigen amerikanischen Moderne (W. C. Williams, Marianne Moore, Wallace Stevens u.a.m.) den Boden unter den Füßen entzogen habe. Williams nannte den Jugendfreund nun sogar »den besten Feind, den die amerikanische Dichtung hat«. Daraufhin lädt Pound ihn mit seiner Frau nach Paris ein und macht beide mit dem Kreis seiner Pariser Freunde bekannt. Im Juli treten Antheil und Olga Rudge in der Salle Pleyel bei einem gemeinsamen Konzert auf. John Quinn stirbt in New York. Pound geht mit Olga Rudge auf eine Wandertour durch Südfrankreich. Im Oktober fährt er mit Dorothy nach Rapallo und verbringt Weihnachten und Januar in Sizilien. Das Buch *Antheil and the Treatise on Harmony* erscheint.

1925

Im Januar erscheint der eigentliche Start seiner *Cantos: A Draft of XVI Cantos for the Beginning of a Poem of some Length*. Im März zieht Pound mit Dorothy um in die via Marsala nach Rapallo, die 20 Jahre lang seine Adresse bleiben sollte. Dort lernt er in seinem Stamm-Albergo die deutschen Autoren Fritz von Unruh, Emil Ludwig, Gerhart Hauptmann, Rudolf Borchardt, Franz Werfel kennen. Am 9. Juli bringt Olga Rudge in Bressanone (Brixen) eine Tochter, Mary, zur Welt. Das Kind wird bei einer Bauernfamilie im Bergdorf Gais (Südtirol) in Pflege gegeben. Dorothy Pound unternimmt eine Reise nach Ägypten. Weihnachten kommt T. S. Eliot auf Besuch zu Pound und Olga Rudge in Rapallo.

1926

Im März kehrt Dorothy Pound nach Rapallo zurück. Im Juni geht es nach Paris zur Uraufführung der vom Nō-Spiel inspirierten Oper Pounds: *Le Testament de Villon* in der Salle Pleyel (mit Olga Rudge: Violine, Yves Tinayre: Tenor, Robert Maitland: Bass, Ezra Pound: Kesselpauke). Pound legt sich für Antheils skandalöses *Ballet Mécanique* ins Zeug. Anfang September bringt Dorothy Pound in Neuilly einen Sohn, Omar, zur Welt, der bei seiner Großmutter Olivia Shakespear in England aufwachsen sollte. Dort besucht ihn jeden Sommer seine Mutter Dorothy Pound, während Pounds Sommer Olga Rudge in Venedig gehören; die Winter verbringen alle drei in Rapallo – Pound und Dorothy in der via Marsala, Pound und Olga in Olga Rudges kleinem Haus in

Sant'Ambrogio oberhalb von Rapallo. Ein Band, erneut *Personae* betitelt (wie schon der Band von 1909), erscheint, worin Pound sämtliche Gedichte vor den *Cantos,* »zu denen ich noch stehe«, versammelt hat. Er widmet das Buch Mary S. Moore.

1927
Pound veröffentlicht zum ersten und einzigen Mal eine eigene Zeitschrift: *The Exile*. Sie sollte eine Lebensdauer von zwei Jahren haben und u.a. Yeats' *Sailing to Byzantium* bringen, dazu John Rodker, Joe Gould und die *Objectivists* der späten Zwanziger: William C. Williams, Charles Reznikoff, Basil Bunting, Robert MacAlmon und Louis Zukofsky, George Oppen. Olga Rudge wird zu einer Audienz bei Mussolini vorgelassen, den sie für Antheils avantgardistische Musik einspannen will. Mussolini sagt ihr, persönlich bevorzuge er die Barockmusik, vor allem den damals fast gänzlich in Vergessenheit geratenen Antonio Vivaldi. (Mussolini hatte unter seinen Ahnen den Barockkomponisten Cesare Mussolini, ca. 1790.) Mussolinis bevorzugter Komponist unter den Modernen war Igor Strawinskij, den er mehrmals empfing und der sich in der Folge outete: »Ich sagte ihm, dass ich mich selber als Faschist fühle« (1937). Im Herbst 1927 zieht der Nobelpreisträger Yeats – seinerseits ein fanatischer Verehrer Mussolinis und Liederschreiber für die irischen Blue Shirts – mit seiner Frau zu den Pounds nach Rapallo.

1928
Pound verbringt das Frühjahr mit Olga Rudge in Wien, wo er Arthur Schnitzler aufsucht und den »Fackel-Kraus« (Karl Kraus) besuchen möchte, aber abgewimmelt wird. Lernt den österreichischen Diplomaten Graf Mensdorff-Pouilly-Dietrichstein kennen. Marianne Moore als Herausgeberin von *The Dial* spricht Pound den jährlichen großen Preis der Zeitschrift von $ 2000 zu, die er anlegt, um die Zinsen dem verarmten Ford Madox Ford zukommen zu lassen. In *The Dial* veröffentlicht er seine Übersetzung von Cavalcantis *Donna mi prega,* einen Essay zur Würdigung von William C. Williams und eine Übersetzung von Boris de Schloezers Buch über Strawinskij. Glenn Hughes, der ihn um seine Biographie bittet, schickt er stattdessen seine Konfuzius-Übersetzung: *Ta Hio, The Great Learning. Newly Rendered Into the American Language by Ezra Pound.* Besucht in Frankfurt die Uraufführung von Antheils Oper *Transatlantic* und lernt den Afrikaforscher und Anthropologen Leo Frobenius kennen, den er neuerdings entdeckt hat. Im November erscheint in London *A Draft of the Cantos 17–27*. Eliot gibt *Ezra Pound. Selected Poems* in seinem Londoner Verlag, Faber & Faber, heraus.

1929
Sein pensionierter Vater und seine Mutter lassen sich in Rapallo nieder. Pound korrespondiert mit dem hochverehrten Philosophen George Santayana, der sich ebenfalls als Bewunderer von Mussolini in Rom

niedergelassen hat (und dort auch während des Zweiten Weltkriegs verbleiben wird).

Veröffentlicht *How to Read,* eine ätzende Kritik an den literarischen Lehrplänen der Universitäten. Als Gegenmodell zieht Pound in Rapallo seine »Ezuversity« für angehende Dichter auf mit seinem eigenen Kanon in den verschiedenen Sparten. Schließt mit einem Londoner Verlag einen Vertrag über eine zweisprachige Gesamtausgabe von *Cavalcanti* und seine Übersetzungen des Konfuzius ab. Doch der Verlag geht pleite.

1930
Längerer Aufenthalt in Paris, wo Nancy Cunard auf ihrer Handpresse eine Luxusausgabe von *A Draft of XXX Cantos* mit den von Dorothy Pound entworfenen kunstvollen Initialen vorbereitet, während Caresse Crosby in der Black Sun Press seine *Imaginary Letters* publiziert. Veröffentlicht einige Cantos in der Harvarder Studentenzeitung *Hound and Horn* von Lincoln Kirstein und R. P. Blackmur.

1931–1932
Bringt Harriet Monroe dazu, eine *Objectivist Number* von *Poetry* herauszubringen, die von Zukofsky ediert wird. Die BBC bringt seine Villon-Oper *Le Testament.* Daraufhin schreibt er eine weitere, *Cavalcanti: A Sung Dramedy in Three Acts* (1931–1933). Veröffentlicht auf eigene Kosten den zweisprachigen Band *Guido Cavalcanti. Rime,* worin er all seine Arbeiten über Cavalcanti versammelt, die frühen Übersetzungen, fotografierte Manuskriptseiten alter Editionen, philologische Anmerkungen und Kommentare. Er fragt erneut bei der Universität Pennsylvania an, ob diese Edition ihm nicht für sein Doktorat angerechnet werden könne, und erhält wieder einen abschlägigen Bescheid. Der Mailänder Verleger Giovanni Scheiwiller publiziert die Anthologie *Profile.* Orage lanciert *The New English Weekly* als Nachfolgerin von *The New Age* und als Forum für die Auseinandersetzung mit Douglas' »Social Credit«-Theorien. Pound schreibt acht Jahre lang regelmäßig für die Zeitschrift. Er ist zu Gast bei Marinetti in Rom und trifft sich mit Pirandello, beide begeisterte Anhänger von Mussolini.

1933
Am 30. Januar kommt es zur einzigen persönlichen Begegnung mit dem Duce, der Pound zur Audienz im Palazzo Venezia in Rom empfängt. Im Februar verfasst er *Jefferson and/or Mussolini,* ein Traktat, in dem er seine Parteinahme für Mussolini (statt für Hitler, den »deutschen Hinterwäldler, der nach Pogromen lechzt«, oder für Roosevelt: »a weak sister«) begründet. Der missliebige Text sollte erst 1935 einen Verleger finden. Pound und Olga Rudge organisieren den berühmten »inverno musicale« in Rapallo, eine Serie von Kammermusikfolgen u. d. T. *Concerti Tigulliani,* mit Werken von Vivaldi, Monteverdi, Janne-

quin, John Dowland, Purcell, Bach und Mozart sowie den Modernen: Debussy, Bartók, Hindemith, Satie, Strawinskij. Viele namhafte Virtuosen treten dort auf: Tibor Serly, Gerhart Münch, Olga Rudge, das Ungarische Streichquartett u.a.m. Lässt sich in Dresden einige Notenschriften Vivaldis kopieren, die nur in seinen Kopien den Luftangriff auf Dresden überstehen sollten. Freund »Zuk« (Louis Zukofsky) kommt auf Besuch nach Rapallo. Pounds *ABC of Economics* erscheint in London. Er schickt Exemplare davon an Mussolini und Roosevelt. Der Gedichtband *Active Anthology* mit Gedichten von W. C. Williams, Basil Bunting, L. Zukofsky, Louis Aragon, e. e. cummings, Marianne Moore, George Oppen, E. Hemingway, T. S. Eliot u.a.m. kommt heraus.

1934
Das Textbuch *ABC of Reading* wird in den USA veröffentlicht. In England wird *Make it New, Essays by Ezra Pound* publiziert. Im Oktober kommen *Eleven New Cantos XXXI–XLI* gleichzeitig in London und New York heraus. Darin werden erstmals die frühen amerikanischen Präsidenten John Adams, Thomas Jefferson, John Quincy Adams und Martin van Buren zitiert; Cavalcantis *Donna mi prega* bekommt einen eigenen Canto, zugleich attackiert Pound leidenschaftlich die Machenschaften von jüdischen Banken und Rüstungsmagnaten. Der junge Harvard-Student James Laughlin verbringt einige Monate an der »Ezuversity« und gründet auf Pounds Anraten den Verlag New Directions speziell für kommerziell unpublizierbare Dichter. W. C. Williams und Archibald MacLeish (1892–1962) bekehren sich zum »Social Credit«. Pound schreibt zwei Briefe an Roosevelt. Orage stirbt. Wie auch Marinetti und Pirandello verteidigt Pound Mussolinis Überfall auf Abessinien.

1935
Pounds *Social Credit: An Impact* erscheint, das sich dem Titel entsprechend mit Douglas' »Sozialkredit« befasst, aber nun auch mit Silvio Gesells *Die natürliche Wirtschaftsordnung* (1916). *Alfred Venison's Poems*, satirische Verse zum Thema »Social Credit«, kommen in Buchform heraus. Pound fährt mit Laughlin zu den Salzburger Festspielen und trifft sich dort mit Douglas C. Fox, einem Assistenten von Frobenius. Besucht Wörgl, die österreichische Stadt, deren Bürgermeister Unterguggenberger zum Schrecken der großen Banken Silvio Gesells »Schwundgeld« erfolgreich eingeführt hat.

1937
The Fifth Decad of Cantos, XLII–LI erscheint in England und den USA. Nancy Cunard verschickt ihren Fragebogen zum Spanischen Bürgerkrieg: *Authors Take Sides on the Spanish War*. Pound erklärt sich für neutral.

1938

Pounds *Guide to Kulchur*, ein Schlüsseltext seiner Prosa – Louis Zukofsky und Basil Bunting gewidmet – erscheint bei Faber & Faber und New Directions. »Kultur besteht in dem, was übrig bleibt, wenn man das Erlernte vergessen hat« (Pound). Als neugewähltes Mitglied des National Institute of Arts and Letters in den USA empfiehlt Pound die Verbreitung der Schriften von Thomas Jefferson, John Adams und Martin Van Buren in preiswerten Volksausgaben. Fürst Chigi in Siena, an dessen Academia Musicale Chigiana Olga Rudge als Sekretärin fungiert, gründet ein Vivaldi-Zentrum, das wesentlichen Anteil an der Wiederentdeckung des Barockkomponisten haben sollte. Olivia Shakespear stirbt, und Pound fährt nach London, um dort die notwendigen Formalitäten zu erledigen. Erste Begegnung mit Omar Pound. Dorothy Pound erbt.

1939

W. B. Yeats stirbt. Im April fährt Pound in die USA, um durch seine persönliche Vorsprache der amerikanischen Politik noch eine friedliche Wendung zu geben. Doch Präsident Roosevelt ist nicht zu sprechen. Nur ein Gedankenaustausch mit den isolationistischen Senatoren, mit denen er seit 1930 korrespondiert: William Borah (Idaho), John Bankhead (Alabama), Bronson Cutting (New Mexico) und dem Kongressabgeordneten George Tinkham (Massachusetts) kommt in Washington D. C. zustande. Kehrt nach New York zurück, wo er bei e. e. cummings wohnt und alte Freunde wiedertrifft, darunter: W. C. Williams, Louis Zukofsky, Ford Madox Ford, H. L. Mencken, Iris Barry, Mary Barnard, Tibor Serly, Katherine Heyman und zum ersten Mal Marianne Moore persönlich. Im Juni erhält er die Ehrendoktorwürde seiner Alma Mater, Hamilton College, wobei er in einen hitzigen Disput mit einem Journalisten gerät, der Mussolini attackiert. Lernt James Angleton kennen, den zukünftigen Chef der Counterintelligence im CIA. Zukofsky warnt ihn davor, Father Coughlin, einem populären Radio-Hetzredner, auf den Leim zu gehen. Im Juni stirbt Ford Madox Ford. Pound kehrt nach Italien zurück und schreibt weiterhin für den faschistischen *Meridiano di Roma*. Am 9. September bricht mit dem Überfall Hitlers auf Polen der Zweite Weltkrieg aus. Pound verabredet sich mit George Santayana zu philosophischen Gesprächen in Venedig.

1940

Cantos LII–LXXI, die »Chinese History and John Adams Cantos«, erscheinen bei Faber & Faber. Die Zeilen mit antisemitischen Attacken auf das Haus Rothschild sind ausgeschwärzt. Pound beginnt (gesendet vom 2. Oktober bis 7. Dezember 1941) seine Rundfunkreden *Ezra Pound Speaking* für den römischen Sender zu schreiben. Erste Versuche, in die USA zurückzukehren.

BIOGRAPHISCHE ZEITTAFEL ZU EZRA POUND 377

1941
James Joyce stirbt. Pound verfasst einen sehr persönlichen Nachruf auf
ihn für Radio Rom. Die amerikanische Regierung benachrichtigt über
ihre Konsulate alle amerikanischen Staatsbürger im Ausland, sich in
die Staaten zurückzubegeben. Pound löst seinen Haushalt in Rapallo
auf, um mit seinen alten Eltern dieser Weisung zu folgen, doch die
amerikanische Botschaft, die Pound als »Pseudo-Amerikaner« in ihren
Unterlagen führt, verweigert ihm (und vor allem seiner 16-ährigen
Tochter Mary) die benötigten Papiere. Ab Januar hält Pound zweimal wöchentlich Rundfunkansprachen, die Amerika vor einem Kriegseintritt warnen. Er imitiert den populistischen Tonfall von Father
Coughlin und Huey Long und verfällt häufig in eine niederträchtige
Anbiederei an gängige antisemitische Vorurteile unter Verzicht auf das
selbst aufgestellte Prinzip: »Die Demarkation richtet sich nach dem Individuum, nicht nach der Rasse.« Sogar Hemingway nennt diese Ansprachen »silly drivel«. Ab Oktober werden seine Radioansprachen in
den USA abgehört und aufgezeichnet. Nach dem japanischen Angriff
auf Pearl Harbour am 7. Dezember unterbricht Pound sieben Wochen
lang seine Rundfunktätigkeit. Italien und Deutschland erklären den
Vereinigten Staaten den Krieg. Am 11. Dezember erfolgen die Kriegser-
klärungen der USA an Deutschland, Japan und Italien.

1942
Ab 29. Januar nimmt Pound seine Rundfunkansprachen wieder auf
(vom 29. Januar bis 26. Juli 1942 und vom 18. Februar bis 25. Juli 1943).
Er steigert sich in zunehmend antisemitische Ausfälle und streut für
einfache Hörer total unverständliche Kommentare über Konfuzius,
John Adams und die amerikanische Verfassung ein. Seine Ausführungen sind so unzusammenhängend, dass sie die mitschreibenden amerikanischen Zensoren zur Verzweiflung bringen und von den faschistischen Behörden häufig für einen Geheimcode der Gegenseite gehalten
werden. Homer Pound stirbt in Rapallo. Pound schreibt *Carta da Visita*
auf Italienisch, einen Abriß seiner politischen, ökonomischen, historischen und kulturkritischen Überzeugungen, später zum Teil auf Englisch in *A Visiting Card* (1952) und in *Impact* (1960) enthalten. Schickt
Konfuzius' *Ta Hio* mit einer italienischen Übersetzung *(Confucio, Ta
S'eu, Dai Gaku, Studio Integrale)* an Mussolini.

1943
Im Juli wird Mussolini in einem Staatsstreich von Feldmarschall Pietro
Badoglio abgesetzt. Die Alliierten landen in Sizilien. Badoglio nimmt
geheime Friedensverhandlungen mit ihnen auf. Am 26. Juli erhebt das
amerikanische Department of Justice offiziell Anklage wegen Hoch-
verrats gegen Pound. Der schreibt im August einen Brief an den Generalstaatsanwalt Francis Biddle, in dem er sich auf sein in der Verfassung garantiertes Recht der freien Meinungsäußerung beruft. Anfang

September landen die Alliierten in Süditalien. Am 8. September ergibt sich die italienische Regierung, doch ein Großteil Italiens ist immer noch von der deutschen Wehrmacht besetzt. Im September in Rom gerät Pound mitten in das Chaos der politischen Auflösung und beschließt, da die Eisenbahnen nicht mehr regulär fahren, teilweise zu Fuß zu seiner Tochter von Rom nach Gais in Südtirol zu gehen. Mussolini, von Skorzeny aus dem Zwangsexil auf der Insel La Maddalena befreit, gründet die Italienische Soziale Republik mit Regierungssitz in Salò am Gardasee. Am 13. Oktober erklärt die Badoglio-Regierung Deutschland den Krieg. Pound, auf dem Rückweg von Gais, sucht Kontakt mit dem neuen Kultusminister der Salò-Regierung, Fernando Mezzosoma, und nimmt im Dezember bis zum April 1945 seine Rundfunksendungen wieder auf, die jetzt jedoch von Rundfunksprechern verlesen werden. Kehrt nach Rapallo zurück.

1944
Über Beziehungen zum Kulturministerium von Salò veröffentlicht er einige seiner Traktate in italienischer Sprache, darunter seine Konfuzius-Übersetzung: *L'Asse Che Non Vacilla* (also *Chung Yung)*, die ihm für die geistige Regeneration der westlichen Kultur unerlässlich erscheint. Da die deutschen Truppen seine Wohnung in der via Marsala an der Wasserfront beschlagnahmen, sieht er sich genötigt, mit Dorothy Pound in das Haus von Olga Rudge in den Bergen oberhalb von Sant'Ambrogio zu ziehen, wo sie ein Jahr lang schlecht und recht zu dritt hausen. Nachdem er aus den Nachrichten erfahren hat, dass der Tempio Malatestiano in Rimini von den alliierten Bomben zerstört worden sei und dass sein alter Freund/Feind Marinetti in Bellagio gestorben ist, schreibt er die »ausgefallenen Cantos«, *Cantos LXII–LXIII*, auf Italienisch, die im Januar/Februar 1945 in einer kleinen faschistischen Zeitung abgedruckt werden. Viel später werden diese beiden Cantos unter Mussolinis nachgelassenen Privatpapieren entdeckt. In den Gesamtausgaben der *Cantos* fehlen sie bis 1985.

1945
Mussolini und seine Mätresse Clara Petacci werden am 28. April am Comer See von Partisanen erschossen, ihre Leichen in Mailand an den Füßen aufgehängt und geschändet. Die deutsche Wehrmacht ergibt sich am 2. Mai den Alliierten. Pound wird in Sant'Ambrogio von italienischen Partisanen verhaftet, aber wieder freigelassen. Er steckt den Dünndruckband der chinesischen Klassiker Konfuzius und Menzius in die Jackentasche und stellt sich freiwillig dem amerikanischen Counter Intelligence Center (CIC) in Genua. Wird drei Wochen lang von dem FBI-Agenten Frank L. Amprim verhört, während er weiter an seiner Konfuzius-Übersetzung arbeitet. Am 24. Mai wird er in das Militärstraflager bei Pisa überführt und drei Wochen lang im Freien in einem eigens verstärkten Käfig aus Maschendraht, wie er noch heute bei der

US-Army in Guantánamo in Gebrauch ist, gehalten. Infolge dieser Behandlung erleidet der 60-jährige einen psychischen Kollaps mit teilweiser Amnesie und akuter Klaustrophobie. Danach wird er, immer noch streng isoliert, in den Sanitätsbereich des Lagers in ein Zelt verlegt und beginnt, vom Juli bis zum November nachts auf der Sanitätsstation seine *Pisaner Cantos* (Cantos LXXIV–LXXXVIII) zu schreiben und weiter an seiner Konfuzius-Übersetzung zu arbeiten. Am 3. Oktober erhält Dorothy Pound die Erlaubnis zu einem Besuch im Lager, etwas später dürfen auch Olga Rudge und Mary ihn sehen. Am 17. November wird er in Handschellen nach Washington D. C. ausgeflogen, um dort als Hochverräter vor Gericht gestellt zu werden. Kaum im Distriktgefängnis von Washington angekommen, erleidet er erneut einen schweren Anfall von Klaustrophobie. Er hat bei seiner Rückkehr $ 23 in der Tasche und sonst keinerlei Besitz auf der Welt. Sein amerikanischer Verleger, James Laughlin, bestellt ihm den Verteidiger Julien Cornell. e. e. cummings stiftet $ 1000 für die Kosten der Verteidigung, Laughlin schießt den im Krieg aufgelaufenen Tantiemen von $ 311,68 aus eigener Tasche $ 200 hinzu. Die vier psychiatrischen Gutachten vom 21. Dezember (darunter auch das von Dr. Winfred Overholser, Leiter der Staatlichen Anstalt für Kriminelle Geistesgestörte in Washington) lauten übereinstimmend auf Geistesgestörtheit. Da Pound laut Gutachten nicht fähig ist, der Verhandlung zu folgen, wird er in Howard Hall (Pound: das »Hell Hole«) eingewiesen, den Trakt für die kriminellen und gewalttätigen Häftlinge, wo er 15 weitere Monate ohne Tageslicht verbleibt. Insgesamt sollte Pound zwölfeinhalb Jahre in der Anstalt verbringen, ohne dass je ein Urteil über ihn gefällt worden wäre. Er hatte während dieser ganzen Zeit – auch angesichts der Proteste der internationalen Literaturprominenz gegen seine Behandlung – eine überaus feindselige amerikanische Presse gegen sich, die z.T. seine Hinrichtung auf dem elektrischen Stuhl verlangte. Noch im Nachhinein werden Pounds lange Anstaltsjahre in der amerikanischen Presse gern als privilegierte Behandlung gedeutet.

1946
In Howard Hall darf er 15 Minuten lang in Gegenwart eines bewaffneten Wachpostens Besucher empfangen. Als erster kommt der Dichter Charles Olson (1910–1970), mit dem er endlich wieder über Literatur sprechen kann. Pound: »Olson hat mir das Leben gerettet.« Olson entwickelt aus dem Gedankenaustausch mit Pound in St. Elizabeth's von 1946 bis 1948 die Grundideen seines *Projective Verse* und seiner *Black Mountain School* (1951–1956). Kurz nach Olson besucht ihn auch T. S. Eliot, der über die Konditionen seiner Inhaftierung entsetzt ist und vergeblich bei der Anstaltsleitung dagegen protestiert. Pound arbeitet an der endgültigen Form seiner *Pisaner Cantos*. Dorothy Pound erhält endlich ein Visum, das es ihr ermöglicht, nach Washington zu ziehen, um Pound regelmäßig zu besuchen, seine voluminöse Post zu besor-

gen, ihm die benötigten Bücher in der Washingtoner Bibliothek auszuleihen. Später übernimmt sie als »Committee for Ezra Pound« die gesetzliche Vormundschaft für ihn.

1947
Nach einer gerichtlichen Anhörung Ende Januar wird Pound von Howard Hall nach Cedar Ward verlegt, wo die Bedingungen etwas annehmbarer sind. Schließlich kommt er in die Senilen-Abteilung von Chestnut Ward, wo er eine kleine Kabine für sich hat und die Erlaubnis erhält, ein paar Stunden am Tag in den Anlagen der Anstalt Besucher zu empfangen. Im Lauf der Jahre empfängt Pound hier einen ganzen Strom von namhaften Leuten: T. S. Eliot, Marianne Moore, H. L. Mencken, Juan Ramón Jiménez, Stephen Spender, Robert Lowell, Allen Tate, Conrad Aiken, Randall Jarrell, Elizabeth Bishop (s. ihr Gedicht *A Visit to St. Elizabeth's*), Robert Duncan, Marshall McLuhan, Hugh Kenner und obendrein eine ganze Heerschar von kaputten jugendlichen Typen und gesellschaftlichen Aussteigern, der sog. »lunatic fringe«. Seine Übersetzungen des konfuzianischen Kanons: *Confucius. The Unwobbling Pivot & The Great Digest* werden (zunächst einsprachig) bei New Directions veröffentlicht. An diesen Texten hatte er bereits im Lager von Pisa gearbeitet: *The Unwobbling Pivot* ist eine Übersetzung des *Chung Yung*, *The Great Digest* ist seine dritte Übertragung des *Ta Hio*. Erste Erwähnung seines Plans zu einer zweisprachigen Gesamtedition und Übersetzung der konfuzianischen »Oden« – auch das »Buch der Lieder« genannt, also die 305 Gedichte des *Shi King* aus dem 11. bis 6. Jahrhundert v. u. Z., die Konfuzius selber um 500 v. u. Z. angeblich aus 3000 Gedichten ausgewählt hatte.

1948
Im Juli veröffentlicht New Directions nach langem Zögern endlich die *Pisan Cantos*, und im November wird Pound der »Bollingen Prize« (dotiert mit $ 10000) von den Fellows in American Literature of the Library of Congress für die *Pisaner Cantos* zugesprochen. Im selben Jahr erhält T. S. Eliot den Nobelpreis. Hugh Kenner und Marshall McLuhan besuchen Pound in der Anstalt.

1949
Im Februar wird die Verleihung des »Bollingen Prize« an Ezra Pound publik, was in den Medien monatelang für hitzige Kontroversen sorgt, in deren Folge der »Bollingen Prize« dann gleich ganz abgeschafft wird. Pounds Statement für die Presse: »Aus der Klapsmühle: Kein Kommentar.« Er beginnt mit der Übersetzung der konfuzianischen »Oden« und übersetzt in Zusammenarbeit mit dem Altphilologen Rudd Fleming Sophokles' *Elektra*.

BIOGRAPHISCHE ZEITTAFEL ZU EZRA POUND

1950
Der Auswahlband aus Pounds Briefen, ediert von D. D. Paige, *The Letters of Ezra Pound 1907–1941*, erscheint. Die Artikelserie *Patria Mia* des Jahres 1910 für *New Age*, in der Pound gegenüber europäischer Kritik entschieden die Partei der Vereinigten Staaten ergreift und seine Hoffnung auf eine große kulturelle Renaissance in den USA zum Ausdruck bringt, kommt zum ersten Mal in Buchform heraus. Seine Übersetzung der konfuzianischen *Analects* erscheint in der Zeitschrift *Hudson Review*. Unter den Jugendlichen, die ihn regelmäßig in der Anstalt besuchen, sorgen einige rechtsextreme und rassistische Typen für Schlagzeilen. Pound ermutigt sie, eine Anzahl von Texten – wie Fenollosas Essay über das chinesische Schriftzeichen, die *Analects* von Konfuzius und ausgewählte Texte von Alexander del Mar, Thomas Benton und dem Paläontologen Louis Agassiz – in der »Square $«-Serie zu veröffentlichen, deren Schriftleiter Marshall McLuhan und Norman Holmes Pearson sind – durchaus angesehene Namen. Pound selber enthält sich jeden Kommentars zu den radikalen Machenschaften seiner Anhänger.

1951
Hugh Kenner veröffentlicht seine Studie *The Poetry of Ezra Pound*, die am Anfang der akademischen und kritischen Rezeption von Pound in den USA steht, die sich inzwischen zu einer regelrechten »Pound-Industrie« ausgewachsen hat. James Laughlin hat Kenners Werk »den Anfang und den Katalysator für einen Wandel in der amerikanischen Einstellung zu Pound« genannt.

1952
Olga Rudge kommt auf Besuch nach Washington und attackiert Sheri Martinelli, eine junge ausgeflippte Besucherin Pounds, die zur »Muse der Rock-Drill Cantos« werden sollte. Die Hobby-Malerin »La Martinelli«, ein ehemaliges, drogenabhängiges Fotomodell der Zeitschrift *Vogue*, wird von Pound auf jede Weise unterstützt und durchgefüttert. Er exkommuniziert Olga Rudge und verbannt sie für viele Jahre aus seiner Umgebung. (Später fällt Dorothy Pound, die sich gegen seine Affäre mit Marcella Spann auflehnt, ihrerseits in Ungnade.)

1953
Seine Tochter Mary besucht ihn. Sie ist inzwischen mit dem Ägyptologen Boris de Rachewiltz verheiratet, ihr Wohnsitz ist die Brunnenburg bei Meran. Zu Hause hat sie zwei Kinder, die Pound noch nie gesehen hat. Hugh Kenner bringt *The Translations of Ezra Pound* heraus. Pound überträgt Sophokles' *Trachiniae* u. d. T. *Women of Trachis* in der Form des japanischen Nō-Spiels mit einer historisch-prismatischen Aufbrechung der Sprache in Lyrik, Vers, Prosa und Slang. Das Stück wird in New York vom Living Theatre uraufgeführt mit James Dean in der Rolle des Hyllos.

1954
Die zweisprachige Ausgabe von *Confucius. The Great Digest & Unwobbling Pivot* mit Reiberdrucken von den klassischen konfuzianischen Steintafeln kommt, eingeführt von dem Sinologen Achilles Fang (1910–1995), bei New Directions heraus. T. S. Eliot ediert *The Literary Essays of Ezra Pound* – ein weiterer Meilenstein in der literarischen Anerkennung von Pounds Lebenswerk. In der Harvard University Press erscheint *The Classic Anthology Defined by Confucius* mit einem Vorwort von Achilles Fang (d. i. das »Buch der Oden«). Ernest Hemingway erhält den Nobelpreis und meint bei diesem Anlass, es wäre »an der Zeit, Dichter freizulassen«.

1955
Section: Rock-Drill: 85–95 de los Cantares kommt heraus. Eine italienische Petition zur Freilassung Pounds, unterschrieben von Salvatore Quasimodo, Eugenio Montale, Alberto Moravia, wird bei den amerikanischen Behörden eingereicht. Archibald MacLeish, inzwischen Unterstaatssekretär, appelliert mit T. S. Eliot, Robert Frost und Ernest Hemingway an den Generalstaatsanwalt der USA um Pounds Freilassung.

1956
MacLeish verhandelt weiterhin mit den Behörden über Pounds Freilassung, wird jedoch behindert durch den Widerstand des Anstaltsleiters Dr. Overholser und durch die negativen Schlagzeilen, die seine rechtsradikalen jugendlichen Anhänger machen.

1957
Eine neue Muse, die angehende Lehrerin Marcella Spann aus Texas, verdrängt »La Martinelli«. In anonymen Beiträgen zu der australischen Zeitschrift *Edge* tauchen Übersetzungen nach Rimbaud und Catull auf. MacLeish und Frost sprechen beim stellvertretenden Staatsanwalt William P. Rogers vor. Wyndham Lewis stirbt.

1958
Am 18. April erwirken Archibald MacLeish und Robert Frost mit der Unterstützung von T. S. Eliot und Ernest Hemingway im Hintergrund Pounds Entlassung aus der Anstalt als »unheilbar, aber harmloser« Geistesgestörter, da an eine rechtmäßige Verurteilung nun gar nicht mehr zu denken ist. Pound besucht die Orte seiner Kindheit in Wyncote, Pennsylvania, und seinen bettlägerigen Freund W. C. Williams in Rutherford, New Jersey, ehe er sich am 30. Juni mit Dorothy Pound und seiner »Sekretärin« Marcella Spann nach Italien einschifft. Seine Abschiedsworte: »Ganz Amerika ist eine einzige Klapsmühle.« Zu dritt wohnen sie zunächst bei seiner Tochter auf der Brunnenburg. Am Schillertheater in Berlin kommen Pounds *Frauen von Trachis* unter der

BIOGRAPHISCHE ZEITTAFEL ZU EZRA POUND

Regie von Hans Lietzau zur deutschen Erstaufführung und machen in der Presse viel Wind.

1959
Im März zieht Pound mit Dorothy und Marcella nach Rapallo. Ende Mai macht er Marcella in Sirmione einen Heiratsantrag, doch Dorothy stellt sich quer. Die Muse wird nach Amerika zurückverfrachtet. Am 12. Dezember fährt Pound zur Premiere der *Frauen von Trachis* unter der Regie von Gustav Rudolf Seilner nach Darmstadt. *Thrones: 96–109 de los Cantares* (alle Cantos, noch in St. Elizabeth's geschrieben) erscheint in Mailand und New York. Wieder auf der Brunnenburg, entwirft Pound einige Cantos der späteren *Drafts and Fragments*.

1960–1972
1962 bringt die Zeitschrift *Paris Review,* Summer-Fall Issue 28 *The Art of Poetry. V. Ezra Pound: An Interview with Donald Hall,* in dem Pound meint, dass seine *Cantos* am Scheitern seien: »Es ist schwer, ein Paradiso zu schreiben, wenn alle äußeren Anzeichen darauf hinweisen, dass man eine Apokalypse schreiben sollte.« Er versinkt nun zunehmend in Depressionen. Sein Leben wird bestimmt von psychotischen Schüben, Krankheiten und Klinikaufenthalten. Er magert ab, verfällt in bodenloses Schweigen, verweigert Essen und Trinken, trägt sich mit Selbstmordgedanken. Die rehabilitierte Olga Rudge übernimmt in den letzten zehn Jahren die Regie seines Lebens, aus dem Dorothy zunehmend verbannt ist. Er lebt mit kurzen Unterbrechungen durch die von Olga Rudge arrangierten Reisen in Sant'Ambrogio oder Venedig. 1960 publiziert er aufgrund von Boris de Rachewiltz' italienischen Übersetzungen von altägyptischen Texten die *Conversations in Courtship.* 1962 stirbt e. e. cummings, 1963 William Carlos Williams. 1964 veröffentlicht Pound die sog. »Spannthologie«, eine Gedichtsammlung, für die er selber mit Marcella Spann zeichnet und die sich ausschließlich an den Wendemarken der Verskunst orientiert, u. d. T. *Confucius to Cummings.*

1965 besucht er die Gedenkfeier für T. S. Eliot in der Westminster Abbey. Während dieses Londoner Aufenthalts wählt er die Texte für den Band *Selected Cantos* aus, der 1967 erscheint. Anschließend fährt er zu einem Besuch von Yeats' Witwe nach Dublin. Auf Veranlassung von Olga Rudge wird er 1965 zu Lesungen bei Gian-Carlo Menottis Spoleto Festival of Two Worlds eingeladen. Im selben Jahr kommt er nach Paris, um bei der Veröffentlichung der Pound-Nummer des *Cahier l'Herne* anwesend zu sein. Besucht Natalie Barney (die den Krieg in faschistischen Florenz ausgesessen hatte) und begegnet noch einmal Samuel Beckett anlässlich einer Aufführung von *Endspiel.* Pound: »C'est moi dans la poubelle.« 1967 besucht ihn in Sant'Ambrogio und Venedig Allen Ginsberg, dem Pound stockend erklärt, der ärgste Fehler seines Lebens sei sein dummer Antisemitismus gewesen, der hätte alle seine Leistungen kaputtgemacht. Forrest Reads Buch über seine lange und wechselvolle Beziehung zu James Joyce, *Pound/Joyce,* erscheint 1967. Pier Paolo Pasolini interviewt Pound für das italienische Fernsehen.

Drafts and Fragments of Cantos CX–CXVII erscheint 1909 (der Zusatz: »Fragment 1966« in den späteren Ausgaben, »24. August 1966« datiert, der die letzte Canto-Seite »unabänderlich« Olga zueignet, wurde nachträglich eingefügt, desgleichen die nicht nachvollziehbare Numerierung »120« der Canto-Fragmente). 1971 erscheint das Buch *Discretions* von seiner Tochter Mary mit ihren Kindheits- und Jugenderinnerungen an den Vater, das zu einem internationalen Longseller werden sollte. Im gleichen Jahr erscheint Hugh Kenners monumentales Werk *The Pound Era,* das Pounds Lebensleistung in eine größere Perspektive rückt. Die Vierteljahreszeitschrift *Paideuma,* Poundstudien gewidmet, ediert von Caroll F. Terell, University of Maine, eröffnet im selben Jahr.

Pound stirbt am 1. November 1972, einen Tag nach seinem 87. Geburtstag, in Venedig. Er ist mit Olga Rudge auf der Friedhofsinsel San Michele in der Sektion für Andersgläubige und Häretiker bestattet.

1973
Ezra Pound. Selected Prose 1909–1965, ediert von William Cookson, erscheint in England und den USA.

2002
Ezra Pound. Canti Postumi, ediert von Massimo Bacigalupo, erscheint, eine Auswahl der nicht in den Gesamtkomplex der *Cantos* aufgenommenen Entwürfe.